高等学校"十四五"医学规划新形态教材

临床医学系列

（供临床、基础、预防、护理、检验、口腔、药学等专业用）

医患沟通学

Yihuan Goutongxue

（第 2 版）

主　编　朱金富　邹　涛

副主编　方建群　赵静波

编　委（按姓氏拼音排序）

　　　　方建群（宁夏医科大学）　　　　侯彩兰（南方医科大学）
　　　　李　勇（南京医科大学）　　　　林　勇（中山大学附属第五医院）
　　　　刘地秀（赣南医科大学）　　　　钱丽菊（济宁医学院）
　　　　田　峰（山西医科大学）　　　　杨秀贤（哈尔滨医科大学）
　　　　张东军（河南医药大学）　　　　赵静波（南方医科大学）
　　　　朱金富（河南医药大学）　　　　邹　涛（贵州医科大学）

秘　书　张东军

中国教育出版传媒集团

高等教育出版社·北京

内容简介

《医患沟通学》为高等学校临床医学系列新形态教材之一，涵盖医患沟通的基本概念、理论基础、医患关系、医患沟通技能、医疗环节沟通、临床各科及特殊患者的医患沟通等方面的内容。本教材在第一版的基础上进行了精简和优化，内容兼顾思想性、科学性、创新性、启发性、先进性和实用性，形式上采取纸质教材和数字资源相结合的方式，数字资源包括视频、拓展阅读、人文视角、典型案例、自测题、教学 PPT 等。

本教材可供临床医学、基础医学、预防医学、护理学、中医学等医学相关专业的本科生、研究生、规培生及各类医务人员作为教材或参考资料使用。

图书在版编目（CIP）数据

医患沟通学 / 朱金富，邹涛主编. -- 2 版. -- 北京：高等教育出版社，2025.9. -- ISBN 978-7-04-063535-5

Ⅰ. R197.323.4

中国国家版本馆 CIP 数据核字第 20244H8M03 号

| 策划编辑 | 瞿德竑 | 责任编辑 | 李远骋 | 封面设计 | 张 楠 | 责任印制 | 刘弘远 |

出版发行	高等教育出版社	网 址	http://www.hep.edu.cn
社 址	北京市西城区德外大街4号		http://www.hep.com.cn
邮政编码	100120	网上订购	http://www.hepmall.com.cn
印 刷	北京七色印务有限公司		http://www.hepmall.com
开 本	889mm×1194mm 1/16		http://www.hepmall.cn
印 张	16.75	版 次	2016 年 8 月第 1 版
字 数	460 千字		2025 年 9 月第 2 版
购书热线	010-58581118	印 次	2025 年 9 月第 1 次印刷
咨询电话	400-810-0598	定 价	43.80元

本书如有缺页、倒页、脱页等质量问题，请到所购图书销售部门联系调换
版权所有 侵权必究
物 料 号 63535-00

数字课程（基础版）

医患沟通学

（第2版）

主编　朱金富　张东军

abooks.hep.com.cn/63535

使用方法：

1. 电脑或移动设备访问课程网站。
2. 注册并登录后，进入"个人中心"。
3. 刮开图书封底防伪码涂层，通过扫描二维码或手动输入20位密码，完成防伪码绑定。
4. 绑定成功后，即可开始本数字课程的学习。

如有使用问题，请点击页面下方的"疑问"按钮。

"医患沟通学"数字课程编委会

主　　编　朱金富　张东军

副 主 编　邹　涛　杨秀贤　钱丽菊

编　　委（按姓氏拼音排序）

陈　静（贵州医科大学）　　　　方建群（宁夏医科大学）

付立冉（山东省戴庄医院）　　　侯彩兰（南方医科大学）

柯思源（哈尔滨医科大学）　　　李　勇（南京医科大学）

林　勇（中山大学附属第五医院）　刘地秀（赣南医科大学）

钱丽菊（济宁医学院）　　　　　田　峰（山西医科大学）

杨秀贤（哈尔滨医科大学）　　　张东军（河南医药大学）

赵静波（南方医科大学）　　　　朱金富（河南医药大学）

邹　涛（贵州医科大学）

前　言

构建社会主义和谐社会是党中央从全面建设社会主义现代化国家，开创中国特色社会主义新局面的全局出发，提出的一项重大战略任务，这项任务必须落实到每一个行业和每一个基层单位。医疗服务行业是经济社会发展的一个窗口，人民群众往往通过关乎民生的医疗服务了解经济社会的发展成果，看待社会公平正义与和谐美好。构建和谐医患关系是构建和谐社会的重要组成部分，是贯彻落实以人为本的科学发展观的具体体现。医患关系本应成为最和谐的人际关系，然而随着市场经济的发展，这种关系变得日趋紧张，医患矛盾不断升级，医生与患者及患者家属之间缺乏信任与理解。医患矛盾也进一步损毁了医务工作者的形象，扰乱了正常的医疗秩序，且严重影响了正常的医疗行为，从而成为社会关注的焦点。在构建和谐社会的进程中，医患关系的不和谐成为一个不容忽视的社会问题。

在当代社会，医院担负着重要的社会责任，它不仅是人们寻求医疗服务的机构，更是社会福利体系的重要组成部分。医院秉承着以人为本的理念，承担着关注患者身心健康、积极参与社会公益活动的社会责任。在医疗服务过程中，医患关系是医务人员与患者在疾病的诊治过程中产生的一种人际关系。作为一种特殊的社会人际关系，医患关系的表现形式及内涵随着医学的发展及社会的变迁而发生变化。和谐的医患关系是和谐社会的内在要求，是医疗卫生事业协调发展的外在表现，是提高诊疗水平和人民群众健康水平的前提条件。作为一名医务人员，要构建和谐医患关系，加强医患沟通显得尤为重要。加强医患沟通有利于转变医务人员的服务理念，适应"以患者为中心"的新的生物－心理－社会医学模式，有利于规范医疗服务行为及全面提升医院服务水平，在信任的基础上建立相互理解和相互尊重的新型医患关系。2008年9月，教育部成立的医学教育认证专家委员会制定的高等医学教育认证标准中，明确将具备良好的医患沟通能力作为医学生培养必须达到的重要目标。2018年12月，教育部高等学校教学指导委员会编写的《临床医学类教学质量国家标准》中，明确将"具有与患者及其家属进行有效交流的能力，具有与医生、护士及其他卫生从业人员交流的能力"作为一项基本的技能目标。因此，医患沟通已成为当前医学生必须学习和掌握的基本技能。

本教材自2016年出版以来，在多所医学院校使用过程中，听取了许多专家同仁的建议和意见，在高等教育出版社的大力支持下，得以修订完善。本次修订首先在内容上进行优化，由原来的16章精简为12章，内容设计上实行纸质教材和数字资源相结合的形式，有利于教师进行立体式教学和学生进行立体式学习；其次，每章的案例由具有丰富医患沟通临床经验的医务人员提供，真实且具有指导意义。本教材适用于临床医学、基础医学、预防医学、护理学、中医学等医学相关专业的学生学习使用，也可作为规培生的参考教材，建议授课时数为32学时。本教材旨在帮助读者系统地学习和掌握特定领域的知识，提高解决实际问题的能力，并希望通过全面、系统和简洁明了的方式，使读者能够更好地应用所学知识。希望读者能够通过本教材的学习，增加自己的知识储备，提升自己的沟通能力。

医患沟通学是一门实践性、灵活性很强的学科，也会随着社会的发展和进步，不断提出新的要求。尽管教材编写过程中全体作者都满怀热忱并付出了辛苦的努力，但因水平有限及时间仓促，教材中难免存在缺陷和瑕疵。因此，我们诚挚地希望阅读本教材的读者能够不吝赐教，积极向我们提出您的宝贵意见，以使本教材能够进一步地完善和发展。

朱金富　邹　涛

2025 年 4 月

目录

- 001 第一章 绪论
- 003 第一节 医患沟通学概述
- 003 一、医学与人
- 004 二、医患沟通与医患沟通学的概念
- 004 三、医患沟通的特点
- 005 四、医患沟通的意义
- 006 五、相关学科
- 007 第二节 医患沟通学的研究对象与研究内容
- 007 一、研究对象
- 008 二、研究内容
- 009 第三节 医患沟通的研究现状
- 009 一、国内研究现状
- 010 二、国外研究现状
- 012 第四节 学习医患沟通学的必要性与意义
- 012 一、学习医患沟通学的必要性
- 013 二、学习医患沟通学在医学教育中的意义
- 014 三、学习医患沟通学在临床实践中的意义

- 016 第二章 沟通的基本原理
- 018 第一节 沟通的内涵和原则
- 018 一、沟通的内涵
- 018 二、沟通的原则
- 019 第二节 沟通的要素
- 019 一、沟通主体
- 019 二、沟通内容
- 020 三、沟通渠道
- 020 四、编码
- 020 五、解码
- 020 六、沟通客体
- 020 七、沟通反馈
- 021 八、沟通障碍
- 021 九、沟通环境
- 021 第三节 沟通的过程
- 021 一、信息规划
- 022 二、信息编辑
- 022 三、信息传递
- 022 四、信息阐释
- 022 五、信息反馈
- 023 六、沟通阻碍
- 023 第四节 沟通的层次和类型
- 023 一、沟通的层次
- 024 二、沟通的类型
- 026 第五节 沟通的渠道
- 026 一、个人沟通渠道
- 026 二、非个人沟通渠道
- 026 三、正式沟通渠道
- 027 四、非正式沟通渠道
- 027 第六节 沟通的风格
- 027 一、驾驭型
- 028 二、表现型
- 028 三、平易型
- 028 四、分析型
- 028 第七节 沟通的作用
- 029 一、传递和获得信息
- 029 二、交流感情，改善人际关系
- 029 三、个体生存的基本条件
- 029 四、个体成长的需要
- 030 五、组织系统运行的润滑剂

- 031 第三章 医患关系
- 033 第一节 医患关系概述
- 033 一、医患关系的概念与特征
- 034 二、医患关系的内容
- 035 三、医患关系的性质
- 036 四、医患关系模式
- 038 第二节 医患关系的影响因素
- 038 一、技术因素
- 038 二、经济因素
- 039 三、道德因素
- 040 四、法律因素

041	五、心理因素	104	第六章 医患沟通过程
042	六、管理因素	106	第一节 起始阶段
043	第三节 我国的医患关系	106	一、医患沟通前的准备
043	一、我国医患关系的现状	107	二、医患沟通导入
044	二、我国医患关系紧张的成因分析	108	第二节 信息收集
046	三、缓解我国医患关系紧张的对策	108	一、信息收集的重要性
049	第四节 医患角色和行为	109	二、信息收集的内容
049	一、医生角色	109	三、信息收集的方法
051	二、医务人员的心理行为特征	109	第三节 明确会谈的策略与目的
054	三、患者的心理行为特征	109	一、会谈法简介
		109	二、会谈法的特点
058	**第四章 医患沟通的理论基础**	110	三、会谈法的种类
060	第一节 医患沟通的心理学基础	110	四、会谈法的要点
060	一、医患沟通相关的心理学知识	111	第四节 建立关系
066	二、医学模式	111	一、建立关系的原则
069	三、医患沟通中需要注意的心理影响因素	113	二、建立关系的方式
071	第二节 医患沟通的伦理学基础	113	第五节 理解与解释
071	一、医患沟通相关的伦理学知识	114	一、理解的重要性
074	二、医患沟通中的伦理道德	114	二、解释的技巧
077	第三节 医患沟通的法学基础	115	第六节 制定计划
077	一、医患沟通相关的法学知识	115	一、制定计划的必要性
080	二、医患法律关系	115	二、制定计划的方法
082	三、医疗事故责任	116	三、制定个性化治疗方案
		116	第七节 结束阶段
085	**第五章 医患沟通实践概论**	116	一、归纳总结
087	第一节 医患沟通的基本理念与原则	116	二、结束技巧
087	一、医患沟通的基本理念	117	第八节 过程管理
088	二、医患沟通的原则	117	一、沟通过程的六要素
090	第二节 医患沟通的目标、作用与任务	118	二、沟通过程的七阶段
090	一、医患沟通的基本内容	119	三、沟通过程常用的技术
091	二、医患沟通的目标		
091	三、医患沟通的作用	121	**第七章 医患沟通技能**
093	四、医患沟通的任务	123	第一节 建立医患关系的技能
094	第三节 医患沟通障碍	123	一、第一印象
094	一、医患沟通障碍概述	124	二、关注
094	二、医患沟通障碍的成因	124	三、接纳
098	三、医患沟通障碍的对策	125	四、尊重
100	第四节 医患沟通评价	125	五、肯定
100	一、专家评价法	125	六、共情
101	二、自我评价法	126	第二节 医患之间言语沟通概述
102	三、患者评价法	126	一、言语沟通的原则

127 二、医患沟通中语言的种类	160 二、信息背景下医患沟通的内容和形式
129 三、言语沟通的注意事项	
131 第三节 医患之间的言语沟通技能	**163 第九章 医疗环节沟通**
131 一、介绍与称呼	165 第一节 门急诊沟通
132 二、倾听	165 一、门急诊沟通的特点
133 三、提问	166 二、门急诊患者心理与行为特点
135 四、理解沟通技术	167 三、门急诊沟通要点与技巧
137 五、情感沟通技术	169 第二节 入院沟通
138 六、恰当地使用沉默	169 一、入院沟通的特点
139 第四节 医患之间的非言语沟通技能	170 二、入院患者心理与行为特点
139 一、非言语沟通的特点	171 三、入院沟通要点与技巧
140 二、非言语沟通的作用	172 第三节 出院沟通
141 三、非言语沟通的方式和技能	172 一、出院沟通的特点
	173 二、出院患者心理与行为特点
147 第八章 机制和制度上的医患沟通	173 三、出院沟通要点与技巧
149 第一节 患者选医生	174 第四节 特定医学晤谈中的医患沟通
149 一、患者选医生的背景、发展过程和原因	174 一、问诊中的医患沟通
149 二、患者选医生对医患关系的意义	177 二、病情告知中的医患沟通
149 三、患者选医生在医患关系中的作用	179 三、手术谈话中的医患沟通
150 四、患者选医生的弊端及改善措施	181 四、敏感问题的医患沟通——如何告诉坏消息
151 第二节 特需医疗服务	
151 一、特需医疗服务的历史和发展	**185 第十章 临床各科及特殊患者的医患沟通**
152 二、特需医疗服务的概念和要求	187 第一节 内科医患沟通
152 三、特需医疗服务的特点	187 一、心血管内科
154 第三节 绿色通道	189 二、内分泌科
154 一、绿色通道的发展和定义	191 三、神经内科
154 二、绿色通道的优势及在医患关系中的服务体现	193 四、消化内科
	195 第二节 外科医患沟通
155 第四节 导医制度	196 一、外科疾病特征
155 一、导医制度在医患关系中的重要意义	196 二、外科患者身心特点
156 二、导医制度顺应社会发展的新形式	196 三、术前与患者谈话及家属签字
157 第五节 "一站式" 服务	197 四、手术中言谈举止
157 一、"一站式" 服务的定义	197 五、手术后沟通
157 二、"一站式" 服务在协调医患关系中的作用	197 第三节 妇产科医患沟通
157 三、"一站式" 服务增进医患关系的服务模式	197 一、妇产科疾病特征和患者身心特点
	199 二、妇产科医患沟通的途径和趋势
159 第六节 志愿者服务	200 第四节 儿科医患沟通
159 一、志愿者服务的定义	200 一、儿科疾病特征和患者身心特点
159 二、志愿者服务的形式	202 二、儿科医患沟通的途径和趋势
159 三、志愿者服务的意义	203 第五节 急诊科医患沟通
160 第七节 信息背景下的医患沟通	203 一、急诊工作特点
160 一、信息背景下医患沟通的发展	

204 二、急诊患者和家属特征	222 四、医患冲突的成因分析
204 三、急诊科医患沟通的影响因素	224 第三节　医患纠纷中的医患沟通
204 四、急诊科医患沟通的注意点	224 一、医患纠纷的概念
205 第六节　精神科医患沟通	224 二、医患纠纷的特点
206 一、精神障碍患者身心特点	225 三、医患纠纷的分类
207 二、患者家属的心理特征	226 四、医患纠纷中沟通的原则
208 三、诊断中的医学信息沟通	226 五、医患纠纷中沟通的技巧
208 四、治疗中的积极沟通	
209 第七节　传染科医患沟通	232 **第十二章　医方与社会的沟通**
209 一、传染科常见病特征	234 第一节　医方与患者家属的沟通
209 二、传染科患者身心特点与社会因素	234 一、患者家属的心理特征
210 三、常见医患沟通问题及化解	236 二、与患者家属沟通的意义
211 第八节　中医科医患沟通	237 三、与患者家属沟通的内容
211 一、中医科患者的心理特征	238 四、与患者家属沟通的方法与技巧
211 二、诊断中的医学信息沟通	240 第二节　医方与社区的沟通
212 三、治疗中的积极沟通	241 一、与社区沟通的现状
212 第九节　其他科室的医患沟通	241 二、与社区沟通的目的和意义
212 一、肿瘤科	242 三、与社区沟通的方法
214 二、口腔科	243 第三节　医方与新闻媒体的沟通
	244 一、医院－媒体关系
217 **第十一章　冲突情境下的医患沟通**	245 二、与新闻媒体沟通的意义
219 第一节　冲突概述	246 三、医疗卫生机构与新闻媒体的沟通技巧
219 一、冲突的概念与分类	248 四、医务人员与新闻媒体的沟通技巧
219 二、人际冲突	249 第四节　医务社会工作与医患沟通
220 第二节　医患冲突的特征和成因	249 一、医务社会工作概述
220 一、医患冲突的背景	250 二、医务社会工作者在医患沟通中的作用
221 二、医患冲突的主要特征	
222 三、医患冲突的表现形式	252 **主要参考文献**

第一章 绪 论

关键词

医患沟通　　医患沟通学　　人文素养　　生物医学模式
生物-心理-社会医学模式

目前医患关系是整体和谐、局部紧张的，造成医患关系紧张的原因较多，但医患沟通不畅、医方缺乏医患沟通意识或沟通技巧差是重要原因之一。同时，随着社会的进步和医学模式的转变，社会呼吁通过医患沟通重建良好的医患关系，医患沟通学在其中发挥着重要的作用。教育部临床医学专业认证工作委员会《中国本科医学教育标准——临床医学专业（2022版）》和客观结构化临床技能考试（OSCE）也要求医学生必须掌握医患沟通技能。因此，在医学生中开设医患沟通学课程具有重要意义。

知识导图

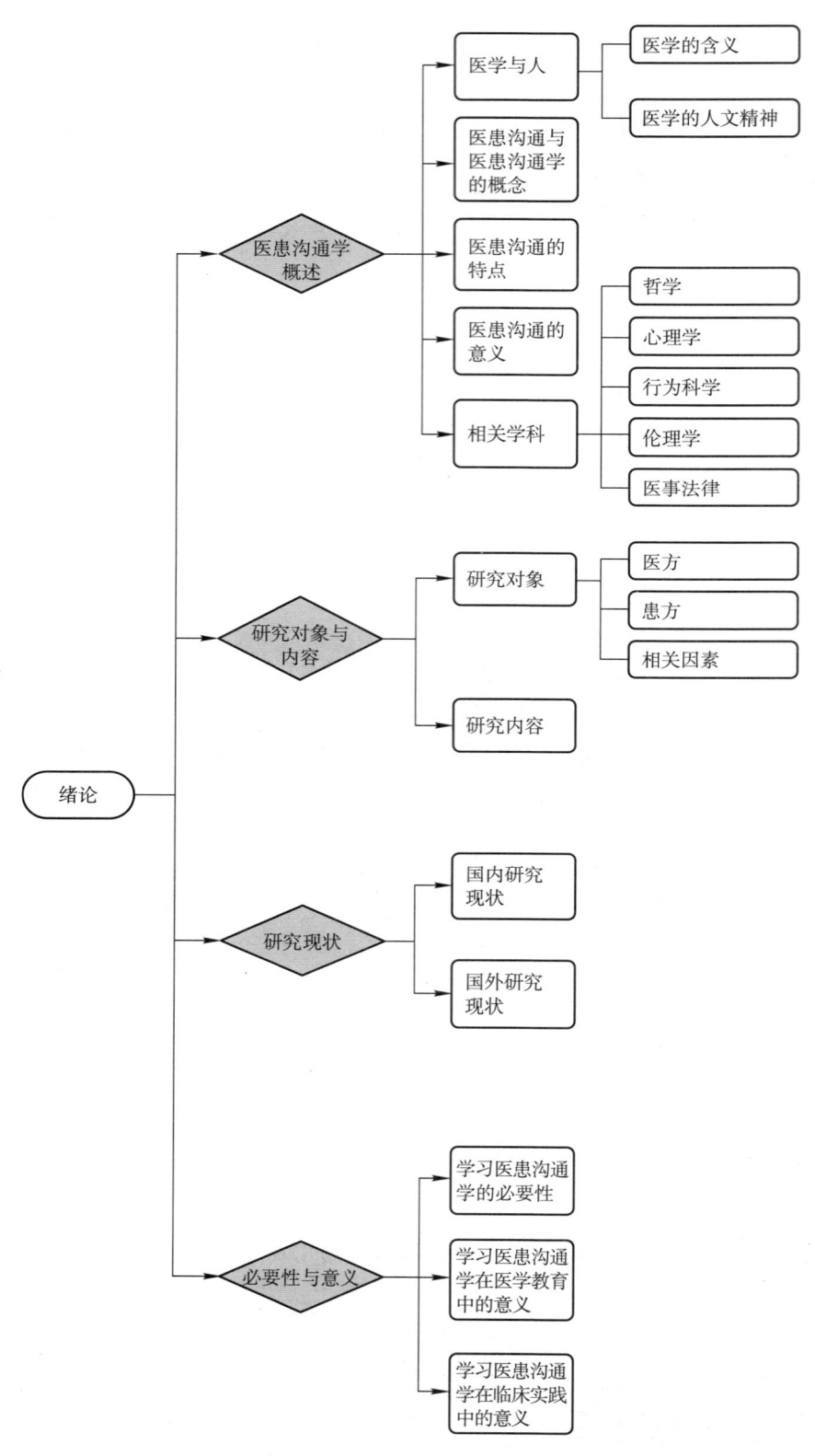

美国纽约东北部的撒拉纳克湖畔，特鲁多（E. L. Trudeau）医师的墓志铭镌刻着"To Cure Sometimes, To Relieve Often, To Comfort Always"，用中文描述就是"有时去治愈，常常去帮助，总是去安慰"。这段名言越过时空，久久地流传在人间，至今仍熠熠闪耀着人文之光。随着社会经济的发展，人们对健康的需求不断提高，患者在疾病治疗的过程中，除了需要解除疾病的痛苦外，更需要得到人格的尊重、心理的安慰和精神的鼓励，也更需要医务工作者的人文关爱。但近年来，医患关系紧张，医患纠纷呈现日益增多的趋势。这些问题不同程度地困扰着各级医院管理者，更给广大医务工作者和患者造成心身伤害。因此，加强并改进医患沟通，建立和谐的医患关系已成为大势所趋。社会呼吁通过医患沟通重建良好的医患关系，而医患沟通学在其中发挥着重要的作用。

典型案例 1-1
医患沟通在医患关系当中的作用

第一节 医患沟通学概述

一、医学与人

医学不仅仅是一门"仁术"，更是一门"人术"，而人与人之间最重要的就是沟通和交流。

（一）医学的含义

生老病死的困惑一直在缠绕着人类，人类面对难以捉摸的伤病，不断地探索各种各样的治疗方法，在长期的劳动过程中逐渐发明了各种工具，并将工具的用途延伸到救治伤病之中。同时，人在生产、生活的经历中，逐渐积累了战胜疾病的经验与知识。例如，以火烧灼刀具杀菌，火用来手术切割或烫熨伤口以防止感染。虽然人类在漫长的进化发展中点点滴滴地积累着救治伤病的经验，但人类对医学理性化的认识仍极为缺乏。医学就是在这样的环境下萌芽破土，开始了发展之路。

古今中外不少的哲学家、医学家及科学家给医学（medicine）下过不同的定义。其中，我国的《科学技术辞典》指出："医学是指保护和加强人类健康、预防和治疗疾病的科学知识体系和实践活动。"《中国百科大词典》（2005）指出："医学是认识、保持和增进人体健康，预防和治疗疾病，促进机体康复的科学知识体系和实践活动。"

由此可见，医学与自然科学（生物学、物理学、化学等）和社会科学有着密切联系，因为医学所研究的是与自然和社会都发生着联系的人。医学是深深扎根在诸多学科之中的综合性科学，医学以其悠久的历史立于古老科学的丛林，随着科学和技术的进步，又带着渊博、新兴的魅力汇入年轻科学的洪流之中。

拓展阅读 1-1
医学模式的发展

（二）医学的人文精神

现代医学是在中世纪晚期受到文艺复兴运动的影响才挣脱迷信和教会的枷锁而诞生的，英国历史学家罗伯特·玛格塔在《医学的历史》一书中写道："文艺复兴给了医学两个最不朽的影响：人道主义和解剖学。"美国著名生命伦理学家佩雷格里诺与大卫·汤姆斯玛在《医疗实践的哲学基础》一书中认为："医学既不是纯科学，也不是纯艺术。医学是艺术和科学之间一门独特的中间科学""医学是人文科学中最科学的，是科学中最人道的"。因此，从医学的学科定性和研究范围来讲，"医学是人学"。

医学虽然首先是一门自然科学，因为医学研究的是一种自然现象，即人体、生命、健康、疾病以及防病治病的客观规律。但是，医学的研究对象是人本身，人既是自然人，具有生物属性，更是社会人，具有社会属性。医学从其诞生之日起就蕴含着丰富的人文性和社会性，散发着浓郁的人文气息。医务工作者面对的不仅是一个患有疾病的生物体，更是一个具有丰富社会关系和多重社会价值的立体的人。诺贝尔和平奖获得者史怀哲医生说："一位伟大的医生一定是一位伟大的人道主义者，他不仅以高超的技艺和人格力量在救助患者于困厄，同时也在职业生涯中吸取着、享受着无穷的快乐和幸福。"复旦大学王卫平教授也曾说过："没有人文科学的医学将是人类的灾难，医学的人文精神长存。"所以，医学在本质上不是人与机械、人与药物、人与生物监测数据等的问题，而是人与人的问题。医学不应仅以治疗为内容，更应以人文关怀为己任，医学的人文水平将决定医学的根本命运和走向。

拓展阅读 1-2
梧桐树下的誓言

二、医患沟通与医患沟通学的概念

人类的生活离不开沟通，交流沟通是人类行为的基础。医者绝不可能有各种疾病的亲身体验，因此，患者向医者诉说的痛苦、陈述的感受，不一定都能被医者理解或唤起医者的共鸣；同样，当医者表达诊疗意见、提出配合要求时，也不一定能全被患者领会或赢得患者的合作。因此，医患沟通是一门值得研究的学问，医患沟通的质量关联着医疗质量、效率和效益。

医患沟通（doctor-patient communication）就是在医疗卫生和保健工作中，医患双方围绕伤病、诊疗、健康及相关因素等主题，以医方为主导，通过各种有特征的全方位信息的多途径交流，指引患者科学地诊疗伤病，使医患双方达成共识并建立信任合作关系，达到维护人类健康、促进医学发展和社会进步的目的。

表 1-1
狭义和广义的医患沟通

医患沟通学是一门新兴学科，虽然对医患沟通的研究有着较长的历史，但一直未成为一门独立的学科。就其概念而言，一般认为，医患沟通学是研究现代医学模式背景下医患沟通的过程、行为及医患关系等诸多因素，探索如何通过医患双方相关信息沟通来提高医疗质量、改善医患关系的一门新兴学科。医患沟通学以医疗服务活动中人类的共性和共同利益为出发点和归宿，既研究影响诊疗伤病和医患关系的诸多因素，又探索如何以沟通医患双方相关信息来优化诊疗伤病、改善医患关系，还研究如何将心理和社会因素转化为积极有效的手段与方法，推进医学现代化。医患沟通学很好地向医学的空隙中充填了人文和社会科学的要素，丰富了医学的科学内涵，是研究和实施现代医学模式的一门新的应用型边缘学科。

三、医患沟通的特点

医患沟通是人际沟通在医疗领域的具体实施和应用，是一种特殊形式的人际沟通。首先，由于医务人员和患者之间的特殊专业关系，医患沟通有其特定的内容、形式和目的，所应遵循的关系规则与普通人际沟通也不完全相同，而且沟通的效果在很大程度上受到职业情感和专业知识技能的影响。其次，医患沟通的本质为治疗性沟通，医务人员的沟通任务不仅仅是通知患者有关的疾病和治疗信息，还包括与之相关的价值信念、伦理观念、经济利益、法律规章、文化习俗、情感意志等信息。这些复杂的信息交织在一起，相互影响，组成了医患沟通既有人际共性又有医患个性的信息群，并通过语言、行为及环境，以多途径、多形式进行传递。最后，医患沟通不仅仅是技巧，更是一门艺术，医患沟通能力与医学技术共同构成了医术的内涵，是经验、灵感和理论的三位一体。

表1-2 医患沟通的特点

四、医患沟通的意义

古希腊医学家希波克拉底（Hippocrates）说世界上有三件东西能治病：一是语言，二是药物，三是手术刀。医患之间的沟通不仅为诊断所必需，也是治疗中不可缺少的一个方面。良好的医患沟通可以实践"医学的人文关怀"，发挥道德情感的传递作用，传播与发展人道主义精神，提升医疗质量。

1. 医患沟通是现代医学模式发展和转变的需要　随着现代医学科技的高速发展，临床医生对辅助检查的依赖性越来越大，与患者的沟通交流变得越来越少。但是，现代医学模式已从以医疗为中心转变为以患者为中心，是一种医学人文精神回归的"生物－心理－社会"医学模式，要求医方在提供医疗服务的同时，必须尊重患者，平等相待，既要重视生物学致病因素对患者健康的损害，又要重视心理、社会因素对患者健康的损害，真正做到以患者为中心，而医患双方的沟通与交流是实现这一目标的基础。

2. 医患沟通是增进医患双方理解与信任的基础　由于医患双方在所拥有的医学专业知识上存在巨大差异，患者不一定具备医学知识，其对临床医疗过程中所出现的疾病症状和诊疗过程不理解。如果医务人员没有进行必要的说明和解释，经常会造成信息沟通不畅，导致患方产生误解、不信任，进而影响医患关系。因此，医务人员与患方做深入细致的沟通是诊疗工作中一个不可或缺的重要环节，除了要通俗地向患方讲解相关的疾病症状、并发症、治疗原理和方法等一系列专业知识之外，还要与患方交流治疗过程中的感受，提高患者对医疗活动的认识，从根本上排除医患双方相互理解和相互信任的障碍，也能为以后的治疗和康复营造轻松和谐的氛围。

3. 医患沟通是提高医疗质量的需要　医患关系一般体现为医疗主体与求医客体之间利益矛盾的冲突与平衡，即医院对医疗保健服务的供给与不同层次人员对医疗保健需求的冲突与平衡。医患之间是服务与被服务的关系，他们的共同目的是医治伤病，解除痛苦，保护健康。正常良好的医患关系是寻找医院主体与就医客体在动机、情感、语言、行为、态度等各个方面的最佳配合点。因此，作为直接与患者接触的医务人员，必须做主客体关系的融合剂，以消除患者对医院的陌生感，使患者有一个良好的心理接纳状态，从而树立战胜疾病的信心，提高自身免疫力，促进机体早日康复。因此，医患关系从一个侧面反映了医疗质量，也关系着医院的声誉。

人文视角1-1 医患沟通帮助患者排除心理障碍、增强治疗信心

4. 医患沟通是减少医患纠纷、促进医患和谐的桥梁　现实中，相当一部分的医疗纠纷不是医疗技术的原因引起的，而往往是由于医患之间的沟通不畅或是交流质量不高造成的。加强医患沟通，既能有效地了解患者的需求，又是心理疏导的一种有效手段，通过解惑释疑，使患者忧郁的情绪得以宣泄，减少医患间不必要的误会。沟通使医患双方均受益，医生良好的沟通能力很明显将使患者受益，同时也可以使医生的生活更加积极，工作更加愉快。它不仅能使医生更好地服务患者，还可以让医生享受自己的工作。

有研究发现，缺乏自我管理和沟通能力的医生更容易感觉筋疲力尽。这使得他们对工作丧失兴趣，对工作满意度降低。医生沟通能力不足还会影响其正确的临床诊断。良好的沟通能大幅度减少抱怨和医疗诉讼。英国一项分析了227位患者及其家属的研究显示，在这些通过5家英国律师事务所对医患矛盾付诸法律行动的人中，很多诉讼不仅仅是由于某种伤害，还因为缺乏有效沟通以及对问题的恰当处理。文森特在其研究报告中这样描述："他们需要真诚，需要别人对他们

受到的创伤更加重视,并确保这一教训不会被忘记。赔偿虽然重要,但他们对于诉讼的动机绝不仅仅是经济考虑,更重要的是他们与被告医务工作者的不愉快接触。"

五、相关学科

(一)哲学

哲学(philosophy)研究的是人们对整个世界总的看法和观点,即世界观。马克思主义关于唯物辩证法的理论为医学中医者与患者、人与社会、人与自然、人与医学的辩证关系奠定了总的思维模式。历史唯物主义的根本观点则在哲学的高度解释了目前社会大转型时期医患关系变化的根本原因以及新型医患关系的发展方向,为医患沟通学奠定了理论基石。

例如,医院(hospital)一词来源于"hospis"和"pito"这两个词根,前者同时含有"陌生人"和"主人"的意思,后者则是指"主宰"或"有力量的人"。医院是陌生人可以休息,可以获得保护和照顾的地方;疾病就是那个"陌生人"。医院就是一种象征,反映了医者作为主人收容陌生人(疾病)的能力。拉丁文中的 hospis 词根也有"敌对"的意思,这是"疾病"的阴影层面。从某种层面来说,疾病是医者和患者共同的敌人,需要医者调动所掌握的医疗知识和经验,患者树立信任和信心,才能共同战胜这个敌人。同时,疾病也是联系医者和患者间的纽带,正是因为它,才将这两个本无关联的社会人统一到与疾病作战的战壕里,成为并肩战斗的"战友"。因此,从哲学关系分析,医者和患者本是同一的关系,两者应对的目标是一致的,那就是疾病,他们因为疾病才会在医疗活动中形成联系和同一的关系。医患间同一的哲学关系,要求医患沟通时要彼此信任、休戚与共,彼此尊重、关怀。

(二)心理学

心理学(psychology)中"psycho"在希腊语中是"心灵的、灵魂的"含义,而"logy"是"讲述"的含义,合而则谓心理学是阐述心灵的学问,主要研究的是人的认知、情感、意志等心理过程和能力、性格等个性特征的规律。医患沟通与心理学关系密切,医患沟通中涉及的医方和患方心理活动的特点和规律,属于心理学或其分支学科研究的内容。

医患之间的沟通是一个复杂的信息交流活动,除了必须满足临床诊疗的需求之外,还是双方心理交换和心理相容的过程。医患沟通既然是一种行为,如语言交谈、身体姿势或面部表情等,就可以进行观察和描述,并在此基础上找出其隐含的心理状态和心理活动规律。沟通过程自始至终都反映、折射、借鉴着心理学的理论和技术。

(三)行为科学

行为科学(behavioral science)是运用自然科学的实验和观察方法,研究在自然和社会环境中人的行为或人类集合体的行为的科学,它是在心理学、人类学、社会学、经济学、政治学和语言学等边缘领域协作的一门科学。在医疗服务中,医方及患方均有其各自的行为学特征,了解其在特定情境下的行为特征以及背后蕴含的规律同样有助于医患沟通的开展,甚至有学者认为,医患沟通应该属于行为科学的研究范畴。

(四)伦理学

伦理学(ethics)又称道德学,是对人类道德生活进行系统思考和研究的学科。它试图从伦理层面建构一种指导行为的法则体系，并且对其进行严格的评判。伦理学来源于人们的社会实践，又指导实践，关系到人在现实生活中的安身立命和修身养性，其宗旨是为人类造福，为人类谋利益。因此，伦理学在整个人文学科中占有重要的地位，其中与医患沟通关系密切的主要是医学伦理学（medical ethics）。医学伦理学是运用伦理学的理论、方法研究医学领域中人与人、人与社会、人与自然的关系的伦理道德问题的一门科学，强调医患之间的伦理关系，用道德的理念去规范从医行为和医患沟通行为，顺应现代医学模式发展的需要，增加了医学中的人文成分，有利于建立和谐的医患关系。

（五）医事法律

医事法律（medical law）是由国家制定或认可，并由国家强制力保证实施的，旨在调整医疗服务活动中所形成的各种社会关系的法律规范的总和。医事法律即指医学法规，它规定医疗业务中的法律规章及行政命令，是医疗执业者对人体实施医疗行为的相关法律规则。医事法律是法学与医学、卫生学、药物学等自然学科相结合的产物，许多具体内容是依据基础医学、临床医学、预防医学和药物学、生物学的基本原理、研究成果而制定的。医学及其他相关学科的技术成果是医事法律的立法依据，也是医事法律的实施手段和依据。由于医事法律主要涉及医疗行为和医疗服务活动相关的法律规则，因此它同样对医患沟通起着约束作用，是医患沟通的法律基础。

第二节 医患沟通学的研究对象与研究内容

一、研究对象

医患沟通主要是指医患之间沟通和交流的过程，是医患之间心理和行为互动的过程。医患沟通的具体研究对象，主要是医方、患方及在两者之间起到联系桥梁作用的相关因素。医患双方由于各自对医学知识的认知度、有关法律法规的理解及各自利益诉求的不同，以及患者作为特殊的顾客对医疗机构和医护人员所提供的服务要求不同，两者之间存在着明显的"距离"，需要借助于起到联系作用的相关因素，才能更好地加强医患沟通。因此，医患沟通学既要重点研究医方和患方的个性特征和规律，又要寻找启动医患动机的共同规律，简言之，就是要发现医患双方和谐互动的契合轨迹，并使之良性运行。

（一）医方

狭义上的医方指的是医务人员，是经过考核和卫生部门、行政机关批准或承认的，取得相应资格的各级各类卫生技术人员，包括医务管理人员、医疗防疫人员、护理人员、药剂人员、检验人员。广义上而言，医方不仅指医务人员，还包括工程技术人员、后勤人员和行政管理人员。虽然他们不直接从事诊疗护理工作，但他们与医务人员目标相同，即防病治病、救死扶伤，保障人民的生命安全和健康，如果出现纰漏势必也会影响整个医疗工作的顺利进行。

医护人员是医患沟通的主体，他们具有专业的知识和技能，为患者解除病痛、维护健康，因此医护人员被誉为救死扶伤的"白衣天使"等，而患者则一般处于被动告知的位置。为了构建和谐的医患沟通关系，医患沟通学系统地研究医护人员在医疗情境下的心理、行为特点和规律，以

拓展阅读 1-3
医患沟通中的六个"说不得"

及如何掌握沟通技巧和方法等。

（二）患方

传统的患方指的是患者本人，也就是直接接受医院检查治疗的人。随着时代的发展与进步，患方的范围也逐渐扩大，它不仅指患者本人，还包括患者的直系亲属、近亲属、代理人、监护人以及患者所属的单位、组织或保险机构。

1. 患者　是医患沟通的基础，也是医患沟通最直接的对象、医院服务的本质对象。医患沟通学必须研究不同类型患者在特定情境下的心理与行为规律，这样才能更好地帮助医务人员在医患沟通中以患者为中心，提高服务水平，体现人文关怀理念和对患者的尊重，"心随患动"是医患沟通的最高境界。这一层面的沟通，能够使患者获得心理上的舒适感、亲切感，通过循证医学使患者获得最佳的治疗和护理，同时增加战胜疾病的信心。

> 拓展阅读 1-4
> "心随患动"的医患沟通

2. 家属　是除患者外医务人员接触最多的、起着极其重要作用的关键人物，由患者的各级亲属组成。本层面沟通的内容主要围绕医疗质量展开。医患沟通中要设身处地理解家属的心理情绪状态，通过与家属紧密接触，解释医疗全过程，以获得家属的理解及支持，患者的疑虑心情可以通过家属协助进行疏导，达到事半功倍的效果。

3. 单位　主要人员包括患者及家属单位的负责人、医院职能部门的负责人、社区居委会负责人等。通过医院职能部门的详细解释，可以使单位人员理解院方并了解医疗全过程，通过他们做好患者和家属的工作。

（三）相关因素

在医患沟通中起到联系和桥梁作用的相关因素也是医患沟通的重要研究对象。在研究医患沟通时，应充分认识到医患沟通并不单单是医患双方之间的互动，还受到多种因素的影响。许多医患沟通障碍和医患冲突，并不单单是医患双方的个人因素，其中常蕴藏着复杂的社会因素。例如，我国医疗资源短缺，医疗卫生事业发展失衡，地区发展不平衡，医疗资源倾向于向大城市、大医院集中；政府卫生财政投入少；法制不健全；群众对知名医院的信任度高，期望值大，就医人数多，使知名医院业务压力大；医务人员负担重，超负荷运转，负面情绪大；医疗机构的管理体制和运行机制导致医患之间比较明显的经济利益冲突；社会舆论过于宣传医患矛盾，医患信任缺失……这一系列的因素都会不同程度地影响医患沟通，造成医患关系紧张。因此，这些因素也是医患沟通需要研究的重点内容。

二、研究内容

医患沟通需要对沟通中多个层面的问题进行系统研究，要理清医患沟通的医方、患方及各种社会因素的运行机制及其作用与医患沟通的特征和方式，要研究构建和谐医患沟通的原则和方法，以解决各种复杂的医患沟通问题。

1. 研究现代医学模式中医患沟通的重要意义　医患沟通是围绕医疗服务展开的，是实现医学目的、发挥医疗服务职业精神的关键环节。为了理解医患沟通的本质和特点，深入分析医患沟通的内涵，必须对医疗服务的目的和职业特征进行系统的研究和全面把握。医患沟通学首先应研究医患双方的信息沟通在现代医学模式下的地位和应发挥的积极作用，并确立医患沟通在医学发展和进步中的价值与意义，更要重点研究医患沟通对促进现代医学模式实践的作用。

2. 研究现代医患关系的状况及成因　医患关系在医患沟通中具有重要的地位，它是医患双方当前在政治、经济、法律、卫生政策、文化、教育、心理、行为和生活方式等背景下的实际情况的反映。要透过现象看本质，抓住医患沟通中各个因素间的内在联系，这样才能从医患沟通的层面上有的放矢地解决医患矛盾中的根本问题，从而达到良好的医患沟通效果。

3. 研究医患沟通中医患双方的角色　医患沟通的两个主体是医方和患方，他们各有自己的角色内涵，研究他们的心理特性、社会特性和行为特征，即角色的内在特征和外部表现，以及在相应社会环境下的行为表现，将有助于加深双方的相互理解，促进有效沟通，并助推和谐医患关系的建立。在实际工作中，不同的患者具有独特疾病及各自鲜明的个性特征和情绪特点，而医务人员也有自己的鲜明个性、应对方式，因此要探索并努力尝试在医者和患者之间构建一座适应性的桥梁，这样才能够不仅对症治疗，还能根据患者不同的特点采取因人而异的有效的沟通交流方式。

4. 研究医患沟通的一般规律　在明确医患关系的基础上，应全面地找出阻碍医患沟通的各种原因并加以细致分析，用多种研究方法总结出医患沟通的一般原理、方法和途径，形成医患双方共享利益的双赢规律，用来指导医患沟通的实践。

5. 研究医患沟通技能　医患沟通技术贯穿于医疗活动的全过程，针对不同患者如何进行有效沟通是医务人员在整个医疗过程中不可缺少的基本技能和必修课，是医患沟通的重要内容。在临床医疗中正确地掌握和使用沟通技术显得尤为重要。医务人员的分工不同，患者的素养有所差别，因此，医务人员应针对不同的患者选用合适的沟通方式和技巧。

6. 研究临床各科的医患沟通规律　内外妇儿等不同临床科室的患者具有各自不同的临床特征、疾病特点，因此，不同科室的医患沟通也有其自身的特点和特殊性，对不同科室的患者也要采用不同的沟通技巧。

7. 研究医患沟通障碍和医患冲突　医患双方既面对着共同的"敌人"——疾病，又存在着矛盾和冲突，因此绝对的医患和谐是一个理想的状态。现实中，医患沟通障碍和医患冲突是不可避免的。因此，医患沟通障碍和医患冲突也是医患沟通的研究内容之一，如何通过有效的医患沟通来消除沟通障碍、化解医患冲突是医患沟通学的重要研究内容。

8. 研究影响医患沟通的相关因素　医患沟通是在复杂的社会环境和诸多社会因素影响下进行的，因此要深入研究影响医患沟通建立和发展的各种因素，分析这些因素对医患沟通影响的特点、方式和机制，探索如何消除这些因素的消极影响，以及提高其积极效果的条件和方法。

第三节　医患沟通的研究现状

医患沟通的研究工作在国外已较早开展。在美国，医患沟通是医生必备的临床技能之一，也是医学生的必修课程。随着医学的发展和社会的进步，国内医学领域对于医患沟通的研究也越来越多，社会呼唤通过沟通重建良好的医患关系。

一、国内研究现状

近年来，我国的医患关系日趋紧张，医患矛盾有激化趋势。2018年《中国医师执业状况白皮书》报告显示：62%的医师认为执业环境没有改善，50%的医护人员认为工作没有得到社会认可，62%的医师发生过不同程度的医疗纠纷，66%的医师经历过不同程度的医患冲突。这种不和谐的医患关系不仅成为医学领域的难题，也成为我国一个严重的社会问题。医疗服务中，医学技术主义盛行，医学人文精神失落，医院里"只见病不见人，只爱病不爱人"的状况和"重诊治、轻预防，重高科技、轻普通技术，重治疗、轻护理，重科技、轻人文，重生命数量、轻生命质量"的现象，严重背离了医学的人文宗旨，导致医患之间的纠纷频发。

拓展阅读 1-5
全国20天连发12起伤医案

人文视角 1-2
2013年度感动中国人物——胡佩兰

中国传统医学受儒、释、道等多种思想影响，其中占主导地位的儒家思想给中国传统医德烙上了深深的印痕。"医乃仁术"是中国传统医学的灵魂所在，也是医学道德确立的基石，它强调以"无伤"为原则，谓之"无伤也，是乃仁术"（《孟子·梁惠王上》）。儒家认为，医生在疾病诊疗中应有"如临深渊、如履薄冰"之感，处方开药应小心谨慎，"用药如用兵"，以免诊断或用药错误而伤害患者。

我国的医患沟通问题主要在医院市场化之后集中涌现，因此相对国外而言，医患沟通研究开始得比较晚。医患沟通最开始关注的也不是医疗纠纷问题，而是某些特殊专科的一般沟通，如美容整形、牙科美容等领域的医患沟通。2000年以后，随着医患关系的紧张，医患沟通研究更多针对医疗纠纷进行。2003—2004学年，南京医科大学首次对临床医学学生开设医患沟通学课程，引起广大医学院校的关注，并得到了教育部门的支持。

首先，我国医患沟通已经有了相对更多的研究。这不仅包括在出现医患纠纷和矛盾时如何采用医患沟通进行应急处理，还包括如何通过对医学生开展医患沟通教育及对医务工作者进行系统的教育和培训等长效措施来增强医务人员医患沟通的意识、素养和能力等。

其次，虽然医患沟通在社会各界受到广泛关注，但是医方没有给予医患沟通应有的重视，没有意识到提高医患沟通质量是提高医疗服务质量和减少医患纠纷的手段，实践中常常忽视沟通。

再次，医患沟通法律制度不健全。医患沟通作为人际交往中的必要环节，需要道德去控制，但是一旦涉及公民的人身安全等方面，这又需要法律的保障。尽管我国法律有关于医患沟通的规定，新的《医疗事故处理条例》也对医患沟通提出了新的要求，但是，我国并没有相关的健全的制度保证这些规定和条例的实施，也没有相应的监督体系。

二、国外研究现状

医患关系是较古老的人际关系之一，希波克拉底就说过：了解什么样的人得了病，比了解一个人得了什么病更重要。虽然医患矛盾、医疗纠纷是一个普遍的世界性问题，但国外对医患沟通的关注相对较早，加之西方国家法律比较健全，使医患双方均受到必要的制约，因此，医患关系处于比较稳定和谐的状态。

1. **医患沟通在美国**　美国作为世界上医疗技术高度发达的国家，医疗事故也不少见。据美国科学研究院医药研究所发表的报告统计，美国每年因为医疗事故死亡的患者达4.4万~9.8万人，但美国的医患关系并不十分紧张。

美国在1973、1974年相继颁布了《患者权利法案》《患者权利宣言》，实行知情同意的做法，就是告诉患者在医疗中可能遇到的问题，让其对各种治疗措施的选择做出决定。依据美国法律条例，知情同意必须含有四种成分：一是知情（informed），二是信息（information），三是理解（understanding），四是同意（consent）。一旦医生转达了基本的病情和推荐的诊治建议，必须确保患者及家属明白并同意医生的诊治计划，特别是对于有相当危险的介入性操作和特殊诊疗方法，要让患者清楚地了解其危险性和基本知识，并表达出是否同意。一般来讲，在美国如果出现医疗事故，患者及其家属不能与医生直接交涉，应到法院对其提出控告，医生并不直接出庭，而是由他们的保险公司出面与控方进行交涉，在败诉后赔偿患者或家属。至于赔偿数额，美国各州法律规定不尽相同，纽约州法律对此上不封顶，由陪审员和法官根据案情裁定。而加利福尼亚州法律规定，患者如果死亡，其家属最多只可以获赔25万美元。

医患沟通是美国医生必备的临床技能之一，也是医学生的必修课程。由美国医学院校协会所做的一项关于沟通技能教学的调查表明，115所应答的学校中，95%的医学院校开设了沟通技能课程，其中85%的学校在第一学年讲授。此外，美国还专门建立了患者交流中心（patient communication center，PCC），帮助医生向患者有针对性地提供医疗服务，如通过患者的自身情况（包括病情、心理、情绪、预后、治疗方案等）介绍，医生和患者充分地交流沟通，来识别这些情况并提出指导性意见，同时允许患者参与到相关的治疗方案中去。患者不仅能够得到很好的医疗技术服务，而且能够满足精神、心理、情感及社会等多方面的需要。

拓展阅读 1-6
美国有个医患沟通清单

2. **医患沟通在英国** 在英国，一般医院会设立专门人员，称为社会工作者（social worker）。他们具有专业医疗经验和沟通技巧，与主任、教授一起查房，如发现患者对医疗过程产生疑惑或不理解，他们会马上与之沟通或通知其相关亲属进行解释。医院以专科为单元，印制患者须知和健康指导，促进患者对疾病知识的了解，病区均设立专门的医患沟通办公室，方便与患者进行单独交流沟通。

据谢新清等介绍，英国实行三级投诉为主、法院裁决为辅的医患制度（physician-patient system）。如果患者对医生或医院的医疗行为不满意，首先，可以直接向提供医疗服务的机构投诉，院方可以让责任人向患者口头答复，或下令进行深入调查，或进行调解等。第二步，如患者不满意，可要求对其投诉进行独立审查，这一般由院方或医疗主管部门的一名召集人牵头，与另一名独立的非专业人士磋商后，决定是成立一个3人小组对投诉进行研究，或是将投诉转回原医疗机构，责令其解决问题。最后，如果患者对投诉处理结果仍不满意，还可以继续向医疗巡视官投诉。医疗巡视官独立于医疗机构和政府，可以依法对投诉做最后裁决。但英国现行的投诉程序并不涉及对医疗事故的赔偿问题。如果患者要进行索赔，只能向法院提出诉讼，能否得到赔偿及赔偿多少，最后都是由法庭裁决。

3. **医患沟通在日本** 日本厚生劳动省2002年4月曾对全国82所大型医院展开了一次全面调查。结果显示，近两年时间里，这82所医院共发生了15 000多起医疗事故。也就是说，在这些代表着日本最高医疗水准的大型医院里，平均每家医院每年都会有近百起医疗事故发生，其中致使患者丧生或生命垂危的重大医疗事故多达387起。但日本的医患关系比较稳定，因为医生为减少医疗纠纷总是自觉地与患者进行沟通，政府和行业也通过立法采取一系列措施，有效地缓解了医患矛盾。在日本，医患沟通的开展效果如何已经影响到患者的就医选择，医患之间的沟通已不仅局限于疾病本身，患者更愿意与医生自由地交谈。总结日本的经验，主要有以下方面。

第一，建立信任关系，提供优质服务。患者和医生的信任关系至关重要，只有相信医生，患者才会对诊断结果深信不疑，并在治疗过程中给予积极的配合。同时，患者的信任会使医生增强自信，有利于其对病情的诊断和治疗。为了增加患者对医生的信任，日本由厚生劳动省、日本医师协会、日本医院协会、健康保健联合会共同发起成立了医疗评估机构，主要任务是监督医院向患者提供优质服务。该机构还对所有医院在医疗记录是否严格管理、对患者有没有主治医生责任制、每个病例是否进行了认真研究、有无医生进修制度、患者权利是否有明文规定五个方面进行评估，并在网上公布结果，评估合格者颁发合格证书，不合格者则提出各种不同级别的警告。

第二，吸取失败教训，减少事故发生。日本厚生劳动省建立了医疗事故数据库，成立了由医生、律师、民间组织代表参加的医疗事故信息研究会。其主要任务是对全国的医疗事故有一个准确的把握，研究如何预防事故、查明事故原因以及发生重大事故时如何应对，最终目的是把医疗事故中的典型个案变成全社会的财富，让人们从中吸取教训。

第三，处理医疗事故有章可循。发生医疗事故后，根据相关规定，医院要向有关部门报告。有关部门向患者家属作出解释，若错在院方，医院要真诚道歉，并在经济上给予赔偿。若存在争议，可诉诸法律，有关部门根据调查结果进行处理，情节恶劣者要追究刑事责任。

第四节 学习医患沟通学的必要性与意义

一、学习医患沟通学的必要性

1. 社会发展的迫切需要　改革开放后，我国社会主义市场经济体制建立，经济迅速发展的同时，人的思想观念、价值取向、道德标准、生活信念都发生着深刻的变化，医患矛盾凸显。这一社会矛盾给医患双方都带来了重大危害，不利于和谐社会的构建。随着社会的进步，传统的生物医学模式已不能适应经济发展的要求，医学界和社会各界都在呼唤生物–心理–社会医学模式的到来，医患双方都有着迫切的沟通愿望和需要，医患沟通的产生具有社会必然性。

2. 现代医学发展的内在需求　在以往的医学发展过程中，以治疗躯体疾病为特征的生物医学模式占有主导地位。当人类历史进入现代社会，现代化的设备、技术也占据了医学领域。然而，现代医学不得不承认，它最棘手的问题是人的心理和社会因素对疾病和健康的影响，这些因素既能致病，又能治病，心身疾病就是医学不易攻克的典型堡垒。英国学者弗列克斯发表在《医学教育》杂志上的一篇著名报告指出，把医学单纯作为一种技术来掌握是非人道的，因为医疗服务的对象是生了病的人，其核心是为人服务，既要面对躯体疾病，又要面对生了病的人的情感需求。单纯依靠医疗技术无法有效地为患者服务，这就使医学需要人文理念的支持。美国医学家科布认为，心身医学是面向整体医学的，所有的患者都必须从"心""身"两个方面综合地看待。这就要求医生用更为全面的医学观点去认识生命、健康和疾病的本质，"心""身"并重，对患者的躯体和心理进行综合治疗，最大限度地减轻患者的痛苦。如何通过有效的交流和沟通，帮助患者走出心理困境，树立战胜疾病的信心，已成为医生的首要责任。所以，医生治病不仅要考虑疾病的因素，也要关注心理因素，要认真对待每一个患者的心理变化。

3. 构建和谐医患关系的需要　和谐医患关系是和谐社会的重要组成部分，医患沟通则是构建和谐医患关系的重要前提。医患沟通是满足医患需求、达到医疗目的和优化医疗服务过程的必要手段。通过医学沟通学的学习，有利于提高医学生和医护人员的医患沟通意识、能力和技巧，这是成为一名合格乃至优秀的医务人员所不可缺少的条件。医患沟通学在知识结构上整合了医学生所学过的人文社会科学知识，在医疗的现实环境中进行教学和培养，既符合教育规律，也符合医学教育的经验性特征；既有助于提高医学生的人际沟通能力，也有助于和谐医患关系的建立。我国目前的医患关系是紧张的，造成医患关系紧张的原因较多，但医患沟通不畅、医方缺乏医患沟通意识或沟通技巧差是重要原因之一。

4. 高等医学教育改革的趋势　近年来，世界医学教育联合会（WFME）和美国纽约中华医学基金会先后制定了《本科医学教育的国际标准》和《全球医学教育最低基本要求》（GMER），从医学知识、沟通能力、临床技能、职业态度、行为和伦理价值观等7大领域界定了高等医学人才必须达到的基本要求，其中临床技能和沟通能力占有重要地位。《福冈宣言》也指出"所有医生必须具备交流和处理人际关系的技能，缺少共鸣应该看作与技术不够一样，是无能力的表现"。国内高等医学教育界也日益关注医学教育目标的调整，注重吸取、借鉴和引入医学教育国际标准的相关内容，加强培养医学生医学伦理观念和医患沟通能力。教育部临床医学专业认证工作委员会《中国本科医学教育标准——临床医学专业（2022版）》要求医学生必须掌握医患沟通技能。

二、学习医患沟通学在医学教育中的意义

1. 培养高素质医学人才，适应医学模式发展的需要　医学教育的任务就是要适应社会的发展，培养出高素质的医学人才。当今医学已经由单纯的生物医学模式转变为生物-心理-社会医学模式，以患者为中心，进行有效的医患沟通，建立良好的医患关系，要求医护人员必须具备良好的人格、心理及团队精神，具有较高的医学人文素养和医学实践能力，并具有良好的沟通交流能力和综合判断能力，能够正确认识和处理"医学与自然、医学与社会、医学与人"的关系。近年来，我国医学高等教育迅速发展，招生规模扩大，专业设置更为细化，教育负荷也随之增加。但目前的教育模式仍存在过分强化专业意识和专业教育，忽视人文素质培养的弊端。开设医患沟通学及相关课程，不仅能够促进医学院校师生对医患沟通及相关内容的研究和学习，还有利于弥补当今中国医学教育中人文精神的缺失，提高医学生的综合素质。

2. 深化医学教育改革的需要　在"以患者为中心"的医疗模式下，需要医务工作者树立以患者为中心的服务理念，增强服务与责任意识，为患者提供人性化的服务。良好的医患沟通，可以明显提高患者的心理舒适度和合作度，从而有利于改善患者的疾病。为此，就需要高等医学教育深化改革，完善医学教育知识结构，整合人文社会科学的课程知识，并在医疗现实环境中进行教学和培养，这既符合教育规律，也符合医学的经验性特征。在欧美国家，医学院校已经开设沟通技巧训练（communication skills training，CST）课程，并成为临床技能培训的核心课程。

拓展阅读1-7
医学生面对"无语良师"

3. 有利于医护人员的终身教育　医学科学的人文性、经验性、实践性和非精确性决定了医学教育不可能一次性终结，它必须是终身学习和教育。继续医学教育制度是医护人员终身学习和教育的基本保证。医患沟通学涵盖了医学与人文综合的相关知识和技能，成为继续医学教育的重要内容应是顺理成章、大势所趋。将说教式的医德教育还原成为具体可操作的医疗服务言行规范，从而使医生的医患沟通能力在培训和实践中不断提高，并融入日常工作中，成为自觉自发的行为。针对目前我国现行的医生培养体制大多专注于医学知识与技术，而对医学专业之外人文医学执业能力普遍重视不够的现状，从2006年开始，中国医师协会开始举办"中国医师人文医学执业技能培训"，这是根据《卫生部关于加强卫生行业作风建设的意见》，依照《医务人员医德规范及实施办法》和《专科医师/住院医师规范化培养标准总则》等进行的。

4. 推动课题研究，开辟学术新园地　医患沟通是社会关注的一个焦点，也是医学学术界研究的热点。医患沟通不畅不仅影响患者的求医行为，也影响着医生的医疗行为，破坏医患双方的互信机制，对医疗秩序造成干扰。现实中，大量的问题有待于医患沟通学予以研究和解决，如建立适应新医学模式的沟通机制、医患沟通的地位与作用、医患沟通的影响因素、医患沟通的技巧、医患沟通评价体系的建立等。另外，医患沟通的研究涉及多学科，包括政治、经济、文化、教育、法律、伦理、风俗习惯等多个领域，正因为影响因素的复杂性，要找到其中的客观规律，

就必须将这些领域和学科综合进行分析研究，这为我们提供了新的科研方向和课题。

三、学习医患沟通学在临床实践中的意义

在医疗服务工作中，良好的医患沟通有助于医务人员调整自己的医学观念和服务理念，也有助于患者更好地理解与信任医护人员，促进医患之间的相互理解，协调医患关系，保证医疗活动的顺利进行。从应用层面来说，研究医患行为、开展良好的医患沟通具有非常重要的临床实践意义。

1. 有利于诊疗过程顺利进行　不论是传统中医的望、闻、问、切，还是当代西医的询问病史、症状，都说明了沟通在临床诊疗过程中具有不可或缺的作用。对患者疾病的诊断，通常是从医生询问病史开始的。良好的医患沟通可以帮助医生了解患者的有关信息，如主要症状、发病过程、既往史、已用药情况等，这一过程十分重要，不可省略。有时候一些无意中搜集到的信息，关键时候能成为疾病诊断的重要依据。在急诊科，医患之间的沟通作用更为凸显。急诊患者起病急、病情重、变化快，这个时候只有依靠与病患及家属之间的沟通，掌握第一手材料，才能正确地对患者展开紧急抢救。此外，良好的医患沟通不仅能让患者更好地配合医疗活动，还能使医生更全面地了解患者的整个病史，有利于做出准确的疾病诊断，并给予及时性治疗，从而使患者得到更满意的服务。

2. 有利于维护患者的权利　知情同意权是患者的一项重要权利，患者可以在对疾病认知、了解的基础上对诊疗措施做出同意与否的选择决定。知情同意的过程也是一个医患沟通过程。患者对治疗方案有什么想法与要求、是否同意或接受某种治疗措施等问题，只有通过医患沟通才能获知。

3. 有利于构建和谐的医患关系　医学是一个具有诸多不确定因素、不断发展的学科，与其说医学是科学，不如说它是追求科学的学科。迄今为止，医学的发展还远远没有达到我们的预期目标，很多疾病仍然得不到有效的治疗。特别是在市场经济条件下，医患之间的猜疑，各种医疗冲突、纠纷、滋事取闹甚至是暴力伤医事件频见报道。这种不信任、不和谐致使一些医生明哲保身，不求有功但求无过，这不仅影响了正常的医疗工作，而且对患者也极为不利。沟通能提高治疗过程的透明度，增加对患者的同情度，起到良好的医患思想交流作用，特别在遇到突发事件的时候，良好的沟通是缓解患者家属压抑和紧张心理的利剑，也是减少医患纠纷、创造和谐医患关系的一剂良药。医务人员在医疗活动中除了占有技术信息之外，更应具有责任感，应主动真诚地与患者沟通，以使患者能理性地认识医疗活动，加深医患双方的理解、尊重和信任，消除不必要的误解，更好地建立起和谐融洽的医患关系，规避不必要的医患矛盾和冲突。

4. 有利于提高医疗服务的效果，促进医院可持续发展　美国杜克大学的一项相关研究表明，医患之间充分的沟通能够减少患者术后的不良反应。良好的医患关系本身就具有治疗的效力，它可以使患者心情愉快、信心倍增，从而充分发挥出主观能动性，还可以增加患者对医嘱的依从性和对自身健康问题的了解，从而提高医疗服务的效果。患者是医院赖以生存和发展的基础，随着社会的发展和医疗改革的深入，患者有了更多的选择权，不仅可以选择医生提供的治疗方案，而且可以更自由地选择医院，有时还可以选择医务人员。医务人员在通过自己良好的医疗技术和服务态度为患者进行有效治疗的同时，还可以与患者在相互信任和真诚相待的基础上建立良好的关系，使其成为医院潜在的发展动力。

医疗服务全面走向市场是适应社会主义市场经济发展的必然趋势，医务人员应当与时俱进，

树立新的医疗服务观念,加强与患者的沟通,充分尊重患者的知情权、选择权,使患者积极支持、配合医疗工作,减少不必要的医患纠纷。良好的医患沟通,不仅有助于医患双方相互正确理解对方,协调关系,保证医疗活动的顺利进行,同时也是医学目的的需要,是医学人文精神的需要,是医学发展的需要;更重要的是,它还是提高医疗服务质量、防范医疗纠纷的保证和基础。因此,医患行为和医患沟通对于医疗卫生工作具有重要意义。

> 典型案例1-2
> 医患沟通案例分享
> ——惠州市口腔医院颌面外科吕效杰

(朱金富)

复习思考题

1. 简述医患沟通的概念。
2. 请联系实际谈谈医患沟通的重要意义。
3. 国外医患沟通的现状给我们哪些启示?请提出建设性意见。
4. 做到有效的医患沟通,需要注意什么?

网上更多……

本章小结　　自测题　　教学PPT　　微课

第二章
沟通的基本原理

关键词

沟通内涵　　沟通原则　　沟通要素　　沟通过程　　沟通层次
沟通类型　　沟通渠道　　沟通风格　　沟通作用

> 沟通是以各类不同的信息为媒介而进行的人际交流过程，是双向交流，是人际交流的主要方式。沟通不但要有效地将信息发送给接受者，还要有效地接收和领会对方发出的信息。沟通的原则包括平等、尊重、坦诚和开放、真实和准确、合作、双向互动等。在很多情况下，沟通的目的就是相互说服。沟通的过程包括信息规划、信息编辑、信息传递、信息阐释、信息反馈和沟通阻碍。沟通是有层次的，每个人根据自己的实际需要所进行的沟通层次是不同的，不同层次的沟通达到不同的效果。通常情况下，沟通包含9个主要因素，即沟通主体、沟通内容、沟通渠道、编码、解码、沟通客体、沟通反馈、沟通障碍和沟通环境。沟通风格体现了沟通者人际关系的基本结构与面貌。沟通的主要作用是传递和获得信息、交流感情、改善人际关系，沟通的作用还包括个体生存、成长需要及作为组织系统运行的润滑剂。

知识导图

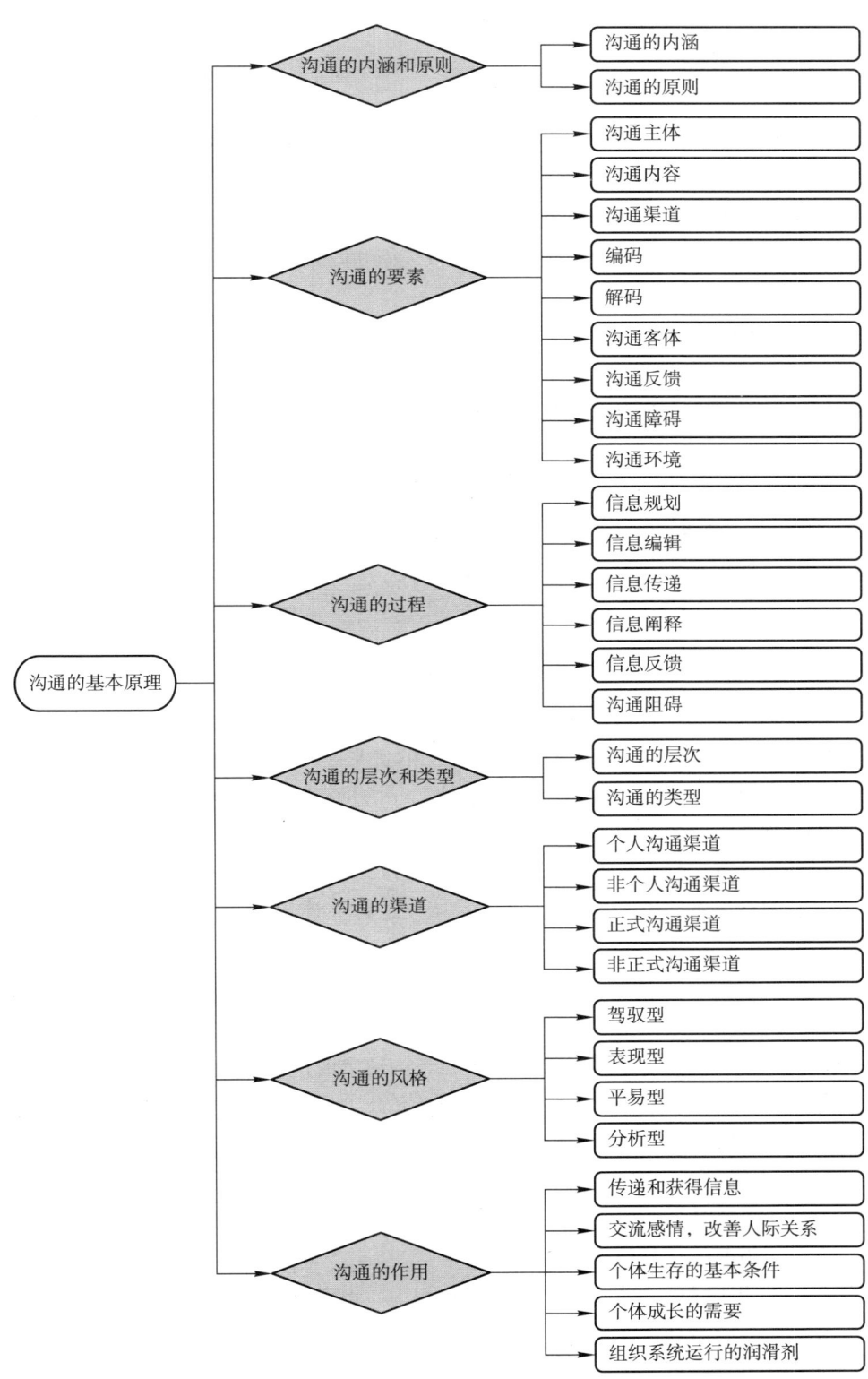

第一节 沟通的内涵和原则

沟通（communication）原本指开沟以使两水相通，后用以泛指使两方相通连，也指疏通彼此的意见。国内大部分专家认为，沟通是人类的活动和行为，是指"信息、思想与情感凭借一定的符号载体，在个人或群体间从发送者到接受者进行传递，并获取理解达成目的的过程"。而人际沟通是一种以独特性、相互依赖、自我表露和内在奖励为特征的互动。

一、沟通的内涵

沟通涵盖五个方面，即想说的、实际说的、听到的、理解的和反馈的（图2-1）。

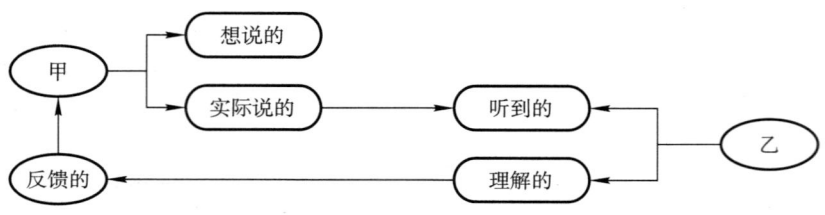

图2-1 沟通的内涵

沟通是一门技巧性很强的学问。如图2-1，在沟通的过程中，甲是信息发送者，乙是信息接受者。此处的"说"和"听"具有宽泛的含义，分别指"说、写、做或其他信息传递形式"，以及"听到、看到或接收到的"。事实上，一方面，想说什么与实际说了什么是有差异的；另一方面，接受者听到的与其理解的意思也存在差异，接受者会从其自身不同的角度出发去理解所听到的信息，然后做出反馈。这种差异会从其反馈中表现出来。理想的情况是，接受者所反馈的其对该信息的理解，恰好是发送者的初衷或发送者所期望的。

二、沟通的原则

1. 平等的原则　所谓平等，就是在沟通之前，心中要把对方放在与自己相同的位置上；沟通的目的不是证明自己是对的、对方是错的，沟通的目的是达成共识，而不是对方被你说服，切忌居高临下。

2. 尊重的原则　获得尊重是人的基本需求，尊重患者就是尊重对方的权利，维护对方的人格尊严。沟通者不仅要从心理上尊重患者，更要在沟通的过程中尊重患者。尊重体现在对患者的关注、倾听、理解和共情等方面。

3. 坦诚和开放的原则　在沟通过程中，坦率、真诚，有什么不同意见、建议直言相告，开诚布公，这有利于提高沟通的效果。反之，如果沟通双方缺乏坦诚态度，相互指责、攻击，不仅无助于问题解决，还会扩大乃至激化矛盾。

沟通者以开放的心灵和胸襟面对同他人的沟通，乐于接受新思想、新观念和新知识，在沟通过程中不隐瞒个人思想和观点；反之，抱有自以为是、故步自封的心态，就会失去向别人学习的机会。

4. 真实和准确的原则　真实客观地描述事实真相，不带个人主观评价，尽量把想表达或传递的信息准确地传送给信息接受者。真实、准确是基本的原则和要求，在沟通中，只有当你所用的语言和方式能为对方理解时，沟通才有效。在实际工作中，由于接收方对发送方的信息未必能完全理解，发送方需克服沟通过程中的各种障碍，将信息加以综合并力求用容易理解的方式进行表述。医务人员在与患者或家属沟通时，要客观真实、准确地把治疗过程中可能发生的并发症、药物的不良反应及医疗措施的局限性和危险性等情况，尽可能详细地告诉患方，让患方有充分的知情权和选择权，进而避免医疗纠纷。

5. 合作的原则　沟通的目的之一是为了合作，如同级部门、上下级之间的合作等。因此，沟通者要以合作的心态对待沟通。在沟通的过程中，双方相互理解、信任和支持是十分重要的，这取决于双方是否具有真诚的合作意识。

6. 双向互动的原则　沟通是信息发送者与接受者互动创造意义，是双方一起完成的一项活动。沟通就像跳双人舞，是一种互动过程，是与舞伴一起传递信息，而不是单方面传达；无论个人的技巧有多高超，沟通的成功与否都取决于相互的配合是否完美。沟通模式会因为与不同的人互动而改变。

第二节　沟通的要素

沟通过程是一个完整的链条，每一个环节都会对沟通效果产生影响。通常情况下，沟通包含9个主要因素，即沟通主体、沟通内容、沟通渠道、编码、解码、沟通客体、沟通反馈、沟通障碍和沟通环境。

一、沟通主体

沟通主体通常是发出信息的人，即信息源，是指拥有信息并试图进行沟通的个体，即沟通者。通常沟通者引发沟通过程，决定沟通目的。沟通的目的各有不同，可能只是为了提供信息，或为了影响别人，或为了与人建立某种联系等。沟通者的概念是相对的，在整个沟通活动中，沟通双方往往互为沟通者和信息接受者。医患沟通的沟通者为医生，是医患沟通的主体，医生引发医患沟通的过程，决定医患沟通的目的。

二、沟通内容

沟通内容即信息，是指沟通者试图传达给别人的内容，这种内容往往附加有沟通者的观念、态度和情感。沟通者附加的态度和情感主要通过语调、语气、语速、附加词、语句结构以及表情、神态、动作等方式加以传递。这种信息可能是直接明确的，即内容通俗易懂、直截了当，无须思索和逻辑推理；也可能是间接隐晦的，需要深刻理解和推理才能弄懂其内容。医患沟通内容是医患双方传递的观点和情感，主要是医生的告知和患者的知情同意。

三、沟通渠道

沟通渠道是指沟通信息传递的方式。在日常生活中最主要和运用最为广泛的沟通是视觉沟通和听觉沟通。人们常用的沟通方式既包括面对面的直接沟通，也包括网络、电话（语音沟通）、书信（文字沟通）、托人捎话（间接语音沟通）等方式。心理学研究发现，在所有的沟通方式中，影响最大的仍然是面对面的沟通方式。近年来出现的网络沟通主要包括文字沟通（博客、空间）及视听沟通（视频）等形式，博客、空间的文字沟通类似于先前的书信沟通。医患沟通所利用的渠道和载体主要有公示告知、口头告知、书面告知等形式。

四、编码

编码指沟通者将其所要表达的想法和感受转化成某种可以传递的符号方式的过程。编码是医患沟通的沟通者"医生"，将其所要表达的想法和感受等信息，译成可以传递的符号形式（如语言、书面文字等）的过程。

五、解码

解码指的是信息接受者将所获得的信号翻译或者转换成自己能够理解的形式的过程。解码是医患沟通的信息接受者"患者"，将其获得的信息译成自己能够了解的形式的思维过程，是患者根据自己过往经验和参考框架进行解释的过程。

六、沟通客体

沟通客体即信息接受者，是接收信息的个体。信息接受者对信息的接受是一个复杂的过程，包括一系列注意、知觉、转译和储存等心理活动。信息接受者有可能是多人，如听课的学生、听取演讲的听众、群体性事件中被说服的人群等，也可能仅仅是自己，如自我沟通。

七、沟通反馈

沟通反馈指的是信息接受者把收到并理解的信息返送给沟通者的过程，也包括沟通者与信息接受者之间的相互反应，是沟通客体对信息的反应。反馈可以反映出沟通客体对信息的理解和接受状态。根据沟通客体对信息的理解、接受状态，反馈可分为正反馈、负反馈和模糊反馈。正反馈显示出沟通客体理解并接受了信息，负反馈显示出信息没有被理解和接受，模糊反馈是沟通客体对信息的反应处于不确定状态，即信息不够充分，接受者无法决定接受与否。

自我反馈是指沟通主体在信息发送过程中自行获得反馈信息，如沟通者发觉自己所说的话有误或不够准确，也会对此自行作出调整。

沟通属于一种交互作用，在实际的沟通过程中，沟通的双方都在不断地将反馈信息回传给对方，始终处于一种双方互相传递和反馈信息的过程。任何一方既是沟通者也是反馈者，如果一方缺乏反馈或者出现负反馈，便会造成沟通的阻断，导致沟通无法继续进行，如对方面对沟通者的说辞无动于衷甚至反感，沟通者的沟通则会以失败而告终。

八、沟通障碍

沟通过程中任何环节出现问题，如信息不明确、没有表达清楚、信息没有被正确转换成可以沟通的信号、错用沟通方式、信息接受者误解信息，都有可能造成沟通障碍。例如，过于随意的批评会被人误认为是在开玩笑。

九、沟通环境

沟通环境即沟通发生的背景与环境。不同的背景环境下，信息会被赋予不同的意义。例如，同样一句"你这人差得远"，如果是在私人社交圈里对某个朋友说，会被认为是一句玩笑话；如果是在正式的场合对某人说，则会被认为是一种侮辱。

> 人文视角 2-1
> 蔡桓公之死——扁鹊的责任？
>
> 拓展阅读 2-1
> 进行有效沟通的六种方法

第三节　沟通的过程

沟通的过程为信息发送者进行信息规划、编辑，通过传递途径及信息接受者的阐释后到达信息接受者，信息接受者再把信息进行阐释，通过信息传递通道反馈到信息发送者（图2-2）。沟通整个过程涉及的因素包括信息发送者、信息规划、信息编辑、信息传递、信息阐释、信息反馈、信息接受者和在整个信息沟通中的各种沟通阻碍因素。

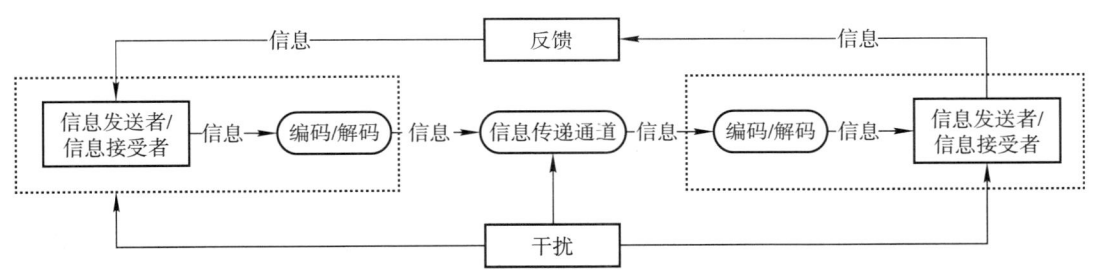

图2-2　沟通的过程

信息发送者既发出信息也接收信息，对发出的信息进行规划、编码，同时也对接收或反馈的信息进行解码，编码和解码受自身因素及各种阻碍因素影响。阻碍因素无处不在，如个体的知识、负性认知、情绪、既往经验、文化、性别、年龄、注意偏向、记忆提取及他人因素（相貌、性别、手势动作、语气语调等）。

一、信息规划

信息是沟通的基础，形成清晰、完整、有条理的信息是良好沟通的开始。信息规划（information planning）就是对信息进行搜集、整理、分析的过程。按照信息能否被很容易地理解和掌握，可以将信息分为明示信息（express information）和默示信息（implied information）。明示信息是指很容易被理解和掌握的信息，默示信息则是指不容易被理解和掌握的信息。一般来说，信息越明确、标准化程度越高，其明示程度越强，越有利于沟通。

信息规划主要包括信息范围确定、信息收集、信息评估、信息整理和分析。

1. 信息范围确定　信息规划的第一步是确定信息范围，也是决定信息规划质量的关键一步。确定信息范围的实质是确定信息规划的目的，对要获得的信息的性质、质量和内容进行初步的判断，从而确定搜集信息的范围。

2. 信息收集　是根据确定的信息范围，收集符合要求的信息以备整理、分析。

3. 信息评估　是对信息数据的真伪、准确与否等方面进行评估。信息评估质量的高低直接影响信息规划结果的有效性。

4. 信息整理和分析　是将收集到的合格信息进行加工、整理，其目的是获得一些有价值的结论。

二、信息编辑

信息编辑（information coding）就是将信息与意义符号化，编成一定的文字等语言形式或其他形式的符号，以某种形式表达出来。信息沟通过程从信息的发出开始。信息发送者具有明确意思或想法，但需纳入一定的形式之中才能予以传送，这称为编辑。编辑最常用的是口头语言和书面语言，除此之外，还可借助面部表情、声调、手势等身体语言和动作语言等。

三、信息传递

信息传递（information transmission）即通过一定的传递媒介或沟通渠道将信息从一个主体传递到另一个主体。

四、信息阐释

阐释又称解码，即将收到的信息用自己的思维方式去理解。信息阐释（information decoding）或解码过程包含两个层面，一是还原为信息发送者的信息表达方式，二是正确理解信息的真实含义。信息接受者在阐释过程中，也必须考虑发送者的经验背景，这样才能更准确地把握发送者表达的真正意图，正确、全面地理解收到信息的本来意义。只有当信息接受者对信息的理解与信息发送者传递出的信息的含义相同或近似时，才可能进行正确的信息沟通。沟通过程中，不同个人、不同组织阐释方式的不同，会直接影响沟通的效果。

拓展阅读2-2
沟通过程中相互宽容的重要性

五、信息反馈

信息反馈（information feedback）是沟通中的重要环节。信息传递并不是沟通最重要的目的，沟通的核心在于理解、说服和采取行动。信息接受者在获得信息或根据信息采取行动后，会根据自己的理解、感受和经验提出自己的看法和建议，这就是信息反馈。沟通过程是一个双向的互动过程，而不是一个单向的信息传递过程。

六、沟通阻碍

沟通阻碍（communication interference）指个体在沟通过程中面临的一些实际阻碍因素。这些阻碍因素可能来自沟通者本身，也可能来自外部环境。沟通者之间的阻碍有些是故意的，有些则是非故意的。来自沟通者本身的阻碍因素，如沟通者的语言表达能力较差、语言不流畅，或者不自觉地频繁出现一些阻碍对方注意力的身体姿态、表情、眼神等，这些都属于非故意的阻碍。沟通者为达到一定目的，有时会故意给其他沟通方制造沟通障碍，则是故意的阻碍。外部环境的阻碍包括沟通场所、背景以及其他客观存在的情况等。此外，信息传递过程也会对沟通效果产生影响。

> 典型案例2-1
> 20世纪最伟大的沟通学大师——戴尔·卡耐基

第四节 沟通的层次和类型

一、沟通的层次

每个人根据自己的实际需要所选择的沟通层次是不同的。个体根据自己的需求来进行有层次的沟通，不同层次的沟通达到不同效果。根据沟通效果，可以将沟通分为5个层次。

1. 一般性交谈　是最为普遍的沟通方式，也是沟通的最低层次。这种沟通方式只表达表面的、肤浅的、社会应酬性的话题，如见面问候、寒暄等，没有涉及感情的投入。因为不需要思考和事先准备，精神压力小，还可避免发生一些不期望发生的场面。一般多用于彼此不熟悉的人第一次见面时的寒暄，在开始沟通时使用有助于打开局面和建立信任关系。

2. 陈述事实的沟通　是一种对客观事实进行简单陈述的沟通方式，不加入个人意见，也不涉及人与人之间的关系。通常情况下，该层次的沟通只是传递一定的信息量，信息发送者并不在意接受者的感受。这是个体在工作关系时常用的沟通方式。

3. 分享个人想法和判断的沟通　是比陈述事实又高一层次的沟通。当一个人开始使用这种层次的沟通方式时，说明他已经对沟通的对方有了一定的信任感，因为这种沟通交流方式必须将自己的一些想法和判断说出来，并希望与对方分享。

4. 分享感觉的沟通　这种沟通方式较难实现，只有相互信任并有了安全感的时候才容易做到，才会愿意告诉对方他的信念以及对过去或现在一些事件的反应。沟通双方将彼此分享感觉，这样的分享是有建设性的，而且是健康的。

5. 沟通的极点　又称沟通的峰点，是指沟通的互动双方达到了一种短暂的"一致性"的感觉，或者不用对方说话就知道他的体验和感受。这是不同个体沟通交流所达到的最理想境界，这种高峰只需要短暂的时间即可完成，也可能伴随着分享感觉的沟通时就自然而然地产生了。

五种沟通层次的主要差别在于一个人希望把真正的感觉与对方分享的程度，而与对方分享感觉的程度又直接与彼此的信任度有关。信任度越高，彼此分享感觉的程度就越高；反之，信任度越低，彼此分享感觉的程度就越低。

> 典型案例2-2
> 中国古代沟通大师——魏征
>
> 拓展阅读2-3
> 社会心理学研究的重要内容——人际关系

二、沟通的类型

沟通有许多分类方法，沟通的类型因分类方法的不同而不同。

（一）按沟通的方法分类

根据沟通的方法不同，可将沟通分为言语沟通和非言语沟通。

1. 言语沟通　语言是一定社会约定俗成的符号系统。人们运用语言符号进行信息交流，传递思想、情感、观念和态度，达到沟通目的的过程，叫作言语沟通。言语沟通是人际沟通中最重要的一种形式，大多数的信息编码都是通过语言进行的。言语沟通分为口头沟通和书面沟通。

（1）口头沟通：是指借助口头语言进行的沟通。在面对面的人际沟通中，人们多数采用口头言语沟通的方式，如问诊、病情讨论等。口头言语沟通可以直接、及时地交流信息、沟通意见。

（2）书面沟通：是指借助书面语言进行的沟通。在间接沟通过程中，书面言语沟通用得比较多。书面言语沟通的好处是它不受时空条件的限制，还有机会修正内容，并便于保留，所以沟通的信息不容易造成失误，沟通的准确性和持久性都较高。同时，由于人们通过阅读接受信息的速度通常高于通过听讲接受信息的速度，因而在单位时间里，书面言语沟通的效率会较高。但是，书面言语沟通往往缺乏信息提供者的背景资料，所以对沟通客体的影响力不如口头言语沟通方式中高。

2. 非言语沟通　主要指说和写（语言）之外的信息传递，包括手势、身体姿态、音调（副语言）、身体空间和表情等。非言语沟通与言语沟通往往在效果上是互相补充的。

人们不仅通过他们说什么和怎么说进行沟通，还通过姿势、手势、面部表情、触摸，甚至人际距离进行沟通。一般来说，人们能够很好地掌握信息的言语内容，但对非言语的信息内容就很难掌握。非言语沟通倾向于强调情感和形象状态的交流，以及对双方轮流谈话的整合。

非言语沟通的类型主要有以下6种。

（1）表情：随着人类的进化不断发展、演变，成为非言语沟通的重要手段。人们通过表情来表达自己的情感、态度，也通过表情理解和判断他人的情感和态度。学会辨认表情所流露的真情实感，是人类社会化过程的主要内容。

（2）眼神：被认为是表达情感信息的重要方式。在人际沟通中，眼神的作用是巨大而强烈的。目光接触往往能够帮助说话的人更好地进行沟通。在一般交谈的情况下，相互注视约占31%，单向注视约占69%，每次注视的平均时间约为3 s，但相互注视的平均时间约为1 s。长时间的注视会引起生理上和情绪上的紧张，对此人们通常会很快做出回避行为，以减少紧张。

（3）身体语言或身体动作：通常用作与别人交流信息、传达情感。身体语言能表达一定的情感和信息，因而常被人们用作沟通的方式。但是，身体的接触或触摸是受一定社会规则和文化习俗限制的。不同民族、不同文化背景的人通常对身体语言有不同的理解，他们约定俗成的身体语言也具有不同的象征意义。

（4）服饰：从服装的质地、款式、新旧上往往可以看出一个人的身份、地位、经济条件、职业线索和审美品位等，这说明服饰在为沟通者传达着信息，也可以起到交流的作用。

（5）讲话风格：有声语言在沟通过程中起着重要作用。例如，缓慢、细心地讲话表示我们在与小孩子、老人或外国人说话，轻声小心地讲话（如用升调，用加强的语气、闪烁其词，附加问题等）表示我们面前出现了一个高地位的人。社会符号也告诉我们许多有关群体成员关系的信息，如社会阶层、种族、性别、年龄等。

（6）人际空间：人与人之间的距离也是表露人际关系的"语言"，能传递大量的情感信息。通常，亲密的人相互之间具有较近的人际距离，疏远的人相互之间具有较远的人际距离。人际距离传达的意义也具有文化特色，受环境的限制。有的民族喜欢双方保持近距离，而另一些民族则与之相反。美国人类学家霍尔认为，人际间的距离有4种：①亲密距离（0～44 cm），是指夫妻、亲人之间的距离；②个人距离（45～122 cm），是指一般朋友、熟人之间相互的对话距离；③社交距离（1.2～3.7 m），一般是较正式场合下保持的距离；④公众距离（一般为3.7 m以上），为演讲等公共场合的距离。人际交往的空间距离不是固定不变的，它具有一定的伸缩性，这依赖于具体情境，以及交谈双方的关系、社会地位、文化背景、性格特征、心境等。

虽然非言语符号在人际沟通中起着很大的作用，但是非言语符号系统在使用时具有较大的不确定性，它往往与沟通情境，以及沟通者的身份、年龄、性别、地位等有关。所以，非言语符号在使用过程中一定要注意内容、气氛、条件等因素。一般情况下，非言语符号系统的使用总是与言语沟通交织在一起的。

（二）按沟通双方的位置关系分类

按沟通中双方的地位是否互换，可以将沟通分为单向沟通和双向沟通。

1. 单向沟通　指信息发送者和信息接受者两者之间的地位不变（单向传递），一方只发送信息，另一方只接收信息。单向沟通中双方无论语言或情感上都不需要有信息的反馈，如作报告、发指示、下命令等。

单向沟通的速度快，信息发送者的压力小。但是信息接受者没有反馈意见的机会，不能产生平等和参与感，不利于增加信息接受者的自信心和责任心，不利于建立双方的感情。

2. 双向沟通　指信息发送者和信息接受者两者之间的位置不断交换，且信息发送者是以协商和讨论的姿态面对信息接受者，信息发出以后还需及时听取反馈意见，必要时双方可进行多次重复商谈，直到双方共同明确和满意为止，如交谈、协商等。

双向沟通的优点是信息沟通准确性较高，信息接受者有反馈意见的机会，产生平等感和参与感，增加自信心和责任心，有助于建立双方的感情。缺点是沟通较为耗时。

（三）按沟通单位分类

按沟通单位，即按人数多少，沟通可以分为团体沟通和个体沟通。

1. 团体沟通　顾名思义是指至少3人参加的信息沟通活动。团体沟通可通过会议、网络等方式进行。

2. 个体沟通　是指两人之间的沟通。常用的个体沟通方式有当面沟通、电话沟通、电子邮件（或书面）沟通等。

（四）按沟通功能分类

按沟通功能，沟通可分为工具式沟通与感情式沟通。工具式沟通是沟通主体将信息、知识、想法、要求传达给沟通客体，目的是影响和改变沟通客体的行为。感情式沟通是沟通双方表达感情，获得对方精神上的同情和谅解，最终改善相互间的关系。

（五）按沟通现实性分类

按沟通的现实性，沟通可分为现实沟通与虚拟沟通。现实沟通是沟通双方对对方的身份和角色都有比较清楚的把握的沟通，面对面的沟通是最普遍的现实沟通形式。有时候，双方通过媒体，如电话来沟通，但还是好像对方站在面前一样，这也是现实沟通。虚拟沟通是随着互联网而发展起来的一种沟通形式。在网络上，沟通的双方可以匿名，每个人都可以扮演各种他喜欢的角色，每个人都在和他自己想象的个体沟通。虚拟沟通中，沟通双方对对方的身份和角色往往是不清楚的，沟通的进程主要受自己的主观感受和想象来引导。

> 人文视角 2-2
> 艾伯特·梅拉比安的沟通模型
>
> 拓展阅读 2-4
> 互联网沟通——现代重要的沟通形式

第五节　沟通的渠道

沟通渠道是指由沟通者选择和确立的传送信息的媒介物，即信息传播者传递信息的途径。沟通者必须确定何种渠道是正式的，何种渠道是非正式的。一般来说，正式渠道由组织建立，它传递那些与工作相关的活动信息，并遵循着组织中的权力网络；组织中还有一些信息是通过非正式渠道来传递的。根据沟通的类型，可将沟通渠道分为个人沟通渠道和非个人沟通渠道。根据沟通的方式，可将沟通渠道分为正式沟通渠道与非正式沟通渠道。

一、个人沟通渠道

个人沟通渠道的特点是两个或更多的人，可以面对面、通过电话，或利用互联网上的通信软件等多种形式，进行直接互相交流。个人沟通渠道中有一种现象称为口头传播影响，在许多产品领域都行之有效。

二、非个人沟通渠道

包括主要媒体、氛围和活动。其中，主要媒体包括报刊媒体、广播媒体、展示媒体；氛围是特别设计的环境，建立并加强沟通主体与客体之间进行沟通的倾向；活动是安排好的事件，向沟通客体传达信息。

三、正式沟通渠道

正式沟通渠道是指在组织系统内，依据一定的组织原则所进行的信息传递与交流，如传达文件、召开会议、上下级之间定期的情报交换等，还包括团体所组织的技术交流、参观访问、市场调查等。正式沟通的优点是：沟通效果好，比较严肃，约束力强，易于保密，可以使信息沟通保持权威性。重要信息的传达一般都采取这种方式。其缺点是：由于依靠组织系统层层地传递，所以较刻板，沟通速度慢。

按信息流动方向，正式沟通渠道又可分为上行沟通、下行沟通和平行沟通。

（1）上行沟通：是指下级的意见向上级反映，即自下而上的沟通。例如，卫生防疫机构向卫生厅、卫生部报告疫情，就属于上行沟通。

（2）下行沟通：是指信息的流动是由组织层次的较高处流向较低处，通常下行沟通的目的是控制、指示、激励及评估，其形式包括管理政策宣示、备忘录、任务指派、下达指示等。研究表明，下行沟通时，信息会被逐级增加许多细节，从而影响沟通的有效执行。因此精简组织，减少组织层次，能使沟通更有效执行。

（3）平行沟通：又称横向沟通，是指组织内同层级或部门间的沟通，如不同科室之间的信息交流。平行沟通通常可节省时间和促进协调。

四、非正式沟通渠道

非正式沟通渠道是正式沟通渠道以外的信息交流和传递以及相互之间的回馈，以达成双方利益和目的一种方式，它不受组织监督，自由选择沟通渠道。例如，团体成员私下交换看法、朋友聚会、传播谣言和小道消息等都属于非正式沟通。非正式沟通是正式沟通的有机补充。在许多组织中，决策时利用的情报大部分是由非正式信息系统传递的。非正式沟通的主要特点是能灵活迅速地适应事态的变化，省略许多繁琐的程序；并且常常能提供大量的通过正式沟通渠道难以获得的信息，真实地反映个体的思想、态度和动机。

非正式沟通的优点是：沟通形式不拘，直接明了，速度很快，容易及时了解到正式沟通难以提供的"内幕新闻"。非正式沟通能够发挥作用的基础，是团体中良好的人际关系。其缺点表现在非正式沟通难以控制，传递的信息不确切，易于失真、曲解，而且可能导致小集团、小圈子，影响人心稳定和团体的凝聚力。

心理学研究表明，非正式沟通的内容和形式往往是能够事先被人知道的。它具有以下几个特点：第一，消息越新鲜，人们谈论得就越多；第二，对人们工作有影响者，最容易招致人们谈论；第三，最为人们所熟悉者，最多为人们谈论；第四，在工作中有关系的人，往往容易被牵扯到同一传闻中去；第五，在工作上接触多的人，最可能被牵扯到同一传闻中去。对于非正式沟通的这些规律，管理者应该予以充分注意，以杜绝起消极作用的"小道消息"，利用非正式沟通为组织目标服务。

正式沟通渠道一般是自上而下地遵循权力系统的垂直型网络。非正式沟通渠道常常称为小道消息的传播，它可以自由地向任何方向运动，不受权力等级的限制。

> 人文视角 2-3
> 乔治·埃尔顿·梅奥
> ——人际关系学的创立者
>
> 拓展阅读 2-5
> 沟通障碍

第六节 沟通的风格

沟通风格是指进行沟通的个体在信息沟通活动中表现出的个性风格，体现了沟通者人际关系的基本结构与面貌。总体上讲，沟通基本包括4种风格，即驾驭型、表现型、平易型和分析型。

一、驾驭型

具有这种沟通风格的人比较注重实效，具有非常明确的目标与个人愿望，并且不达目标誓不罢休。在沟通过程中，他们当机立断，独立而坦率，常常会根据情境的变化而改变自己的决定。

他们往往以事为中心，要求沟通对象具有一定的专业水准和深度。在与他人沟通中，他们精力旺盛，节奏迅速，说话直截了当，动作非常有力，表情严肃，但是有时过于直率而显得咄咄逼人。如果一味关注自我观点，可能会忽略他人的情感。

二、表现型

具有这种沟通风格的人显得外向、热情、生气勃勃、魅力四射，喜欢在沟通过程中扮演主角。他们干劲十足、不断进取，总喜好与人打交道，并愿意与人合作，具有丰富的想象力，对未来充满憧憬与幻想，也会将自己的热情感染给他人。他们富有情趣，面部表情丰富，动作多，节奏快，幅度大，善用肢体语言传情达意，但是往往情绪波动大，易陷入情感的旋涡，可能会给自己及其他人带来麻烦。

三、平易型

这种类型的人具有协作精神，支持他人，喜欢与人合作，并常常助人为乐；他们富有同情心，擅长外交，对人真诚。为了搞好人际关系，他们不惜牺牲自己的时间与精力，珍视已拥有的东西。这种类型的人做事非常有耐心，肢体语言比较克制，面部表情单纯，但是往往愿意扮演和事佬的角色，对于涉及沟通中的敏感问题，往往会采取回避的态度。

四、分析型

具有这种沟通风格的人擅长推理，一丝不苟，具有完美主义倾向，严于律己，对人挑剔，做事按部就班、严谨且循序渐进，对数据与情报的要求特别高。他们不愿与其他人合作，倾向于自我独立完成沟通任务。在沟通过程中，他们不大表露自我情感，谨小慎微，有时为了息事宁人，他们采取绕道迂回的对策，反而白白错失良机。

由于人们的个性、文化背景、工作经历、社会地位、所处环境不同，导致了人们不同的个性与沟通风格。在日常生活中，人们习惯于使用某种沟通方式，具有不同沟通风格的人在一起工作，而彼此不能协调与适应的话，那么彼此不仅不能有效沟通，还会造成无谓的冲突，妨碍工作的顺利进行。为了做到有效沟通，个体不仅需要识别自己的沟通风格，而且必须懂得如何与各种不同风格的个体打交道。

> 人文视角 2-4
> 维琴尼亚·萨提尔与萨提尔模式
>
> 拓展阅读 2-6
> 彼此尊重在沟通中的作用

第七节 沟通的作用

沟通是一种自然而然的、必需的、无所不在的活动，通过沟通可以交流信息、获得感情与思想。在人们工作、娱乐、居家、买卖时，或者希望和一些人的关系更加稳固和持久时，都要通过交流、合作、达成协议来达到目的。在沟通过程中，人们分享、披露、接收信息，沟通信息的内容可分为事实、情感、价值取向、意见观点，沟通的目的可以分为交流、劝说、教授、谈判、命令等。

有效沟通的意义包括：满足人们彼此交流的需要；使人们达成共识，更多地合作；降低工作的代理成本，提高办事效率；获得有价值的信息，并使个人办事更加井井有条；使人进行清晰的思考、有效把握所做的事。

简单来说，沟通的主要作用有两个：传递和获得信息；交流感情，改善人际关系。如果做深入分析，沟通的作用还包括个体生存的基本条件、个体成长的需要和组织系统运行的润滑剂。

一、传递和获得信息

沟通的过程涵盖信息的采集、传送、整理、交换。通过沟通，交换有意义、有价值的各种信息，生活中的大小事务才得以开展。沟通者通过一直保持注意力，随时抓住内容重点，找出所需要的重要信息，能更透彻地了解信息内容，拥有最佳的工作效率，并节省时间与精力，获得更高的生产力。

二、交流感情，改善人际关系

沟通与人际关系两者相互促进、相互影响。有效的沟通可以赢得和谐的人际关系，而和谐的人际关系又使沟通更加顺畅。相反，人际关系不良会使沟通难以开展，而不顺畅的沟通又会使人际关系变得更坏。

三、个体生存的基本条件

人类除了睡眠时间以外，大部分时间都在进行沟通。一旦人们之间发生了联系，沟通活动就开始了。即使有些信息没有表达出来，人们也时时刻刻都在有意或无意地向外界传递着信息。如果不能沟通，将会有很可怕的后果。例如1954年，在加拿大麦克吉尔大学的心理学家的"感觉剥夺"实验中，被试者视觉、听觉和触觉都被各种装置限制，单独待在实验室里。几小时后被试者开始感到恐慌，进而产生幻觉；被试者在实验室连续待了三四天后，会产生错觉和幻觉，注意力涣散，思维迟钝、紧张、焦虑、恐惧等，实验后需数日方能恢复正常。这个实验表明，大脑的发育和人的成长成熟是建立在与外界环境广泛接触和沟通的基础之上的。

四、个体成长的需要

萧伯纳有句名言："假如你有一个苹果，我有一个苹果，彼此交换后，我们每个人都只有一个苹果。但是，如果你有一种思想，我有一种思想，那么彼此交换后，我们每个人都有两种思想。"每个个体的所有需求的满足都离不开与外界的沟通和交流，尤其是社会需求、尊重需求和自我实现需求这些高层次的需求，更需要在与人沟通的过程中获得满足。而在情感上，人们同样是通过沟通来丰富自己的。人们看电影、欣赏绘画、阅读文章，实际上都是在体验作者的情感经验。不仅如此，人们在体验的过程中还会产生许多自己的想法和情绪，并且可以通过与他人的再沟通，使这种情感的体验加深。

人文视角 2-5
从"烛之武退秦师"的典故看沟通的作用

拓展阅读 2-7
感知剥夺实验

五、组织系统运行的润滑剂

组织需要通过人与人之间的相互配合、相互作用（包括领导和下属、职能部门之间、合作伙伴之间的竞争或合作行为），才有可能实现真正的成功。而组织的所有目标、任务、活动等都是通过沟通实现的，没有沟通，任何组织的计划都无法实现。因此，如果我们把整个组织系统看作一台复杂的机器，那么沟通就是保持这台机器良好运行的润滑剂。

（钱丽菊）

复习思考题

1. 沟通的内涵和沟通的原则是什么？
2. 沟通的要素有哪些？
3. 沟通的过程是什么？
4. 沟通的层次和差别主要是哪些？
5. 沟通的作用和意义是什么？

网上更多……

本章小结　　自测题　　教学 PPT　　微课

第三章
医患关系

关键词

医患关系　　医患关系模式　　医患关系现状
医生角色　　患者角色　　　　心理行为特征

> 医患关系的实质是"利益共同体","医者"和"患者"有着"战胜病魔、早日康复"的共同目标。在疾病面前,医患双方是同盟军,需要形成统一战线,因为战胜病魔既要依靠医生精湛的医术,也有赖于患者的治疗信心和积极配合。对抗疾病是医患双方的共同责任,只有医患双方共同配合、积极治疗,才能取得比较好的治疗效果。医患双方在抵御和治疗疾病的过程中都处于关键位置,患者康复的愿望要通过医方去实现,医方在诊疗疾病的过程中也逐渐加深对医学科学知识的认识和理解,提升了诊疗技能。

知识导图

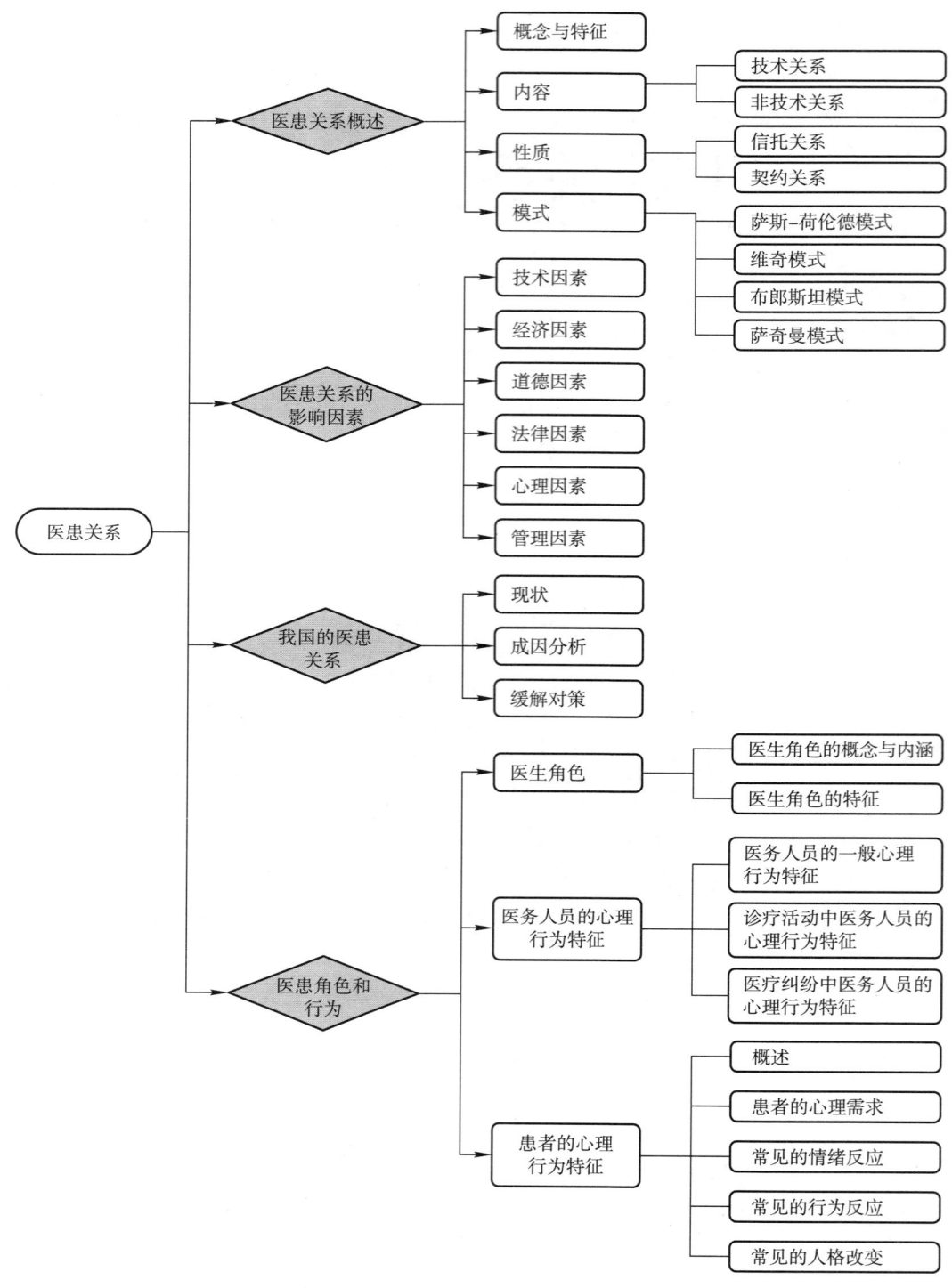

第一节 医患关系概述

医患关系（doctor-patient relationship）是一种重要的人际关系，贯穿于医学实践的始终，它伴随着医学的产生而出现，并随着医学技术和社会的发展而不断变化。作为医学技术与人、医疗活动与社会的永恒主题，医患关系体现了医疗实践主体的医学观、价值观，反映了医疗实践活动的社会文化背景。作为一种特殊的人际关系，医患关系具有自身特有的含义、属性、内容和类型。因此，正确理解医患关系的内涵和特点，有助于把握其本质属性，了解其运行规律，有利于促进医疗卫生事业的健康发展，从而更好地实现医学活动的根本目的。

典型案例 3-1
早产儿"被死亡"弃厕所事件

一、医患关系的概念与特征

（一）医患关系的概念

著名医学史家西格里斯特（H. E. Sigerist）曾精辟地指出："每一个医学行动始终涉及两类当事人——医生和患者，或者更广泛地说，是医学团体和社会。医学无非就是这两群人之间多方面的关系。"可见，医患关系是医患双方在医疗实践活动中建立起来的各种关系，它既可以是个体间的互动，也可以是围绕个体展开的群体间的联系。

医患关系可分为狭义和广义两个方面。狭义的医患关系是指在诊疗过程中，医生与患者围绕疾病的发生与发展、疾病的诊断与治疗，以及健康的转归与康复之间建立起来的个体人际关系。这一关系的建立以诊疗活动为核心，以预防疾病、促进健康为根本目的，在双方互动的过程中，医生通过医学知识和诊疗技术帮助患者恢复健康，患者依据医生的指导和建议进行疾病防治。

广义的医患关系是指，以医务人员为中心的包括医疗服务相关的一方，与以患者为中心的包括所有与患者健康利益有直接关系的一方，所构成的群体与群体之间的多方面关系。这里的医方可以是医生、护士、医疗技术和医务管理人员，也可以是医疗卫生机构、卫生行政部门、医学专业团体、医药企业，还可以是医学卫生技术知识和医疗卫生保健制度；患方既包括患者及其家属、患者隶属的组织和机构，也包括潜在的患者群体——社会公众。从这个角度看，广义的医患关系表明医学行为是一种集体行为，受制于技术发展、管理制度、体制建设和社会文化等因素的综合影响。

（二）医患关系的特征

医患关系作为人际关系的一种，除了具有人际关系的社会性、历史性和客观性等一般特征，还具有规定其本质内容的特殊属性，具体表现为以下几个方面。

1. 特殊的亲密性　出于诊疗的需要，患者在求医过程中，有时需要将自己极为私密的、无法告知他人的信息充分暴露给医生，如在身体检查时暴露特殊的躯体部位、在陈述病史时揭露自己的不良嗜好和生活隐私等。这表明，处于病痛中的患者，为了重获健康，不得不与医生建立特有的亲密关系，并对医生表现出高度的依赖和预设性的信任，即相信医生会为自己保守医疗秘密。因此，在诊疗过程中，医生应当保持职业操守，以诊疗疾病为根本，只针对与疾病相关的隐私和秘密进行了解，不对患者妄加指责，并注意保密。

2. 信息的不对称性　在医患关系中，医生群体的文化程度普遍较高，他们受过系统的医学教育和诊疗技能训练，又有临床经验，在治疗疾病、维护健康的过程中处于一种知情者的优势地位。然而，我国医学知识的普及教育相对薄弱，社会各群体、阶层人群的医疗知识普遍匮乏，从而导致患者群体处于一种不知情的劣势地位。这种专业知识与信息的不对称容易造成患者对医生盲目信任或缺乏理解。"我听你的，因为你知道；我不听你的，因为我不知道"，这是患者对医生的普遍心态。对于医生来说，由于处于主导地位，其难免产生敷衍、草率、顿足、抱怨之情："我知即可，告之何如；你既不知，何以怨我"。专业知识与信息的不对称是医患关系产生矛盾的基础之一。

3. 选择的不对等性　许多医生明确指出，医患选择是一种不对等的选择。患者可以选择医生，而医生却不能选择患者。为了保护患者的权益，行政部门和公众舆论完全支持患者选择医生；为了追求社会效益和经济效益，医生的上级主管领导基本支持患者选择医生；患者更是理所当然地认为自己有权选择医生。患者是主动的，而医生是被动的。医生尽管有权选择诊疗方法，却不能拒绝诊疗，而患者可以部分甚至全部拒绝诊疗。由此可见，医患双方在诊疗选择上是不对等的选择关系，完全不同于普通消费过程中经营者与消费者之间的对等选择关系。

4. 根本利益的一致性　医患关系的实质是"利益共同体"。"战胜病魔、早日康复"是医患双方的共同目标，也是医患双方的共同责任。战胜病魔不仅依靠医生精湛的医术，还需要患者具有战胜疾病的信心，并能积极配合。患者早日康复的愿望通过医生来实现，医生则在诊疗过程中加深了对医学科学知识的理解和认识，提升了诊疗技能。因此，在疾病面前，医患双方是同盟军和统一战线，他们的根本利益具有一致性。

二、医患关系的内容

医患关系的内容可分为技术关系和非技术关系两个方面。

（一）技术关系

医患之间的技术关系是指在诊疗过程中，医务人员与患者（及家属）围绕诊断、治疗、护理以及预防、保健、康复等具体医学行为的技术性问题所构建的关系，如征求患者对治疗效果的意见、讨论治疗方案等。技术方面的关系是医患关系中最主要、最基本的形式。

（二）非技术关系

医患之间的非技术关系是与医生诊疗技术和方法无关的"纯"人际关系。这种关系主要包括道德关系、经济关系、价值关系、法律关系等。

1. 道德关系　在医疗活动中，为协调和处理诊疗活动中医生和患者之间的关系，双方必须遵循一定的道德规范，从而产生了双向的道德关系。医务人员应具有高尚的医德修养，尊重和关爱患者，保护患者隐私，具有一定奉献精神；患者应遵守就医道德，履行道德义务，尊重医生劳动，自觉维护正常的诊疗秩序。

2. 经济关系　医疗活动为医患双方满足各自的需要提供可能。医务人员付出体力和脑力劳动，为患者提供服务，需要获得正当的劳动报酬；同样，患者接受医疗救治，病痛解除，重获健康，应为医务人员的劳动支付诊疗费用。通过医疗活动，医患双方的需要得到满足，形成了一定的经济关系。

3. 价值关系　在医疗活动中，医患双方为实现或体现各自的人生追求而形成价值关系。医务人员运用医学知识、技能及爱心为患者提供优质服务，得到患者和社会的尊重和认可，实现了医生对患者和社会的责任和贡献；同样，患者恢复了健康，重返工作岗位，又对他人及社会做出贡献，实现了其社会价值。

4. 法律关系　在医疗活动中，医务人员和患者在法律范围内行使各自的权利与义务，形成了法律关系。从患者进入医院挂号开始，医患双方便建立起契约关系，受到一系列法律法规的保护和监督。患方有权因就医权利受侵犯所造成的不应有的伤残、致死等诉诸法律，追究医务人员责任。医方的正常权益和诊疗秩序也同样受到法律的保护。

5. 文化关系　医疗活动中的医生和患者都是一定文化中的个体，当这种关系建立时，必然形成一种文化关系，并影响着医患关系的进一步展开和医疗行为活动的结果。由此可见，医患关系不可避免地也是一种文化关系。

随着现代医学由生物医学模式向生物－心理－社会医学模式转变，"以患者为中心"的理念逐渐得以确立，医患关系的内容不再局限于单纯的医疗技术，而是将医学技术与心理、社会紧密结合起来，医患之间也逐步从传统的医生主导、患者盲从的关系模式向医患平等、相互尊重的新型模式转变。

三、医患关系的性质

（一）信托关系

信托关系主要是描述医患之间的道德关系，先有"信"后有"托"。我国当代著名肝胆外科专家吴孟超曾把医生治病比喻为背患者过河，这个生动的比喻形象地揭示了医患关系的本质——信托关系。在诊疗中，基于对医生的信任，患者向医生叙述身体、心灵、家庭等私人问题，将健康托付给医生；医生则运用自己的专业知识和技能，努力维护患者的最佳利益，在其支持和配合下，尽最大能力医治疾病、减少痛苦，给患者尽可能多的人文关怀和帮助。

医患之间只有相互尊重、相互信任，才能共同战胜疾病。信则两利，疑则两伤。

（二）契约关系

契约关系主要是描述医患之间的法律关系，患者在医院挂号就医后，基于医患双方法律地位的平等性和医生对自身专业职责的认可与承诺（患者利益至上），双方形成了明确和既定的医患契约关系，即患者承担支付诊疗费用的义务，享有接受诊疗服务的权利；医务人员及医疗机构有收取诊疗费用的权利，承担提供诊疗服务的义务；双方都有尊重与被尊重的权利和义务。由于医学服务的专业性和疾病发展过程的复杂性和动态性，医患之间的契约关系不同于一般民事上的契约关系。为保障患者身心健康，国家在相关法律法规中对医务人员的行为做出了一些强制性的规定。《中华人民共和国医师法》（以下简称《医师法》）第二十七条规定："对需要紧急救治的患者，医师应当采取紧急措施进行诊治，不得拒绝急救处置"。作为医务人员，签订契约并不表明只是简单地履行签字程序，而是真正地树立敬业精神，遵守职业道德，履行医师职责，在患者生命处于危险之中时，能够切实为其健康负责。

四、医患关系模式

医患关系模式（model of doctor-patient relationship）即在医学实践活动中医患双方相互间的行为方式。目前，国际上广泛认可的医患关系模式是由美国学者萨斯和荷伦德提出的，另外还有维奇模式、布朗斯坦模式和萨奇曼模式等。

（一）萨斯-荷伦德模式

1956年，美国学者萨斯（Szasz）与荷伦德（Hollender）发表了《医患关系的基本模式》一文，指出患者症状的严重程度是影响医生与患者各自主动性大小的重要因素，文中以医患互动、医生和患者的地位、主动性大小为依据将医患关系归纳为3种基本类型：主动-被动型、指导-合作型、共同参与型（表3-1）。

1. 主动-被动型　这是一种具有悠久历史的医患关系模式，并普遍存在于现代医学实践中。在这一模式中，医生是主动的，患者是被动的，其特征是医生对患者单向作用，即"为患者做什么"。医生掌握诊疗技术，接受患者的请求，给患者诊治，完全把握了医疗的主动权、决策权。患者不能发挥积极主动作用，不能发表自己的看法，也不能对医生的责任进行有效监督，易引起不应有的事故和差错。这种医患关系类似父母与婴儿的关系。因此，西方学者把这一模式称为"父权主义模型"。在强调自主权的今天，主动-被动型医患关系模式已受到越来越多的批评。但是，对于麻醉、严重外伤昏迷患者或其他难以表达主观意见的患者，这种模式仍然适用。

2. 指导-合作型　这是构成现代医患关系的一种基础模式。在这种模式中，患者被看作有意识、有思想的人，并在医患双方的交往中拥有一定的主动性。但这种主动性是有条件的，是以主动配合、执行医生的意志为前提的，如主动述说病情、反映诊治中的情况、配合检查和治疗等。而对于医生的诊治措施，患者既不能提出异议，也不能反对。也就是说，医者仍具有权威性，仍占据主导地位。该模式中的医患关系类似父母与儿童的关系，因为有互动的成分，能较好地发挥医患双方的积极性，有利于提高诊疗效果、及时纠正医疗差错，并在协调医患关系中起到一定作用，不足之处是医患双方权利的不对等性仍然较大。一般常见于急性病或危重病但头脑清醒患者的就医过程。

3. 共同参与型　这是现代医患关系模式的一种发展趋势。随着"知识型患者"的增加，以及患者"自己对自己生命负责"理念的增强，共同参与型医患关系模式日益成为当前医患关系的主流。在这种模式中，患者不再处于被动地位，而是主动与医生合作，主动参与医生的诊治活动，提供资料帮助医生做出正确诊断；医生则以平等的观念和言行方式，认真听取患者的意见，采取其中合理的部分，充分发挥医患双方的主动性和积极性，一起商讨治疗措施，共同制定并积

表3-1　萨斯-荷伦德模式

模式	医生的角色	患者的角色	临床应用对象	模式原型
主动-被动型	主动命令	被动服从	难以表达自己主观意见的患者，如麻醉、严重外伤昏迷患者等	父母-婴儿
指导-合作型	指导诊疗	配合诊疗	急性病或危重病，但头脑清醒患者	父母-儿童
共同参与型	帮助患者自助	主动参与诊疗	慢性疾病患者和心理疾病患者	成人-成人

极实施医疗方案。这种类型的医患关系类似成人之间的关系，有助于双方的理解与沟通，对消除医患隔阂，建立真诚、互信的人际关系，提高医疗质量都是非常有利的。大多数慢性病的治疗和一般心理治疗适用这种模型。

需要指出的是，在现实医疗活动中，医务人员同特定患者之间的医患关系类型不是固定不变的，可能随着患者病情的变化而发生模式转变。例如，对一个因昏迷而入院治疗的患者，首先应按照"主动-被动型"模式加以处理；随着患者病情的好转和意识的恢复，就可逐渐转入"指导-合作型"模式；待患者进入康复期，"共同参与型"便成为适宜的模式。

（二）维奇模式

美国学者罗伯特·维奇（Robert Veatch）提出了4种医患关系模式。

1. 纯技术模式 又称工程模式。在这种模式中，医生充当的是纯科学家的角色，只负责技术工作。医生将所有与疾病、健康有关的事实提供给患者，让患者接受这些事实，然后医生根据这些事实，解决相应的问题。

2. 权威模式 又称教士模式。在这种模式中，医生充当家长的角色，具有巨大的权威性，不仅有为患者做出医学决定的权利，而且具有做出道德决定的权利；一切由医生决定，患者完全丧失自主权，不能发挥主观能动性。

3. 合作模式 又称同事模式。在这种模式中，医生和患者拥有共同目标，即战胜疾病、恢复健康。为了实现这一目标，双方像同事一样，彼此平等、相互尊重、共同合作。信任和信心是医患双方合作的关键。医患间真诚相待，为了一致的目标共同努力，进而形成和谐的合作关系。

4. 契约模式 在这种模式中，医患双方是一种关于责任与利益的契约关系。尽管医患双方彼此之间并非完全平等，但相互之间有着一些共同利益，并分享道德权利与道德责任，同时对做出的各种决定及行为负责。维奇认为，与前两种模式相比，契约模式是一大进步，是较令人满意的模式。

（三）布朗斯坦模式

布朗斯坦（Braunstein）在其编著的《行为科学在医学中的应用》一书中，提出了医患关系的"传统模式"和"人道模式"。

1. 传统模式 从传统生物医学模式派生而来。在这一模式中，医生所关心的只是疾病的处理、科学知识的解释以及标准技术和常规技能的应用，很少考虑患者的期望和感受。医生拥有绝对的权威，为患者做出决定，患者则听命服从、执行决定。

2. 人道模式 又称人本模式，强调"以人为本"，体现对患者意志和权利的尊重，将患者视为一个"完整的人"，重视患者的心理、社会方面因素。医患交往的过程不再是"医生—疾病—技术—机器"的模式，而是将关注的重点从疾病转移到患者。诊疗过程不仅仅从生物医学层面分析，而是将生物学因素、心理学因素和社会学因素相结合进行分析。在医患地位上，医生不再是至高无上的权威，而是与患者之间形成相对平等协商的权利和义务关系。

（四）萨奇曼模式

萨奇曼（Suchman）模式是一种患病行为的社会心理学模式，或称为疾病和医疗照顾行为模式。为了研究患者做出的与"寻求、发现和进行医疗照顾"有关决定的类型，萨奇曼把连续发生的事件分成5个阶段：一是体验症状阶段，二是接受患病角色阶段，三是接触医疗照顾阶段，四是依靠医生的患病角色阶段，五是痊愈或康复阶段。他认为，每一阶段都是寻求帮助或疾病行为过程中做出一个新的重要决定的时候，在每个阶段，患者都进行不同的决策并采取不同的行动。在评价患病体验时，患者不仅要理解自己的症状，还要权衡资源的可及性，以及治疗成功的可能性等。在整个疾病过程中，患者明显存在主动、自觉地寻求、发现医疗照顾，即参与医疗的心理和行为倾向。因此，医务人员理解和尊重患者，帮助和引导患者，与患者进行充分的沟通与交往就显得尤为重要。

第二节　医患关系的影响因素

一、技术因素

随着科技水平的不断发展，医疗设备的更新速度越来越快，功能越来越全，应用范围越来越广，医疗信息化的程度也越来越高。在美国等发达国家，医生远程诊疗已经相当普遍。我国医疗科技的应用尽管还有些差距，但其发展速度和水平也令人称赞。特别在我国发达城市的三级医院，医疗设备及医学信息技术几乎涉及医院的每个部门及科室。然而，医疗技术是一把"双刃剑"，它的广泛应用一方面给医生和患者带来便利，让许多疑难杂症的治疗看到希望。另一方面，现代医学技术在应用的过程中，因部分医务人员存在对其特征把握不准、认知浅显、操作不当等问题，导致发生误诊、漏诊现象，不可避免地对医患关系的和谐造成负面影响。另外，在诊疗疾病的过程中，医生依赖医学技术的检查结果已成为一种日常现象，一些医生在进行诊断时不问患者病史、发病情况、症状表现等重要内容，或直接开具检查（检验）单要求患者进行各种检查，易引起患者对医生信任度降低、对其态度不满。加之医疗技术科室的操作人员与患者缺乏交流与沟通，从而使得患者在面对陌生复杂的机器时易产生惧怕心理，配合程度降低，从而对检查结果产生一定程度的影响。这些都可能引发医患矛盾的产生与加剧。

二、经济因素

医疗服务市场同一般商品市场一样，都由需方和供方构成，遵循价值规律。因此，医患关系也受到经济因素的影响与制约。

（一）医疗服务市场的特殊性

与一般商品市场不同，医疗服务市场具有特殊性，存在垄断性、主导性、技术性等特点。垄断性主要表现为服务产品的不可替代性和地域局限性。医方作为医疗服务市场的供方，因为具备专业知识与技能（技术性），所以在整个医疗活动过程中处于主导地位（主导性）。与之相反，患者作为需方则具有被动、不确定性的特点，尽管患者可以选择医疗机构和医生，但供需关系一旦形成，供需双方对需要的选择权仍然存在不平等性。另外，第三方医疗保险机构的参与也会在一定程度上影响供需平衡。因此，政府的干预必不可少，例如维护医疗服务的公益性质，从市场准入和退出机制、价格和安全等方面协调供方行为，为患者提供较为廉价而优质的医疗服务。

（二）经济人假设影响医患双方行为

"经济人"也可称为"实利人"，是西方经济学者作为基本假设提出来的，因而又称经济人假设。该假设认为，无论处于什么地位，人的本质是一致的，即以追求个人利益为目标，以满足自身利益或效益最大化为基本动机。基于此，对医患双方的行为分析发现：出于理性考虑，医方和患方都会尽量选择有利于自己利益的行为方式，倾向于选择以最小的付出获得最大的回报，即效益最大化。因此，医生、医疗机构和患者的行为决策都存在"理性经济人"特征。医生既是患者利益的代理人，又是追逐自身利益的经济人。他们本着医者仁心原则，为患者推荐最有利的治疗方案，同时又通过提供诊疗服务从患者身上获得相应经济利益。在医患关系中，由于医生处于主导地位，因此在面对经济诱惑时容易产生道德风险，侵害患者利益。医疗机构作为理性经济人，一方面想方设法购买医疗设备和引进高技术人才，以高质量、高水平的诊疗服务吸引患者，为患者提供真正有效、便捷的医疗服务；另一方面为了生存，追逐经济利益最大化，将药品、检查的高成本转嫁给患者，导致看病越来越贵。患者作为理性人，希望在经济能力范围内获得最全面、最权威的诊治；同时，又期望以最小的成本支出获得尽可能高的医疗服务质量。为此，在同等条件下，患者不惜拉关系、塞红包来获取医生更多的服务，但是如果医生的诊疗没有达到预期效果，患者就会心理失衡，认为医生"拿钱不办事"，而忽略了医疗行为本身的不确定性，从而引发激烈的医患冲突。

典型案例 3-2
医药"回扣门"事件

由此可见，无论是医方还是患方，都存在"理性人"和"经济人"的行为特征，都期望追求自身利益最大化。在医疗互动过程中，如果双方对治病救人、维护健康的效用目标达成一致，医患关系就会处于和谐状态；一旦双方的利益或效益目标出现偏差又得不到很好的平衡和解决，便不可避免地产生医疗纠纷。

三、道德因素

随着社会的进步与发展，人们对医疗卫生保健的需求不断增加。伦理道德在调节社会关系，特别是医患关系中尤为重要。

医患关系是由多方面因素形成的，医患关系中出现的功利趋势、商业趋势、物化与非人格化的趋势等除了受市场经济大环境的影响外，还与医学技术进步的客观性有关。从伦理学视角来看，这种趋势的形成也包含关怀因素的缺失。因此，自觉加强医患关系中的伦理道德调节，对于医疗服务工作非常重要。

现代医生所面对的已经不是单纯的"患者"，而是社会化的人。与人交往是治病的基础，任何没有患者配合的治疗都是困难的，甚至是徒劳的。随着全社会物质文明和精神文明的不断进步，人们对医疗工作的参与意识逐步增强，这就对医务人员处理医患关系的能力提出了更高的要求。这种能力首先来自对医患关系的明确认识。

医患关系不是简单的合同关系。如果将医患关系简单地视为合同关系，那么充满爱心的治疗工作将变成冷酷的机械修理工作，导致医患关系的疏远。在临床上，关系的疏远意味着患者对医生的信任度和顺应性降低，进而影响疗效。因此，应努力提高医务人员的人文素养，端正行医动机，规范医疗行为，体现医德医风，做到"想患者之所想，急患者之所急，忧患者之所忧"，视患者为亲人、朋友，不只关心疾病和技术，还关注患者情绪和情感；不搞额外收入，禁止"开单提成"，坚持合理检查、合理用药、合理收费，严禁医务人员收受"红包"和接受"吃请"；坚持

"以人为本、诚信敬业、文明行医"的服务理念，努力降低患者的医疗费用，减轻患者的经济负担，为构建和谐医患关系奠定良好基础。

理想的医患关系不仅能使患者对医生产生信任感，还能保持医生在治疗中的权威性，保证合理的治疗效果。

四、法律因素

医患关系作为社会关系的一个分支，必然要受到法律规范的调整。现行法律法规在调整整个医疗过程中所形成的权利义务关系的总和，构成医患法律关系。

（一）民事法律关系说

医患双方具有平等的法律地位，医患关系属于民事法律关系。目前，司法实践中医疗纠纷案件适用的主要法律依据是民事法律，其中又细分为合同关系说和侵权关系说。

1. 合同关系说　在实际的就医过程中，除了住院患者会签署相关诊疗知情同意书，门诊患者绝大多数没有与医疗机构签署规范的合同。但是，就医过程是以"要约－承诺"模式缔结医疗服务合同的过程，患者到医疗机构挂号形成要约，医生给患者诊疗构成承诺；医生给患者开具处方或检查申请形成新要约，患者支付医疗费构成新承诺。可见，医患关系符合合同关系特征。因此，在司法实践中，对于医疗服务过程中产生的经济类纠纷，一般以医疗服务合同案由立案。

2. 侵权关系说　《中华人民共和国民法典》（以下简称《民法典》）对"医疗损害责任"独立分章进行了规范，不仅对医疗机构和医务人员的医疗行为进行了规范，同时明确提出医疗机构及其医务人员的合法权益受法律保护。在我国，对于患者在医疗机构的救治中受到伤害的，可以收集证据材料依法对侵权行为人追究相关的侵权责任。如果双方就侵权责任的归属无法达成一致的，可以到卫生行政部门申请进行医疗事故的鉴定，并且依照相关的鉴定报告来要求对方承担相应的侵权责任并进行赔偿。法院在参考医学专业鉴定结论的基础上，按照民事法律法规赔偿标准进行审理。

（二）消费法律关系说

在我国，医患关系已经异化为消费关系。很多患者认为，到医院花钱看病，属于消费行为。患者就是消费者，医生治不好病，就得进行赔偿。这样的观点看似有道理，其实很荒唐。我国公立医疗机构具有公益性，虽然收取费用，但其收入不用于分红，而是用于医院发展，继续从事公益性事业。如果将医患关系笼统定义为消费关系，则会让患者产生花钱就能看好病的误解，进而加剧医患矛盾。在实际诊疗过程中，由于医学发展的局限性、医疗资源配置不均衡、医疗人员诊疗水平参差不齐以及患者个体差异性等多方面的因素影响，同样的诊疗方案在不同患者身上所表现出的治疗效果也因人而异。

（三）行政法律关系说

医疗机构提供医疗服务，其实质是履行政府职责。卫生行政部门才是享有国家行政权的国家行政机关，负责对管辖区域内医疗机构所开展的工作进行监督和指导。因此，医生的诊疗行为应属于一般职务行为，并非行政职权行为。基于此，如果把新型冠状病毒感染疫情、地震等特殊情况下医疗机构的诊疗行为所产生的医患法律关系认定为行政法律关系，往往以偏概全。

（四）社会保障法律关系说

随着医保政策的全面覆盖，医患关系还涉及医保机构，三者相互联系，密不可分。医保政策和规定作为我国社会保障法的重要组成部分，为全体社会成员的生命健康保驾护航。社会保障法属于社会法体系。社会法学作为一门新兴学科，属于公私法之外的第三法域，这一点确实符合医患法律关系的特点。目前，我国社会法体系侧重保障弱势群体的社会权益，一旦患者利益和医务人员个人利益发生冲突，社会保障法难免顾此失彼，无法公正权衡医患双方权益。所以，把医患关系笼统地定性为社会保障法律关系显然也不妥。

五、心理因素

医患关系中的心理因素是引发医患矛盾的重要风险因素，主要表现为四个方面。

（一）性格

性格指一个人思考、感受和行为的特定方式。我国医疗行业中"以医为尊"思想普遍，医生习惯以救世主身份对待患者，患者则处于被动、无条件服从的地位。随着社会的发展，人们对待生命的态度有所变化，患者开始关注自身是否得到尊重，以及合理的需求是否得到满足。在这种情况下，如果患者是从众型人格，或性格内敛、情绪稳定，通常不易产生对立的医患关系。但如果患者是独立型人格，性格外向且情绪不稳定，则医患关系较难以融洽。

（二）移情

在医患关系中，移情泛指患者对医务人员所产生的一种潜意识的爱与憎的情绪体验。移情效果取决于医患双方当时的情绪及控制程度。患者到医院看病，由于疾病痛苦、医疗费用高、医生服务态度不好等原因，通常带着一肚子气，心境低落，情绪压抑，情感需要找到归属或投注。同样地，我国医务人员的情绪问题也较为突出。据调查，32%的医务人员存在不同程度的抑郁症状。如果医务人员将自己的不良情绪带到医疗过程中，使患者受到牵连，则极大地影响医患关系。由此可见，医患双方如有一方不能很好地调整或控制情绪，便可能产生某种负移情，从而影响良好医患关系的形成。

（三）应激

应激也称为"压力"，是个体身心感受到威胁时的一种紧张状态。在医疗活动中，医患双方常常处于应激状态。如果这种心理状态过于强烈，或超过个体的心理承受能力，则可能引发愤怒等情绪，从而影响医患关系。导致医生出现应激心理的原因，一是强烈的责任感，当医生认为自己的能力不足以满足患者需求时，就会对自己承担的责任产生紧张心理；二是偏差的价值观，受市场经济的冲击，一些医务人员的价值观出现偏差，相互攀比，唯恐自己收入低、没价值。导致患者产生应激心理的原因，一方面是对疾病的恐惧，另一方面则是对医学知识一知半解。现在，患者普遍对医疗技术期望值过高，认为一进医院，医生就能治好病；一旦现实与之相反，就紧张焦虑。另外，生疏的医院环境与医疗过程，尤其在进行一些不得不做的检查与治疗时，也容易使患者产生应激。

（四）动机

动机是推动个体进行活动的内部动因或动力。战胜疾病是医患双方的共同目标，两者间本应动机一致、关系和谐，但实际上，医患间的冲突十分常见。究其原因，虽然受多种因素影响，但医患双方行为动机的非唯一性也影响着医患关系的和谐。例如，医院或医务人员不仅"治病救人"，还要考虑利润与收益、名声和地位；患者则在治疗疾病的同时也注重人格和隐私权，要求与医生在人格上平等并受到尊重。医务人员期望能得到患者的支持、配合，使患者尽快治愈；患者希望医务人员能尽快减轻自己的病痛，并能尊重自己。如果患者不能按照医务人员的要求去做，或者医务人员不能适当满足患者的需要，均会损害医患关系。

六、管理因素

从管理方面来看，影响医患关系的原因还包括政府监管和医疗卫生资源配置等因素。

（一）政府监管

随着社会的变迁，医患之间不再以血缘、地缘和业缘为基础形成熟人社会关系，因而难以形成一种建立在对具体人格、品性、修养信任基础上的人格信任模式。在现代社会，医务人员与患者之间通常是一种陌生的社会关系，双方均难以确定对方是否可以被信任。在这种情况下，发挥系统信任的作用显得尤为重要。系统信任是指在陌生人之间建立的信任，这种信任关系的形成依赖外部约束，主要包括规章制度、法律制度等他律性控制手段。在卫生领域中，政府在公立医院的生存与发展中扮演着重要角色，有必要采取公共监督和管制手段，加强法规和制度等外在强制性因素监管，形成系统信任。政府通过监督、信息管理、制定法规制度等方式有效发挥对医院的监管职能，为人民群众看病就医建立可靠的监管机制，群众则因相信政府的监管机制而间接地信任医院的管理以及医生的行医。

（二）医疗卫生资源配置和医疗服务

医疗卫生资源的公平性和可及性直接关系到人民群众的看病就医。在市场经济体制下，公立医院逐步呈现市场化、商业化。医疗资源大多流向大城市、大医院，导致医疗资源配置区域不均衡，造成大医院人满为患、拥挤不堪，患者感觉到"看病难"，看专家更难。患者因此变得更加焦虑、不安，产生对就医环境、服务质量的不满情绪，甚至容易激发医患冲突。

（三）细节服务精神

随着医学经济的飞速发展，医疗技术的同质化程度越来越高，医疗设备的差异性也越来越小，医疗服务已成为医院间竞争的着力点。细节服务是医患关系的润滑剂。加强细节服务，包括医院设施、服务态度、结构布局等，对于提升医院服务水平具有重要意义。细节服务不仅体现在形式上，如医务人员照章办事程序化，更重要的是医务人员能够站在患者的立场，为患者的所需服务，使患者感受到被关心和被尊重。这不仅有助于拉近医患之间的距离，还可以为素不相识的医患双方建立起信任的桥梁。

第三节 我国的医患关系

近年来,随着我国市场经济的深入发展,政府的责任意识,人民的权利意识、参与意识,以及医方对利益的追求理念等均发生了相应的变化。这些因素相互作用,使医患关系产生了一些新问题、新矛盾、新冲突。进入新时代,我国的医患关系得到了明显改善,但影响医患关系的因素依然存在。构建和谐医患关系,维护正常医疗秩序,保护医患双方利益仍然是摆在我们面前的一项重要课题。

一、我国医患关系的现状

在传统的医患关系中,医者享有较高的社会地位,以"健康所系、性命相托"为誓言,为患者解除痛苦,捍卫生命,患者往往怀着感恩的心态对待治疗自己的医务人员。近年来,随着我国经济迅猛发展,人民群众对医疗卫生服务质量的要求越来越高,现有的卫生资源和服务内容难以满足广大人民群众的需求,"看病贵、看病难"已成为群众对卫生工作反映最强烈的问题。患方向医方施暴的恶性事件在全国各地接连发生,致使医务人员在承担繁忙临床工作的同时还要承受来自社会的压力,甚至生命威胁。

(一)医患之间信任感不足

医患信任是医患关系和谐发展的基础。然而在我国,医患之间的信任感不足,少数医务人员不能设身处地为患者着想,而是较多地考虑医疗机构和自身的利益;有些患者也不懂得换位思考,对医务人员缺乏理解,不了解医学的复杂性、局限性以及研究的难度。医患之间的不信任感是一个累积叠加的过程,医生和患者间信任度愈发低下,医患关系愈发敏感,导致稍有不慎便成为风口浪尖的大事。近年来,频繁发生的医疗纠纷、医疗暴力和"医闹"等事件,暴露出当前我国医患信任关系处于撕裂与危机的状态。据 2017 年《中国医师执业状况白皮书》显示,有 62% 的医生遇到过不同程度的医疗纠纷;在伤医问题上,有 66% 的医生经历过不同程度的医患冲突,其中绝大多数为偶尔的语言暴力(51%)。此外,《全国医疗损害责任纠纷案件大数据报告》显示,2019 年的案件数量为 18 112 件,2020 年的案件数量为 18 670 件,2021 年的案件数量为 10 746 件。诸如此类的数据表明,医患之间的信任危机已成为当前我国的一大社会问题。

(二)医患之间缺乏沟通

随着社会的进步及物质文明水平的不断提高,人们对自身享有的医疗保健水平有了更高要求。不少人认为既然花了钱,就要达到期望的效果,而不理解医疗水平的提高是一个不断发展和进步的过程。在日常急救过程中,患者的病情往往十分危重,希望能迅速摆脱病魔的困扰,甚至起死回生,当医务人员尽全力抢救仍然无效的时候,大多家属难以接受,进而对正常的医疗活动进行挑剔,甚至极端不理解。还有些患者出于某种不良的动机,有意把医疗纠纷责任转嫁给医方。同时,在当前背景下,患者对医疗卫生保健的需求呈现多样化特点,与医疗卫生行业现有条件之间的差距日益扩大。部分患者甚至提出较为严苛的需求。

充分的沟通与交流是增加医患信任的基础。医患关系的不和谐与医疗纠纷的增加,核心问题在于医患之间信息沟通的不足和信息不对称。这种不对称状况阻碍了双方的互相理解,进而影响了医疗服务的顺利进行。

(三)医患关系"机械化"

治病、救人本是一体,但有些医生只重视"病",而不重视"人"。他们将疾病放在第一位,却忽视患者的自身感受。在一些医疗机构,医疗活动片面强调依靠仪器设备,忽视医生和患者的沟通与交流。医生通过各种机器、仪器、设备等技术获得患者的生化指标,并日益成为诊治的重要依据。这种以机器代替人脑思维的趋向,加重了医生对高技术设施依赖的同时,逐渐淡化了医患之间的思想交流,忽视了社会、心理等因素对疾病的影响。医生拿着"报告单"看病,成了"开单机器"。在医疗过程中缺乏人文关怀的情况,加剧了医患关系的恶化。

(四)医患关系"商品化"

把医疗卫生服务作为商品已逐渐被社会(包括医患双方)所接受,使得医患关系成为一种商品交换关系。医务人员凭借自身的专业临床技术治病救人,获得相应的工作报酬;患者付出金钱购买医疗卫生服务,获得健康或提高生命质量。然而,绝大部分疾病很难做到药到病除。从患者角度考虑,"商品"的交换价值未能及时得到体现,一旦医患之间沟通不畅,或者医生在一定劳动强度下不能细致耐心地做好解释说明,医患之间就极易形成紧张的关系。从医生的角度,他们凭借高技术、高投入、高付出、高风险,在按劳分配的社会里理应得到高回报,但现实与期望可能还存在差距,导致医生在高强度的工作环境下容易产生负面情绪,进而引发医患冲突。

二、我国医患关系紧张的成因分析

(一)体制机制因素

1. 医保制度不健全　我国的基本医疗保险承受能力低和全民医疗社会保障体系不健全等情况是导致医患关系紧张的因素之一。公立医院虽被定位为非营利医院,却没有从市场主导中解放出来,承担着自负盈亏的风险。政府对公立医院存在投入不足或投入不到位等问题。医院为了生存要考虑投入产出之间的成本核算,追求更大的经济效益。药品收入一度成为医院收入的重要来源,形成了"以药养医"的局面,从而拉高了当地的卫生支出,加重了患者的负担,形成了"看病贵"的局面。

近年来,随着我国医疗保障制度的不断完善,医患矛盾在一定程度上有所缓和,但在具体的处理环节中仍存在着一些问题。例如,随着我国老龄化日益加快,以及社会中青年群体的工作压力和不良生活习惯等因素的影响,导致重大疾病发生的比率不断增加,但重大疾病的支出中很多药品不在医保范围内,高额的治疗费用对患者来说无疑是"压垮骆驼的最后一根稻草"。同时,医保报销比例在不同等级医院和对不同身份患者中存在较大差别,如乡镇卫生院、县区医院和市级医院的报销比例差异一直存在,这在一定程度上造成患者心理上的不平衡,并且极易将这种不平衡归咎于医疗机构,甚至直接归咎于为其服务的医护人员,导致医患关系紧张。

2. 法律法规不完善　我国先后制定了《医疗事故处理条例》《医疗机构管理条例》《医师法》《民事诉讼法》等法律法规,在一定程度上改进了对医疗行为的法律规范。对于医患关系紧张而形成的医疗纠纷虽然可以通过相关法律法规进行较为妥善的解决,但是由于现有的相关法律法规还不够完善，导致医疗纠纷事件的处理途径有所变化。例如，《医疗事故处理条例》规定，医疗事故的处理可以通过协商解决、卫生行政部门调解、司法诉讼三种途径进行解决，但在实际操作中不断涌现出新的问题：协商解决的途径在矛盾激化时容易引起暴力冲突，或医院决定花钱解决从而采用不平等的处理方式；通过医学调解委员会进行调解时，由于卫生行政部门与医院关系的特殊性，使患者容易产生不信任感，担心处理过程有失公允，处理结果常得不到患者认可；而司法诉讼途径手续复杂且周期较长，医患双方都不堪重负。由此可见，法律法规的不完善，也影响了医患关系的有效调解。

3. 医疗资源布局不合理　医疗资源主要包括药品、医疗器械设备、医疗场所和医生、护士等。医疗资源的不平衡、不充分是导致医患关系紧张的根本原因，患者看病难、看病贵是医患关系紧张的直接原因。当前，我国医疗资源总体丰富，居民对医疗服务的可及性较高，但城乡之间、区域之间发展仍不协调。医疗资源大部分向城市集中，造成城区内医疗资源相对过剩，农村大部分地区医疗条件差、资源缺乏，城乡医疗服务水平差距较大。同时，城市内优质资源大都集中在市属大型医院、省级医院、医科大学附属医院，造成分级医疗难实现与现行医保政策导向不强互为因果。三级甲等以上医院往往人满为患，从挂号到做各项检查都需要患者忍受病痛、耗费大量时间排队，容易让患者产生急躁情绪，最后在医生诊治过程中表现出来。这是造成医患关系紧张的重要原因。

（二）医方因素

1. 医院方面因素　在市场经济条件下，医院对经济效益的热衷与追求是造成医患关系紧张的不可忽视的重要因素。医院作为自主经营的经济实体，出于自身利益考虑，往往注重追求经济效益，容易忽视患者的需求和感受。在管理方面，医院管理意识不够端正，管理水平较低，对于开具"大处方""重复检查"或"不必要的检查"等倾向没有严格的管理措施；各项制度落实不严，医疗质量不高，医疗水平存在缺陷，医疗事故未能控制等，致使医院和医生在群众中的可信度降低，从而影响医患关系。

2. 医学技术因素　伴随高尖端科学技术引入医学领域，临床治疗的发展有了质与量的飞跃，一方面极大提升了对各种疾病诊治的效率与能力，另一方面也让老百姓享受到医疗技术进步带来的红利。但是，新的未知疾病也不断出现，医疗领域中充满着许多未知的变数，医务人员的医疗技术也存在差异。国内外一致承认医疗确诊率只有70%～80%，这就意味着相当一部分疾病原因不明、诊断困难，甚至出现较高的误诊率。这是医学的无奈，任何医院和医生都不可能包治百病，疾病的治疗过程和结果始终存在成功与失败两种可能。但是，很多患者及家属不了解医学的复杂性、局限性，对医疗效果的期望过高，因而不能正确地对待各种失败的情况。

3. 医务人员因素　研究发现，大部分医生都有一种自我保护意识。在诊疗过程中，确保医疗安全、最小化医疗风险贯穿于诊治患者的始终，甚至是医生考虑的首要内容。作为一种公认的高压力职业，医生的工作重复性高、负荷重，同时面临感染疾病的风险，这些因素对医生的身心健康存在影响。过度的压力导致职业倦怠，表现为精力不足和疲惫，工作效率下降或者草率诊疗，从而造成服务态度问题及医疗事故，成为患者投诉的重要原因。

另外，医务人员职业道德教育淡化也是造成医患关系紧张的原因之一。古人道，"医者仁术，贵在医德"。医疗机构的服务对象是患者，医务人员的职业道德与对患者提供的诊疗服务质量密切相关。但是，随着医院逐渐市场化和商业化，一些医务人员的职业道德观念淡化，缺乏主动服务的意识，对患者的耐心、细心、爱心和同情心不足，服务态度出现"生、冷、硬、顶"的现象，

拓展阅读3-1
中国医师协会发布医师执业状况白皮书

让患者缺乏信任感和安全感。

（三）患方因素

患者希望通过医院的医疗技术和服务治愈疾病，恢复健康，对诊疗效果的期望值较高。但是，没有万能的医疗手段，且个体之间存在着巨大差异，致使一些疾病的治疗效果不甚理想或治疗周期较长。患者因为对医疗服务缺乏全面认识，忽视了医院的现实状况和客观条件所能满足的程度，不能理解医疗服务的特殊性和局限性，对诊疗的期望值过高，这必然会导致医患矛盾的产生。同时，由于疾病本身的痛苦，致使患者在寻求治疗疾病的过程中容易产生紧张和焦虑情绪，从而使医患关系更加敏感。

只强调"维权"不注重"自律"是目前患者普遍存在的现象。让患者明白自己的疾病状况并作出相应的医疗选择，是向现代医学模式迈进的关键一步，但医患双方必须相互理解、友好合作，必要时做出理性的调整，而不能一味地强调择医权、隐私权、知情同意权，却不配合医院合理的诊疗方案。如果在诊疗过程中医务人员没有满足患者的需求，患者会将这种落差以维权的名义升级为医疗纠纷，这无疑也是医患关系紧张的一个重要因素。

另外，患者的经济状况影响着医疗服务需求。高收入患者对医生服务态度的投诉往往占更高比例，而收入较低患者的投诉主要趋向于不合理用药、不合理检查等。

（四）社会舆论因素

媒体作为社会舆论监督的重要媒介，在构建和谐医患关系等方面发挥着重要的作用。然而近年来，一些小众媒体受到医疗信息不对称的影响或者片面地追求点击率、阅读率、关注度，存在不实报道或者夸大医疗纠纷事件的严重度。另外有些媒体从业人员自身对和谐医患关系的构建存在消极态度和负面情绪，在新闻报道中带有主观情绪，引发了网络舆情，从而给医疗纠纷的处理带来极大的影响，也为缓解医患矛盾带来极大的不便。

医疗纠纷的冲突性，以及人类具有的求知、好奇、表达、追求公正等天性，决定了医疗纠纷个案会受到媒体和舆论的广泛关注。医生和患者原本是统一战线，具有共同的目标——战胜疾病，然而在不良媒体的过度炒作中，医生和患者被人为地划成对立面。由于公众对医学知识的相对缺乏，对医疗工作的高风险和局限性不理解，加上部分媒体片面地把医患关系矛盾点理解为商业流通中的消费行为关系，强调患方的弱势群体地位，放大部分医生收红包拿回扣的现象，试图扮演锄强扶弱的角色以唤起大众的共鸣，这些都对医患冲突直接起到了推波助澜的作用。

三、缓解我国医患关系紧张的对策

（一）建立健全医疗卫生管理体制、医疗保险体制和社会调节机制

体制和政策是重中之重，体制和政策没有理顺之前，医患关系紧张的问题难以得到根本解决。要从医疗卫生管理体制、医疗保险体制和社会调节机制三方面认真研究，通过制定有效且可行的法律法规来加以解决。只有对卫生管理体制、医疗保险体制和社会调节机制进行改革并不断完善，才是"治本之法"，具体措施有：减少管理机构的官僚作风，增强改善医患关系的务实、灵活、高效的工作作风；集中管理与属地化管理相结合，防止制度僵化；因人因时因地制宜，根据本地区特点进行管理，提高医务人员待遇，创造适合他们工作和成长的环境；建立奖惩分明的激励机制，按劳分配，充分调动员工的工作积极性，从而提高服务质量，减少医疗纠纷；通过继

续教育和科研活动及人才定向培养，鼓励医生不断学习创新，促进医学科技进步；开阔视野，精益求精，不断提高理论水平和专业技能；合理分配卫生资源（包括人力、财力和物力资源等）；提高卫生资源配置的公平性和有效性；建立适合我国当前社会总体经济水平和个人承受能力的社会保障体系，该体系应兼顾患者利益、医生利益，以及保险业、药业、社会整体利益，并相互制约；公立医院与私立医院共同发展，满足不同阶层和收入水平患者的多元化医疗需求；针对无保险者，社会慈善机构提供相应医疗服务，并建立健全针对贫困人群的医疗救助体系。

（二）努力消除医学高新技术带来的负面影响

1. 普及和加强医患交流技巧培训　在医学院、各级医院及全科医师中大力普及传播医患交流的技巧，加强培训考核，让医护人员发自内心地表达出对患者的关爱。如学习孙思邈在《大医精诚》中所表达的对患者的仁慈、平等和深切的关爱，并应用于临床实践，使患者成为最终的受益者。

2. 狠抓医学基本功　"三基"训练要常抓不懈，普遍提高各级医院的医疗水平，减少不必要的高科技检查，鼓励医生更多地采用查体方法、常规化验检查、必要的分析和综合等理性思维方法，缩短医患之间的心理距离，减少误诊误治所导致的医疗纠纷。

3. 加强医师职业道德教育　完善医德医风建设长效机制，加强医师职业道德教育，提升医护人员的思想政治素质和职业道德水平，有利于促进医患信任，解决医患矛盾。各级医院应不断压实医疗救助的主阵地责任，全面落实治病救人根本任务，加强临床医护人员与患者的深度融合。医务人员一旦具备医德仁心，就能够和患者一起形成价值认同和情感认同，为促进医患关系的和谐发展提供强大的精神助力。

（三）完善卫生法规，建立医疗风险保险制度

医学是一门发展中的学科，充满着未知和变数。医学也是一门充满风险的学科，在治疗疾病的同时可能给人身造成伤害，许多不良后果即使依靠现代技术手段仍无法避免。将医疗责任完全归咎于努力实施救助的医方是不恰当也不公平的。为此，有必要根据我国的国情和医患关系的特点，借鉴国外医患制度的立法经验，制定一部专门处理医疗侵权纠纷的法律，就医疗侵权纠纷的实体处理和程序规则做出单独规定，摆脱目前法律适用上的混乱，实现医疗侵权诉讼举证倒置规则实体法与程序法的有机融合；并逐步建立专门的医事法庭，由具有医事相关专业知识或审判经验的法庭或法官审理医事纠纷诉讼案件，确保案件审理中的公正性和专业性。同时，积极探索建立适合中国国情的医疗风险保险制度，分摊风险责任，实行由政府、医院、医务人员、患者和药品器械供应商五方统筹募集保险费用，并将其纳入社会强制保险。有了医疗风险保险的保障，一旦发生医疗纠纷，患者及其家属不会直接找医院、找医生，他们只需要请律师与法院和保险公司交涉即可，不仅可以有效地避免医患双方冲突的产生，还让医院和医生全身心地投入到对疾病的研究和治疗中去。

（四）倡导人性化服务

在日益激烈的医疗市场竞争中，患者就医不仅仅关注医院的医疗水平，而且更加关注医院的人性化服务。医院在技术、设备等硬实力之外，还应重视管理模式、服务水平等软实力的竞争。如何将人性化理念融入医疗服务与医院管理的全过程，改变以往"患者来医院是看病，医院对患者只管治病"的陈旧观念，树立医疗对象首先是"人"，其次才是"病"的现代医学模式，这是

现代化医院建设和管理的重要课题。医院应就如何尊重、理解、关怀患者等方面采取措施，寻求服务创新点，通过人性化服务不断提高患者的满意度。

（五）建立诚信医院

诚信医院的创建是医疗行业发展的必然需求，也是提升医院声誉和患者信任的关键措施。各级医疗机构要坚持以社会效益为最高准则，坚持合理检查、合理用药、合理收费；努力降低患者的医药费用，建立医疗费用透明化制度；认真做好收费咨询工作，让患者和家属随时查询收费情况，让患者放心；采取有效措施，消除患者就诊过程中挂号时间长、交费时间长、取药时间长、看病时间短的"三长一短"现象；严格执行药品集中招标制度，杜绝药商在医院促销药品的现象；实行医患协议制度，严禁医务人员收受"红包"和接受"请吃"；聘请社会监督员，监督医院的医德医风。

> 典型案例3-3
> 通过"五个全面"打造诚信医疗环境

（六）建立健全医患沟通体制

医疗机构加强医患沟通，形成常态化的医患沟通机制，这对改善医患关系、保障医疗安全、促进社会安定有着重要作用。一是建立医患关系管理档案，利用多种形式与患者保持良好关系。二是建立和完善医患沟通制度，发挥医患沟通在诊疗过程中的重要作用，加强风险管理，提升风险防控能力，切实保障患者安全，从源头减少医疗纠纷及投诉。三是建立医患沟通评价制度，地方卫生健康主管部门对本区域内医疗机构投诉工作进行监督、检查和考评，指导医疗机构改进工作，提高医疗服务水平；医疗机构加强投诉管理，定期统计投诉数据，将统计结果与医务人员考核考评相结合。四是完善医疗服务信息公开制度，增加医疗服务透明度，重点公开医疗服务信息、医疗服务价格信息（包括常规医疗服务价格、常用药品和主要医用耗材的价格等）和患者收费信息。还可以利用网络向患者推送精准的医疗服务相关信息，为患者提供就诊提醒、移动支付、床旁结算、结果查询、预约诊疗等便捷服务，改善医疗服务流程，解决患者关心的问题，促进医患关系和谐发展。

（七）改善医生待遇，提高医生素质

医疗行业的特点是培养周期长、职业风险高、技术难度大、责任担当重，医务人员应当得到合理的薪酬。允许医疗卫生机构突破现行事业单位工资调控水平，允许医疗服务收入扣除成本并按规定提取各项基金后主要用于人员奖励。合理确定、动态调整医务人员的薪酬水平，建立主要体现岗位职责和知识价值的薪酬体系，实现以岗定责、以岗定薪，责薪相实、考核兑现。要更加注重发挥薪酬制度的保障功能，使付出和待遇相匹配，激发广大医务人员干事创业的动力和活力。另外，要加强对医生的教育，注重对医生职业道德的熏陶，帮助其树立起高度的责任感，树立"以患者为中心"的观念，耐心地倾听患者的诉说，体恤患者的痛苦，同情患者的困难，尊重患者的想法。在诊疗过程中严格按法律法规、诊疗规范去做，考虑患者及家属的情感和意愿，做到尊重生命、尊重尊严、热爱生命、竭力为生命而为。

（八）普及患方的基本医疗和法律知识，提高患方自身素养

首先，社会及广大医务人员应通过各种渠道向患方及家属普及一些基本的医疗知识，让他们熟悉一些常识性疾病的预防、治疗和护理等知识，知晓医学行业的高技术性、高风险性和难以预测性等，使患者具有风险意识，对当前医疗技术水平有正确认识，不能期望值过高；其次，患者

必须加深对医务人员的信任，配合治疗，积极与医生沟通，正确行使认知范围内的医疗决策参与权；最后，患者应提升自身修养，学习法律常识，一旦出现意外，应当正确行使权利，通过法律手段解决问题，杜绝不冷静现象的发生。

典型案例 3-4
我是谁？——一位医生的迷茫。

第四节　医患角色和行为

角色（role）是社会学的基本概念，指处于一定社会地位的个体，依据社会的客观期望，借助自己的主观能力适应社会环境所表现出来的行为模式，主要包括四方面的含义：第一，角色是社会地位的外在、动态的表现形式，社会地位是角色的内在依据，社会地位通过角色表现出来。第二，角色是人们的权利义务规范和行为模式，所有的社会角色都是和行为模式相联系的。第三，角色是人们对某些特定人群行为的期待，不同的人群扮演不同的角色，拥有不同的行为模式。第四，角色是社会群体和社会组织的基础，所有的社会群体和社会角色都是以角色为基础组成的。

一、医生角色

（一）医生角色的概念与内涵

1. 医生角色概念　医生（doctor）是在特定的医患关系中，掌握医疗卫生知识和医疗技能，进行疾病防治工作的专业人员。掌握医学知识和医疗技能是医生工作的必要条件，防治疾病、保护人的身心健康是社会赋予医生角色的职责和义务。

医生不仅是一种职业，也是一种社会角色，是一个有着深厚道德规范指导意义的特殊的角色化存在。这种角色化存在是医生切实履行医生角色规范的过程，也是社会对医生形象的一种结构性定位和医生对这种结构性定位的回应。医生这个社会角色还是一个角色丛：现代社会，医生既是一个治病者，要对患者负责，处理好医患关系；也是一个公民，要对社会负责，处理好医社关系；同时与其他医生是同事、同行，还是一个协作者，必须处理好医际关系。医生是由治病者、公民和协作者共同形成的一个角色丛。其中任何一个角色扮演得成功与否以及各角色之间和谐与否都会影响医生的社会角色形象。

人文视角 3-1
何敢自矜医国手，药方只贩古时丹——大医李时珍

2. 医生角色内涵　在日常诊疗活动中，医生面对患者、家属、上下级医生、护士、实习生或进修医生等不同群体，扮演着不同的角色。不同角色有不同的要求：患者希望尽快康复；家属则希望弄清病因、护理和照顾患者的方法以及医疗费用的开支；下级医生希望能学习诊断经验；上级医生希望了解患者病情及治疗方案；护士希望制定合理、有针对性的护理方案，顺利开展工作；实习生和进修医生希望学习临床知识和实践技能。为了满足上述要求，就需要医生具备专业的医学知识技能，以及良好的沟通能力、协调能力、表达能力、理解能力及管理能力等。

（1）诊断治疗疾病的角色：临床医生角色的核心内涵是诊断和治疗（diagnosis and treatment）疾病。诊断的关键是思维，内外科诊断思维方式有很大的差异。内科疾病的诊疗是通过问诊和体格检查获取与主诉相关的基本资料，并有的放矢地进行体液、影像学等辅助检查，然后结合病史及各项检查结果，经过认真地鉴别诊断，提出诊疗决策。由于内科医生要明确病因和疾病的发展走向，病房及门诊遂成为内科医生角色活动的主要场所。随着医学影像等技术的快速发展，外科

诊断也越来越准确，外科治疗的关键环节是手术，所以手术室是外科医生角色活动的主要场所。由于外科病房多是手术后的患者，因此外科医生的主要角色活动是观察患者手术后的反应，同时对患者进行康复指导。

（2）咨询者的角色：在临床诊疗工作中，医生要与患者或正常个体进行沟通交流。由于医学知识的匮乏，患者与正常个体总是希望向医生进行咨询，了解相关医学知识，从而采取一定措施促进自身疾病恢复、维护身体健康。在此过程中，医生会向患者及咨询的个体解答疑惑，扮演咨询者的角色。

（3）教育者的角色：在日常诊疗活动中，医生会对患者不良的行为习惯、生活方式、饮食等进行矫正，给予合理的建议，向他们普及医学知识。医生还向全体人群传授防控疾病的知识，教育人群减少引发疾病的因素。在此过程中，医生扮演了教育者的角色。

（4）朋友的角色：随着社会的发展，医学模式的转变，医生扮演的角色越来越多，已经不仅仅是治病救人，只针对患者躯体上的痛苦。医生在诊疗活动中越来越多地需要了解患者的心理状况，重视其心理上的痛苦，与患者进行情感上的沟通。因此，在某种程度上，医生扮演着患者朋友的角色。

（二）医生角色的特征

自古以来，悬壶济世、救死扶伤一直是医生作为医者的基本角色。随着社会的迅速发展，相关利益主体的多元性和关系网络的复杂性，医生的角色内容逐渐复杂化。就公立医院而言，医生最主要的接触者为患者、医院及社会。因此，医生的角色特征主要包括以下几个方面。

1. 医疗经济的参与者与管理者　随着国家全民医疗保障制度的实施和市场经济体制的确立，医生越来越多地参与到医疗经济中，医生与患者关于疾病相关诊疗费用的讨论已成为医疗工作中双方交流的一个重要部分。

2. 医疗服务的实施者　作为医疗服务的实施者，医生主要从三个层面为社会、患者提供服务。首先，医生在诊疗活动中要热情接诊、周到服务，努力运用自己的医疗卫生知识诊治患者；其次，医生作为医院的主要成员，积极参与医院管理与政策制定执行工作，通过向医院管理决策机构反映临床工作中遇到的问题及就诊人群的诉求，为就诊人群提供更好的服务和利益保障；第三，医生在诊疗过程中重视人文关怀，关注患者及家属的心理社会问题，及时进行干预。

3. 医学知识的传授者　许多医生除了服务患者，救死扶伤外，还担任教学任务。除了给医学院校的医学生授课，医生对科室下级医生、进修医生和实习生担负着教育的任务，同时还对患者及家属承担着普及医学知识的任务。

4. 医学专家、社会工作者和经纪人　医生通过提供专业的医疗服务成为医学专家；通过为患者提供人文关怀，扮演着社会工作者的角色；在替患者利益考虑时，在患者心目中扮演"完美代理人"的角色，成为患者在医疗活动中的经纪人。

5. 职业经理人、品牌代表和风险管理者　由于医生越来越多地参与到医疗经济中，在医疗活动中要考虑"成本及营利"，因此成为医院及自身的医疗职业经理人。同时，医生作为医院最重要的人力资本，是医院的品牌代表，代表了医院的医疗服务水平和形象。由于医疗行为的高风险和不确定性，医生在医疗行为活动中必须尽量规避风险，保护自身和医院的合法利益，这使医生成为风险管理者。

6. 医保费用管理者、主要责任人　在诊疗活动中，医生是医疗活动的实践者，其对病患的诊疗行为导致了医保费用的产生和使用，因此医生是医保费用的实施者，扮演着医保费用管理者的角色；同时，医生作为医保费用的实施者，在当前一系列医疗问题中承担起大部分责任，成了医保问题的主要责任人。

7. 社会工作体系中的普通劳动者　医生作为医疗行业的从业者，是众多从业者中的一员，也是社会的普通劳动者，其劳动成果和合法权利与其他劳动者一样应受到尊重和法律保护。

拓展阅读3-2
白衣天使

二、医务人员的心理行为特征

当代的医学模式已经从生物医学模式转变为生物-心理-社会医学模式，医务人员的诊疗活动也应与其自身的心理活动相联系，了解医务人员的心理特征（psychological characteristic），有助于医务人员心理健康状态和医患关系的改善，有利于医疗服务水平的提高。

（一）医务人员的一般心理行为特征

人的一生经历着不同的阶段，包括童年、青少年、青年、中年、老年。人生的每个阶段，都有不同的心理行为特征。医务人员从青年期踏入医疗行业，具有普通人群的一般心理行为特征。

1. 青年医务人员的心理行为特征　青年医务人员不论身体还是心理都处于人生的巅峰状态，他们思维敏捷、思路清晰、想象力丰富，自我意识强，表现出一系列特点。

（1）思维敏感，创新意识强：青年医师思维敏感，创新意识强，可塑性强，容易接受和获得最新的理念和方法，不会僵化、拘泥于某种思维。但是，由于刚踏入社会，人生阅历浅、职业经验不足，他们容易根据自己的见闻下结论，而不能找到问题的根本所在。

（2）情感丰富多变：由于年轻气盛，且阅历浅，对人、事、物往往产生不全面的看法。青年医师看问题容易发生偏颇，且情绪容易激动，起伏较大、变化较快，在处理医患关系时需要注意。

（3）上进心强，渴望有一番作为：青年医师一般都有强烈的上进心，渴望成为一名合格的医务人员，有一番作为。因此他们的自我表现强烈，敢说敢做，不迷信权威，勇于探索，但遇到困难容易陷入苦恼之中，缺乏耐心和意志力。

2. 中年医务人员的心理行为特征　中年医务人员具有一些独特的心理行为特征，这些特征随着年龄的增长而逐渐显现。他们通常更加具有责任感，能够任劳任怨，精益求精，并不断修正自己的不足，增强自我控制的能力。面对问题时，他们能够勇敢地迎难而上，成为推动社会发展的主要力量。

（1）感知敏锐，进取心强：中年医务人员在医疗工作中具有丰富的经验，其职业生涯如日中天，科研、临床、教学等各项工作都以他们为主导力量开展。他们在这一时期精力充沛，任劳任怨，努力上进。

（2）情感丰富、稳定，乐于奉献：中年医务人员情感丰富，对自己情绪的把握能力更强，情绪趋于稳定；对自身能更客观地评价，不卑不亢，谦虚谨慎；对老年医务人员能虚心求教，尊敬他们；对年轻医务人员能够热心指导，传授知识和技术。在这一时期，他们能从事业的发展中获得自我满足和成长，更加乐于奉献。

（3）意志坚强，不怕困难：中年医务人员在日常医疗工作中任务重、困难多，还要合理处理工作和家庭、亲情的关系，需要他们有坚强的意志来克服工作中、生活中的各种困难。随着现代社会节奏的加快、医疗工作压力的不断加大，中年医务人员需要注意自己的身心健康状况，劳逸结合，规律作息。

3. 老年医务人员的心理行为特征　步入老年期，由于生理的变化，医务人员会产生一系列心理方面的变化。

（1）年老体衰，精神萎靡：由于老年期感知功能衰退（如听力下降、老花眼等），体能下降，老年医务人员会感到年老体弱，心力耗竭。

（2）不服老，但精力不足：老年医务人员经过一生的临床工作，积累了丰富的临床经验，大多数人都想把丰富的经验传给下一代，但是由于感知、思维、体能等的衰退，他们感到力不从心；有些老年医务工作者虽然已经退休，但是仍然不服老，坚持退休以前的行为模式，忽视自己心身方面的变化，容易产生一系列问题。

（3）成就多，自豪感强：老年医务人员从医时间长、有着丰富的临床经验和睿智的人生阅历，许多人名满天下，德高望重，桃李满天下。他们会为自己一生奉献于医疗事业、救死扶伤而感到自豪。

（4）思维僵化、因循守旧：老年医务人员虽然经验丰富、阅历深、见识广，但由于思想方法、世界观都已定型，容易因循守旧，固执己见，否定新生事物。

（5）心理适应性差：老年医务人员像普通老年人一样，心理适应性差。退休后，几十年工作养成的生活规律发生改变，许多人无法适应，出现适应障碍，表现为烦恼、焦虑、抑郁等情绪问题，同时也会出现不愿与人交往、退缩和睡眠差、食欲不振等一系列心身问题。

（二）诊疗活动中医务人员的心理行为特征

医务人员除了具有一般人群的心理特征外，还具有以下特点。

1. 医务人员的积极心理特征

（1）忠于职守心理：医务人员把做好本职工作、诊治患者作为自己应尽的职责，尽自己最大努力诊治患者，履行救死扶伤、悬壶济世的责任。古有华佗、扁鹊，今有白求恩，莫不如此。

（2）同情心理：医务人员对患者怀有深切、真挚的同情心，发自内心地渴望给患者解除疾病带来的痛苦，他们在面对患者时会感到身上责任的重大和医疗事业的神圣。当然，这种同情心要有一定原则，严格按照规章制度办事，不能因同情心触犯法律法规和医院的规章制度。

（3）自信与自豪心理：在深入一线医疗工作一段时间后，医务人员目睹了疾病带来的灾难和造成的痛苦，这种触景生情会引发他们产生不同的情感。医务人员会感到自己所从事事业的伟大，感到自身价值的高尚，从而产生自豪、自信和强烈的荣誉感和责任感。在这种情感激励下，他们的意志会更加坚定，工作热情会更加高涨，积极奋进，刻苦钻研，渴求知识。这是大多数中青年医务人员的心理特征。

（4）渴望尊重的需求心理：众多的医务人员长期奋战在一线医疗工作岗位，在艰苦环境中默默无闻地奉献，同疾病斗争，不少人甚至感染疾病，身体受到摧残。他们有的奉献了生命，有的忽视了家庭，因此应该得到全社会的承认和理解。作为一名具有专业技术的医务人员，其社会价值应被肯定、尊重，自我实现的需求应得到满足，其回报应与付出对等。然而，由于近年来医患关系的紧张，以及一些媒体不负责任的舆论引导，导致社会对医务工作者产生了诸多误解。渴望被外界尊重、获得外界的理解，这是长期奋战在医疗战线上的医务人员，尤其是老年医务人员的心声和呼唤。

2. 医务人员的消极心理特征

（1）自卑和受挫心理：医务人员多系医学院校毕业，并接受过专业医学教育，怀揣着成为受人崇敬的医务人员的理想。然而，当他们跨入医院的大门，进入医疗行业并了解到其工作性质和内容时，许多人会感到很大落差。有些人发现花费数年所学的知识与现实工作存在巨大差异，因而产生了自卑和失败心理，深感前途渺茫，呈现出动机得不到满足、精神萎靡不振、情绪低落、意志消沉、固执和妥协等状态。这是多数年轻医务人员的心理行为特征。

（2）骄傲、施恩心理：有些医务人员认为自己的医术高于别人，目中无人，无视同事，不听取患者意见；有些医务人员以施恩者自居，认为给患者看病是对患者的恩惠，高高在上，甚至个别人员可能因此而产生向患者及家属索要礼物等不法行为。

（3）忧虑、胆怯心理：医疗工作充满了极大的风险，医务人员工作失误可能导致严重的后果，甚至危及患者的生命。有些医务人员可能会因害怕做出错误决定而束手束脚，在医疗工作中思前想后，犹豫不决，从而错过患者的最佳治疗时机。

（4）趋利心理：由于医疗行业的特殊性，以及受到社会不良风气的袭扰，一些医务人员心理出现失衡，价值观发生偏移，出现只重视眼前利益、把利益放在第一位、向患者索要红包、收受药品回扣等行为，使医务人员整体形象受到损害，加剧了医患关系紧张。

3. 医务人员的"职业性冷漠"心理　作为医务人员，他们的职业特性要求他们时刻保持冷静，以准确判断和操作病情。然而，这种冷静有时被误解为"冷漠无情"。例如，外科医务人员在面对自己的亲属和朋友时，通常会避免为其进行手术。这是因为他们在面对这些亲近的人时，难以保持冷静和平常心。另外，为了在职业环境中保持心理健康，医务人员可能会不自觉地采用一些心理防御机制，如避免受到患者情绪的影响，而这常被误解为对患者"冷漠无情"，会使患者感到无助、焦虑，甚至绝望。此外，部分医务人员可能会将患者视为一台需要修理的机器，导致他们在诊治过程中缺乏情感投入。这不仅不利于对患者的人文关怀，也影响了良好医患关系的建立，进而成为引发医患纠纷的一个重要原因。

4. 防御性医疗行为（defensive medical behavior）　亦称自卫性医疗行为或保护性医疗行为，是指医生为患者进行治疗、检查的目的不是完全出于对患者诊断和治疗的需要，而是保护医生不受到批评、指责，也包括医生试图减少承担医疗风险的责任。有调查研究显示，我国医生的防御性医疗行为普遍存在，被调查的512名医生均有不同程度的防御性医疗行为，其中407名（79.49%）被调查者的程度偏高。这些行为包括增加各种医疗转诊、会诊，频繁进行各种化验、检查，避免收治高危患者或进行高危手术，避免采用有风险的诊断检查或治疗方法，更加认真、仔细地记录病情，为患者做更为详细的病情解释工作，各种普查和筛选检查更为细致，以及在医疗服务中做更多的审核工作。

5. 过度医疗行为（excessive medical behavior）　是指医疗行业提供了超出个体和社会医疗保健实践需求的医疗服务。简单来讲，是指与适度医疗相对应的医疗行为，它主要包含医疗行为的无效性和医疗消费的过度性两个要素。

在医疗市场中，医方、患方和第三方供给者之间的信息不对称，使购买医疗服务出现很大的风险性和不确定性，同时使诱导需求出现，促进了过度医疗行为。医疗服务市场的特殊性很大程度上影响了医疗消费的适度性。医疗卫生服务与其他行业服务相比存在着显著差异，具有不可选择性、不可逆转性和信息不对称等特性，这些差异性和特殊性导致医疗卫生服务的提供者具有垄断性，也容易导致过度医疗行为产生。另外，医务人员为规避责任，减少风险而对患者实施超出规范化诊疗，以及规避高危患者或高危诊疗程序的医疗行为（防御性医疗行为）增加了患者的医疗消费成本，也助长了过度医疗消费现象。

> 人文视角 3-2
> 进则救世，退则救民；不能为良相，亦当为良医——心怀苍生，救世救民张仲景

（三）医疗纠纷中医务人员的心理行为特征

1. 害怕与恐惧心理　据调查显示，医院发生人身攻击和身体伤害的比例越来越高，最高达66%，且有85%以上的医护人员表示自己处于担忧和不安的状态。一项重要的流行病学证据表明，医务工作者经常面临危险的暴力攻击威胁。基于美国国家职业安全与健康（NIOSH）的数据显示，发生在休息期间的非致命性攻击的工作场所51%是医疗机构场所。和NIOSH研究结果一致，其他研究结论认为，家庭医务人员、急救室医务人员、精神科医务人员特别容易遭受患者有计划、有预谋的暴力攻击。如果医护人员连最基本的安全需要都不能保证，又如何做到全心全意为患者服务？这种情况下，医务人员不得不把维护自身安全作为医护行为的重要部分，对患者时刻严于戒备，形成心理防御，潜意识里对患者的恐惧心理日益严重，对患者的态度也日趋冷淡。这也是所谓"职业性冷漠"产生的一个重要原因。

2. 焦虑与压抑心理　在医疗活动中，医患双方常处于应激状态。对医护人员来说，抢救危重患者、疾病的多变性和突发性等均属于应激因素，需在极短的时间内迅速达到精神高度集中状态，同时背负不理想医疗后果等负担。这种高风险、高度紧张的工作环境和工作压力使得医务工作者长期处于慢性低水平应激之中。慢性、长时间的低水平应激对机体有损害作用，给医务工作者带来了巨大的心理隐患。研究表明，医务人员的心理健康状况较普通人群差，在欧美一些发达国家，与压力有关的精神失调已成为临床医务人员发展最快的职业病。焦虑症、职业倦怠、恐惧症等已经成为困扰医务人员的常见心理问题。

3. 委屈与愤怒心理　医患纠纷（主要是医闹）作为医院的重大事件，对医患纠纷的当事医生、科室团队、技术骨干、医院管理层乃至整个医院员工的情绪、心态、精神、士气产生重大影响。短期影响可能是情绪低落，精神痛苦，心态压抑、委屈，感到愤怒；长期影响可能是士气低落，人才流失，事故频繁。2015年一项关于经历医疗纠纷暴力后的医生心理健康的调查分析研究结果显示，在医疗纠纷暴力事件发生后，经历纠纷的医生情绪复杂多变，反应强烈。这种突发暴力事件对医生产生了强大的心理冲击，进而引发多种强烈的情绪，包括紧张、愤怒、恐惧等。相较于普通医生，经历过纠纷的医生在应对策略上表现出更为消极的特点，他们更倾向于采取消极的应对方式，并在面对患者时呈现出消极的心理状态。

拓展阅读3-3
对不起，我只是普通人，我也有苦衷——白衣天使的自白书

4. 迁怒与发泄心理　医疗工作的特殊性导致医务工作者承担了来自家庭、单位、社会的多重压力，并且由于社会地位差、薪资水平低，加上医患纠纷发生时患者对医务人员的责难和辱骂、上级的批评与惩罚，导致医务人员内心深处极度的愤怒和委屈。此时，一些医务人员可能产生迁怒于患者的倾向，把患者作为发泄的对象，借以发泄内心积压的压力和不满。

三、患者的心理行为特征

典型案例3-5
北京"癌症岛"上的患者故事

患者角色又称为患者身份，是指一个人被疾病的痛苦所折磨，并有治疗和康复的需要和行为，通过患病和康复过程与家庭、社会、医务人员之间产生互动。由于个体生理或心理的病理变化，以及行为的改变和阳性体征的出现，患者常表现出独特的心理需求和行为特征。

（一）概述

1. 患者角色的概念与内涵　患者角色（sick role）最早由美国社会心理学家帕森斯（Parsons）于1951年提出。帕森斯认为，患病不仅仅是发生于个体身上的一个事实或需要面对的医学状况，

而且会使个体进入一种患者角色，并在心理和行为上产生变化。患者角色与社会角色一样有其自身的权利和义务。

患者的权利（right of patient）是指患者患病后应享有的合法、合理的权力与利益，既适合法律所赋予的内容，也包含作为患者角色时医护道德或伦理所赋予的内容，主要包括因病免除一定社会责任与义务的权利，享受平等医疗待遇的权利，隐私保密的权利，知情和同意的权利，自由选择的权利，监督自己的医疗及护理权益实现的权利。

患者的义务（obligation of patient）是指患者应尽的责任，包括自我保健的义务，及时寻求、接受医疗和护理帮助的义务，自觉遵守医院规章制度和提出改进意见的义务，按时、按数缴纳医疗费用的义务，尊重医疗保健人员的义务，支持医学科学发展的义务。

上述的权利和义务只是典型的情况，而非绝对的规定。例如，临终的患者很难说恢复原有社会责任，轻病、慢性病等不一定能够或者说应该解除其日常社会责任，蓄意自伤的患者也不得不对其自身导致伤残的行为负责等。

2. **患者角色异化** 当一个人患病以后，就从原有的社会角色进入患者角色，或者在康复时由患者角色转变为健康人的社会角色，这就是患者的角色转换。如果能快速地进入患者角色或者健康人角色，称为患者角色适应；反之则称为患者角色适应困难，或患者角色异化。常见的患者角色异化表现为以下几个方面。

（1）患者角色冲突：指患者在适应患者角色过程中不能或不愿放弃原来的角色行为，从而与其常态下的各种角色发生冲突和行为矛盾。常见的角色冲突原因是工作繁忙或者家庭责任重，多见于事业心、责任心都比较强的人群。实际上当一个人进入患者角色时，其他角色应该处于从属地位。如果一个人不能很好地适应患者角色，仍执着于原来辛苦、操劳的角色，则对治疗、康复非常不利。

（2）患者角色缺失：指虽然医生作出了正确的诊断，患者却没有意识到或不承认自己患病，实际上未进入患者角色，没有相应地转变心理活动和行为模式。患者角色缺失的原因可能有：缺乏疾病相关知识而没有认识到自己患病；缺乏心理准备，不相信自己会患病；经济紧张，不愿意进入患者角色并配合诊治；产生病耻感，担心影响工作、学习、生活或就业等，拒绝承认自己患病。患者角色缺失在传染病、性病、精神疾病患者中较为多见，常常导致贻误治疗。

（3）患者角色强化：指患者在进入患者角色以后，表现出对疾病状态的过分认同，在从患者角色向常态角色转换时仍沉浸在患者角色中。这部分患者往往对自身疾病过分关心，过度依赖医护人员，对自身能力怀疑、失望，要求别人照顾，安于"患者角色"的现状。有些患者角色强化是由于继发性获益所致，如患病可以获得更多赔偿，或者使其从生活和工作的压力中得到解脱，得到别人的关心和照顾等。

（4）患者角色消退：指患者进入患者角色后，由于某种原因使他们忽视甚至放弃患者角色，而是回到社会常态角色，承担相应的健康角色责任和义务。原因常常是家庭、工作中的突发事件，如亲人突然生病、工作单位考评或晋升职称等。

（5）角色恐惧：指患者由于对疾病缺乏正确的认识而出现对疾病结局的过分担心，如担心疾病严重、治疗效果不佳，或者担心预后不良而影响将来的工作和生活等。这种情况可能导致"有病乱投医"、拒绝就医或不遵医嘱等行为。

（6）患者角色行为异常：指患者受烦恼、悲观或失望等不良情绪影响，而出现紊乱的或者危害他人或自身的行为，如不配合治疗、对医务人员有攻击性言行、拒绝住院、自伤甚至自杀等。

拓展阅读3-4
社会角色

（二）患者的心理需要

需要（need）是个体对某种目标的渴求与欲望。充分了解患者的心理需要，是减少医疗纠纷和建立良好医患关系的基础。患者的一般心理需要主要包括以下五个方面。

1. 安全感和身体康复的需要　安全感是患者最重要的心理需要。患者住院期间对于各种检查、治疗，既寄予希望又充满担忧。因此，医护人员在诊疗过程中要热情、认真、负责，对治疗及预后均要做充分的解释，使患者信赖医院和医护人员，安心接受治疗与护理，一切影响患者安全感的活动都要避免。

2. 被尊重的需要　从患者心理上考虑，有些患者认为赢得更多尊重可获取医务人员更多的关注，从而得到更多的关怀和更好的治疗。若患者的自尊心受到伤害，则会影响他们对治疗的信心和对医护人员的信任感。因此，医护人员应坚持"患者第一"的原则，在称呼患者时应使用其名字和头衔，避免使用床号代替患者姓名，以建立良好的医患关系，使患者觉得受到尊重。

3. 对信息的需要　患者入院后希望尽快了解自己的病情、治疗、预后及费用等。医护人员应尽早给予患者病情解释、病情评估、治疗选择及预后判断等方面的信息，以减少患者对未知信息的预期焦虑。

4. 爱与归属的需要　医院是一个流动性很大的特殊场所，每个患者都需要经历适应新环境的过程，都希望能尽快融入新群体，并成为受欢迎的成员。因此，医护人员对患者应表现出热忱和同情，帮助他们解决困难、适应环境，使患者摆脱孤独感，尽量满足患者受欢迎的需要。

5. 适当的活动和刺激的需要　患者除参与疾病诊疗外，尚有自由活动、感受或寻找刺激的需求。住院后，患者的生活环境相对狭小，由于疾病和治疗约束，患者的社交活动和正常工作受到限制，许多患者会因此出现厌烦和治疗抵触情绪。因此，医务人员根据现有条件为患者安排适当的活动，并引入有一定新鲜感的刺激因素，是非常必要的。

（三）患者常见的情绪反应

1. 焦虑（anxiety）　一般指知觉危险时所引起的主观状态，是对创伤情境的一种反应，其中包括着急、担心、紧张、不安和害怕等成分。引起患者焦虑的因素很多，如在疾病治疗早期患者对疾病的病因、转归及预后不明确；患者希望对疾病做深入检查，但又担心会出现可怕的结果；不了解某项检查的必要性、可靠性和安全性而引起焦虑；还有的患者因为生病后感到事事不顺心而导致焦虑。面对患者出现的焦虑反应，医护人员可以帮助患者识别自己的焦虑情绪、给予放松指导，消除患者的负性认知，同时可指导患者增加体育锻炼，提高身体抵抗能力等。

2. 恐惧　患者患病时若感觉生命安全受到威胁，会出现恐惧反应，且常常伴有疑虑。儿童患者的恐惧多与黑暗、陌生、疼痛相联系，成年患者的恐惧多与住院、损伤性检查、手术疼痛和后果、将来的生活能力等联系。针对患者的恐惧心理，医护人员需要做充分的沟通，帮助患者消除不良认知，从而逐渐消除恐惧心理。

3. 愤怒　当追求目标遇到障碍或治疗受挫时，人们容易产生愤怒情绪。许多患者因患病和治疗挫折而感到不满和抱怨。医护人员应理解患者的愤怒，并帮助患者排解愤怒情绪，引导患者积极面对和处理困难。

4. 抑郁　患病对患者来说是一次创伤性应激事件，抑郁是对患病表现出的消极情绪体验，表现为对治疗、生活的悲观，继而出现意志下降、思维缓慢、注意力不集中、食欲不振、入睡困难、早醒等抑郁反应。医护人员应尽早识别患者的抑郁情绪，给予积极心理干预，必要时联络精神心理科医生会诊。

（四）患者常见的行为反应

1. 依赖行为　患者进入患者角色后，行为可能出现退缩，自己原本能做的事情却需要依靠家人、朋友等去帮助完成。过度依赖则难以培养患者与疾病作斗争的坚定信念。因此，在治疗过程中医务人员应多鼓励患者积极面对困难，发挥主动性，建立疾病治疗信心。

2. 不遵医行为　在疾病治疗过程中，患者可能由于对自己认识不足、对医护人员缺乏信任感等，导致治疗依从性差，甚至不遵医嘱服药。这种情况在精神疾病患者中尤为突出，不仅影响疾病治疗，还增加医疗资源的浪费。因此，医护人员需及时发现并制止，通过有效沟通来增强医患间的信任关系，提高患者对疾病的认识和治疗信心。

3. 攻击行为　治疗受挫与愤怒可引发攻击行为。据统计，多数攻击行为与患者治疗受挫或需求未得到满足有关。因此，医护人员在诊疗过程中需做好风险评估，对可能存在高攻击风险的患者应及时预防和充分沟通。治疗前，医护人员应充分告知患者治疗手段、预后判断、费用等信息，同时规范完成医疗文书书写，了解相关法律知识，保护自身合法权益。

（五）患者常见的人格改变

人格是相对稳定的，但在某些情况下（如患病）也可发生改变。如有些患者患病后表现出情绪不稳定、容易激惹、依赖感增强、行为退化等。

自我概念是人格的一个重要方面，部分患者患病后对自己控制生命的能力缺乏信心，从而产生无助和依赖感；此外，患者的自我价值感或自尊心也可能出现降低，导致自信心大幅下降，甚至其人生观和价值观也会随之发生改变等。

（刘地秀）

复习思考题

1. 萨斯-荷伦德模式的内容和特点是什么？
2. 医患关系的影响因素有哪些？
3. 如何化解我国医患关系紧张的现状？
4. 什么是医生的角色？简述医生的角色特征。
5. "职业性冷漠"的原因有哪些？
6. 请列举患者角色异化的类型，都有什么表现？
7. 患者常见的心理行为问题包括哪些？

网上更多……

本章小结　　自测题　　教学 PPT　　微课

第四章
医患沟通的理论基础

关键词

心理学基础　　伦理学基础　　法学基础　　心理现象
伦理　　　　　道德　　　　　法律关系

> 作为协调医患关系的重要途径和手段,医患沟通涉及的内容是多方面的。沟通过程中医患双方的心理与行为特点会对医患沟通的效果产生较大影响;作为医疗过程中协调医患关系的手段,医患沟通具有普遍的伦理特征,亦有其内在的伦理准则和道德规范;同时,作为维系医患关系这一受法律调整的人际关系的重要手段,医患沟通也与法学尤其是医事法学息息相关。心理学基础、伦理学基础、法学基础共同构建了医患沟通的三大理论基础。

知识导图

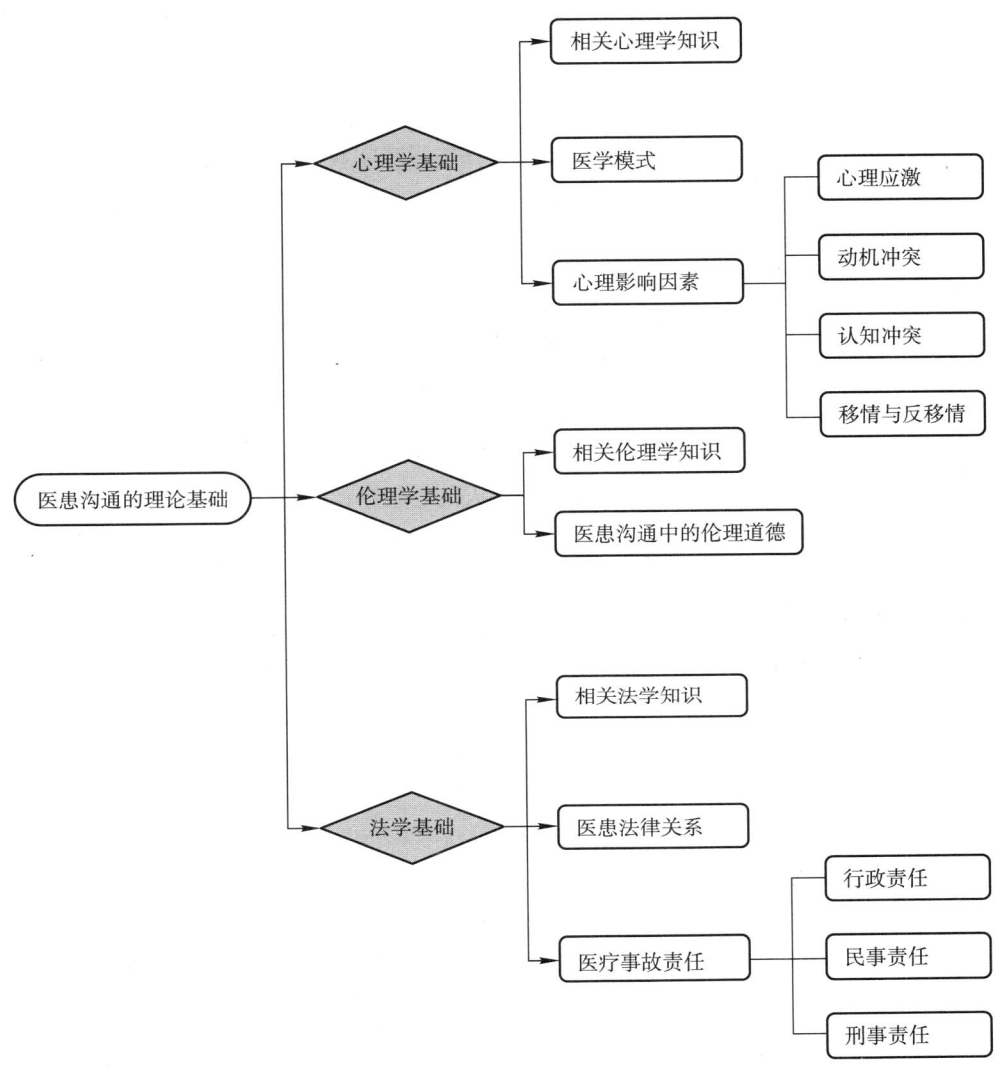

第一节 医患沟通的心理学基础

> 典型案例 4-1
> 丈夫拒签致孕妻亡，谁之过？

医患沟通的目的是促进医患交流，在医患之间建立良好的医患关系，沟通过程中涉及包括心理学在内的许多学科的内容。从心理学的角度考虑，医患双方任何与疾病诊治有关的心理变化都可能会影响医患双方沟通的效果。可以说，沟通的形式、技巧和效果与心理学知识关系密切，沟通过程中自始至终都折射着心理学的理论和技术。

一、医患沟通相关的心理学知识

（一）心理学与心理现象

1. 心理学（psychology） 研究的是人的心理活动的一般规律，是研究人的心理现象发生、发展规律，心理过程、个性心理规律，客观现实在人脑中的主观印象及其能动作用规律的科学。作为一门介于自然科学和社会科学之间的科学，心理学的作用主要有两个方面：一方面是通过对心理现象的研究，不断深入地揭示心理、意识与外部世界和脑的关系及其起源的奥秘，尝试通过大脑的功能来解释个体心理与行为的产生机制；另一方面是揭示各个实践领域中心理现象的特殊规律，并根据心理现象的一般规律与特殊规律来解决具体的心理问题，为社会实践服务。研究医患沟通过程中的心理现象和心理活动规律，是为了发挥心理学知识在医患沟通中的实践作用，有助于沟通者从心理层面做到知己知彼，更好地促进沟通的进行。

2. 心理现象（mental phenomena） 是心理活动的表现形式。一般把心理现象分为两类，即心理过程与个性心理（图4-1）。

（1）心理过程（mental process）：指人的心理活动过程，是人脑对现实的动态反应过程。根据其性质和形态不同，心理过程可分为认知过程、情感过程和意志过程。①认知过程（cognitive process）：是人在认识、反映客观事物时的心理活动过程，即对信息进行加工处理的过程，是人由表及里、由现象到本质地反映客观事物特征与内在联系的心理活动。它由感觉、知觉、记

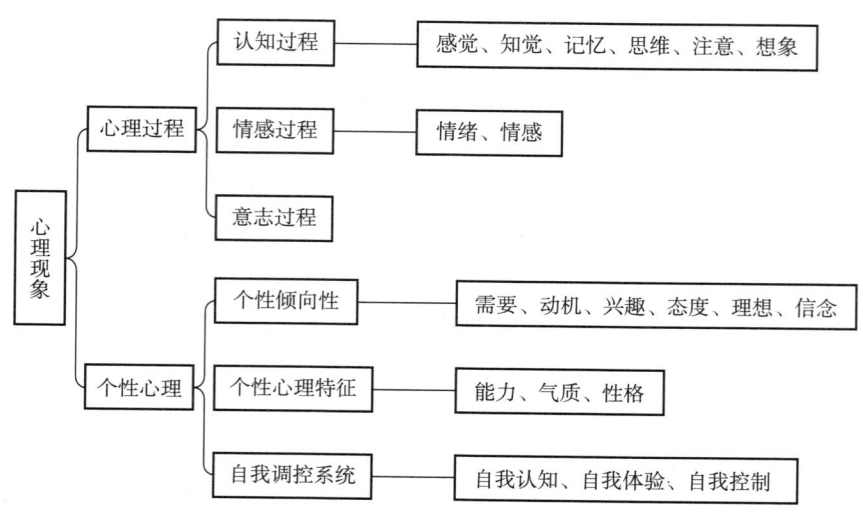

图 4-1 心理现象分类

忆、思维、注意和想象等认知要素组成。注意是伴随在心理活动中的心理特征。②情感过程（emotional process）：是个体对客观事物的认知过程中表现出来的态度体验，如愉快、悲伤、愤怒等。情感过程总是和一定的行为表现联系着。情感过程是心理过程的一个重要内容，也是人与动物相区别的一个重要标志。根据情感色彩的程度可将情感过程分为情绪和情感两个层次。③意志过程（will process）：是指人在改造客观事物时，有意识地提出目标、制定计划、选择方式方法、克服困难，以达到预期目的的内在心理活动过程。意志过程是人的意识能动性的体现，即人不仅能认识客观事物，还能根据对客观事物及其规律的认识自觉地改造世界，这也是人与动物的本质区别之一。人的认知过程、情感过程、意志过程既有区别又有联系，认知过程和意志过程往往伴随着一定的情感活动，意志过程又总是以一定的认知活动为前提，而情绪、情感和意志活动又促进了人的认知的发展，三者之间相互影响。

（2）个性心理：心理过程是人们共同具有的心理活动。但是，由于每个人的先天素质和后天环境不同，心理过程在产生时又总是带有个人的特征，从而形成了不同的个性心理。个性心理（personality）又称人格，是人稳定而独特的整体心理面貌，包括个性倾向性、个性心理特征和自我调控系统三个相互联系的部分。①个性倾向性：是指个体具有的意识倾向，也就是人对客观事物的稳定态度，是从事活动的基本动力，决定着人的行为方向，主要包括需要、动机、兴趣、态度、理想、信念等。②个性心理特征：是个体经常表现出来的本质的、稳定的心理特点。能力、气质和性格统称为个性心理特征。③自我调控系统：自我意识是自我调控系统的核心，它是指个体对自己作为客体存在的各方面的意识，具有自我认知、自我体验和自我控制三个子系统。上述三方面紧密联系，构成了个性结构中的自我调控系统，对个性中的各种心理成分进行调节和控制，以保证个性的和谐、完整和统一。这些特征影响着个体的言谈举止，反映出一个人的基本精神面貌和意识倾向，集中地体现了人的心理活动的独特性。

心理过程和个性心理密切联系，主要表现在：①心理过程与个性心理是个体心理现象的两个方面，都是心理学研究的具体内容。②个性心理是通过心理过程形成的，如果没有对客观事物的认识，没有对客观事物产生的情绪和情感，没有对客观事物积极发现的意志过程，个性心理是无法形成的。③已经形成的个性心理又会制约心理过程的进行，并在心理活动过程中得到表现，从而对心理过程产生重要影响，使之带有个人的色彩。由于沟通是人与人之间、人与群体之间思想与感情的传递和反馈的过程，因此了解人的心理活动规律和个性心理，尤其是准确判断他人的心理状态、动机或意向，是进行沟通的基础之一。

拓展阅读4-1
个性心理与沟通风格

（二）人际关系

人际关系（interpersonal relationship）是人们在人际交往过程中所结成的心理关系，表现在人们对他人的影响与依赖。医患沟通是为了建立一种特殊的人际关系，人际关系和沟通密不可分、相互影响，良好的沟通能促进人际关系，沟通不良容易引起人际关系失调（图4-2）。与他人建立良好的人际关系是人类社会生活中最重要的任务之一，众多的心理学研究表明，人际关系对心理生活具有重要的影响。心理学家鲍麦斯特（Baumeister）等人就指出：归属的需要是人类最重要、最基本、最广泛的社会动机。与他人建立良好的人际关系，不仅可以使我们克服生活中的寂寞，而且人际关系所提供的社会支持对我们的身心健康有着不可替代的影响。

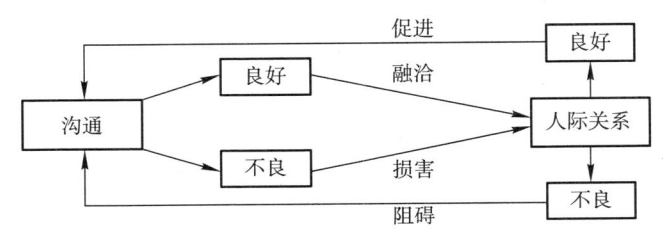

图4-2 人际关系与沟通的关系

研究发现，良好的人际关系可使工作成功率与个人主观幸福率达85%以上；对成功人士进行分析发现，85%以上的成功人士成就的获取与良好的人际关系有关。

1. 人际关系的特点

（1）主动性：人们在交往的过程中，双方都是活动的主体，而不是一方领导另一方。这就是说每一方都是积极活动着的主体，所不同的是所处地位有主次而已。即使处于次要地位的一方，也不是被动地接受信息、机械地做出反应，而是根据自己的要求、兴趣去理解和分析对方的信息并做出反馈，调整自己的言行，达到信息交流的目的。就医生与患者之间的关系来说，在疾病诊治方面，虽然是医生主动地下诊断、开处方，但患者并非被动的，也可以向医生反映自己的病情、治疗情况及治疗后的反应，医生根据患者的反馈来调整诊疗方案。

（2）互益性：人际交往必须是在两个及两个以上的个体之间进行的相互作用活动。一方发出信息会引起另一方在心理和行为上的反应，这种反应反过来成为新的信息作用于前者，这种作用一般是互益的。例如，一位护士对一位慢性病患者讲："这个病您比我有经验，所以还得多听听您的意见。"患者听后会自然做出积极的反应。所以，人们在影响他人的同时，也接受着他人的影响。

（3）条件性：在人际交往中，首要的条件是双方所使用的符号必须相同或相通，这是交往发生的必备条件。这种符号可以是语言符号，也可以是非语言符号。例如，在医患沟通中，医生应尽可能使用通俗易懂的语言，而非晦涩的专业术语。

2. 人际关系的基本原则　在处理人际关系时，应遵循以下原则。

（1）平等：在人际交往中总要有一定的付出或投入，交往双方的需要和需要的满足程度必须是平等的，平等是建立人际关系的前提。不论职位高低、能力大小，还是职业差别、经济状况不同，公民享有平等的政治、法律权利和人格的尊严，都应得到同等的对待。因此，人与人之间交往要平等相待，一视同仁，相互尊重，不卑不亢，尊重别人的爱好、习惯、风俗。

（2）相容：主要是心理相容，即人与人之间的融洽关系，与人相处时的容纳、包含及宽容、忍让。要做到心理相容，应注意增加交往频率，寻找共同点。人际交往中要心胸开阔，宽以待人。

（3）互利：指交往双方的互惠互利。人际交往是一种双向行为，故有"来而不往非礼也"之说，只有单方获得好处的人际交往是不能长久的，所以要双方都受益，不仅是物质的，还有精神的。

（4）信用：人际交往离不开信用。信用指诚实、不欺、信守诺言。古人有"一言既出，驷马难追"，社会主义核心价值观中也有"诚信"的要求。因此，不要轻易许诺，一旦许诺，便要设法实现，以免失信于人。

（5）宽容：表现为对非原则性问题不斤斤计较，能够以德报怨，宽容大度。要体谅他人，遇事多为别人着想，即使别人犯了错误或冒犯了自己，也不要斤斤计较，以免因小失大，伤害相互之间的感情。医务人员有时面对患者在病痛之下的不当言行，更要有宽以待人的胸怀。宽容克制并不是软弱、怯懦的表现，相反，它是有度量的表现，是建立良好人际关系的润滑剂，能"化干戈为玉帛"。

3. 人际关系的过程　奥尔特曼和泰勒对人际关系进行系统研究后提出，良好的人际关系的形成和发展一般要经过以下4个阶段。

（1）定向阶段：此阶段主要是初步确定要交往并建立关系的对象，包含对交往对象的注意、抉择和初步沟通等。人们对人际关系具有高度的选择性。生活中，人会自然而然地特别关注那些在某些方面能够吸引自己兴趣的人。但究竟把谁作为自己人际关系的对象，常常还要根据自己的价值观做理性的抉择。选定交往对象后，就会利用各种机会和途径去接触和了解对方，通过初步沟通，人们可以明确双方进一步交往并建立关系的可能与方向。定向阶段通常是个渐进的过程，但也不缺乏戏剧性的发展。例如，对于两个相遇便一见如故的人来说，其关系的定向阶段一次就完成了。

（2）情感探索阶段：在这一阶段，双方主要是探索彼此在哪些方面可以建立真实的情感联系。尽管彼此间已有一定程度的情感卷入，但仍避免深入涉及私密领域，所分享的自我信息相对较为表面，因此整体氛围仍然显得较为正式。

（3）情感交流阶段：在此阶段，双方的人际关系开始出现由正式交往转向非正式交往的实质性变化。表现在彼此形成了相当程度的信任感、安全感、依赖感，可以在私密性领域进行交流，能够相互提供诸如赞赏、批评、建议等真实的互动信息，情感卷入较深。

（4）稳定交往阶段：这是人际关系发展的最高水平。双方在心理上高度相容，彼此允许对方进入自己绝大部分私密性的领域，分享自己的生活，成为"生死之交"。但是实际上，能够达到这一层次人际关系的人很少，人们与自己的亲朋好友的关系大多都处于第三阶段。

> 拓展阅读 4-2
> Peplau 人际关系模式

4. 影响人际关系的因素

（1）人际知觉（interpersonal perception）：属于社会知觉的一种，是对人与人之间关系的知觉，包括对人的外部特征、个性特点的了解，对人行为的判断和理解。这种知觉主要是在人际交往中发生的，知觉对象为各种交际行为。

1）图式加工（schematic processing）：对人际知觉具有重要的影响。当代认知心理学认为，对客体和事件的知觉不是外界刺激的简单复制品，其中有些因素会被注意到、有些因素会被忽略；对客体和事件的记忆也不是原始知觉的简单复制品，而是原始知觉简化的、有组织的重建。这种认知结构称为图式（schema）。在记忆中搜索与输入感觉信息最符合的图式的过程称为图式加工。图式和图式加工使人可以更有效地组织和处理大量信息，有助于在人际知觉中提取有关信息；加快信息加工的速度，提高解决问题的效率；填补认知者所需要的信息。图式加工的这些作用可以加速认知过程，但同时也易于造成歪曲和偏向，因为图式是现实的简化，与现实刺激没有一对一的关系。与图式有关的信息受到重视，与图式无关的信息受到忽视，这是信息加工过程中通常存在的速度与准确性交换的一种表现。

2）人际知觉的影响因素：在认识他人时，有许多因素影响我们的判断，常见的影响人际知觉的心理因素如下。①首因效应：亦称第一印象，是指与他人初次接触时，根据对方的仪表、打扮、言语等所做出的综合性判断。第一印象往往最为深刻，在以后的人际知觉或人际交往时不断在头脑中出现，并制约着新的印象。②晕轮效应：是指在人际知觉时，人们常从对方所具有的某个特征而泛化到其他一系列有关特征，也就是从所知觉到的特征泛化推及未知觉到的特征，由局部信息形成一个完整的印象，从而易高估或者低估对方。③近因效应：在人际交往中，人们往往会比较重视新的信息，而相对忽略陈旧的信息。④刻板印象：亦称社会固定印象，指某个社会文化环境对某一社会群体所形成的固定而概括的看法，如医护人员"白衣天使"的形象。⑤先入为主：是指对人的知觉并非出于对客观对象的知觉，而是凭空臆造后又把这种主观观念投射到对象身上，因而就知觉到原先并不存在的东西，如某些患者会先入为主地认为医生是不负责任的，从而可能会对医患关系的建立产生不良影响。⑥投射作用：是指在人际交往中人们往往把自己的特征归属到其他人身上，假设他人与自己是相同的，利用对自己的认知去判断他人。⑦情绪效应：是指认知主体的情绪状态或特定心境会使其在认知他人时"戴上有色眼镜"，认知的内容带有明显的自我情绪色彩。⑧先礼效应：指在人际交往过程中向对方提出批评意见或某种要求时，先用礼貌的语言行为起始，以便对方容易接受，从而达到自己的目的。

（2）人际吸引（interpersonal attraction）：是人与人之间情感上相互亲密联系的状态，是人际关系中的一种肯定形式。按吸引的程度，人际吸引可分为亲和、喜欢和爱情。亲和是较低层次的人际吸引，喜欢是中等程度的吸引，爱情是最强烈的人际吸引形式。医患沟通中的人际吸引多是亲和和喜欢层次的吸引。

1）人们为什么会互相吸引：心理学家阿特金森（Atkinson）、麦克亚当斯（McAdams）等人认为，有两种动机影响人们的社会交往和人际吸引。一是亲和需求，指个体寻求和保持许多积极人际关系的愿望；二是亲密需求，指人追求温暖、亲密关系的愿望。上述需求与两个方面的因素有关：一为社会比较，它强调人们通过社会比较获得有关自己和周围世界的知识。沙赫特（Schachter）认为，人们之所以与他人亲近，是为了拿自己的感觉与其他在同样情境下的人比较。二为社会交换，它强调人们通过社会交换获得心理与物质酬赏。按照社会交换理论的观点，人们会尽量寻求并维持酬赏大于付出的人际关系。

2）人际吸引的基本原则：学习理论与诱因论提出了人际吸引的基本原则。①强化（reinforcement）：强化是学习理论的基本原则，用在人际吸引上就是个体喜欢能给予其酬赏的人，讨厌对其惩罚的人。②社会交换（social exchange）：人们是否喜欢某个人取决于这个人提供的成本及利益的评价，如果在与某个人的交往中，获得的收益大于成本，个体就会和他继续交往下去，并且对这种交往的评价也较高；如果在交往中付出多而收益少，交往有可能中断，对这种交往的评价也低。③联结（coupling）：个体喜欢那些与美好经验联结在一起的人，而厌恶那些与不愉快经验联结在一起的人。

3）影响人际吸引的因素：心理学研究表明有许多因素影响人际吸引，并认为以下几个方面比较重要。①个人特质（personal trait）：个体的某些特征会决定他是否受人喜爱，影响人际吸引的个人特质包括三个，即对他人正性的态度、能力和外表的吸引力。②相似性（similarity）：人们倾向于喜欢在态度、价值观、兴趣、背景及人格等方面与自己相似的人，包括人口学特征的相似性、态度的相似性等。③互补性（complementarity）：指当双方的需要和期望产生互补时，就会相互吸引。④熟悉性（familiarity）：也会对人际吸引起作用，主要是因为熟悉的事物可让人解除戒心和舒服度上升，使个体对该事物的正性态度增加。⑤接近性（proximity）：与他人空间上的接近也是增强人际吸引的因素之一，但随着时间的推移，这种影响会越来越小。

典型案例4-2
我没有压力，我专门给别人制造压力

（三）印象管理

印象管理（impression management）也叫自我呈现（self-presentation），是心理学家欧文·戈夫曼（Erving Goffman）于1959年提出的。印象管理是指个体通过一定的方式影响别人形成的对自己的印象的过程。它是自我调节的一个重要方面，也包括了与他人的社会互动，是自我认知的核心和人类的一种基本动机，即不论个体在组织内部还是组织外部都渴望被别人积极看待，避免被别人消极看待。试图使别人积极看待自己的努力是获得性印象管理，而尽可能弱化自己的不足或避免使别人消极地看待自己的防御性措施是保护性印象管理。医务人员在临床工作及医患沟通中同样需要别人积极看待自己，希望在他人面前形成良好的印象。掌握印象管理的相关理论和策略，有助于医务人员树立良好形象，促进医患沟通（图4-3）。

1. 印象管理的深层含义　英国形象设计师罗伯特曾说过："这是一个两分钟的世界，你只有一分钟展示给人们的机会，另一分钟让他们喜欢你。"为获得他人对自己做出愉快的评价，人们

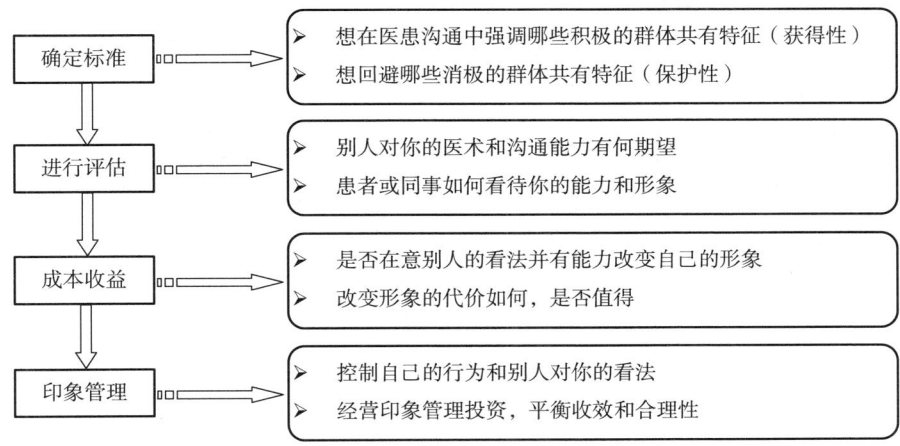

图 4-3 医患沟通中的印象管理

总是倾向于以一种与当前的社会情境或人际背景相吻合的形象来展示自己。印象管理是社会互动的一个根本方面，每种社会情境或人际背景都有一种合适的社会行为模式，这种行为模式表达了一种特别适合该情境的同一性，人们在交往中总是力求创造最适合自己的情境同一性，如医护人员进行的职业形象塑造。理解他人对自己的知觉与认知，并以此为依据创造出积极的有利于自身的形象，将有助于我们成功地与人交往。

2. 印象管理的过程 包括两个阶段，分别为形成印象管理的动机和进行印象建构。

（1）印象管理的动机：是指人们想操纵和控制自己在他人心目中的印象的意愿程度。个体印象管理的动机水平取决于三个方面的因素：①印象与个人目标的相关性。越是与个人目标关系密切的印象，个体进行印象管理的动机就越强烈。②目标的价值。越是有价值的目标，个体进行印象管理的动机就越强烈。例如，晋升职称对某位医生来说是非常有价值的目标，而同事和患者对自己的工作能力与工作方式的评价直接影响职称的晋升，因此，该医生会非常努力地使同事和患者对自己的工作能力与工作方式形成好印象。③期望留给他人的印象与个体认为自己已经留给他人的印象之间的差异。这种差异越大，个体进行印象管理的动机就越强。例如，某医生希望患者对自己的医德和医术能有良好的评价，当认为患者过去已形成有关自己医德、医术方面的不良印象时，个体会渴望改变这种印象，对自我印象进行管理的愿望就会更强烈。

（2）印象建构（impression construction）：是指个体有意识地选择要传达的印象类型并决定如何去做的过程。印象建构包含两个过程，即选择要传达的印象类型和决定如何去做。

要传达的印象类型不仅包括个人的人格特征，也包括态度、兴趣、价值观或物理特征等。研究发现，有 5 个因素影响人选择要传达的印象类型，分别是自我概念、期望或不期望的同一性形象、角色限制、目标价值、现有社会形象。

当人们选择了要传达的印象类型后，接下来就是决定如何去传达这一印象。关于人们如何选择合适的方式来影响他人形成对自己的印象的研究较少。例如，医务人员是以直接的方式来表达自己有能力，还是通过间接的方式来传达自己有能力，无法确定哪种方式更好。

不同的人进行印象建构的能力是不一样的，有些人可能比别人更善于建构自我形象。研究发现，高度自我监控的人对协调其自我表现或印象更加敏感，反应更强。而这些高度自我监控的人被认为更有可能获得提升，也更有可能取得成功。

3. 印象管理的策略 最常用的印象管理策略主要有降级防御策略和促进提升策略。

（1）降级防御策略：当个体试图使自己为某消极事件承担最小责任或想摆脱麻烦时，就可以使用这类策略。

1)解释:试图作出解释或为自己的行为辩护。例如,自己身体不适或感觉不好,或者有其他更重要的事情要做,因而影响了任务的完成等。

2)道歉:当找不到合理的解释时,就为这一消极事件向他人道歉。这样的道歉不仅可以让人感到他的确有悔恨之意,而且会让人觉得这样的事情以后不会再发生了。例如,在医疗过程中确实存在明显操作不当,如果先解释原因或强词夺理,往往会引起患者的反感,而如果能先表示歉意,再做出适当的解释,就更容易让人接受。

3)置身事外:当个体与某不良事件不直接相关时,他们可以明确自己与某事无直接关系。使用这种方法,常常能使个体少受不好的事情的牵连。置身事外一定要在尊重客观事实的条件下使用。例如,发生医患纠纷且责任确实不在医方时,可通过媒体等渠道让公众知道纠纷的责任问题。

(2)促进提升策略:当个体试图使自己对某一积极结果的责任最大化,或者想让自己看起来比实际更出色时,会使用这类策略。

1)争取名分:当人们认为所做出的积极成果应该得到应有的认可时,通常会采用这种策略。例如,通过正式的渠道让人了解自己的贡献,或者通过非正式的渠道告诉关键人物自己所取得的成果。

2)宣扬:当个体已受到赞扬,但还想让别人了解自己比原先所认为的做得更多、影响更大时,常常会采用这种策略。

3)揭示困难:让人们了解自己尽管存在个人或组织方面的困难与障碍,但还是取得了积极的成果,这样就会使别人对自己有更好的评价。

4)联合:确保在适当的时间被看见与适当的人或事件在一起,以让人们了解自己与成功事件的密切关系。例如,对新入院患者实行三级查房制度,让患者感受到被医生关注并感觉可以及时得到高级别医生的诊治。

典型案例4-3
老人的遗言

二、医学模式

(一)医学模式概念

模式(model)是一种在特定领域中,以科学方式指导人们如何获取知识以及解决问题的概念、假设和法则的集合。医学模式(medical model)是指在医学科学进展与医疗服务实践过程中,于某一阶段形成的健康与疾病观念,它是对医学重要观念的总体概括,反映了人们在面对疾病与健康问题时的态度与方法。由于医学包括认识和实践两个方面,所以医学模式也就包括医学认知模式和医学行为模式两部分。医学认知模式是指一定历史时期人们对医学自身的认识,即医学认识论;医学行为模式是指一定历史时期人们的医药实践活动的行为范式,即医学方法论。医学模式是从实践中抽象出来的理论概念,反映的是人们主观上、头脑里的一种观念模式或思维方式。医学模式一经形成,便会成为医学实践的指导,因为医学工作者总是自觉不自觉地运用这种模式来调节他们的知识和经验,进行医学实践活动。可见,医学模式对于医患沟通的实践具有重要的指导意义。

(二)医学模式的演变

医学的发展经历了传统(经验)医学、实验医学和系统(整体)医学三个阶段。伴随着医学的发展,人类对健康和疾病的思考发生了相应的改变,医学模式亦经历了神灵主义医学模式、自

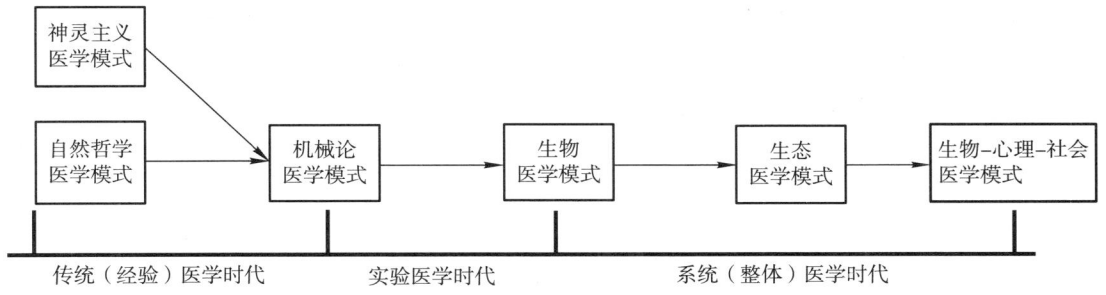

图4-4 医学模式的演变

然哲学医学模式、机械论医学模式、生物医学模式、生态医学模式、生物-心理-社会医学模式等模式的演变（图4-4）。

1. 神灵主义医学模式（spiritualism medical model） 古代生产力发展水平低，科学知识贫乏，人们把很多无法解释的问题（包括疾病）归结于神灵，医学模式主要是神灵主义医学模式。该模式认为世界上存在着超自然的神灵支配着人们的健康与疾病，并产生了巫医的祈祷、占卜、念咒和依靠巫术驱鬼逐疫治病。在这种医学模式的支配下，对疾病的治疗主要采用巫医和巫术，有时也采用一些药物或物理疗法。巫医代表神之言，言则有理，患者绝对服从，绝无怀疑，强调的是患者对圣者的服从。这种原始的医学模式在当今世界的某些落后地区或特殊人群中仍有一定的影响力。

2. 自然哲学医学模式（nature philosophical medical model） 是以自然哲学理论为基础的思维方式来解释健康和疾病的医学模式，是随着疾病治疗经验的积累而形成的经验主义的医学模式。我国的中医是该模式的典型例子，是一种朴素的整体医学观。例如，体液失衡、阴阳失衡在疾病产生中的作用，认为人有"自然痊愈力"的自然疗法等观点和认识。这些观点虽在总体上有其合理之处，但在细节上却失之粗疏，且缺乏实证科学的研究证据支持。自然哲学医学模式下的医患沟通总体来说比较密切，患者对医生较为信任，而医生对患者能做到换位思考，用朴素哲学逻辑思考疾病，用自然现象说服患者应该做什么，不应该做什么。诚如希波克拉底所言："对医生来说，了解一个患者，比了解一个疾病更为重要。"

3. 机械论医学模式（mechanistic medical model） 16—17世纪，欧洲文艺复兴运动推动了科学的进步与工业的革命，也影响了医学观。以"维修机器"（治疗）为主的机械论医学模式把人比作机器，用机械运动解释生命，把疾病比作机械故障，把治疗疾病比拟为维修机器。该模式用机械论来解释一切人体现象，忽视了人的生物性、社会性及复杂的内部矛盾。但这一模式的积极意义在于，它突破了思辨哲学和宗教神学的影响，把实验方法引入医学领域，使医学逐渐成为一门实验科学，同时促进了生物医学及外科学的发展。这一医学模式对西方医学的影响比较大，对东方医学的影响较小。机械论医学模式减少了医生在疾病诊治的过程中与患者的直接交往，医患关系亦呈现机械化趋势，医患之间更多的是施令与被动服从的关系，忽视了对患者的尊重与安慰，医患沟通的渠道也变得越来越窄。

4. 生物医学模式（biomedical model） 经过18—19世纪的自然科学和医学高度发展，生物学家、医学家先后提出了进化论、细胞学说，发现了微生物等致病因子。这些科学事实使人们对健康与疾病有了较为正确的理解，开始从生物学角度明确疾病原因，形成了生物医学模式。这种模式是以生物学过程解释健康和疾病，将生物学手段当作保健、预防和治疗疾病的主要甚至是唯一手段。生物医学模式主张心身二元论（body-mind dualism）和生物还原论（biological reductionism），前者把躯体和精神割裂开来，把生命比拟为纯生物学过程；后者把生命过程分解、还原为简单的元素，认为复杂的生命活动最终可以用最简单的物理、化学语言来解释。生物医学模式持单因单果的因果模式观点，忽视健康与疾病过程的复杂性，过分强调人的自然属性和生物学特点。但生物医学模式在很大程度上提高了人类健康水平，促进了生物医学学科的发展，时至今日，仍对医学科学的发展具有重要的影响。此期的医患关系中逐渐开始重视患者的权益保护和"知情同意"的伦理原则，医患沟通的主要形式则是在道德观与行为观约束下的思想交流。

5. 生态医学模式（eco-medical model） 进入20世纪初，人们认识到疾病的发生除病原体这一外因外，还与人体内外环境之间的生态平衡受到破坏有关，进一步提出了生态医学模式。生态医学初级阶段侧重外环境，即自然环境和社会环境对人体的作用；而后期阶段则注意到了人体内环境（微环境、微生态）的作用，即人要健康长寿，必须内外环境统一，并且要保持体内正常微生物间的微生态平衡，从未病防病发展为无病保健。在这一理论基础上，国内外发展了多种多样的微生态制剂，以恢复和保持体内微生态平衡，达到保健的目的。从整体来看，这种医学模式可视为对传统中医的医学模式精神在更高层次上的一种"回归"。因为它强调人与自然的和谐、人体内在的协调，而这些正是传统中医医学模式的主旨。生态医学模式下的医患沟通的内容更注重疾病预防与保健、健康行为方式、人与环境和谐发展等方面。

6. 生物-心理-社会医学模式（bio-psycho-social medical model） 随着医学及相关学科的不断发展，以及疾病谱和健康观念的转变，人们对健康的需求也在与日俱增。在此前提下，人们逐渐认识到除生物学因素以外，健康与否或疾病是否发生与社会、行为和心理等因素有关。随后，许多学者相继提出不同内容和形式的现代医学模式，其中以布鲁姆的环境健康医学模式及拉隆达和德威尔的健康医学模式较具有代表性，并在实践活动中逐步完善而形成生物-心理-社会医学模式。1977年，美国纽约罗彻斯特大学医学院医学和精神病学教授恩格尔（Goerge L. Engel）首次提出生物-心理-社会医学模式的概念，从整体、系统的角度认识人类健康和疾病是这种医学模式的主要特点。该模式认为，影响健康与疾病的因素主要包括生物、环境、行为和生活方式及卫生服务四大因素，深刻地揭示了医学的本质和发展规律，从单纯的生物因素扩大到人的社会和心理因素，并从医学整体出发，对疾病从生物、心理、社会三方面的情况考虑做出诊断，为医学发展指出了更明确的方向，是人们对高质量医疗卫生服务需求的客观反映。生物-心理-社会医学模式更注重把患者看作一个完整的人，既要重视生理治疗，也要重视心理治疗，重视患者的地位、尊严与自主权利，因此医患沟通也更被重视，沟通形式也更加多样。重视医患沟通，可以为医患之间构筑一个合理的沟通平台，从而拉近医患双方间的距离，逐步建立起互相尊重、信任、平等、合作的医患关系，促进现代医学模式的转变。

（三）生物-心理-社会医学模式的基本内涵

生物-心理-社会医学模式提出了健康与疾病的新观念，世界卫生组织在其关于健康的定义中提出："健康（health）是指一种身体、心理和社会的完美状态，而不仅仅是没有疾病或虚弱"。这一健康观点恰恰契合了这种新的医学模式。首先，从生物角度来说，健康要看躯体功能是否良好，有无不能被治愈或被控制的疾病，有无不能康复的躯体残疾，有无持续的不适或虚弱等；其次，从心理角度来说，健康要看内心有无严重的矛盾冲突，个性能否得到自然发展，能否自如应付各种紧张状态，有无明显的精神活动异常等；再者，从社会角度来说，健康要看能否适应社会道德、文化准则和行为规范的要求，能否在社会生活中保持积极向上的精神，能否有效地利用各种社会资源，能否在社会生活中满足个性发展和自我实现的需要。可见，就其内涵来说，生物-心理-社会医学模式包括以下3个方面。

1. **体现了心理、社会因素在医学科学系统中的作用**　强调健康与疾病中的心理、社会因素，并不是以心理和社会因素取代生物因素，也不否定生物因素的重要作用，而是对单纯研究生物因素这一不合理框架的修正与补充，恢复了心理、社会因素在医学研究对象中应有的地位，是对生物医学模式的补充与发展。

2. **肯定了生物因素的含义和生物医学的价值**　强调心理、社会因素是以肯定生物因素为前提的，只是不把生物因素放在唯一的地位。疾病既可损伤生理过程，也会造成不良的心理行为反应和（或）影响社会功能；不良的心理行为反应和社会支持的不良可引起躯体的负性反应，甚至导致疾病或疾病的进一步加重。同时，社会因素也可通过个体生理及心理变化而对健康产生影响。通过整体分析生物因素与心理、社会因素的关系，能够从整体、系统的层面更加精准地明确生物因素的含义和生物医学的价值。

3. **全方位探索影响人类健康的有关因素**　在重视生物因素的前提下，把人的健康问题置于社会系统中去理解，把生物的人如实地放置在社会关系中去理解。对医学工作者而言，呈现在面前的是有物质和精神需求的活生生的现实的人，而不仅仅是一个生物体。人的健康和疾病离不开社会、心理因素的影响，而健康的恢复也离不开社会、心理因素的支持。生物因素和社会、心理因素紧紧附着在一起，对社会性的人或人群发生作用。把生物、心理和社会因素作为一个三维坐标系来解释健康与疾病，有利于全方位探索影响人类健康的有关因素并阐明其因果关系。

三、医患沟通中需要注意的心理影响因素

（一）心理应激

心理应激（psychological stress）是机体在某种环境刺激作用下，由于客观需求和应付能力不平衡所产生的一种紧张反应状态。应激对个体的身心健康状态的影响已经成为一个举世瞩目的问题，针对患者和医疗保健人员亦是如此。自从塞里（Selye）1956年提出"应激"这一概念以来，已经吸引了医学、心理学、生理学、社会学及其他学科的广泛注意。具体到医患关系中，从医方角度，当医生认为自己的能力不足以满足患者身心需要的时候，会对自己承担的责任感到紧张焦虑；当医务人员长期值夜班、生活质量下降，而工作责任又很大的时候，也常处于心理应激状态。从患方角度，患者患病特别是罹患严重疾病或精神障碍本身就可以引起心理应激，而对陌生环境的不适应和对医务人员及其服务质量的不满，又可产生紧张、焦虑、愤怒等不良情绪，进而加重心理应激。如果医患双方心理应激过于强烈，超过其心理承受能力，就可能以愤怒、恐惧等情绪形式爆发出来，会对医患沟通造成障碍，从而损害医患关系。

> 拓展阅读 4-3
> 患者常见的心理应激反应

（二）动机冲突

动机冲突（motivational conflict）是指在个体有目的的活动中，因目标的多样性而出现相互排斥的动机，也叫心理冲突。动机冲突可使人的需要部分地或全部地得不到满足，因目标的实现受阻而产生挫折，进而使个体容易产生异常心理反应。虽然医患双方的共同目标是战胜疾病，但医务人员趋向于期望患者不折不扣地执行医嘱，患者趋向于期望医务人员用精湛的医术为自己解除病痛，并能尊重自己。如果医方与患方不能较好地满足对方的动机需求，则会引起动机冲突，损害医患关系。常见的动机冲突有以下4种。

1. **双趋冲突**　指对个体具有吸引力的两种目标同时出现，形成强度相同的两个动机。由于条件限制，只能选择其中一个目标，此时个体往往会表现出难于取舍的矛盾心理。"鱼与熊掌不

可兼得"就是双趋冲突的典型写照。这种冲突在临床工作中亦常可见到，如有的患者既想住院医治疾病，又担心所肩负的工作重任因时间拖延不能完成而不愿放弃工作，造成难以取舍的矛盾心理状态。

2. 双避冲突　指对个体具有威胁性的两种目标同时出现，使个体对这两个目标均产生逃避动机，但由于条件和环境的限制，必须选择其中一个目标，这种选择时的心理冲突即为双避冲突。如化脓性腮腺炎的患者，既害怕炎症进一步加重，又害怕切开引流会影响以后的容貌。

3. 趋避冲突　指某一事物对个体具有利与弊的双重意义时，会使其产生两种截然不同的动机态度，一方面好而趋之，另一方面则恶而远之。例如，有的患者接收药物治疗的效果，但不愿忍受药物的副作用。

4. 多重趋避冲突　在实际生活中，人们的趋避冲突常常表现出一种更复杂的形式，即人们面对着两个或两个以上的目标，而每个目标又分别具有吸引和排斥两方面的作用。人们无法简单地选择一个目标而回避或拒绝另一个目标，必须进行多重的选择，由此引起的冲突即为多重趋避冲突。

动机冲突不仅可以影响医患沟通和医患关系，还可以造成个体心理状态的不平衡、不协调，长时间严重的心理冲突甚至可以引起个体的心理障碍，需要医护人员在医患沟通中引起注意。

> 典型案例 4-4
> 动机冲突案例

（三）认知冲突

皮亚杰（Piaget）认为，认知冲突（cognitive conflict）是指人的原有认知图式与新感受到的事件或客体之间的对立性矛盾。具体到医患关系中，医患认知冲突是指医患之间在疾病诊疗过程中对同一事实和现象产生的认知差异、矛盾与对立，包括对健康的观念、疾病的认识、痛苦的感知、医术的期待、死亡的态度等各方面的认知差异。由于医生和患者彼此间原有认知图式、认识事物的角度、所处情景的不同，就会造成医患之间对诊疗过程中同一事物认知的差异与冲突。医患认知冲突如果处置不当，就会产生消极影响，如医生责任感和耐心的减弱、患者对医生信任的降低，进而造成医患双方心理上的压力甚至医患关系的紧张，影响医患沟通及疾病的诊治。应对医患认知冲突的最有效途径是加强医患沟通，通过沟通消除医患之间的认知差异。

> 典型案例 4-5
> 医患认知冲突

（四）移情与反移情

移情与反移情是心理咨询与心理治疗中常用的技术。具体到医患之间，移情（transference）是指患者对医务人员的印象容易受其以往对类似人物印象的影响，在治疗中表现出对医务人员的情感依赖或不信任和敌意。在移情反应中，表现为友好、爱慕甚至带有性爱成分的被称作正移情，表现为拒绝、不满甚至敌对、不配合甚至将医务人员视为发泄对象的属于负移情。从表现形式上，移情有直接和间接两种形式。前者是直截了当地向医务人员表达自己的体验，如某位患者对护士说："我同你交谈感到非常放松，你让我想起了我的妈妈"。后者则是以间接的方式表达其体验，如通过表情、姿势等。

反移情（counter-transference）是指医务人员常常基于自己过去的经历或与他人的关系，把生活中对某个重要人物的情感、态度和属性转移到患者身上，或出于自己的情感需要对患者的行为进行反应。反移情有广义和狭义之分。广义的反移情是指医务人员对患者无意识的认知、情感、意志的反应趋向，它在很大程度上由医务人员本人的生活经历和世界观所决定；狭义的反移情指医务人员对患者移情表现的反应。与移情的产生原理一样，医务人员在与患者交流时也会产生情感反应。经典精神分析理论认为，反移情是患者在医务人员心中所发动的全部情绪。美国著名心理学家辛格儿（Singer）认为，反移情可有三种表现形式，即医务人员对患者的过分热情和关切，对患者过分敌视和厌恶，对患者一般的紧张情绪。在本质上，这些表现形式均反映了医务人员对患者思想、行为的一定程度的自我防御。例如，一位男性性病患者叙述自己的情感史及由此引发的夫妻关系紧张时，遭到道德观念极重的女性医务人员强烈的厌恶并进行指责，这正好重复了患者妻子的反应模式，可能使医患关系因此陷入危险，并影响病史的进一步收集。

基于移情与反移情的上述特点，医务人员应掌握一定的相关知识。在实际工作中正确处理移情和反移情通常可以产生积极的作用，否则不仅不利于医患关系的和谐，还有可能使医务人员陷入医患多重关系中，不利于患者疾病的诊治。

拓展阅读4-4
共情、移情与同情

第二节 医患沟通的伦理学基础

医学应该是一种爱人之学、人道之学，医学本身就与伦理学同源。自从医学作为一种职业活动形成以来，就存在医生与患者的关系。这种关系是一种涉及健康与生死问题的人际关系，更具有深刻的伦理内涵。作为协调医患关系的一种重要途径和手段，医患沟通也具有普遍的伦理特征。医患沟通必须以伦理道德为基础，使伦理规范不仅为医患沟通确立价值导向，也为其提供行为规范和准则。

人文视角4-1
甘冒"风险"的林巧稚院士

一、医患沟通相关的伦理学知识

（一）道德、伦理与伦理学

在中国，道德与伦理的词源含义有所不同。"道"本意为道路，许慎《说文解字》卷二说"道，所行者也"，后引申为规律和规范。"德者，得也，行道而有得于心者也。""德"是指立身根据和行为准则，指合乎道之行为。道德（morality）最基本的含义就是调整人们之间相互关系的行为规范，说明了人的品质、原则、规范与境界。可见，道德是人类社会的一种重要意识形态，是由经济基础决定的，在社会生活实践中形成的，以善恶为评价形式，依靠社会舆论、传统习俗和内心信念，用以调节人与人之间、人与社会之间关系的原则规范、行为活动准则的总和。根据道德结构的不同，道德可分为道德意识、道德规范和道德实践三个部分。

"伦，从人从仑，仑者辈也。""伦"本意为人的血缘辈分关系。"理"本义为"治理"，后引申为道理、规律和规则。"伦"是中国词源中的类、辈、关系、次序，"理"为原理、条理、法则，伦理（ethics）顾名思义就是人们的行为事实如何地规律及其应该如何地规范。ethics一词源于希腊语"ethika-ethos"，原指动物不断出入的场所、住惯了的地点，引申为"习俗""习惯"，后发展为由风俗习惯养成的个人性格和品行。目前采用的是西方的伦理词义，即伦理是指一定社会的基本人际关系规范及其相应的道德原则。

"伦理"与"道德"，在通常的语境和注释中易于被混用，尧新瑜在《伦理学研究》中撰文指出，"伦理"与"道德"是伦理学或道德哲学中的两个核心概念，但两者长期处于概念模糊和逻辑混乱状态，导致伦理学和道德教育"名不正而言不顺"。在伦理学中，"伦理"与"道德"是有差异的。道德一般表达的是最高意志，是支撑伦理的精神基础，主要体现为一种精神和最高原则，即"最好应该"；伦理表述的是社会规范的性质，即"必须应该"。

表4-1
伦理与道德的区别

伦理学（ethics）又称道德哲学，是对人类道德生活进行系统思考和研究的一门科学，是哲学的学科分支，主要解决的是人与社会之间的关系问题。伦理学作为一门学科，最早为古希腊学者亚里士多德所创，在西方被称为道德哲学。在清末，我国学者才逐渐引用"伦理学"。伦理学研究对象的范围可扩展到各个领域，与各学科形成交叉学科。就其学科属性来说，伦理学既是一门理论与实践相结合的学科，即通过对人伦行为的善恶价值分析来研究道德的起源、发展和规律，进而建立人类道德规范体系，以达到规范人类伦理行为的目的；又是一门规范与价值相结合的学科，它不仅为人们提供了一种行为规范的框架，也提供了一套价值判断体系。

（二）医学与伦理道德的关系

伦理道德在医学中的作用是无可替代的。医学是研究生命的科学，其具有两重性：一是"为民服务"，"生命所系，健康相托"要求医务人员以积极的态度来面对和解决实践中存在的问题，对待业务精益求精，对待工作一丝不苟，对待患者无微不至。二是"以医谋利"，把医学作为谋求生计的手段。如何处理好两者的关系对医务人员提出了很大的考验。医学中的伦理规范像一面旗帜，它引领着医学向道德层次发展；同时它又是一面镜子，时时刻刻反映着医务人员的人格修养和道德素质。

以"天人合一"思想为理论框架的中医学对于伦理道德有着极为深刻的阐述。经典著作《黄帝内经》首先提出了"天覆地载，万物悉备，没贵于人"的医德观。古代医家始终将"仁"放在"病"之前，人命贵重于千金，体现了"以人为本"的高尚道德情操。《大医精诚》是古代医学生的必修课程，必须烂熟于心后，"师傅"才会传授医术。古人曾有过"不为良相，但为良医"的感慨，即把医者比作宰相，将患者比成国家，医者诊治疴疾，就犹如治理国家一样，国之盛衰，人之壮羸，察色诊脉之间，遣方用药之时，麻痹不得。许多国医大师回忆起他们的学徒经历时，都曾把"先成人，后成才"这则师训作为自己亘古不变的座右铭。

拓展阅读4-5
《大医精诚》——孙思邈

医学是诊疗疾病的先决条件，伦理是医疗工作者的道德基础。只有伦理道德而没有医疗技术，"有德无才"，不能治疗疾病；只有医疗技术却没有伦理道德，"有才无德"，唯能坑害无辜。在如今商品经济大潮的环境中，名利权势有时使人超出伦理道德的约束或跨越道德底线，导致医患矛盾或纠纷。因此，倡导伦理道德应始终作为医学发展的必要要件，只有在伦理道德指引下，医学才能健康发展。

（三）医学道德与医学伦理学

1. 医学道德（medical morality） 是一种职业道德，一般指医务活动中的道德现象和道德关系，它是调整医务人员与患者、医务人员之间以及医务人员与社会之间关系的行为准则，可简称为"医德"。医德是一种职业道德，是一般社会道德在医疗卫生领域的特殊表现。

（1）医德的基本特征：医德作为一种特殊的职业道德，有其自身的一些特征。

1）具有独特的职业性：明代龚廷贤说："病家求医，寄以生死。"医学实践的最终目的是防病治病，增进人类健康，提高生命质量。可见，医德具有特殊的重要性，医德的优劣不仅关系到医疗质量的高低，而且直接关系到患者痛苦的减少或增加，甚至关系到患者的生死存亡。作为医德，在内容上，具有更高的标准、更严格的要求、更完备的规范；在形式上，特别是在医德的行为准则的表达方面，具有更强的具体性和可操作性；在道德要求上，医德不能像其他道德形式那样，可以在不同的个体中分为不同的层次，有不同的道德要求，而是表现为层次的单一性——全心全意地为患者服务。

2）具有一定的强制性：履行医德规范是医务人员应尽的法定义务，而不是纯粹的道德义务，具有一定的强制性。

3）具有科技道德的普遍适用性：医德不仅属于职业道德的范畴，还是一种特殊的科技道德。科技道德具有较强的历史继承性和社会共识性，可以古学今用，洋学中用。例如，医德中的救死扶伤、知情同意、保密、一视同仁等伦理原则一直是全球医学卫生人员普遍遵循的基本信条。

拓展阅读4-6
医德的基本构成

（2）医德的基本原则：作为调整医患关系、医际关系和医社关系的基本准则，医德的基本原则统帅医德的一切规范和范畴，贯穿医德发展过程的始终，是衡量医务人员个人行为和道德品质的最高道德标准。医德基本原则具体可以表述为"救死扶伤，防病治病，实行社会主义的人道主义，全心全意为人民的健康服务"。

1）救死扶伤、防病治病是医德的根本任务：医德基本原则首先明确界定医务人员的根本任务是救死扶伤、防病治病，通过救死扶伤、防病治病来保障人民的健康，提高生命质量。医务人员要担负起救死扶伤、防病治病的根本任务，既应具有精湛的医术，又应具备良好的医德，见死不救、见伤不扶、见病不治的做法，显然是违背医德基本原则的。

2）实行社会主义的人道主义是医德的基本要求：人道主义提倡关怀人、尊重人、以人为中心的世界观，主张人格平等，互相尊重。医学人道主义（humanitarianism）是医德的精华，自医学出现以来就与医学同在，其发展经历了一个由不自觉到自觉、从不完整到比较完整的阶段。实行社会主义的人道主义，是我国社会公德的重要内容，也是我国医务人员职业道德的重要组成部分。例如，在新型冠状病毒感染期间，无数医务工作者白衣执甲、勇敢逆行的行为，正是社会主义的人道主义精神的体现。

3）全心全意为人民的健康服务是医德的根本宗旨：全心全意为人民的健康服务，是高尚医德境界的表现。它要求医务人员必须牢固树立为人民健康谋利益的价值目标，努力学习和掌握医学知识与技能，认真加强医德修养，救死扶伤、防病治病，最大限度地满足人民日益增长的保健保障需要。

2. 医学伦理学（medical ethics） 是运用一般的伦理原则解决医疗卫生实践和医学科学发展过程中的医学道德现象与医学道德问题的学科，是关于医德产生、形成、发展和变化规律的学说，是调整处理医疗卫生实践和医学科学发展中人与人、医学与社会之间关系的科学。医学伦理学以医德为研究对象，主要研究医德的关系及其所反映出来的医德现象，是伦理学与医学相互交融的一门学科。现代医学伦理学的主要理论基础如下。

（1）生命论：包括生命神圣论、生命质量论、生命价值论。生命神圣论强调人生命的至高无上、神圣不可侵犯，是东方传统医学伦理学的奠基性理论和医学人道主义的思想基础。生命神圣论无条件地主张尊重和关爱生命，从道德层面强化了医学救死扶伤的宗旨，推动了医学的发展和医德的进步。生命质量论是以人的自然素质（体能和智能）的高低、优劣为依据来衡量生命价值的一种观念。但是，孤立片面地强调生命质量，则可能损害生命尊严。生命价值论是指以人具有的内在价值和外在价值的统一来衡量生命意义的一种观点，主张个人以其对他人和社会的作用及意义的大小为标准，确定其生命的社会意义，以保证人类和谐生存与发展的生命观及理念。

（2）人道论：即医学人道主义，是指在医学活动中，特别是在医患关系中表现出来的同情和关心患者，尊重患者的人格与权利，维护患者利益，珍视人的生命价值和质量的伦理思想和权利观念。其核心内容有尊重患者生命、尊重患者人格、尊重患者平等的医疗权利、尊重患者的生命价值等。现代医学人道主义在反对社会等级观念、关心民众疾病、促进社会生产力发展、制止非人道主义的行为方面发挥着积极作用。

（3）美德论：美德（virtue）是对良好道德行为和道德品质的肯定性评价。无论东方还是西方，美德论是传统医学伦理学中最具有解释力的基本理论，中国传统医学伦理中的不分亲疏贵贱全力救治，认真负责、一丝不苟，作风正派、不图酬报，谦虚谨慎、尊重同行等伦理要求，多是从医生应该具有的美德出发而立论的。美德论在欧洲传统医学伦理学中也是最具解释力的理论之一，著名的《希波克拉底誓言》就是高尚的医德在医疗实践中的升华。

（4）权利义务论：现代医学伦理学的权利论是随着全球人权的发展历程而发展出的重要理论之一。现代医学伦理学的权利论与义务论是相联系的，医生的权利从某种意义上说是使其对患者尽义务的保证。权利论包括医生的权利和患者的权利两个方面。尽管权利论作为现代医学伦理学的基本理论已是社会共识，但医生的权利、患者的权利应包含哪些内容，在医学界及医学伦理学界至今还没有统一的说法，须进一步探讨，以达成统一的认识，并制定专门的相关法律，使医患权利有统一的认识和规范操作。例如，《民法典》《医师法》等法律法规中就有界定医患双方权利的相关条款。义务是伦理理论中的一个重要概念。所谓义务，是指作为一个社会的人，在道德上应该履行的职责。义务论是以义务观为基础的伦理学理论。东方传统医学伦理学的义务论，也是用来解释医学伦理的重要理论之一。汉代张仲景说："上以疗君亲之疾，下以救贫贱之厄，中以保身长全，以养其生。"龚廷贤说："医乃生死所寄，责任匪轻。"这些都是从义务论的角度来阐释医学伦理主张的。

（5）公益论：是指依据社会全体成员的利益，使行为符合社会公认的道德标准。1973年在美国召开的"保护健康和变化中的价值讨论会"上，加利福尼亚大学医学院的 A. R. Johnson 教授和乔治城大学人类生殖和生物伦理研究所所长 Henegers 提出了公益论。随着人们对生殖技术、基因技术等医学高新技术会影响到人类公共、长远和后代的健康利益认识的加深，公益论越来越引起人们的关注和推崇。公益论探讨的是如何使利益分配更合理，更符合大多数人的利益。现代医学是一个专业性很强的社会性事业，具有广泛性和长远性。现代医学及其医疗职业已大大突破了传统的狭隘的医患关系道德范围，还必须综合考虑环境、人类整体和后代利益的问题，如稀有资源分配问题、人口道德问题、环境道德问题等。公益论是医学伦理学在新的医疗与社会背景下产生的一种全新的理论，是医学科学发展的需要，是医学与社会协调发展、可持续发展的需要。把公益论作为卫生政策和卫生发展战略的伦理学依据，有助于解决医疗卫生资源的公正分配，真正实现"人人享有卫生保健"的目标。

人文视角 4-2
张仲景的医学伦理思想

二、医患沟通中的伦理道德

（一）医患关系的伦理特点

医患关系是一种双向的、特定的人际关系，它有技术方面和非技术方面的内容，并有其特定的契约形式。从伦理层面来看，医患关系也有其自身的特点。

1. 平等性 社会主义制度的确立为尊重人的尊严、价值创造了条件，"我为人人、人人为我"成为人们的行为准则，人道主义成为社会公德范畴。社会主义的人道主义在医疗工作中表现为对广大人民群众生命的尊重和爱护，体现在爱护患者、尊重患者的平等诊治权上，反映在医患平等协作的人际关系中。医患之间的平等关系表现在医务人员尊重患者的医疗权利，一视同仁地提供医疗服务；患者尊重医务人员的劳动，并积极密切地配合，共同完成诊治疾病、维护健康的任务。

2. 诚信性 医生有为患者提供医疗卫生保健和康复的特殊职权，并有机会获得患者身体、心理、隐私等信息；而患者为了诊治的需要，要信任医生并将这些信息告诉医生，这是建立在契约下和诚信基础上的特殊人际关系。任何打破这种契约和诚信的行为，都要受到社会舆论的谴责甚至法律的制裁。事实证明，这种契约约束下的医患关系，彼此之间是完全可以信赖的。

3. 技术性　医生将救死扶伤、防病治病作为己任，国家赋予了医生某种特殊的权利，如对疾病的诊治权、处置权和特殊干涉权等，并以医疗技术为保证，为患者提供服务；患者以信任为前提，将自己生命、疾病的诊治权经某种契约委托给医生。这种委托关系是由于医患之间的医学知识占有不同、所处的地位和职责不同所决定的。医生具有医学知识和技术，处于一定的主动地位，并被赋予某种特权。这也要求医务人员要恪守职责，钻研技术，以高尚的医德、精湛的医术，全心全意为患者服务，不辜负患者委托之重任。

（二）医患沟通中的医德规范

医德规范是以医德基本原则为指导制定出来的更为具体的行为准则，是社会、人民群众和患者对医务人员的基本要求，是评价医务人员行为是否合乎道德的具体标准。在医患沟通中，应遵循的医德规范如下。

1. 忠于职守，认真负责　医务人员担负着救死扶伤、防病治病、保障人民健康的神圣职责，其服务对象是处于病痛折磨中的患者。要帮助他们解除痛苦、恢复健康、延长生命，应忠于职守，极度负责，时刻想着患者，一切为了患者，为其提供高质量的医疗服务。

2. 尊重患者，一视同仁　尊重患者，平等对待患者，一视同仁，是医务人员应遵守的基本医德规范。少数医务人员以恩赐者自居，随意训斥、指责患者，以医疗技术作为交易资本，视患者地位高低和送礼多少决定自己的服务行为，这些做法是不符合医德基本规范要求的。

3. 举止端庄，文明行医　文明行医是医务人员必备的职业素养。举止端庄、语言文明、态度和蔼，才能使患者感到可亲、可信；同情、关心和体贴患者，才能给他们以安慰和鼓舞，帮助其树立同疾病作斗争的信心。医务人员的文明行为有利于构建和谐医患关系，提高医疗服务质量。

4. 严守医密，患者至上　严守医密是医德基本规范的一种特殊要求。保守医密既是维护患者尊严和利益的重要措施，也是提高医疗质量的重要保证，是密切医患关系的重要途径。

拓展阅读 4-7
《医家十要》——龚廷贤（明）

（三）伦理道德在医患沟通中的作用

1. 医患沟通的思想基础　"诚于中而行于外"，思想是行动的先导，是支配人们行为的目的和动机，也就是解决"为什么"的问题。合乎道德的医患沟通的目的和动机是从患者的利益出发，为了更好地提高医疗质量、加强医患合作而达成共识。人们是否从道德的愿望出发进行沟通，其情形、效果是截然不同的。许多医患纠纷和医患矛盾的产生，与先前的沟通缺乏道德基础不无关系。

2. 创设医患沟通的良好氛围　"言为心声"，沟通是否在道德驱动下，经常会在实际沟通过程中体现出来。医患沟通包含了医患之间的认知沟通、情感沟通、行为沟通、文化沟通等语言与非语言的沟通。医务人员良好的医德行为、医德语言、医德作风可以通过医患沟通体现出来，从而增强患者的信任感、依赖感和医疗勇气，消除患者的恐惧感和意志脆弱，有利于促进医疗工作的顺利开展。

3. 防范和化解医患矛盾和纠纷　伦理道德是医学服务的重要组成部分，是医疗机构赖以生存、发展，并获得经济效益的生命线。但是，目前这一点还没有引起足够的重视，这也是医疗纠纷增多的原因之一。强化医务人员的伦理道德意识能有效地促进医患沟通，防范医患纠纷的发生。

> 典型案例 4-6
> 名医与医患沟通

4. 树立医患沟通的行为准则　伦理道德是调整和处理人际关系的行为规范，医患沟通是处理医患这一特殊人际关系过程中的一种互动行为，两者之间具有共通性。伦理道德有助于树立医患双方的沟通思想，规范医患双方的行为，进而保证医患沟通的正常进行。

（四）医患沟通的伦理原则

医患沟通的伦理原则是调整医务人员和患者之间关系的行为准则，是贯穿整个医德规范的一条主线，是衡量医务人员品行的基本道德标准。它为医务人员确立医德观念、指导医德行为、进行医德评价和加强医德修养指明了方向。

1. 行善原则　是医学伦理学的根本规范、最高原则，要求医务人员的所有医学行为都要符合善的医学道德目的。行善原则调整的是包括医患沟通在内的整个医学行为引起的一切伦理关系，它是医学伦理学总的根本道德原则，具有管辖全面、贯彻始终、纲举目张的纲领统帅性，而其他原则是它的派生和延伸。

2. 有利与无伤原则　是古老的医学伦理原则，是行善原则的延伸和派生。它要求医患沟通中对患者实施有利的影响。遵循有利原则是善待患者的首要原则，成为应该如何对待患者的其他伦理原则的前提和基础。无伤原则又叫无伤害原则，要求医务人员在医学服务中要最大限度地降低对服务对象的伤害。与有利原则一样，无伤原则是善待患者这一道德原则的反面义务，亦是其他医学伦理原则的前提和基础。沟通中，医务人员任何不当的表现都可能对患者造成伤害，因此，要牢固树立无伤害意识。

3. 公正原则　要求平等合理地分配卫生资源，使每一个社会公众得到平等合理的医学对待。公正原则的根源，是认为每个人对社会的最基本贡献完全相等——每个人一生下来都同样是缔结、创造社会的一个股东，应该完全相等地享有基本权利（基本权利完全平等）；每个人因为具体贡献的不平等而应该享有相应不平等的非基本权利，但比例应该完全相等（非基本权利比例平等）。医学主要是维护人的健康，而健康权利是人的一项基本权利，因此医学上的公正原则应根据"基本权利完全平等"的原则而完全平等。但是，目前因医学发展程度所限，在医疗活动中还存在合理差等的现象，生命质量、需求的迫切程度、社会价值等是造成合理差等的常见原因。

4. 自主原则　要求医务人员充分尊重服务对象的自主权。尽管自主观念目前已经深入人心，但要在医学实践中完全贯彻自主原则仍是非常困难的。有学者提出尊重患者的自主权可能会降低患者的积极性和主动性。实际上，尊重患者的自主权并没有降低患者的积极性和主动性，而是对医务人员提出了更高的要求，即医患之间对医疗信息把握的不对称性，决定着医务人员既要尊重患者的自主权，又不应该无所作为，这就要求为患者的自主选择提供充分条件。医务人员应做到：①向患者详细解释病情。②告诉患者治疗和不治疗分别会出现的情况。③告诉患者各种可能的治疗方案。④提出医务人员自己认为的最佳治疗方案。⑤告诉患者要实施的治疗方案中的注意事项和如何配合治疗。

如果出现医务人员提出的"最佳方案"遭到患者的拒绝，可从以下方面进行考虑：①确定患者是否具有自主决策能力。②综合考虑患者本人和家属的意愿。一般在患者具有选择能力且患者本人和家属意见无法统一时，侧重患者本人的意见。如果充分沟通后，"最佳方案"仍遭到自主选择力正常的患者和家属的拒绝，则应尊重这一选择，同时做好详细和完整的病案记录。但需要注意的是，根据公益论的医学伦理学理论，患者的自主权并不是绝对的，它以不违背法律、法规、政策等和社会公共利益、社会公共道德为前提。如果患者的自主权与上述前提发生矛盾，医务人员可以不去尊重患者的自主权，如拒绝患者非医学需要鉴定胎儿性别的要求、拒绝传染病患者提出的行动自由的要求等。

5. 保密原则　要求医务人员在防治疾病过程中应保守医密，不得泄露关于患者的隐私及疾病情况的相关信息。保密原则是对医务人员的特殊要求，是对行善原则、有利原则、无伤原则、人道原则的特殊贯彻。保密原则是古今中外医学界的职业公德，如《日内瓦宣言》中的"我将要尊重（患者）所寄托给我的秘密"。保密原则亦是我国法律的规定，如《医师法》规定医务人员应"尊重、关心、爱护患者，依法保护患者隐私和个人信息"。在医患沟通过程中，注意保守医密也是取得患者信任和合作的基础，是保护性医疗的一种措施。一般来说，医务人员应注意三个方面的保密：一是对患者为了医疗需要而提供的各种个人秘密进行保密，二是患者本人的某些病情信息保密，三是对某些知名人士的病情、性格、健康状况及诊疗期间涉及的个人、国家、社会秘密的谈话进行严格保密。

> 典型案例 4-7
> 你违背了哪些医学伦理原则？

第三节　医患沟通的法学基础

从法学角度来看，医患关系是一种医患法律关系，要受到法律调整，并确定医患双方在法律上的权利和义务。医患沟通在协调这种法律关系中具有重要作用，是保障患者和医务人员的权利和义务得以实现的一个重要途径。同样，了解相关的法律知识，明确患者和医务人员的权利和义务，可以对医患沟通起到良好的促进作用。

一、医患沟通相关的法学知识

（一）医事法律、医事法学与医事法律关系

医事法学（medical jurisprudence）与医事法律（medical law）这两个概念既有密切联系，又有所区别。从字义上讲，医事法律是关于医事活动的法律，是由国家制定或认可，并由国家强制力保证实施的、旨在调整在保护人体生命健康活动中所形成的各种社会关系的法律规范的总和。医事法学则是以医事法律为研究对象的一门学科，是研究医事法律及其发展规律的法律学科。

医事法律和医事法学的出现有其社会历史背景。20 世纪 60 年代后期，传统的生物医学模式日渐被蓬勃兴起的生物－心理－社会医学模式所取代，医学中的法律元素越来越受到重视。在这一社会历史背景下，医事法学这样一门以医事法律规范为研究对象的新兴学科便出现了。

医事法律关系（relation of medical jurisprudence）是指国家机关、企事业单位、社会团体、公民在卫生管理和医药卫生预防保健服务过程中依据医事法律规范所形成的权利和义务关系。就其内涵和外延而言，医事法律关系除了具有法律关系的一般特征外，还有其他法律关系所不具有的特征。

> 拓展阅读 4-8
> 我国常用的卫生法律法规

（二）医事法律的调整对象

医事法律和其他法律一样，也有其特定的调整对象，即医事法律关系：①医疗卫生服务活动，即规范医疗机构、医务人员及医疗行为等方面的法律关系；②健康相关产品，即与人体健康相关的药品、食品、化妆品和医疗器械管理的法律关系；③公共卫生，即涉及公共卫生、预防保健方面的法律关系；④卫生公益行为，如红十字会募捐行为、献血行为等法律关系；⑤传统医学，主要是传统医学的保护与管理形成的法律关系，如《中华人民共和国中医药法》；⑥生物医学，主要是对医疗高新技术进行管理规范形成的法律关系，如《中华人民共和国生物安全法》。

在这些法律关系里，既有隶属型法律关系（纵向法律关系），如国家与各级医疗机构之间的组织管理关系；也包括平权法律关系（横向法律关系），如医疗机构与患者之间的关系。随着我国市场经济体制的建立和发展，这类平等主体之间的关系越来越丰富，已经成为医事法学研究的主要内容。另外，还包括纵横交错的医事法律关系，即某些同类医事法律关系中包含着横向与纵向交错的双重性质。例如，在计划免疫、疾病控制、职业病防治等工作中既存在医事行政管理法律关系，又存在医事民事法律关系。由此可见，医事法律的调整对象层面多元、覆盖范围广、内容庞杂。

（三）医事法律的特征

医事法律除了具有法律的强制性、规范性等特征之外，还有其自身的特征，这取决于医事法律的调整对象。医事法律的调整对象是围绕保护人的生命健康活动中所形成的各种社会关系，要受到经济、政治、文化、社会习俗的影响，而且医学本身是一门自然科学，技术性极强。所以，医事法律还要受到自然规律和科学技术发展水平的制约。

1. **科学性与专业性**　是医事法律最重要的特征。医事法律是以医学为依托，围绕医疗行为和人们的各种医药卫生活动而制定的法律规范。医学本身属于自然科学，与医药科学紧密联系。医事法律立法必须符合医学科学的基本规律。医事法律要保护人体生命健康这一特定对象，以医疗行为为核心展开构建自身的法律体系，医学本身和医疗活动的专业性决定了医事法律的专业性。

2. **综合性和多样性**　医事法律的调整对象涉及人们工作、学习、生活等方面的卫生条件和居住环境的改善，涉及医药卫生质量中一系列的技术问题和物质保障，涉及一定范围乃至全国的社会保障事业的发展等。同时，医事法律关系复杂，既有横向医事法律关系和纵向医事法律关系，还有纵横交错的医事法律关系，这些都决定了医事法律必须采取多种调节手段，综合多种法律手段。医事法律的综合性和多样性也决定了医患沟通的复杂性。

3. **社会共同性**　医事法律的根本任务是预防和消灭疾病，改善人们劳动和生活环境中的卫生条件，保障人们生命健康，促进经济和社会的协调发展。这是全人类的根本利益和共同利益，并不会因为社会形态不同、发展阶段不同而有所区别。所以，医事法律不能仅仅关注和保障社会中一部分人的生命和健康，而必须反映社会民众的共同愿望和要求。

（四）医事法律的基本原则

医事法律的基本原则是指贯穿于医事法律体系之中的指导思想和必须遵守的基本原则，是医事立法的基点和医事执法的依据，也是医事卫生活动的准则，体现了医事法律的精神。

1. **保护公民的生命健康权**　是指医事法律制定和实施都要从广大人民群众的健康利益出发，

把维护人体健康作为卫生法的最高宗旨，使每个公民都依法享有改善卫生条件、获得基本医疗保健的权利。公民的生命健康权是一项基本人权，是公民最基本的权利，是享有和实现其他权利的基础。实现和保障生命健康权，既是人道主义的必然要求，也是医学的根本任务和法律的重要任务，是法律与医学的共同追求。

2. 预防为主　是我国卫生工作的根本方针，也是卫生立法及执法必须遵循的一条重要原则。防患于未然能有效地降低社会成本，节约资源。

3. 全社会共同参与　医药卫生工作具有广泛的社会性，关系整个社会经济发展和全社会每个公民的根本利益。要做好医药卫生工作，加强医事法治建设，就必须充分调动各级政府、组织和广大民众的积极性。只有全社会参与，才能保证相关措施和工作取得应有成效，这也是"大卫生、大健康"理念得以落地，健康中国发展战略得以实现的重要保障。

4. 国家卫生监督　是指卫生行政部门和法律授权承担公共卫生事务管理的组织，对管辖范围内的个人和社会组织贯彻执行国家卫生法律、法规、规章的情况，要予以检查督导，坚持依法办事，严格执法，同一切违反卫生法规的行为作斗争。国家卫生监督的内容包括医政监督、药政监督、防疫监督和其他有关卫生监督。

（五）医事法律的作用

就医事法律的社会作用而言，可从以下几个方面来认识。

1. 实现卫生秩序、自由与正义　良好的卫生法治环境是实现卫生秩序、自由与正义的前提，为医疗机构及医务人员的医疗行为确立了标准，同时也为医务人员在此范围内自由地进行执业活动和医患沟通提供了制度化的保障机制。

2. 增强卫生法治观念，推动社会主义精神文明建设　医事法律的实施，从法律的高度向全体公民提出了卫生工作的要求，使公民懂得卫生法提倡什么、禁止什么，鼓励什么、反对什么，进而从医事法律规范中明确判断是非的标准，以指导公民的行为。例如，医闹入刑在提高人们对于医闹危害的认识，依法打击医闹，保障公共医疗秩序和医患双方的合法权益方面就发挥了积极的作用。医事法律一方面保护公民应当享有的权利，另一方面又敦促公民自觉地履行应尽的义务，从而增强卫生法治观念和提高卫生知识水平，使讲究卫生、保护健康成为公民的自觉行动，不仅为医疗活动的健康开展提供了良好的社会氛围，也推动了社会主义精神文明建设。

3. 推动医学科学的进步和发展　医学的存在是卫生立法的基础，医事法律的制定与实施是保证和促进医学发展的重要手段。近半个世纪以来，我国颁布了许多涉及医疗管理、医学教育、医学研究的法律、法规和规章，使医疗卫生事业从行政管理上升为法律管理，从一般技术规范和医德规范提高到法律规范，对医学的进步和发展起着强有力的法律保障作用。随着新技术不断应用到医学领域中来，当代医学科学的发展也向卫生立法提出了一系列新的课题。例如，人工授精和体外受精的临床应用、试管婴儿的出现、安乐死的悄然流行、脑死亡标准逐渐被接受、人体器官与组织的移植、克隆技术的应用、在线远程医疗的发展、智能医学的发展与应用等问题，都需要法律做出明文规定，用法律手段加以调整。一些国家已针对上述问题制定了许多相应的法律、法规，我国也已在许多方面做出了明确规定，或是把有关问题列入了立法计划。

4. 促进国际卫生交流和合作　随着世界经济发展，我国与国外的友好往来日益增多，涉外的卫生事务也更加复杂。为了预防传染病的国际传播，维护我国的主权，保障彼此间的权利和义务，增进国际医疗卫生交流，我国陆续颁布了《中华人民共和国国境卫生检疫法》《中华人民共和国传染病防治法》《外国医师来华短期行医暂行管理办法》等一系列涉外的卫生法律、法规和规章。为了推动世界卫生事业的发展，我国政府正式承认《国际卫生条例》，随后又缔结了《麻醉品单一公约》《精神药物公约》和《联合国禁止非法贩运麻醉药品和精神药品公约》。与此同时，我国还注意与国际条例、公约相协调，对我国原来的某些法律条款做了适当调整。这些对于维护我国国家主权，保障人民健康，促进国际卫生交流与合作都起到了积极的促进和推动作用。

拓展阅读 4-9
医事法律的法律渊源

二、医患法律关系

（一）医患法律关系的概念

医患法律关系（legal relationship between doctor and patient）是指存在于医方和患方的基于约定或法律直接规定，在进行诊疗、护理、预防保健等医疗行为过程中所形成的法律上的权利和义务关系。医患法律关系属于横向医事法律关系的一种，我国现行法律并没有对其做出明确的表述。随着医学技术水平的提高和社会物质生活的丰富，人们越来越关注并追求健康，健康观念也随之转变。与此相适应，现代医疗机构不仅向社会提供疾病的诊断治疗、预防保健等服务，还提供使用新的医学方法进行诸如医学美容整形、变性手术等特殊服务。就诊者既包括已经患病者、中毒者、受外伤者，也包括只是要求给予健康检查、预防保健的人，还包括接受其他特殊服务的人。《中华人民共和国刑法》（以下简称《刑法》）第三百三十五条规定的医疗事故罪中并未使用"患者"或"病人"一词，而是用了"就诊人"，其原因就在于此。

（二）医患法律关系的法律属性

关于医患法律关系的法律属性问题，在理论上一直存在争论，主要有 4 种观点：①横向说，认为医患法律关系是一种民事法律关系，属于民法的范畴。②纵向说，认为医患之间是一种行政法律关系，医疗行为应受行政法调整。③斜向说，认为医患关系是一种独立于民法和行政法之外的调整斜向的医事法律关系。这种观点认为，民法调整的人身关系是指与人身有关的权利主体相关联的人格权和身份权，如生命健康权、姓名权、肖像权、自由权等，并非指人体本身。而人体本身则是由医事法律来调整的，这种法律关系所调整的范围非常广泛，涉及每一个人的生老病死，因此，无论从何种角度看，医事法律均有资格成为一个独立的法律部门。④混合责任说，认为在医疗事故争议中，医患关系存在侵权责任和违约责任竞合的情况，正常状态下的医患关系是一种契约关系，在发生损害的情况下，存在违约责任和侵权责任的竞合，此时请求权人只能选择其一而行使之。

拓展阅读 4-10
侵权责任和违约责任

这些学说都在一定程度上揭示了医患法律关系某一方面的特征，但均存在一定的局限性。目前较为学者们所接受的是"横向说"。这是因为医患法律关系完全具备民事法律关系的基本特征。

1. 主体的法律地位是平等的　民法的平等原则是指民事主体享有独立平等的法律人格，在具体的民事法律关系中互不隶属、地位平等，各自独立表达自己的意志，各自对自己的行为负责，其合法权益平等地受法律保护。在医方提供服务、患方接受服务的过程中，医患之间不存在行政上的隶属关系或命令服从关系，而是在平等的基础上建立的一种医疗服务关系，从本质上说双方在法律地位上是完全平等的。当然，由于医学科学的专业性和医患双方医学知识水平的差异性，在医疗活动中，患者处于医方约束和管理之下。这种管理与被管理关系是由医疗这一特殊服务行业的职业特点决定的，不能据此否认医患双方的平等性。相反，这正是医方履行服务义务、患者享受权利的需要，是更好地为患者服务的体现。法律地位平等是民事契约关系的最根本特征，医患之间的平等地位决定了医患法律关系是一种民事法律关系。

2. **医患双方遵循意思自治原则**　意思自治原则是指民事主体在从事民事活动时，应当充分表达真实意志，根据自己的意愿设立、变更和终止民事法律关系。不能因为医疗机构不能拒绝患者求医，特别是在紧急情况下不能拒绝医治而否定双方合同的自愿性。在民法理论上，为了约束民事法律关系占优势一方和保护弱者，规定只要一方要约，另一方不得无故拒绝，即强制缔约。强制缔约主要见于能源供应、邮电、交通运输、医疗卫生等公用公益行业，是防止任意排除缔约对象，保障处于弱势地位一方的缔约人所不可缺少的法律措施，与意思自治原则并不矛盾。

3. **医患关系遵循等价有偿原则**　在市场经济的大环境下，无论是营利性医疗机构，还是非营利性医疗机构，均受市场规律调节，医患双方遵循等价有偿原则。尽管在非营利性医疗机构中，患者支付的是医疗服务的成本费用，但医疗机构还有国家财政拨款，这也是纳税人的钱，应作为患者支付的费用，这两部分费用加起来与医院提供的医疗服务的价值应是相当的。

综上可见，医患法律关系是一种平等自愿、等价有偿的法律关系。《民法典》第二条"民法调整平等主体的自然人、法人和非法人组织之间的人身关系和财产关系"，第四条"民事主体在民事活动中的法律地位一律平等"。可见，医患法律关系属于民事法律关系范畴，受民法调整。

在肯定医患法律关系的民法属性的同时，也应该看到其特殊性。①医患法律关系主体的不对等性。医患法律关系主体即医患双方，由于双方在医学知识和能力上的不对等性，患者只能期待医生出于良心和道德完成医学上认为是适当的诊疗；另一方面，我国的医疗模式长久以来是主动 - 被动型，患者处于被动地位，不能发表自己的看法，也不能对医生的责任实行有效监督，但随着医疗模式的转变，这一现象已逐步得到改变。②主体意思表达的"非自愿性"。《医师法》第二十七条规定，对急危患者，医生不得拒绝急救处置，否则便应当追究其不作为的法律责任。也就是说，医院负有公法意义上的强制缔约的义务，不得选择患者。另一方面，对一些可能对社会有危害的患者，如传染病患者、有冲动伤人倾向的精神病患者，可以强制其接受住院治疗。

（三）医患法律关系的构成

医患法律关系的构成是指其组成要素。同其他法律关系一样，医患法律关系在静态上也是由主体、内容、客体三方面要素构成的，但其具体内涵有所不同。

1. **医患法律关系的主体**　法律关系的主体是指法律关系的参加者，即在法律关系中享受权利承担义务者。医患法律关系的主体是指在医患法律关系中享受权利承担义务的人或单位，即医方主体和患方主体。

（1）医方：指医疗机构，主要包括医院和个体医师（个体诊所）。在医疗法律关系中，享有权利和承担义务的是医疗机构。尽管在很多医患关系中，可能涉及医务人员，但他们不能成为医患法律关系的主体。最高人民法院关于适用《中华人民共和国民事诉讼法》的解释第五十六条规定："法人或者其他组织的工作人员执行工作任务造成他人损害的，该法人或者其他组织为当事人。"因此，在医疗活动中，虽然具体的行为实施人是医生或雇员，但医生或雇员的行为应视为医疗机构的行为，对此而产生的民事责任也应由医疗机构承担。

（2）患方：医患法律关系中的患方主要是患者及其家属，一般而言患者本人就是这种关系中的主体。患者在民法上属于自然人主体，不论其是否具有民事行为能力，都可以成为医患法律关系的主体。若患者不具备完全行为能力，虽然在诉讼中不能作为一方主体，但在医患法律关系中，权利的享有者和义务的承担者是患者本人，在患者本人是无民事行为能力人或限制性的民事行为能力人时，其行为必须由法定代理人代理或征得法定代理人的同意才能产生法律效力，但不能因此就把其监护人、法定代理人纳入主体的范畴。

2. **医患法律关系的客体** 法律关系的客体是法律关系主体的权利和义务所共同指向的对象。医患法律关系作为民事法律关系的一种，是医患双方在平等、自愿的基础上就患者恢复健康、诊断治疗等要约达成协议，由此而形成的法律上的权利义务关系。所以，医患法律关系的客体就是诊疗护理服务行为，即医疗行为。

3. **医患法律关系的内容** 是指在医患法律关系中医患双方基于医疗合同的约定或法律的规定而确定的权利和应承担的义务，它是医患法律关系中最核心的因素。

> 典型案例 4-8
> 医患法律关系案例

（四）医患法律关系类型

根据医患法律关系的发生原因、当事人权利义务及相应的法律责任的不同，可将医患法律关系分为医疗合同关系、无因管理关系及强制医疗关系三种。

1. **医疗合同关系** 是指医方与患方之间就患者疾病的诊断、治疗、护理等医疗活动形成的意思表示一致的民事法律关系。医疗合同又称医疗技术服务合同，是指医方为患者提供医疗服务，患方为此支付医疗费用的合同。医疗合同关系是最常见的一种医患法律关系。

在医疗关系中，医方是要约方，其开业并标明挂号费及服务项目的行为应视为要约，而患方挂号的行为是承诺。现代合同法理论认为，在合同订立过程中，某些向不特定人发出的愿意缔结的意思表示也可作为要约。《民法典》第四百七十二条规定，要约是希望和他人订立合同的意思表示，该意思表示应当符合下列规定：一是内容具体确定；二是表明接受要约人承诺，要约人即受该意思表示约束。在医疗合同中，医方向不特定人表明自己的级别、医疗水平、收费标准的行为就符合这两个条件。患方前往医院挂号，说明患方相信并能接受该医疗机构的条件，并具有承担自己选择可能带来的医疗风险的心理准备。

2. **无因管理关系** 医疗事务中的无因管理是由于医方在没有约定义务和法定义务的情况下，为避免患者的生命健康利益受到损害，自愿为患者提供医疗服务行为而发生的一种债权债务法律关系。这在本质上也是一种民事法律关系。因为医疗无因管理事务是对患者身体健康进行诊疗，与患者本人不可分离，故一般是患者难以行使同意权的情况下，而成立的医疗上的无因管理。实践中主要是基于以下 3 种情形：一是医生在医院外，发现危急或昏迷的患者而加以治疗，如医生为溺水者实施心肺复苏；二是对自杀未遂而不愿就医者予以救治；三是特定的第三人将意识不清或不能做意思表示的患者送到医院，医院对其加以救治而该第三人又没有负担诊疗报酬的意思。

3. **强制医疗关系** 是指基于法律的直接规定而发生的卫生行政部门、医疗机构和患者之间的强制诊疗关系。它是国家基于集体防卫的公益目的和对公民生命和身体健康的维护，在法律上赋予医方的强制诊疗权利和患者的强制治疗义务。《中华人民共和国传染病防治法》《突发公共卫生事件应急条例》《中华人民共和国精神卫生法》等都规定了适用强制医疗的法定情形，这类诊疗行为是法律强制医院履行的公法上的义务。

三、医疗事故责任

医疗事故（medical negligence）是指医疗机构及其医务人员在医疗活动中，违反医疗卫生法律、行政法规、部门规章和诊疗护理规范、常规，过失造成患者人身损害的事故。目前，医疗事故需要医疗事故鉴定委员会鉴定才能认定。对于医疗事故，《医疗事故处理条例》第五十五条规定："医疗机构发生医疗事故的，由卫生行政部门根据医疗事故等级和情节，给予警告；情节严重的，责令限期停业整顿直至由原发证部门吊销执业许可证，对负有责任的医务人员依照刑法关于医疗事故罪的规定，依法追究刑事责任；尚不够刑事处罚的，依法给予行政处分或者纪律处分。对发生医疗事故的有关医务人员，除依照前款处罚外，卫生行政部门并可以责令暂停6个月以上1年以下执业活动；情节严重的，吊销其执业证书。"该规定明确了医疗事故责任，即行政责任、民事责任、刑事责任三种。

（一）行政责任

行政责任（administrative responsibility）是指行为主体实施违反医疗行政法律规范行为，尚未构成犯罪所应承担的法律后果。构成医疗行政责任，一般应具备以下要件。

1. 行为人实施了违反医事法律规范所规定的义务　医事法律义务包括法律规定不得做出一定行为或应当做出一定行为。行为人以积极的方式实施了医事法律规范所禁止做出的作为，即违法的作为。

2. 行为人主观上必须有过错　行为人的过错分为两种：一是明知故犯，故意违反医事法律规范；二是疏忽大意或过于自信而造成的过错。后者在临床医疗工作中常见。无论哪种过错，都应承担相应法律责任，但在程度上应有所区别。

3. 违法行为造成的损害后果　法律明文规定的应当追究法律责任的危害公共卫生和人体健康的行为，在违法情节上有轻重之分，在损害后果上有大小之别。

（二）民事责任

民事责任（civil responsibility）是指行为主体因违反医事法律规范而侵害了公民、法人和其他组织的民事权益，所应承担的以财产为主的法律责任。构成医事侵权民事责任，必须具备以下要件。

1. 主体是医疗机构及其医务人员　医疗机构指依照《医疗机构管理条例》的规定取得医疗机构执业许可证的机构。《医疗机构管理条例》第二条规定，"本条例适用于从事疾病诊断、治疗活动的医院、卫生院、疗养院、门诊部、诊所、卫生所（室）以及急救站等医疗机构"。医务人员就是从事医务工作的自然人。依据《民法典》第一千二百一十八条之规定，患者在诊疗活动中受到损害，医疗机构或者医务人员有过错的，由医疗机构承担赔偿责任。

2. 医疗事故发生在医疗活动中　此处的医疗活动是指医疗机构及其医务人员借助医学知识、专业技术、仪器设备及药物等手段，为患者提供的紧急救治、检查、诊断、治疗、护理、保健、医疗美容服务，以及为此服务的后勤和管理等维护患者生命健康所必需的活动的总和。

3. 行为必须违反了医疗卫生法律、法规、规章和规范、常规　这是《医疗事故处理条例》的明文规范，是违法性与过错的评判依据。

4. 医疗机构及其医务人员主观上具有过失，且过失行为与损害事实结果有因果关系　违反法规与常规操作，是违反注意义务的基本要求，其过错是显然的。只不过在医疗纠纷中，不是由受害方就过错及因果关系举证，而是实行举证责任倒置方法，只有在诊疗方能够举证证明其服务行为无过错也无因果关系时方能免责。

拓展阅读4-11
举证倒置与防御性医疗

（三）刑事责任

追究刑事责任（criminal responsibility）的前提是行为人的行为构成了犯罪。《刑法》第三百三十五条规定："医务人员由于严重不负责任，造成就诊人死亡或者严重损害就诊人身体健康的，处三年以下有期徒刑或者拘役。"此外，针对"医闹"现象，《刑法》第二百九十条的"聚众扰乱社会秩序罪"规定了"聚众扰乱社会秩序，情节严重，致使……医疗无法进行，造成严重损失的，对首要分子，处三年以上七年以下有期徒刑"。

构成医疗事故的刑事责任，必须以犯罪为前提。依据刑法理论，构成犯罪必须具备以下四个要件。

1. 犯罪主体　是指实施了危害社会的犯罪行为，依法对自己的罪行承担刑事责任的人。犯罪主体从主体的自然属性上可分为自然人主体和单位主体。

2. 犯罪的主观方面　是指犯罪主体对其实施的犯罪行为及其结果所具有的心理状态。犯罪主观方面的心理状态有两种，即故意和过失。

3. 犯罪客体　是指《刑法》所保护而为犯罪行为所侵害的社会关系，是相对于主体而言，是被主体作用的对象，如公共卫生关系和公民生命健康权利等。

4. 犯罪的客观方面　是指犯罪行为对《刑法》所保护的社会关系造成侵害的客观外在事实特征，即犯罪的行为和由这种行为所引起的危害社会的结果。它包括犯罪的行为、时间、地点、方法、工具和结果等。

典型案例 4-9
医疗事故案例分析

（张东军）

复习思考题

1. 请结合人际关系的建立过程分析如何建立医患关系。
2. 如何理解生物－心理－社会医学模式的内涵？
3. 如何正确处理医患之间的移情与反移情？
4. 请分析医学伦理、道德与法律的区别与联系。
5. 医患沟通中应遵循的伦理原则有哪些？
6. 如何正确理解医患法律关系的构成及类型？

网上更多……

本章小结　　自测题　　教学 PPT　　微课

第五章
医患沟通实践概论

关键词

| 原则 | 理念 | 目标 | 任务 |

沟通障碍成因　　沟通障碍对策　　医患沟通评价

> 良好的医患沟通是医生与患者共赢的基础，在沟通过程中知晓沟通的理念与原则能够保障沟通及时、顺畅、准确。医患沟通是提高医疗卫生服务质量的基本技能与条件，医生要时刻了解沟通的任务及作用，进而保障沟通的有效性。然而，在医患沟通过程中经常存在沟而不通的现象，导致沟通障碍，分析其原因与对策将有利于改善沟通现状，提高沟通质量，构建和谐医患关系。

知识导图

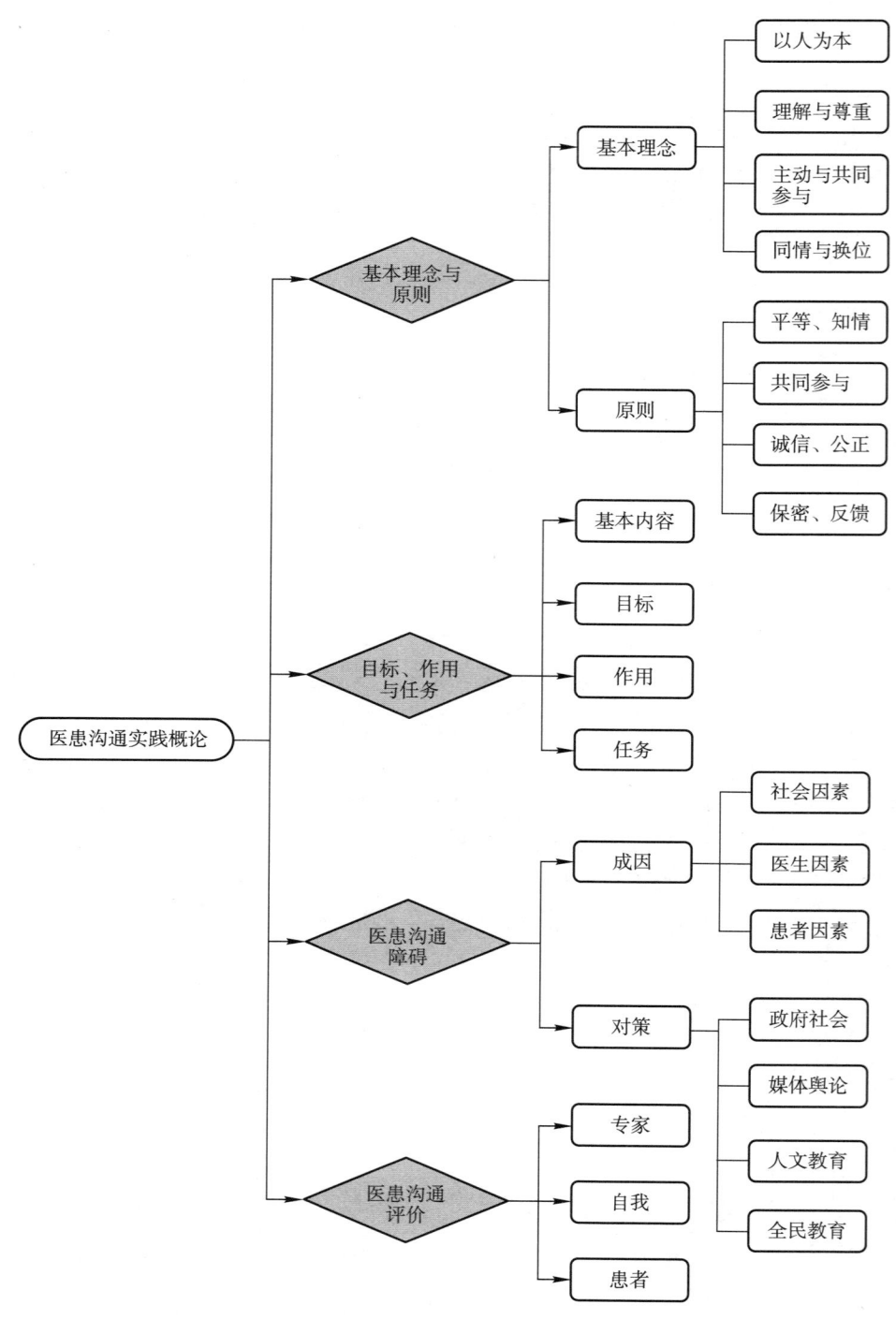

第一节 医患沟通的基本理念与原则

> 典型案例 5-1
> 刘女士的困扰之过
>
> 人文视角 5-1
> 一个橘子的小幸福

医患沟通是特殊情境下的人际沟通,是医务人员与患者及其家属之间信息交流和传递的过程。良好的医患沟通是医生与患者共赢的基础。因此,在进行医患沟通时要掌握基本理念与原则。

一、医患沟通的基本理念

（一）"以人为本"服务理念

"以人为本"是现代社会发展的核心理念,在各行业领域都要以满足人的需求为价值取向。人们就医的需求渐渐从单纯的生理需求向生理、心理、社会全方位需求转变,这也顺应了新型医学模式发展的需要。当代的生物－心理－社会医学模式强调心身统一,在探讨人类健康和疾病问题时,既要考虑生物学因素的作用,又要重视心理、社会因素的影响。生物学因素通过临床的辅助检查即可获得,但心理社会因素对疾病的影响只有通过医生与患者的沟通才能获得。这就对医疗服务提出了更高层次的要求。在医患沟通的过程中强调医生不仅仅是针对疾病进行单一治疗,而是要通过沟通对患者进行整体医疗,尽量满足患者生理、心理、社会全方位的需求,给患者更多的人文关怀,最大限度地提高患者的生存质量,最终达到患者至上的目的。因此,医患沟通最根本的理念就是坚持一切以人为本,以患者为中心进行沟通,尽可能满足患者需求。

（二）理解与尊重的理念

从某种意义上来讲,医患关系是对立统一的关系。理解与尊重是处理好医患关系的前提,在对疾病的认识上,由于患者直接体验疾病带来的痛苦与不适,这就要求医务人员在专业分析和评估时增加同理心,共情于患者的痛苦,促进医患双方的相互理解,以利于医患沟通和医疗工作的开展。尊重是给患者创造一个安全、温暖的环境,尊重意味着完整地接纳患者,以礼待人,保护隐私,彼此平等。

1. 理解患者　要求医务人员必须有同情心,同情心的产生来自对患者处境的感同身受,需要医务人员了解患者心理需求。首先,患者对健康的渴望非常强烈。虽然患者在患病前健康意识没有特别强烈,但一旦疾病缠身,渴望健康的心理就特别强烈。在这种心理的驱使下,他们对医生技能要求特别高,希望药到病除,治疗能够起到立竿见影的效果,尤其是一些危重患者及家属,这种想法更为强烈。其次,从正常人到患者的转变需要一个适应过程,有很多患者会出现角色认同障碍。有的患者不愿接受自己患病的事实,而不停感叹自己命途多舛;有的患者又太在意疾病带来的不舒适感,使患者的角色不断强化;也有的患者无法适应由繁忙的工作环境到医院生活环境的转变,从而失落感油然而生。上述种种心理变化,需要医务人员的理解和宽容。只有理解患者的心理,才能在沟通中保持对患者的同情心,做出对患者有利的决策并且与其进行有效的沟通。

2. 尊重患者　医疗行为目前被认为是一项涉及健康和生命的特殊服务。与其他服务行业标榜"顾客是上帝"不同,在医疗行为中,患者不是医生的上帝,医生也非患者的救星,医生和患者之间是平等的,需要相互尊重。而在最初的医患交流中,只有患者感觉受到尊重,他才能自由表达自己的想法，医生才能掌握更多的疾病相关信息。这就要求医务人员态度诚恳，语气平和，语言通俗易懂，多采用征求式询问等。在诊疗的过程中要尽可能与患者进行目光交流，让对方知道是在跟他进行谈话，尽量面带微笑，满怀热情地关心患者，询问病情。

（三）主动与共同参与的理念

医务人员是医疗行为的实施者，在诊疗活动中起主导作用，因此需要主动与患者沟通，主动与患者打招呼，主动将各种信息告知患者，沟通上的主动可以避免后续工作中的被动。医患关系的维系需要医患双方的共同参与，医务人员认真听取患者的反馈意见，让患者主动参与决策，制定更加科学合理的诊疗方案，双方共同参与不仅能保证信息沟通渠道的通畅，同样也是有效沟通的前提。

（四）同情与换位的理念

医务人员对患者是否有同情心，是患者是否愿意和医务人员沟通的关键。就患者而言，自己的病痛很特殊，希望得到医务人员的同情，而医务人员则因为职业的原因"司空见惯"，容易表现出淡漠。如果患者感到医务人员缺乏同情心，就不会信任医务人员，不能与医务人员进行有效的沟通。因此，医务人员在医疗服务中需要具有高度的同情心，对患者的痛苦能够给予及时认同。与此同时，医务人员与患者及其家属沟通时，应该尽量站在患者的角度去思考问题，切实综合考虑患者的病情、心理特征、社会角色、经济承受能力等。只有想患者所需，急患者所急，沟通才会更有效。

> 典型案例 5-2
> 换位

患者也要站在医务人员的角度思考，生命本身的多样性、复杂性及人们生活习惯千差万别决定了疾病的多样性和复杂性。医生肩负着维护人类健康的神圣职责，他们不仅要与时俱进用新知识武装自己的头脑，还要整日整夜地超负荷工作，每一个医生都是"高风险、高负荷、高付出、高压力"的脑力劳动者。每天高强度的工作导致医护人员疲惫不堪，心身压力巨大，此时也需要患者理解和尊重医护人员，对他们的付出给予肯定的评价。

二、医患沟通的原则

要进行有效的沟通就必须遵循某些原则，只有按照这些基本原则进行沟通，才能使沟通及时、顺畅、准确而有效。一般而言，一个有效的沟通过程常常遵循以下原则。

（一）平等的原则

人与人之间的平等关系是人际交往关系中的一个重要原则。虽然人与人之间社会地位、经济状况、外貌美丑等客观条件有所区别，但是人格应该是平等的。如果人际关系中没有平等，就失去了沟通的基础。医患关系作为一种特殊的人际关系，平等原则同样是医患沟通的一个首要的原则。

首先，医患双方是平等的。这种关系体现在法律意义上的平等。作为民事法律关系，医患关系的主体是医疗卫生单位和就诊的公民，客体是为生活消费而发生的有偿医疗服务，内容是患者承担支付诊疗服务费用的义务，享有接受诊疗服务的权利；卫生单位有收取诊疗费用的权利，承担提供诊疗服务的义务。医患之间的契约关系性质，决定着医患之间的关系是平等的、自愿的。医务人员必须具有与患者平等地位的法律意识，自觉履行医务人员相应的权利和义务，认识到权利和义务的平等性。

其次,医患双方在道德层面上是平等的。医乃仁术,历来医务人员常常以"仁者"自居,这就使医患关系表现为一种道德关系。医务人员以自己的专业知识和技术去帮助和救治那些精神或身体上处于痛苦之中的患者,而患者出于对医务人员的信任将自己的身体情况和精神情况毫无保留地告知,以求获得救治。这种相互之间的关系首先是基于相互平等。医务人员虽然拥有专业知识和技术,在医疗中处于主导地位,但并不意味着就可以高高在上,只有将患者看作与之平等的个体,不论患者的高低贵贱,都平等视之,尊重每个患者的人格,尊重每个患者的生命价值,医乃仁术的道德价值才能得以体现。

患者首先是一个平等的社会人,然后才是一个需要帮助的人。传统的医患关系以医生为主导,医方总是有一种凌驾于患者之上的优越感,这是影响良好医患关系的重要原因之一。平等是医患双方沟通的前提。首先,作为医患关系的双方,不管是医务人员还是患者,都是平等的社会人,两者只不过是所担任的角色不同,都拥有人的尊严,需要同情、理解和尊重,所以,新型的医患关系必须以平等作为前提。其次,患者不是机器,不是医者的加工对象,患者是一个社会的人,有思想、有头脑,因此,尊重患者对诊治的要求和意见,不仅能使医患关系融洽,而且有利于调动患者的积极性,使其较好地配合医生治疗,以利于提高诊疗效果。因此,融洽的医患合作关系也是圆满完成诊治过程的需要。实践证明,随着医学模式由单纯生物模式向生物－心理－社会模式的转变,平等合作关系必将是新型医患关系的发展趋势。

(二)共同参与与知情同意的原则

医患沟通的主体是医务人员和患者及其家属,双方缺一不可。诊疗活动的全过程需要医患双方的全程参与和良好沟通。保持畅通的信息沟通渠道,是有效沟通的前提。医务人员要耐心倾听患者的意见,让患者参与决策,通过询问患者情况作出对问题的判断与解释,并告知患者诊断结果和处理问题的计划和干预措施,患者对上述医生的处置和计划等有不清楚或有不同意见均可与医生交流。此外,医生与患者的家属保持良好的沟通与交流,了解患者的家庭、生活情况,对医务人员全面、准确地寻找出病因,并制定出有针对性和可行性的干预措施具有重要的价值。可根据患者的综合情况(疾病、家庭、社会经济等因素)设计多种诊疗方案,向患者及家属进行较全面的介绍,让其积极参与治疗方案的选择。

在共同参与的过程中,知情权和选择权是患者的基本权利。医患沟通中的知情同意原则是现代医疗实践中强调的伦理原则,它是保障患者权益的重要原则,也是医患沟通中必须遵循的具体方式和必要程序。医务人员在为患者作出诊断和治疗方案后,必须向患者提供包括诊断结论、治疗决策、病情预后及诊治费用等方面真实、充分的信息,尤其是诊疗方案的性质、作用、依据、损伤、风险、不可预测的意外和其他可供选择的诊疗方案及其利弊等信息,使患者或家属经过深思熟虑后自主作出选择,并以相应方式表达其接受或拒绝此种诊疗方案的意愿和承诺;医院在得到患方明确承诺后,才可最终确定和实施由其确认的诊治方案。知情同意原则是医疗工作顺利进行的基础,患者的同意是医疗工作顺利进行的关键,如何让患者及其家属理解并同意诊疗方案是沟通的难点和重点。

(三)诚信与公正的原则

诚信是医患沟通之本,诚信待人,信守承诺,是医患沟通的基础和前提,只有重诚信,才能建立良好的医患关系。作为医务人员首先要主动赢得患者的信任,使患者积极配合医务人员,提高诊疗的依从性。医患沟通中的诚信，不仅是话语的真实，更是医务人员恪守医德、遵章守法的行为和优良医疗能力的综合体现。医疗工作是一项科学而严谨的工作，"知之为知之，不知为不知"，在医患沟通中要敢于承认自己不知道的，对患者要充分地公开信息，不欺骗，不隐瞒。公正要求医务人员对待患者一视同仁，避免偏见与歧视，这样才能有利于医患沟通的进行和医患关系的建立。同时作为患者也应该信任医生，这既是对医者的尊重，也是确保治疗效果的需要。

医务人员应该公正平等地对待患者，不因患者的地位、相貌和财富有亲疏，应该意识到患者是与医务人员人格平等的个体，虽然他们不具备专业的医学知识，但是同样珍惜自己的生命，同样具备完整的人格。有了人格意义上的平等，医患沟通的基础才能得以存在，才有可能进行有效的沟通。

（四）保密的原则

在整个诊疗过程中，尤其是病史采集过程中，有时会涉及患者的隐私，患者可能有许多情况不希望他人知晓，此时医务人员有责任满足患者的要求，不能随便泄露其隐私，更不能取笑、歧视患者。在未经患者同意和知晓的情况下，医生有义务为患者保密诊治过程的一切信息。一旦医务人员对患者的隐私显示出鄙视、不屑的神情，会严重损伤患者的自尊心，从而影响进一步的医患沟通。

（五）反馈的原则

反馈（feedback）是指说话者所发出的信息到达听者，听者通过某种方式又把信息传回给说话者，使说话者的本意得以证实、澄清、扩展或改变。患者和医生谈话是一个双向沟通的过程，医务人员需把所理解的内容及时反馈给患者，理解患者的情感。同时，可采用目光接触、简单发问等方式探测患者是否有兴趣听、听懂没有等，以决定是否继续谈下去和如何谈下去。这样能使谈话双方始终融洽，不致陷入僵局。

第二节 医患沟通的目标、作用与任务

随着社会的发展，患者越来越重视自身的权利和利益，医生需要与患者充分交流，让患者有知情权、选择权和决策权，使其能积极支持和配合医疗工作，促进医患双方达成共识并建立信任的合作关系，达到维护健康、推动医学发展和社会进步的目的。

一、医患沟通的基本内容

医患沟通是医患双方围绕医疗服务开展的沟通，其基本内容大体包括以下几个方面：①向患者及家属介绍自己、科室、医院、环境等基本情况，以建立伙伴关系，取得信任。②收集资料、采集病史及其相关信息，以确定临床表现。③介绍疾病诊断情况、主要诊疗计划措施、疾病治疗效果及预后、某些治疗可能引起的严重后果，介绍药物的效果、用法用量、不良反应及注意事项等。④介绍和解释所做检查的目的、准备、结果、意义及注意事项等。⑤介绍手术和麻醉方式、并发症、意外及其他可能出现的情况。⑥介绍医疗药品费用及报销情况等。⑦倾听患方的叙述，

听取患者及家属对诊疗的意见、建议和其他相关要求。⑧回答患者及家属想要了解的问题，增强患者和家属对疾病诊疗的信心。⑨向患方解释当前医学技术的局限性、风险性，并使其做到心中有数，从而争取他们的理解、支持和配合，保证临床诊疗工作顺利有效进行。⑩介绍出院后的指导、注意事项、定期复查等相关内容。

二、医患沟通的目标

（一）促进医患合作，提高诊疗的准确性

疾病诊断的前提是对患者疾病起因、发展过程、体格检查等信息进行全面采集，这一过程就要求医生与患者进行详细沟通和交流。沟通和交流的质量决定了病史采集的可靠程度和体格检查的可信度，在某种意义上也就决定了疾病诊断的准确性。因此，医患沟通是临床治疗的需要，是促进医患合作、提高诊疗准确性的必要手段。

（二）增强患者依从性，提高治疗效果

医疗活动是医患双方共同参与完成的，只有彼此理解、彼此沟通、相互信任，医患双方才能共同参与诊疗活动，共同完成对疾病的诊疗过程。双方顺畅地沟通有利于医生准确了解患者的病情，确定最佳的治疗方案；同时也有助于患者了解病情和相关医疗知识，更好地理解和执行医嘱，从而增强患者的依从性，提高治疗效果。

（三）改善医患关系，达到医患共赢

良好的医患沟通能够促进医务人员与患者相互理解，帮助医务人员切身体会患者的痛苦与需要，同时使医务人员能够从患者的角度出发进行诊治，通过精湛的医术、和蔼的态度、真诚的沟通与患者建立良好的关系，真正赢得患者的信任。患者通过沟通也能够了解医生工作的繁忙与辛苦，同时有利于患者正确认识医疗行业，达到医患共赢，促进社会的和谐发展。

三、医患沟通的作用

医患沟通越来越受到人们的重视与青睐主要是因为医患沟通与医疗服务的各个环节紧密相关，是提高医疗卫生服务质量的基本技能和条件。医患沟通的作用具体体现在如下几个方面。

典型案例 5-3
"麻风村"里的小护士

（一）医患沟通是建立良好医患关系的前提和基础

医务人员每天面对病种、文化层次、社会阶层、职业不同的患者，意味着医生需要学会与各行各业的人进行沟通与交往的技巧，需要知晓不同患者的不同心理需求。只有这样，医务人员才能与患者建立良好的医患关系，才能让患者感觉到医务人员的建议和看法与自己的需求相吻合，进而让患者产生对医务人员的信任，共同建立治疗联盟。

（二）提高治疗的依从性

依从性是患者认可、接受并执行医生为其制定的诊疗方案的行为。良好的医患沟通有利于提高患者的依从性，而良好的依从性恰恰又是有效治疗的前提。现实生活中经常看到一些患者四处求医问药，然而每个医生开的药都是服用几天就停止服用，结果症状不见好转，甚至加重。有些

疾病并不是药到病除，需要一定的疗程才能见效。这就要求患者和医生进行沟通，让患者了解治疗方案、药物发挥作用的时间，使患者尽可能按照医嘱合作就医。

（三）维护医患双方权益

医患沟通作为医疗行为的重要组成部分，在维护患者权益方面发挥着其他具体医疗行为不可替代的作用。医患间通过传递一系列重要信息，能够直接保护患方的平等医疗权、疾病认知权、知情同意权、个人隐私权、医疗赔偿权、监督医疗过程权及免除一定社会责任和义务权等。通过良好的医患沟通，医生能够把治疗方案、可能发生的并发症、疾病的转归和可能出现的危险性等及时传达给患者或者家属，让患者也尽可能掌握更多有关疾病的信息，消除患者疑虑，减少医患之间的矛盾。因此，医务人员必须将维护患方合法权益作为重要的职业操守，并依靠医患沟通这个有效的临床途径加以实现。

（四）尊重医学科学

医患沟通是医患双方在医疗专业服务中的信息传递。医疗信息则由不断涌现的医药科学与高科技手段构成，是当代科学进步的重要标志，医患沟通的核心内容都与之相关。医务人员应把握好尊重医学科学与实施人文关怀的尺度，将医学作为沟通的基础，将人文关怀作为沟通的目标，客观真实地反映诊断、治疗、风险及预后的事实，即理性传达医学科学信息，使患方全面正确地认知医学相关信息。

（五）有效表达信息

医方有效表达信息才能有效与患方交流，医患才能产生共识，进而分享利益。医疗中的医患关系，医方显然较患方强势和主动，因此医方必须有效地表达医方的各种信息。这些信息可归纳为四类：口头语言、肢体语言、书面语言及环境语言。医疗服务中的经验表明，医务人员的肢体（行为）语言和口头语言对患者影响最大，效果显著，这是因为这两类信息直接体现了医者救死扶伤的态度和医学的人文精神，患方的感知度最高。这提示医务人员要善于将四类信息艺术有效地展现给患方。

（六）密切医患合作

诊疗过程需要医患全程合作。第一，医方要主动沟通，才能保持畅通的信息渠道，这是医患沟通的前提。第二，医方要引导患方，医护人员要耐心倾听患者，充分告知患方相关的医疗信息，在让患方参与医疗决策的过程中，给予患者更为专业的医学指导。第三，患方自愿是医方医疗行为的必备条件（特殊患者除外）。

患者到医院看病，希望与医务人员进行平等交流，获得基本的尊重和给予充分的权利。他们希望知道目前的病情及严重程度，希望知晓治疗方案及可能的预后情况，更希望获得医生的服务态度及技术水平等方面的信息。当医务人员主动告知患者真实病情后，更能赢得患者及其家属的配合与支持。医生在用药、检查及治疗方案方面也应尽可能告知患者，这样既能让患者体会到被尊重的感觉，又能拉近医患关系。良好的医患沟通需要医者全程主动引导患方，并给予患方各种力所能及的帮助，这样医患沟通的效益就会更大。

四、医患沟通的任务

医患沟通要求医患双方围绕疾病症状、诊疗、健康及相关因素等主题，通过全方位、多途径的信息交流，共同探讨治疗措施，达成共识，形成治疗方案。通过沟通使医患双方达成共识并建立信任合作关系，达到维护人类健康、促进医学发展和社会进步的目的。

（一）获取诊疗信息，保证诊断准确性

疾病诊断的前提是要对患者疾病起因、发展过程有一定的了解。病史采集和体格检查就是与患者沟通和交流的过程，这一过程的质量决定了病史采集的可靠程度和体格检查的可信度，在一定意义上决定着疾病能否治愈，患者能否恢复健康。诊断的准确性在很大程度上取决于医生与患者之间的沟通是否顺畅。一方面取决于患者在理解医生提出问题的基础上是否愿意提供足够的相关信息；另一方面取决于医生是否有足够的耐心和热情去听取患者的陈述，并把患者的信息进行提取加工，结合实验室辅助检查结果的分析和验证，最终得出结论。

一般来讲，在诊疗过程中医生需要患者提供的信息分为三类。第一类是病史和个人生活方式（吸烟、饮酒、职业等）等相关信息；第二类是体格检查信息，医生通过望闻问切等获取一些临床表现的证据；第三类是实验室辅助检查信息。第三类信息得出的结论往往都是客观的，并且较为直接、准确的技术信息，相对而言比较容易获取。但在前两类信息获取的过程中，除了要求医生具有较强的临床思维能力和临床技能外，还要求医生具有良好的医患沟通意识和愿望、较强的医患沟通能力和技巧。

（二）建立医疗信任

医务人员在诊疗活动中与患者及其家属在信息、情感等方面的交流，是构建良好医患关系的桥梁。医务人员具有丰富的医学知识和娴熟的操作技能，在医患沟通中掌握更多的治疗信息，在医患沟通中处于相对主导的地位。患者相对医务人员来讲，缺少医学知识，大多数活动都是在医务人员的安排下进行辅助检查和治疗，相对处于一定的被动和服从地位。医务人员若能将更多的诊疗信息与患者或家属进行协商和沟通，能够满足患者对医疗信息的需要，了解有关疾病和治疗的信息，从而能更好地改善医患关系。

在医疗市场竞争日趋激烈的社会背景下，医疗信任危机已成为当今社会面临的一个重大的社会问题，这种医患之间互不信任的畸形关系和不断加深的冲突，不仅破坏了医疗活动的正常进行，损害了医患双方的利益，而且在社会上也产生了极其恶劣的影响。多数医患纠纷源于医患之间交流不足、沟通不畅，导致患者对医疗服务内容和方式的理解与医护人员不一致，信任感下降。加强医生与患者的沟通，充分尊重患者的知情权、选择权，能使患者积极支持、配合医疗工作，减少不必要的医患纠纷，从而增强医患之间的信任关系。

（三）适应医学科学发展的需要

医学科学是一门实践性强、个体之间差异性较大、风险性高的学科。虽然随着现代科学的发展，医疗技术突飞猛进，医学知识日新月异。但在生命过程中，还有很多疾病尚未被认识，在有些疾病面前我们仍然束手无策；有些疾病虽已被认识，但没有行之有效的治疗方法，我们所能做的仅仅是改善症状而已。医务工作者们也正在不断探索，不断总结，不断提高，这也需要广大患者的支

持和配合。

由此可见，医患沟通是医疗卫生服务过程中的重要环节，是提高诊疗技术和人文服务水平的基础，是取得患者和社会信任与合作的基本途径，是促进医学事业与社会文明进步和发展的基本策略。

第三节　医患沟通障碍

典型案例5-4
"刘医生"被告之谜

一、医患沟通障碍概述

随着社会的发展、医疗技术的进步和人们生活水平的逐步提高，人们的健康保健意识不断增强，人民群众对于医疗服务的要求逐渐提高。面对人民群众不断增长的医药卫生需求，提供优质医疗服务、构建和谐医患关系成为当前卫生事业发展的主要目标之一。医患沟通在医疗服务中具有重要意义，医患双方的有效沟通是保证医疗质量、确保患者满意度的前提。近年来，我国普遍存在医患双方沟通不畅、医患关系紧张的状况，由于缺乏有效的沟通而导致的医疗纠纷甚至冲突事件屡见不鲜，医患纠纷呈不断上升的趋势。

（一）沟通障碍与医患沟通障碍的含义

沟通障碍是指信息在传递和交换过程中，由于信息意图受到干扰或误解，而导致沟通失真的现象。人们在沟通信息的过程中，常常会受到各种因素的影响和干扰，使沟通受到阻碍。医患沟通障碍（doctor-patient communication barrier）就是指在医生与患者进行信息交流过程中，因各种原因导致信息无法传递或传递受阻，以致医患双方产生沟通失真或无法沟通的现象。

（二）医患沟通障碍导致医患冲突频繁

近几年，医患关系恶化，医患纠纷、暴力伤医等事件频频发生，引起了社会各界的广泛关注。据统计，2014年全国法院共审结暴力杀医、伤医等犯罪案件高达155件。《柳叶刀》曾报道过针对中国医生的暴力行为，呼吁政府调查医患暴力的根本原因，并提出有效的措施来终结这种威胁医生人身安全的隐患。2022年中国医师协会发布了《中国医师执业状况白皮书》，调查显示，59.79%的医务人员受到过语言暴力，13.07%的医务人员受到过身体上的伤害，仅有27.14%的医务人员未遭遇过暴力事件。一项针对两所三级甲等医院医护人员的调查表明，一年内有55.71%的医护人员遭遇过不同类别的工作暴力事件，其中心理暴力最高，达到40.24%。中国医院协会的一项最新调查显示，平均每家医院每年发生暴力伤医事件高达27次。医患之间的对立，使每一方都感到焦虑与委屈。这种对立的关系不容忽视，究竟是什么原因导致医患沟通障碍发人深省。

二、医患沟通障碍的成因

由于诸多沟通要素及干扰信息的存在，普通的人际沟通过程中会出现各种障碍，导致沟通失败或无法实现沟通的目的。在医患沟通中也难免存在一些因素，导致沟通障碍而达不到沟通的目标。引发医患沟通障碍的原因有很多，有社会层面的因素，也有医生和患者各方面的因素。

（一）社会因素

1. **大众媒体推波助澜**　在信息化时代，随着传媒技术的进步，社会信息渠道对民众来说已经触手可及，使得大众媒体成为传播信息和接收信息最直接、最有效的途径。社会公众对媒体的依赖程度日益增强，每个个体都成为媒介影响下的"媒介人"，时刻受到媒体的影响和熏陶。然而，个别媒体人为了提高收视率，吸引更多大众的眼球而对医疗纠纷事件进行无原则、无判断、无理性的传播，甚至改变事实和捏造事实，这些非理性化、肆意性的报道无疑加深了医生与患者之间的心理沟壑。2022年的一项调研，对医疗场所内针对医务人员暴力行为的原因进行了调查，84.31%的医生选择了媒体负面报道，75.51%的医生选择了社会对医生的偏见。可见，大众媒体在医患关系及医患沟通中扮演着重要角色。

（1）媒体与社会舆论引导民众对医生群体形成刻板印象，导致患者对医务人员信任缺失：个别大众媒体为吸引公众的眼球，更多关注医院的负面消息，导致公众形成医生群体"医德堕落、医风败坏"的刻板印象。面对社会舆论失之偏颇的负面报道，大多数医院危机管理意识不强，不善于与媒体打交道，发生医患纠纷后，医院对媒体的负面追踪采访多数采取回避态度，较少直面媒体的危机报道。媒体的失衡报道加重了医患间的防卫心理，使医患间的正常沟通处于相互不信任的状态，影响了沟通的效果。

（2）媒体与社会舆论导向影响民众对医生群体的社会情绪形成：当前患者对医生的社会判断加剧了患者对医生的不信任，片面地认为就医困难和高昂的医疗费用是医院和医生造成的，失去对医生应有的尊敬，从而对医生产生强烈的怨恨、敌对情绪甚至是报复心理，进而导致医院恶性事件时有发生。如果大众媒体与社会舆论对事件经过加工，过分渲染民众对医院甚至对医生的负性情绪，根据情绪感染理论，受众就会产生与当事人同样的负性情绪，导致对医生的敌对、怨恨等负性社会情绪的产生。

（3）媒体与社会舆论指引公众对医疗事件反应的行为方式：根据班杜拉的社会学习理论，人们通过"榜样"的示范效应，不断改善和模仿他人的行为。大众媒体与社会舆论存在着对体制的批判倾向及对社会运动的天然同情倾向，患者理所当然成为大众媒体的同情对象。医疗事件中患者的遭遇博得公众更多的同情，他们过激的行为方式也可能得到公众的认可，甚至成为一些公众心目中的"学习榜样"。因此，大众媒体在潜移默化地改变公众处理医患关系的方式，使人们更多地以消极、暴力的方式解决医疗过程中突发的各种事情，而不是冷静地与医院或医务人员进行沟通和谈判。

2. **医疗体制缺陷**　目前，我国各级政府对医院的投入均不足以支撑医院的正常运营，医院管理者为了医院的正常发展，必须靠医疗收入来弥补政府投入经费的不足，医务人员的切身利益也与医院的经营状况密切相关，因而形成了以"利"为主导的医患观念。另外，我国医疗保障体制不健全，医疗费用的个人支出比例对某些患者而言依然是沉重负担。这种情况下，医患双方在经济利益上产生了分歧，患者将不满情绪指向医院，进而影响到医务人员，这已成为当前医患沟通中最为棘手的问题。

3. **医务人员缺乏**　随着人民群众对医疗卫生服务需求的不断提高及医疗资源的相对不足，医务人员始终处于满负荷甚至超负荷工作状态，在完成病历、医嘱书写和查房等基本诊疗工作方面已存在困难，甚至没有时间坐下与患者面对面地进行交流，对患者的疑问也不能进行耐心的解答，因而不能满足患者的精神心理需求。

（二）来自医生方面的因素

1. 医务人员对医患沟通的重要性认识不足　在诊疗活动中，医务人员与患者的情感沟通起着重要作用，而部分医务人员对此认识不足，对待患者态度冷漠的现象客观存在。医务人员不重视与患者沟通的表现可归纳为以下四点：①不"重视"患者的主诉，更不关心患者的心理感受，只是埋头书写病历，使患者认为医生并没有认真听其陈述，有种被冷落忽视的感觉，从而对医生产生不信任感。②有一些注意事项，尤其是生活常识，医生认为患者了解，在诊疗的过程中便不交代或交代不清。③没有经过患者及其家属的知情同意就做一些检查，尤其是一些特殊检查。④不重视向患者及其家属介绍患者病情、诊治方案、预后及转归、预防措施等。事实上，当今医务人员态度恶劣、行为粗暴的现象并不多见，但常常只重视药物、手术等具体的治疗措施，而忽视患者的心理需求和情感需求。部分医务人员不善于主动与患者进行沟通，或者与患者沟通时面无表情、态度冷漠，除了按规定完成操作规范流程和程序外，对患者不做过多的关爱和解释，使得沟通过程中缺乏"人情味"，从而影响沟通效果。

2. 医务人员沟通技巧不足　良好的沟通是医疗服务的基础，是体现医学关怀的重要环节，也是患者寻求医学帮助的基本需要。医患沟通过程中，由于医务人员掌握了更多的医学知识和技能，使得医务人员在医患沟通中处于主导地位。因此，医务人员的沟通技巧在很大程度上影响着沟通效果。部分医护人员与患者交流时，不善于准确地运用语言和非语言行为，主要表现在以下几个方面：①医务人员在诊疗过程中习惯使用专业术语，不能用通俗易懂的语言充分地向患者及其家属解释病情、诊疗措施及注意事项等。②选择的沟通时机不合适，不能把医患沟通融入日常医疗操作过程中，甚至在患者病重或疼痛不安难以接受外来信息时进行说教，从而使医患有效沟通产生极大障碍。③对患者缺乏共情，在沟通过程中不考虑患者感受，在其语言及非语言沟通中，都可能伤害患者及家属的自尊和尊严，甚至侵犯患者的权利。医务人员应意识到语言仅仅是沟通的开始，只有将语言与非语言行为相结合，才能真正提高沟通效果，达到沟通的目的。

3. 医务人员超负荷工作致使沟通时间不足　目前我国医疗资源相对不足且优质医疗资源分布不均，优质的医疗服务与资源主要集中在大型综合医院，导致患者就诊出现扎堆现象，使大型医院医务人员工作量急剧增加，造成医患沟通的时间受限。2022年调查显示，52.72%的医生平均每周工作时间在40~60 h，32.69%的医生在60 h以上，14.43%的医生工作时间在40 h以内。据调查，大型综合医院日均门诊为几千人，甚至上万人次，日均急诊为400~700人次；其中，每个医生的平均门诊量（含急诊）为50~60人次，甚至有些专家的日门诊量达百人次。由此可知，平均每个患者的接诊时间相当短，超负荷的工作量使医务人员没有时间与患者进行充分沟通。有些医务人员也提到，由于超负荷工作，为了保证基本诊疗规范，如体格检查、书写病历、检查单和处方等，只能省略医患之间的充分交流，限制了医患沟通。

此外，医务人员担负着"健康所系、性命相托"的重要使命，任何疏忽与意外都会产生非常严重的后果，导致医务人员比一般的职业人群面临更多的职业压力，而临床工作的复杂性决定了其工作的高风险性。同时，医务人员的工作经常不能按时上下班，工作时间与业余时间无法严格区分，自身生物节律常会被打破，加剧了医护人员的心身紧张状态。轻度的心身紧张状态可以提高医务人员的工作效率，但长期的职业压力就会使工作人员出现严重的压力反应：心理上表现为工作热情不高，易出现焦虑、抑郁等负性消极的情绪；生理上常常表现为躯体不适，腰背酸痛，头痛，胃部不适等消化系统的症状。这些严重的职业压力反应导致医务人员情绪烦躁，疏于沟通，直接影响医务人员对患者的情绪和态度。

4. 医务人员的优越感与控制欲　医务人员普遍拥有较高的文化程度，他们接受过系统的医学教育和诊疗技能训练，具有丰富的临床经验，在治疗疾病和维护健康方面具有显著优势。相比之下，患者对自身疾病知之甚少或一无所知，他们需要医务人员提供相关的医疗服务和医疗救助，在治疗过程中只能通过捕捉医务人员的语言、表情、身体姿势等信号来分析自己的病情。但医务人员与患者之间医学知识和技能的不对称性，使得医务人员在医学知识层面处于优势地位，这种优势感会在日常的诊疗、查房工作中不经意地表现出来。当医务人员稍有不慎，表现出稍微的不热情、不耐烦，患者都会很敏感地觉察到这些信号。

由于医患双方这种知识的不对称性，医务人员在进行诊疗过程中与患者并不是双向互动，而是医生对患者进行单向作用。医生认为自己有绝对的权威，能够完全把握治疗的主动权、决策权，即如何治疗全由医生说了算，患者最好不要选择什么，只要完全服从医生的医嘱即可。甚至有些医生对患者没有完全按照自己的命令行事非常恼火，对患者及其家属加以斥责。医生对患者的这种控制欲，往往将患者的心理需求及意愿排除在外，否定了患者的个人意志，容易造成医患双方误解，导致医患关系紧张。

5. 医务人员的防范心理　随着社会的进步，人们的法治意识不断增强，患者对自身权益的保护意识也不断增强。但是有部分患者及家属无理取闹、漠视法律、为难医务工作者，使得每日都处在超负荷、高强度、高风险、高压力中的医务人员身心俱疲。通信科技及传媒的飞速发展也使民众获取疾病相关信息的渠道变得丰富，但对疾病的一知半解使其在诊疗过程中会对医务人员提出过分要求，质疑且一味倡导自己的权益。医务人员除正常工作外，难以应对诸如此类琐事，所以在心理上建立起一定的防范与戒备，使自己免于不必要的麻烦。限于现有医疗水平，有些疾病治疗过程中出现反复或治疗效果不明显，医生在治疗过程中也倍感挫折。部分医生将这些失败归于患者的不合作、依从性低，也有医生为推卸责任，防止遗漏，在诊疗过程中采取过度检查和治疗，这使得本来就紧张的医患关系雪上加霜。

6. 医务人员的人格特征　研究表明，医务人员的人格特征对医患沟通的影响十分明显。医患关系作为特殊的人际关系，也折射出医生的人格特质。具有焦虑特质、缺乏安全感的医生，在医疗工作中表现出更多的紧张、犹豫不决、回避责任，处于更高的职业应激状态；性情直率、脾气暴躁、缺乏耐心的医生，在工作中表现为不能充分与患者交流或过于武断；敏感多疑、郁郁寡欢、犹豫不决、自信心低的医生，在治疗疾病过程中更容易体验挫败感；积极乐观、情绪饱满、主动热情的医生，加上熟练的专业技能，使其在诊疗活动中如鱼得水，尊重患者而不失自信，温暖而不失理智，既接纳患者有主见，又细致果断，与患者容易建立起良好的医患关系，进行顺畅沟通。

（三）来自患者方面的因素

1. 患者对医务人员不信任引发沟通障碍　信任是人际沟通的基础。同样，患者对医生的信任是医患关系得以建立的前提和基础。信任关系协调与否直接影响到整个医疗实践活动能否良好地开展和运转。信任往往是患者选择医院、医生的直接原因，是发生医患关系的起始，医患之间的高度信任是医患之间密切配合和实现患者对诊疗完整参与的基础和前提。

信任危机的产生有两方面原因：一方面是患者的医学知识相对缺乏，他们既不掌握医学专业知识，又不能对治疗结果进行预判，因而无能为力，也无所作为。就像恩格尔哈特所说的，患者如同异乡土地上的异乡人，当他们进入陌生的医疗环境中时，不得不尽力去理解医生口中晦涩难懂的医学专业术语。但在很多时候，这样的努力并不能带来多大的帮助。另一方面是患者对医疗工作的高风险和局限性不理解,他们认为只要到了医院,疾病的预后就得到了保障,再加上一些夸大其词的药品广告和泛滥的医药信息,增加了患者对医学的期望值,造成了医患双方认识上的偏差,导致患者对医生的不信任。此外,受社会一些不良风气的影响,个别医护人员收受红包、拿回扣等违背医德医风行为,使患者对医护人员及医院的信任度降低。患者的怀疑、不信任,使得医患互动极易产生摩擦,进而影响医患沟通的有效性。

2. 患者健康意识及维权意识超出了医学范围　随着生活水平的不断提高,信息传播媒介的飞速发展及信息可及性的提高,使民众可以多角度、多渠道获取疾病的相关信息,提高了患者对疾病的认识及对治疗效果的预期。但实际上目前仍有许多疾病无法根治,并且受患者个体差异的影响,疗效也不尽相同。此外,人们的法治意识不断增强,患者对自身权益的保护意识也日渐增强,从过去只知道听从医生指导治病转变为在就医过程中开始要求享有权利,且这种要求还有日渐增强的倾向。"顾客就是上帝"这句商业口号,被一些患者简单地套用过来,认为医疗活动中也应如此,这也是导致医患隔阂的一个原因。

3. 患者的心理状态对医患沟通的影响　主要表现在两个方面:一是情绪状态,患者生病后最常见的情绪反应就是焦虑,他们担心自己的病情严重程度及预后情况。由于过分焦虑,导致他们在和医生进行沟通的过程中或拘谨或急躁,都不能很好地表达自己的症状和体征。二是人格特征,每天就诊的患者有着不同的人格特质,有些人格特质会给医患沟通带来特别的困难。例如,胆汁质的患者没有耐心听医生解释,比较冲动鲁莽,稍有不满意可能就会发怒;抑郁质的患者心思比较细腻、敏感多疑、情绪体验深刻,医生稍有怠慢就胡思乱想,认为是不是自己的病无可救药或是不是医生认为自己没有治疗的价值等。与上述这两类气质类型的人进行沟通时,医务人员要深思熟虑、格外小心。

三、医患沟通障碍的对策

目前,中国医患纠纷增多、医患信任危机重重、医患冲突呈紧张态势,重建中国的医患信任关系将是一场旷日持久的攻坚战。只有政府、媒体、医疗行业及整个社会通力合作,才能不断解决医患信任问题,保证医患顺畅沟通,有效促进医患关系的正常发展。

(一)政府应在就医环境、顶层设计及资金投入方面通力合作

医患沟通障碍不是一个简单的问题,需要多部门协同合作,共同解决。首先,卫生行政部门应该在医疗改革中进行顶层设计,卫生部门与医疗保险部门应就疾病保险的范围、就医时疾病程度与就医医院的级别进行界定,为有效开展分级诊疗制和社区首诊制打开一条真正行得通的道路。其次,要建立基层医院医护人员的业务提升培训机制,解决小医院医生水平较低、百姓不信任的问题。要建立大医院医生到小医院"下放"机制,大医院的医生定期到下级医院开展诊疗工作,并为下级医院"带教",培养下级医院医生快速成长,从而解决小病进大医院、大医院人满为患、小医院门可罗雀的现象,有效解决看病难的问题。最后,在医疗政策的制定、资金的投入上要下功夫。鼓励发展民营医院,加大社会力量投资医院,以解决资金问题。要彻底解决"以药养医"的问题,同时要提高医生与患者的个人素质等。如此,才能为重建医患之间的信任关系、维护和谐的医疗环境提供坚实的保障,中国的医疗市场才能顺应民意,医患关系才能和谐。

（二）建立医患关系舆论正面导向机制

依据大众媒体与社会舆论的作用原理，健全媒体监督机制，引领大众媒体与社会舆论朝着健康积极的方向发展。大众媒体与社会舆论在医患信任关系中扮演着双重角色，客观、真实、准确、全面而公正的新闻报道与社会舆论有利于医患信任关系的建立，有利于维护患者和公众的知情权，有利于监督与约束医疗机构及医务人员的行为。对医务人员的爱岗敬业、技术精湛、奉献精神、先进典型模范的报道，对提升医务人员形象、缓解医患紧张局势具有不可替代的作用。因此，中国医疗卫生事业亟须建立社会舆论的第三方监管机制，从受众的需要、认知、情绪等因素上引导受众心理，根据社会舆情作用机制，从正面宣传医院、医生、医患关系，重塑医生形象，提高医患信任水平，构建和谐医患关系的网络信息服务平台。

（三）全民普及医患关系教育，接受医患的责、权、利的教育

教育部门应该加入到中国医患信任关系的建设之中，普及全民的医患权利、义务及医患关系教育，大力推广医学科普知识，让全民懂得现代医学不是万能的，不能包治百病，引领全民以正确、尊重、理解、共赢的态度对待医学与医生。在中小学教育阶段，就将医生与患者的责任、权利、义务写入课本之中，并作为重要内容教给学生，让学生从小就知道自己未来无论做医生还是做患者，应该做什么、不应该做什么，并将教育方法贯穿到教育的不同时期。

（四）顺应医学模式的转变，强化"以患者为中心"的服务理念

医患双方本应是互助合作、共同对抗疾病的"战友"关系，医患沟通本应是医患双方为治疗疾病，实现以健康为目的的人际沟通。但实际生活中，医患双方却常以对立面的形象出现，医患沟通也经常因各种干扰因素的存在而产生障碍。由于社会大环境的影响，引起医患沟通障碍的原因是多方面的。但究其原因，最主要的是医务人员服务观念滞后，未能跟上时代的发展与社会的变革。随着社会的进步，服务意识的增强，人们在其他方面受到良好服务的同时，不可避免地对医疗服务会提出更多、更高的要求。然而，部分医务人员思维方式仍停留在"患者求医"的水平上，忽视沟通技巧，不愿向患者多解释，不愿多倾听，缺乏人文关怀。

为了顺应生物-心理-社会医学模式的转变，医务人员应构建一种生命文化，以尊重人、关心人、注重发挥人的潜能为着眼点，转变医务人员的服务观念；广泛宣传教育，营造"尊重患者、关心患者、体贴患者"的人性化氛围，在医疗活动中真正实现"以人为中心"的服务理念，把人放在第一位，其次才是疾病；全方位满足患者需求，从安全需求到知情需求，再到尊重需求，与患者建立相互理解、相互信赖、相互尊重的医患关系。

（五）注重医务人员人文素质的培养，培训医务人员掌握医患沟通的技巧

随着医学模式的转变和"以患者为中心"服务理念的强化，社会对医务人员的能力提出了更高、更全面的要求，除了扎实的学科专业知识技术、救死扶伤的人道主义精神和应对各种突发事件的能力，还要具备良好的医患沟通能力。为提高医务人员的医患沟通能力，可以从对医学生的教育入手，在对医学生的培养教育中设置医患沟通课程，让医学生系统地学习医患沟通的有关知识，认识到医患沟通的重要性，并掌握有效的医患沟通的技巧，从而在未来的临床实践中能够与患者建立和谐的医患关系。有效的医患沟通是双向、交互传递信息的过程，医患双方只有通过及时充分地传递信息、反馈信息、释义信息，才能达成共识。让医护人员意识到良好的语言表达

是医患沟通的前提和基础，非语言符号的运用是增进医患情感的助燃剂，是增强医患信任的催化剂，充分有效的沟通是构建和谐医患关系的纽带。非语言符号有助于发挥语言信息传递作用，具有表露感情、润色语言的作用，在医患沟通中恰当运用非语言信息，如语调、语速、目光接触、表情、身段姿势、人际距离等沟通技巧，能够拉近医患之间心理距离，增进医患感情，促进彼此信任。

（六）提高医务人员的抗压能力，促进身心健康

医务人员每日都在"高强度、高风险、高压力"地不停运转，日常的工作足以让他们身心疲惫。当面临疑难杂症时，束手无策之感又会让他们不断体验挫败感。加之当今社会对医务人员的负性评价，更让一些医务人员心灰意冷，这也是医务人员容易发生职业倦怠的原因之一。因此，在医院的日常管理工作中要注重对医务人员抗压能力及情绪调节能力的培养，注重对医务人员心理需求的关注，切实提高医务人员的生活质量及工作效率，使他们以饱满的精神状态投入医疗卫生事业，为百姓造福。

第四节 医患沟通评价

目前我国各大医院已建立了完善的医患沟通制度，但对医患沟通技能的评价应用甚少，尚未形成完整的、规范的评价体系，评价的内容更侧重于问诊技术，忽视其他环节的评价，而且评价方法单一。国外对医患沟通能力评价的应用较早，且评价内容较为深入，评价的方式多样、方法灵活、工具先进。常见的医患沟通评价方式有专家评价、自我评价和患者评价等。

一、专家评价法

专家评价法（expert assessment method）是由沟通领域的专家通过观察，对医护人员的沟通表现进行评价。在沟通技能的评价中，由于专家评价的内容是直接对沟通行为的分析，因此，专家评价法是沟通技能评价中最重要的方法。但专家评价法必须基于医患间的互动进行评价，需要真实患者或模拟患者的配合。真实患者和模拟患者各有优势：模拟患者的优势在于其能反复模拟相同情景，医护人员是置于安全的、不会引起医疗纠纷的互动过程；而真实患者的互动能为医护人员提供最真实的医患沟通场景，更接近现实生活。相对于真实的患者互动而言，模拟患者更适合用于沟通技能评价的过程。目前，专家评价法常用的工具是互动分析系统和观察评分表。

1. 互动分析系统（interaction analysis system） 主要用于评价医护人员的沟通技能行为。该类测量工具的使用方法基于对医患会谈的录像或录音，采用各类互动分析系统对沟通行为客观编码。该评价工具能客观地反映医护人员的沟通行为，但对编码者的要求较高，要求编码者必须经过统一培训，能熟练掌握不同主题的分类原则，而且需要会谈录像、文字转录及归类编码，研究过程耗时耗力，适用于小范围内的评价。互动分析系统中常用的一种方法是 Roter 互动分析系统（Roter interaction analysis system，RIAS），它采集医生和患者陈述语言的最小单元，并将其分门别类地归入 40 项彼此独立的主题，这些主题涉及会谈内容和形式，包括任务性沟通（如提问、建议指导、提供信息）和社会情感性沟通（如正负性的、情感的、社会交流等）；再将这 40

项主题归入4项基本会谈功能（资料收集、健康教育咨询、共情及建立医患关系），整个过程称为编码。RIAS具有良好的信效度。

2. 观察评分表　多采用整体评分法，即通过对个体沟通能力总体表现的评价，来识别具体技能水平的能力较弱。相对而言，观察评分表更具兼容性，因为其观察的只是研究对象的目标技能是否达到。常用的观察评分表包括以下两种：① Calgary-Cambridge观察指南（Calgary-Cambridge observation guideline）。该指南最初由加拿大卡尔加里大学的Kurtz和英国剑桥大学的Silverman于1998年开发，并于2003年修订第2版。修订版的观察指南包括开始会谈、收集信息、解释和计划、结束会谈、提高会谈构架及发展医患关系6个维度，共56项条目，量表Cronbach's α系数为0.95。2003年，香港中文大学Chan等将该指南改编成包括8个维度、40项条目的量表。经文化调适后的改编版问卷将"积极倾听"和"共同商榷计划"两维度的分值权重加倍，使其更适用于我国的医疗背景。② Kalamazoo共识陈述沟通要素评价表（Kalamazoo consensus statement essential elements communication checklist）。1999年，来自北美多家医学院、住院医师项目组织、医学继续教育组织及著名医学教育机构的专家汇集密歇根的卡拉马祖，探讨描述医患沟通的基本要素，发展了该评价表。它包括建立医患关系、开放性讨论、收集信息、理解患者的想法、分享信息、达成共识、结束会谈7个维度，共22项条目，每个维度技能采用李克特5分法评价。该评价表题量适中、内部一致性高（Cronbach's α系数为0.88）、适用性广。

二、自我评价法

到目前为止，还没有发现供医生个人使用的沟通行为评价量表，但有学者将患者使用量表经改编后应用于医生个人沟通行为的评价。

1. 利物浦沟通技巧评价量表（Liverpool communication skills assessment scale，LCSAS）　该量表由5个维度、12个条目组成，主要围绕沟通内容和沟通方式进行评定。采用4级评分标准，0~3分别代表不可接受、差、可以接受、好。此量表有两个显著的特征。第一，对每个项目都制定了评分标准，例如"医生介绍自己"这个项目，它的评分标准是：0代表没有介绍自己，1代表仅告诉患者名字，2代表告诉患者自己的名字和工作，3代表告诉患者自己的名字、在工作中的角色及如何适应工作环境。这种评分标准相对更客观公正，使用者只需要对照评价标准选择适合自己的项目即可。第二，增加了医生非语言沟通的评价部分，如对眼神交流的评价项目。由于该量表篇幅小、通俗易懂、填写方便和易于操作，目前在临床上得到广泛应用。

2. 360度评价量表（360 degree rating form）　该量表强调面对面沟通的本质及获得反馈的重要性，编制的目的是提高沟通技巧。评定时由多个医务人员组成的团队对团队内医务人员依次进行评价，而不是医生个体对自己的沟通行为进行评价。这种评价方法具有客观公正、视角全面的特点。完整的360度评价量表不仅评价医生沟通行为，还评价医务人员的专业水平，仅项目11~20评估医务人员的医患沟通能力，包括如何沟通及沟通内容。

3. 马斯特里赫特综合评价表（MAAS-global rating list）　该量表由马斯特里赫特大学的Thief J. Van等设计，量表由两个子量表组成，即针对某些沟通片段的沟通技巧评价和综合沟通技巧评价，第一个子量表包括7个维度，这7个维度即就诊的7个步骤，包括介绍、随访咨询情况、对患者请求帮助的反应、体检情况、诊断、就诊管理和就诊评价。第二个子量表包括探寻患者需求、情感支持、给予患者信息、总结、指导和移情性6个维度，每个维度包括2~4个二级指标，共有47个二级指标。该量表采用了正向标度的7级李克特平衡量表形式。

除此之外,第三者使用的评价量表还有哈佛医学院沟通技巧评价表(Harvard medical school communication skills form,HMSCS)、行为改变指数量表(behavior change counselling index,BECCI)、客观结构化临床考试(object structured clinical examination,OSCE)等。

三、患者评价法

患者评价法(patient evaluation method)是患者在诊疗过程中对医生的沟通效果进行评价的方法。最常用的评价方法如下。

1. 人际关系过程量表(interpersonal process of care,IPC) 该量表是最常用的患者评价量表,由 A. L. Stewart 等设计,是患者对本次就诊中医生沟通行为的评价量表。该量表包括 3 个一级指标(或称三个维度),即一般性沟通、共同决策和人际关系模式,13 个二级指标,共计 41 个条目(表 5-1)。IPC 采用了常用的 5 级正向标度,是一个平衡量表,具有较好的信度和效度。

表 5-1　人际关系过程量表(IPC)各级指标

一级指标	二级指标	三级指标
一般性沟通	表达清楚	2
	启发患者表达自己关注的问题和期望,以及做出适当反应	4
	解释健康状况	2
	解释诊疗程序	4
	解释自我保健相关内容	2
	解释药物治疗方案	5
共同决策	支持患者	2
	对患者应对偏好模式的反应性	4
人际关系模式	考虑患者执行决策的能力	2
	对患者友好、谦虚	3
	尊重患者	4
	差距认知	4
	情感支持和保证	3

2. 美国内科医学会医患沟通调查量表(ABIM-PACPD) 该量表不是对某次就诊过程中医患沟通行为的评价,而是对医生日常沟通行为的综合评价。采用李克特 5 级评分标准,1~5 分别代表不好、一般、好、很好、非常好,每个项目后增加"无法评价"选项。该量表只有 10 个条目,1 个维度,内容设计主要围绕医患沟通内容和沟通方式两个方面进行,内容简单,是美国医疗服务行业和管理机构最常用的量表之一(表 5-2)。

3. 全科医生 TCom- 技巧量表(TCom-skill GP) 该量表包括沟通什么和如何沟通 2 个维度,前者包括对医生治疗方案的解释、药物的选择及药物副作用的说明等,后者包括采用简单易懂的语言与患者进行沟通、倾听患者、尊重患者。该量表采用 10 级评分标准(0 代表从不,9 代表总是)。

除以上三种患者评价量表外,此类量表还有人际关系技巧评分量表(interpersonal skills rating

表 5-2　美国内科医学会医患沟通调查量表（ABIM-PACPD）

编号	内容	评分				
1	无隐瞒	1	2	3	4	5
2	欢迎患者	1	2	3	4	5
3	平等对待患者	1	2	3	4	5
4	对患者表示关注	1	2	3	4	5
5	认真倾听和不打断患者	1	2	3	4	5
6	告诉患者体检发现和原因	1	2	3	4	5
7	与患者讨论治疗方案并征求意见	1	2	3	4	5
8	鼓励患者提问并清楚解答和避免教导患者	1	2	3	4	5
9	使用患者能理解的语言	1	2	3	4	5
10	向患者解释病情及发生原因和转归	1	2	3	4	5

注：评分栏中 1 代表不好，2 代表一般，3 代表好，4 代表很好，5 代表非常好。

form）和患者感知医生沟通行为量表（patients perception of physicians communicative behavior）。这些量表各有特点，表现形式不同，但基本都是围绕沟通内容和沟通方式而设计的。

（杨秀贤）

复习思考题

1. 医患沟通的原则和理念有哪些？
2. "一个橘子的小幸福"给你带来哪些启示？
3. 试分析医患沟通障碍的原因。
4. 在当代医疗环境下，如何提高医患沟通水平？

网上更多……

本章小结　　自测题　　教学 PPT　　微课

第六章
医患沟通过程

关键词

| 起始阶段 | 沟通导入 | 信息收集 | 建立关系 |
| 理解解释 | 制定计划 | 结束阶段 | 沟通过程 |

> 医患沟通是一个过程,这个过程需要经历一些阶段,如起始阶段、信息收集阶段、解释和计划阶段、结束阶段。每个阶段都有其特定的目标和相应的沟通技巧,并且需要运用一些沟通技术。要做到"以患者为中心的临床会谈模式",即"疾病-患病"模式,建立和谐的医患关系,确保恰当的解释和计划,制定合适的诊疗方案,促进沟通目标达成并且有技巧地结束会谈,就需要对医患沟通过程进行有效的管理。

知识导图

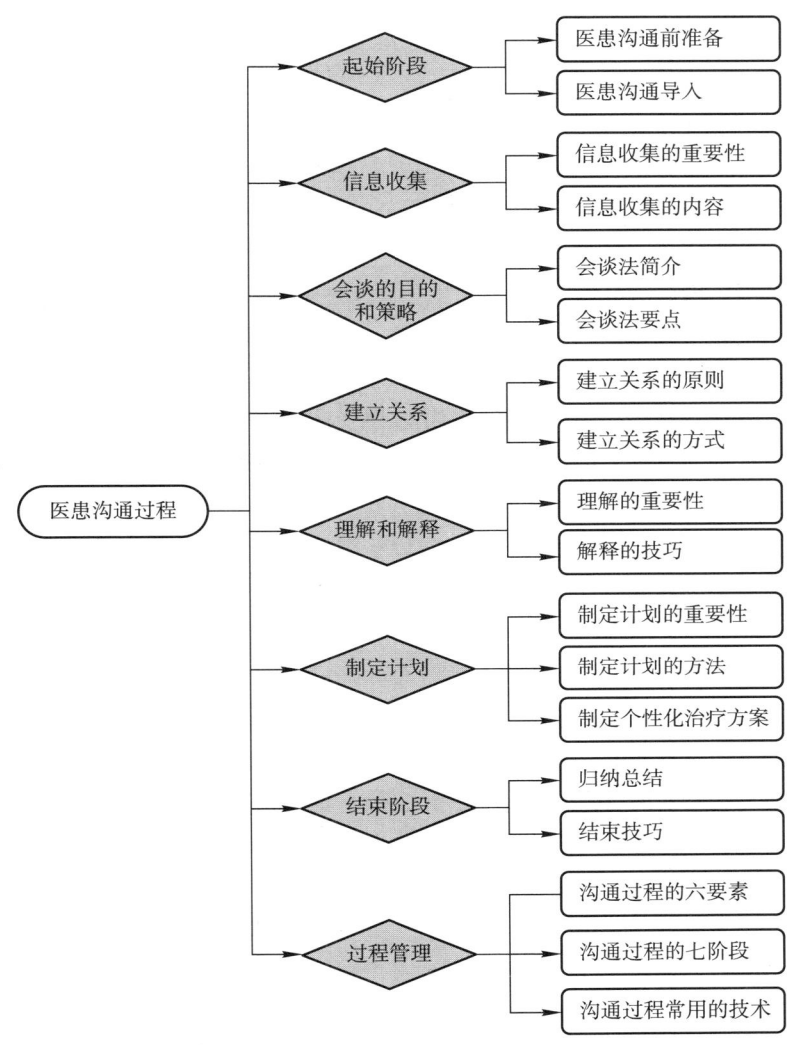

典型案例 6-1
王大妈的意外身亡

第一节　起始阶段

选择合适的沟通环境，医生有规范的仪表准备，充分的心理准备，愿意提供有效的沟通时间，积极关注患者及家属，明确沟通的原因及目的，把握医患沟通方向，确保医患沟通的有效开始，是良好医患沟通过程的第一步。

一、医患沟通前的准备

（一）医患沟通环境

沟通环境是指医患沟通过程的第一感受区域，也是影响医患沟通问题的重要因素之一。随着医疗模式的转变，患者对沟通环境的舒适度要求越来越高。沟通环境的准备包括视觉环境、嗅觉环境及听觉环境等。心理学研究表明，安全舒适、安静、明亮、有序、卫生整洁、优美舒适、私密、空气清新、温暖适宜的环境，可以给患者带来安全舒适的感觉。良好的环境对医生和患者的心理、情绪和相互信任度，以及患者和家属战胜疾病的信心有较大的影响。

（二）医生的必备条件

1. **仪表准备**　在医疗服务中医生需遵循一定的言行准则和仪表、仪态规范，良好的职业形象有利于医患沟通的顺利进行。整洁端庄的仪表、仪态会给患者留下良好的第一印象。医生以柔和的言语、亲切的目光对待患者，是自信、具有亲和力的表现，同时保持和调整与患者恰当的距离和角度，消除患者的紧张和不安，传递医生对患者的友爱和关爱。医生的言行举止，可直接影响患者对医生的印象、信任，增强其治疗疾病的信心。

2. **丰富的专业知识**　医学专业是一门涉及人类健康和生命的高度专业化学科，医学生需要通过系统的学习和训练，掌握丰富的医学知识和技能，以便在日后的临床实践中为患者提供最优质的医疗服务。另外，医学专业不仅需要掌握基本的医学理论知识，还需要具备扎实的临床实践能力和技术操作能力，以便对各种疾病的治疗、护理和预防进行科学有效的干预。因此，在医学教育中，专业知识和技能训练占据着非常重要的地位。所以，一个合格的医生需要具有丰富的专业知识和职业技能。

3. **端正医者态度**　随着我国改革开放不断深入，新时代的医生将面临着中国历史上前所未有的创业、发展和竞争，并因此而造就出一批杰出人才。人才不单指拥有个别的学识、才能和本领的人，而是指把所获得的学识、才能和本领贡献给社会的人，这就要求医生有良好的态度，积极追求真理，热爱国家，服务人民，以严谨科学的态度去解决前进中所遇到的困难，将所获得的医学知识和技能贡献给所需要的患者。

4. **高尚的道德修养**　临床医生是医患关系中的重要群体，医生每天的工作是非常辛苦且充满风险的。但是，医生又是一份非常神圣的职业，医生的医德素养会直接影响患者的就诊和治疗过程。医德，即医生的职业道德，是语言、仪表、心理素质的综合。在伦理上，医德是医生对待医疗职业的思想感悟，是服务患者的基本态度。医德行为过程反映了一位医生的职业道德水平、个人修养程度和医疗技术水平。医德要求把解除患者的痛苦作为医生的责任，服务患者，尊重患者的人格、权利和生命价值。仔细完善患者的术前准备工作，以高度的责任心和精湛的医术治疗每一位来就诊的患者，术后经常关注患者，严密观察病情变化，若发现问题应该及时处理，努力提高为患者全心全意服务的意识。职业道德可以调节职业关系中的矛盾，促进职业健康发展，推动职业人员养成良好职业素养。医生与其他职业人员的职业道德相比具有很大的不同，因为医生的工作面对的是病和人。对于疾病，医生可以利用所学的专业知识，仪器设备的检查和生化免疫指标检查，来确定疾病及找到病因，这是医生必须具备的基本能力；但是对于人，则要求医生具有爱心、同情、理解、帮助患者，在现实社会中，医生必须具有坚定的信念，自觉遵守道德规范，坚持全心全意为患者服务，坚持以患者为中心，坚持救死扶伤，尽自己最大努力诊治患者。

5. 心理准备　医患沟通前，医生应充满自信且保持平稳、安静、舒畅的心情和饱满的热情。医生带给患者亲切的微笑，仁爱的目光，可以恰当地调节患者由疾病带来的恐惧和紧张的心理状态，减轻患者对医生、疾病或治疗方法不了解而存在的思想压力。对医生来说，不健康的心理，不仅影响医患沟通的顺利进行、和谐医患关系的建立和患者的评价，还会影响到疾病诊断及科学用药。对患者来说，不健康的心理会影响神经 – 内分泌 – 免疫网络系统，使该网络不能正常地运行和发挥作用，导致正常生理过程受到影响，甚至会发生严重的病理改变。

医生保持健康的心理和稳定的情绪与患者进行沟通，不仅有助于患者拥有积极的情绪反应和健康的心理状态，还有利于沟通的顺利进行。作为一名医生，你将遇到许多身患重病或濒临死亡的患者，你的工作是为患者提供有效治疗、热心帮助。医生需要保持冷静，需要花费时间与患者和家属交流，给患者心理安慰，让患者相信是有希望的。但是如果患者求诊时，医生用烦躁、愤怒等负性情绪面对患者，患者会出现身体上的不适、心理上的负担。因此，医生拥有健康的心理和稳定的情绪反应是非常有必要的。

6. 医患沟通的时间保证　患者第一次就医时，医生为了获取疾病证据与患者的沟通交流往往可能会持续数分钟以上，有时甚至可能超过半个小时。如果再加上各种检查的沟通交流，医患沟通很可能会达到数小时。在住院期间，医患沟通时很难达到这么长时间的单次对话。因此，医生需要保证足够的沟通时间，以满足患者沟通的心理需求。由于医生每天要接触大量的患者，有时难以妥善协调数量与质量的矛盾，尤其是对医生存在潜在冲突的患者，医患沟通一定要有足够的时间保证。

二、医患沟通导入

（一）问候、自我介绍并确定沟通对象及陪同人员

医患沟通时，医生要主动向患者问候，如"您好""请坐""让您久等了"。在医患沟通时进行自我介绍，并作出必要性的说明，有利于医患沟通及和谐的医患关系的建立。医生主动自我介绍，可以消除医患之间的陌生感、距离感，如"我是某医生，请坐"。并根据患者的身份、职业、年龄等，使用恰当的称呼，而不直呼其名。要重视陪同人员，尊重陪同人员，特殊情况下，涉及患者隐私问题，患者不希望陪同人员知道时，一定要注意保护当事人隐私。

人文视角 6-1
医患沟通过程中的称呼

（二）明确医患沟通的原因及目的

医生一定要了解医患沟通的原因及目的，原因及目的涉及方方面面，有时是涉及诊疗目的，有时是与诊疗无关的，有时患者又吞吞吐吐不愿直诉，切忌医生不明原因时猜测。

可以采用的方法如下。

（1）恰当的开放式问题（例如："您到医院来是想解决什么问题呢？"或者"您今天想讨论什么？"或者"您今天希望我回答什么问题？"），确认患者想要表述的问题或者话题。

（2）认真倾听患者的开放式叙述，不要打断其陈述或指引患者的反应。观察患者的面部表情及行为举止。认真记录患者表达的主要问题及症状。

（3）确认问题或症状清单，并对进一步的问题进行询问，筛查患者可疑疾病情况（例如："头痛和乏力，还有其他什么不舒服吗？"或者"您今天还有其他什么问题要交流的吗？"或者"头痛和乏力什么时候出现的？"）。

（4）针对疾病共同商议下一步治疗计划，要将患者和医生双方的需要都考虑在内。

（三）正确把握医患沟通的方向

有时医患双方已明确了医患沟通的原因及目的，在具体沟通过程中，涉及一些细节问题时，患者会提及与本次医患沟通原因及目的不符的内容而偏离主题，医生应寻找恰当的时机打断，避免不良的医源性暗示，并及时转移到与疾病相关的陈述。注意打断的技巧，使整个医患沟通过程重点突出，层次分明，达到有效的沟通目的。

（四）不评价他人的诊疗

相当一部分患者反复就医，医患沟通前可能在不同医疗单位、不同医生处就诊过，由于不同医疗单位的条件、设备、医疗技术水平及不同医生治疗理念存在差异，对疾病的认识及诊疗方案就会有所不同。患者就诊时，客观上属于不同的发病阶段，因此在医患沟通环节，不应随意评价既往诊疗方案，避免引发不必要的医疗纠纷。

第二节　信息收集

全面收集信息对医患沟通非常重要。信息收集需要运用一些技巧。信息收集过程中，应采用"疾病-患病"模式。疾病是使用病理生理解释"患病"的生物学原因。而患病则是个体患者自身的病痛体验，包括患者自身的感受、想法、担忧等。在信息采集过程中，医生需要更加注重信息背后的挖掘，其详细程度直接决定信息采集的完整性和有效性。

一、信息收集的重要性

医患沟通中信息收集主要通过交谈等方式来完成，搜集信息是有效沟通的前提。诊断疾病时，有些疾病仅通过询问患者的病史即可做出初步诊断；有些疾病需要医生深入细致的病史采集才可以明确病情，并且可以为诊断或进一步检查提供线索。有些时候，收集信息并不是为了疾病诊断，而是有效化解医患矛盾，全面收集信息有助于选择最佳解决医患矛盾与冲突的方法。详细收集信息不仅可以了解患者疾病的既往和现状，而且通过交谈可以了解患者的认知、情绪状态及人格特征。

二、信息收集的内容

根据医患沟通的原因及目的确定信息收集的内容，如医患沟通的原因和目的是疾病诊疗，则信息收集应包括一般人口学资料，主要明显的症状或体征，疾病的发生、发展及诊疗全过程，既往与目前疾病密切联系的健康状况，个人成长史、婚育史、家族史等。如医患沟通的原因和目的是规避医疗风险，避免潜在的医疗纠纷，则医患沟通信息收集涉及患者的质疑和不满的相关内容等方面，才可能最终达到有效的沟通。

三、信息收集的方法

（1）鼓励患者说出自己的问题，让患者使用自己的语言自由地告诉医生问题所在和起始的过程（阐明现在就诊的原因）。

（2）使用开放式或封闭式的提问方法，恰当地将提问从开放向封闭过渡。

（3）注意认真倾听，让患者说完自己的问题而不要去打断，回答患者疑问时，需给患者留出一点时间，以便于理解和思考，或者停顿一会儿后询问患者理解了吗及有无其他问题。

（4）灵活采用语言或非语言方法，患者感受到医生的关注，才能平复不安的情绪继续叙述自己的问题，如可以通过眼神接触、身体姿势、声调及适时地发出"嗯""然后呢"等方法。

（5）观察语言或非语言的提示（身体动作、患者讲述、面部表情等），如想要确定猜想可以适时询问患者，获得验证。

（6）适时总结谈话内容，以确认医生理解患者所说内容，如询问患者是否正确或者能否提供更多的信息。

第三节 明确会谈的策略与目的

医患沟通过程中，双方能否做到有效会谈，需要医生具备一定的会谈技巧。选择合适的会谈方法，明确会谈的性质，关注患者的精神状况，把握会谈的方向，能确保医患沟通的有效进行。

拓展阅读6-1
患者需要"会说话"的医生

一、会谈法简介

会谈法又称谈话法，是一种有目的的会晤，是医生从事评估和治疗时必须掌握的基本方法之一。在会谈中，医生与患者进行面对面谈话，了解患者的心理状态和问题。在20世纪20年代，临床心理学家把这种方法定义为"一种有目的的会谈"。医生要用这种方法全面获得信息，以建立与患者之间的"帮助关系"，或必要时及时化解与患者之间的"危机关系"。

二、会谈法的特点

1. **主观性强** 会谈法是一种主观性较强的评价方法，评估者需要通过对被评估者的言语、情绪、行为等方面的观察和分析，来了解其心理状态和问题。

2. 灵活性强　会谈法可以根据被评估者的不同情况和需要进行灵活的调整和变化，以达到更好的评估效果。

3. 交流性强　会谈法是一种面对面的交流方式，评估者需要与被评估者进行充分的交流和沟通，以了解其心理状态和问题。

三、会谈法的种类

1. 摄入性会谈　通过了解患者的客观背景资料，了解健康状况、工作状况和家庭状况等，进一步全面了解患者当前的感受、状态、求助动机和期望等。

2. 鉴别性会谈　通过交谈和观察确定使用什么手段，倾向于什么问题之类的会谈。

3. 治疗性会谈　针对心理问题和行为问题所进行的会谈，这类会谈往往是心理治疗的一种，除了要注意会谈法的原则，还要遵循心理治疗的原则。

4. 咨询性会谈　针对健康人的某些问题，如择业选择、人员的任用和解雇、家庭关系问题、婚姻恋爱中的问题、子女教育培养问题等进行的会谈。

5. 应急性或危机性会谈　当患者发生意外时，如突然地精神创伤、想自杀、亲人疾病加重等，医生用会谈法给予帮助。

医患沟通时，常使用的会谈法是摄入性会谈和应急性或危机性会谈。

四、会谈法的要点

1. 会谈中倾听比语言更重要　会谈包括倾听和语言两个方面，善于耐心细致地倾听要比语言表达更重要。耐心认真地听患者叙述的内容，获取相关问题信息。倾听就是对患者的一种安慰，只有认真真诚地去听，患者才能放下戒备，说出自己的问题。事实上，每个前来与医生沟通的人，情绪上都存在问题，正是某些特殊困扰才促使患者找医生。此时，医生对患者不能表露出事不关己、漠不关心和不耐烦，更不能表现出烦躁和厌恶，而要安安静静认真地倾听。但是，如果医生为了获取有用的信息，不停地打断患者说话，那么患者就会认为自己没有表达重点、不知道该说什么内容而感到不安。开始会谈，医生先进行自我介绍。进入会谈，医生需耐心倾听，将会谈维持下去。医生要鼓励患者叙述问题，而且要表现出兴趣，很认真地注意听及听懂。医生要带着真正的兴趣去听，边听边记边思考，始终保持目光接触，注意患者面部表情及声调变化，并询问对方："我没有理解错的话，您需要……"或"您说得很好……"等，以表达关注。

2. 积极回应　就是站在他人的角度来理解其处境、感受和观点，并且把自己的理解反馈给患者和家属。例如，"听起来好像您感到……""如果我是您也……"，也可以通过表情、姿势或触摸等非言语方式表达。以自信大方的姿态，面对或略倾向患者或家属，以鼓励性语言回应患者，或用非语言方式鼓励患者继续自由地说话，适时地表示关注和肯定，说"嗯""对"，以表示理解、同情。可用略有不同的表达重复患者刚说过的话，使患者能感觉到对他谈话的重视和理解。

3. 区分和鉴别　对患者的会谈内容进行区分和鉴别十分重要。由于患者面对生活事件时，受到情绪的干扰，所以心里想法和实际行为可能会并不完全一致。有时，患者谈的只是一种情绪体验或一种想法，在强烈程度上可能有夸张的成分。要区分情绪（或想法）与行为，对之实施进一步的干预是非常重要的，更重要的是对会谈内容的真伪进行鉴别。有一些患者，有一种无意识的病因否认倾向，所以不能完全按患者的内容进行症状归因，必须继续深入了解引发患者情绪的原因。另外，有些患者讲述的疾病原因与现实症状可能并没有必然联系，或有意回避引发现实症状的真实原因，这时必须进行鉴别。对诊断和进一步处理起到关键作用的问题，必须让患者说得十分具体。把关键问题具体化，是区别问题真、假、轻、重的关键，也是进一步处理问题的重要步骤。为了完成这一任务，对无关紧要的问题不必追究。

4. 了解患者的精神状态和行为特点

（1）外表和行为：患者如何表现自己？他给人的一般印象如何？外表打扮是否干净、整洁？衣着是否符合患者的背景和现状？有没有特别的装饰？有无明显的身体缺陷？有无离奇的表情和动作？是否顺从？是否态度好？

（2）语言特点：患者语速如何？是缓慢还是快速？是直率还是小心谨慎？是否犹豫？是否存在语言缺陷？哪些是避而不谈的？是否海阔天空地闲聊？谈话内容和声调表达是否一致？对交谈兴趣如何？

（3）思维内容：患者有无不断地抱怨和纠缠不放的话题？有无前言不搭后语？有无离奇古怪的问题？有无错觉、恐惧、执着、冲动表现？

（4）认知功能：患者感觉有无缺陷和损伤？注意力如何？自我定向，时间、地点、人物定向如何？记忆力如何？会谈内容是否可以反映患者的受教育程度？运算能力如何？阅读书写能力如何？

（5）情绪问题：在会谈过程中，患者的一般心境如何？情绪是痛苦、冷漠、易怒、焦虑，还是变幻无常？情绪表现与会谈内容是否一致？

（6）自知力：患者对自己就诊的目的是否判断准确？对自己的判断是否符合情况？对自己的精神状况有何想法？他是否能观察到、认识到自己的行为或情感已经有了问题？患者对问题的原因有何认识？患者对自己的工作有无做正确判断？患者如何理解当前出现的问题？

5. 恰当提出问题　在会谈中，无论是要了解患者的各种情况还是想控制会谈内容，都要使用提问的方法。提问本身却是一件很复杂的事情。问题提出是否妥当。提得好可以促进医患关系，增进交流而使患者感到被倾听、被理解。提得不好，可能伤害医患关系，破坏交流，患者总觉得处在被审问的地位。

6. 选择会谈内容的原则　选择会谈内容遵循可接受、有效、积极的原则。选择会谈内容应适合患者的接受能力，对患者的问题有直接或间接的针对性，对患者的个性发展或矫正起关键作用，对改善患者的态度有积极作用。

第四节　建立关系

一、建立关系的原则

医患关系是指医生为保障和促进患者健康而与患者及其家属建立起来的特殊人际关系。建立良好的医患关系是有效医患沟通的关键。医患关系的建立受到医生与患者的双重影响。就患者而

人文视角 6-2
"ABCD"原则

言，其自我觉察水平、求助动机、行为方式、合作态度、期望程度及对医生的反应等，会在一定程度上影响医患关系。就医生而言，其态度对医患关系的建立和发展具有更为重要的影响。医生做到尊重、热情、真诚、共情、积极关注是建立良好医患关系的重要基础。

（一）尊重

尊重既是建立良好医患关系的基础，也是建立良好医患关系的重要内容。尊重意味着医生对患者无条件的接纳，既接纳患者积极、光明、正确的一面，也要接纳其消极、灰暗、错误的一面。尊重并不代表医生没有原则，没有是非观念，没有自己的主见，或是无原则地迁就患者。尊重应体现在理解患者有不同的观念、意见等，而不是否定患者。在良好的医患关系建立起来的前提下，适度地表明对患者的看法，不但不会损坏医患关系，而且会对沟通有积极的促进作用。尊重具体表现在治疗接待患者时要全面合理、不能忽略良好的语言沟通、病历记载要详细全面、术前交代要周全和及时做好出院前的告知等。

（二）热情

通过倾听和非言语行为，表达热情。在医患沟通过程中，医生应适度地运用倾听技巧，对患者表现出最大限度的倾听，这本身就是对患者的热情。同时也要关注患者非言语行为的表达，目光关注患者的面部表情、身体姿势等都表现出对患者的关心和热情。医生的热情可以大大激发患者的合作欲望，对有些患者而言，医生的热情本身就有助人的效果。医患沟通过程中，医生可能与患者之间存在明显的价值观冲突，或在生活方式、态度上明显不同，甚至引起医生的厌烦情绪。有些患者可能缺乏逻辑性，在表达上思路不清、语无伦次；有些可能文化水平较低，让医生不知所云；有些可能过于紧张，前言不搭后语；有些可能心有顾虑，顾左右而言他。凡此种种都能让医生难以清楚地理解患者。而对患者的种种情况，医生应该表达出对患者的热情、耐心、不厌其烦。

（三）真诚

真诚不等于实话实说。有些医生认为真诚就是实话实说，医患沟通过程中想怎么说就怎么说，其实这是对真诚的误解，是对真诚僵化的、绝对化的理解。医患沟通过程中，双方通过言语进行沟通，应该如何说，既是理解的问题，又是技巧的问题。真诚应该实事求是。医生的真诚应建立在实事求是的基础上，不能脱离事实基础。在医患沟通过程中，医生会遇到各种各样的患者，面对患者五花八门的问题，医生不能有效地帮助患者，甚至可能对某些问题无从下手。有些医生为了维护自信或尊严，会掩饰自己知识能力方面的欠缺，或为了炫耀自己的知识能力，可能置事实于不顾，过分注意个人威信，不懂装懂。一旦患者觉察，很容易使患者对医生失去信任，给沟通带来困难，还可能误导患者，严重的破坏医患关系。真诚的医患沟通，是建立和谐医患关系的基础条件，只有医患双方坐下来真诚沟通成为朋友，结成生命共同体，共同对抗疾病这个敌人，才能构建和谐医患关系。通过真诚的沟通，可以使患者及时准确地了解自己的病情，更加积极配合医生参与治疗计划，意识到治疗过程中可能出现的风险，才可以及时消除误会，排除医患纠纷隐患，建立良好医患关系。

（四）共情

共情是指医生能够识别和理解患者的情感，并能使患者充分感受到。医生通过共情，使患者感到自己是被理解的、接纳的，从而促进良好的医患关系建立。表达共情应该保持客观公正的态度，防止完全受患者的影响。表达共情要善于使用肢体性语言，除言语表达外，医生还应学会非言语表达，如目光传递、面部表情、身体姿势等。医生与患者很可能是完全不同的两个人，其价值观、生活方式、生活态度等可能完全不同，认知能力、行为模式、个性特征等也不尽相同，如果医生只从自己的角度看待患者，则很难理解患者。

（五）积极关注

积极关注就是医生对患者言语和行为的积极、光明、正性等方面予以关注，从而使患者拥有积极的价值观。积极关注是辩证客观地看待患者，不仅有助于建立良好的医患关系，促进沟通，而且本身就有沟通效果。患者往往带着自己扭曲的认知、消极的行为模式、负性的情绪等前来沟通，积极关注能帮助患者辩证客观地看待自己。积极关注应建立在患者客观世界的基础上，否则患者会认为医护人员在用虚假的言语安慰自己。

二、建立关系的方式

1. 运用恰当的非言语行为

（1）选用合适的非语言方式，如目光接触、面部表情、身体姿势、语调等暗示。

（2）在阅读、记笔记或使用计算机时，则需要注意使用方式，不要干扰对话的进行或打破和谐氛围。

（3）显示出恰当的信心。

2. 构建和谐氛围

（1）接受患者看法和感受的合理性，而不要去评判。

（2）换位思维（设身处地）进行沟通，理解患者的感受或困境，对于患者的观点和感受表示明确的认可与理解。

（3）给予支持，表达关心、理解及帮助的想法，赞扬患者摆脱病魔所做的努力，建立信任关系。

（4）灵活地处理令人尴尬、困扰的话题，关心患者躯体的疼痛，包括与检查有关的问题。

3. 使患者参与

（1）与患者分享评价，鼓励患者参与沟通、分享想法（如"我现在在想……"）。

（2）解释非结论性的诊断及问题、体格检查的基本原理及其他检查的目的，使患者充分理解并积极参与。

典型案例6-2
某儿童医院"八毛门"事件

第五节 理解与解释

理解与解释是医患沟通过程的重要阶段。患者不可能记住并理解医生所提供的全部医疗信息，也不可能完全依从医生所制定的诊疗计划。医生需要评估患者接受信息的数量和类型，提供可以理解、接受的解释，用互动的方式跟患者确认，以达到共同理解，才能确保医患双方共同制定有效的诊疗计划。

拓展阅读6-2
ASCO教你完美告知病情

一、理解的重要性

理解是指医生要理解患者的立场和处境，考虑患者的生理、心理和社会背景，真正理解患者的感受和需求。例如，对于焦虑的患者，医生需要耐心细致地倾听患者的叙述，理解患者的焦虑不安和恐惧，给予同理心和支持；对于治疗方案的选择，医生需要详细解释各种方案的利弊和风险。不论是诊断病情，制定医生和患者都能接受的治疗方案，还是化解医患矛盾，理解与解释都显得尤为重要。

二、解释的技巧

医生在解释问题时，需要具备三个方面的技能：解释前——了解患者对其问题的看法，解释中——向患者解释问题，解释后——保证患者能够理解。

医生在进行解释时的注意事项如下。

1. 提供正确的信息量和信息类型　目标：给予患者全面的、恰当的信息，评估每个患者的信息需求，既不要太少也不要过多。评估患者的出发点：在给予患者信息时询问患者的自身状态，了解患者希望了解的信息的内容和范围。

2. 组块和核对　把要解释的信息分成若干小片段来解释，每段之后停顿，检查患者是否已经理解。例如先解释病因，解释完病因之后，问患者：我解释清楚了吗？以核对患者是否理解，确认患者理解后，接着再解释诊断、预后等问题。只有这样患者才有可能记住和理解医生提供的信息。

3. 帮助准确地记忆和理解　目标：使信息更容易被患者记住和理解。运用简单清晰通俗的言语进行表达（如"我想和您讨论三个重要的问题，首先……""现在我们可以讨论……吗？"），重复和总结，以加固信息。验证患者对所给信息（或制定的计划）的理解情况，必要时请患者用自己的话重述、确认。

4. 在解释问题时，尽量避免使用专业术语　提倡用通俗易懂的语言来解释问题。在沟通过程中，患者由于担心提出的问题显得很无知而很少要求医生解释。大多数患者及家属是从事非医疗行业的工作，医患之间存在信息不对等，患者往往很难理解医学方面的专业术语。如果只使用医学专业术语进行沟通，会造成沟通障碍或达不到沟通目的，不仅会影响患者诊疗，也可能造成医疗纠纷。因此，医生尽量简化信息，以帮助患者记忆和理解。

5. 提供诊断、病因和预后的相关信息　主要是运用医学知识来进行解释，人们通常更能记住自己认为最重要的东西。

6. 内容尽量简化　内容超过三点患者往往不容易记住，所以医生要把告知患者的一些注意事项尽量简化，尽可能概括成两三点即可。

7. 回应患者的非语言性暗示　在解释问题的过程中，注意患者的情绪表达、面部表情，看患者是否有不明白的问题或想了解更多的信息。因为大部分患者采用间接含蓄的暗示法表达疑问或是问题，而不是公开陈述或提问。例如：您好像有疑虑，是因为担心做手术失败吗？

第六节 制定计划

一、制定计划的必要性

（1）解释清楚疾病问题后，医生需要向患者及家属告知病情并讨论可行的治疗方案。向患者告知病情的风险严重程度，有些疾病发展变化急剧，患者家属往往不能接受，如心肌梗死、脑血管意外等。积极关注患者的依从性对商定治疗方案至关重要。影响患者依从性的因素包括医患关系的密切程度、患者对自身疾病严重程度的感知、治疗与病程持续的时间长短、患者对疗效的感知、治疗方案的复杂性等。

（2）将病情的解释与患者的看法联系起来，与患者的想法、担忧和期望联系起来，与患者想要了解的内容和范围联系起来。

（3）提供支持并鼓励患者积极参与，首先应提出问题，获得患者的确认或者对于患者及家属提出的问题，积极地做出回应。

（4）在语言和非语言中发现线索并做出反馈和评估，如对患者提供的信息和提问的回答，疾病症状信息的筛选，患者对疾病或症状的担忧等。

（5）根据患者所陈述的问题及患者的言语和非言语表达情况，明确患者的信仰、感受和行为反应，必要时明确表示认可和理解。

二、制定计划的方法

使患者了解决策制定的过程，在患者所希望的水平上参与决策，增强患者对所制定方案的了解和遵守承诺。根据患者对整个疾病的期望，联系患者的观点来解释医生的立场，并且达成一个双方都能接受的计划和治疗方案。

（1）提供治疗的多种可行方案，包括手术、药物或不采取任何措施（如不做处理继续观察），如果只有一种合理可行的备选方案，就必须向患者解释清楚。

（2）提出医生推荐的治疗计划，建议性地指出医生倾向于某一种治疗方案，而不是命令性地让患者接受这种治疗方案。鼓励患者及家属表达自己的想法和建议。就是在各种备选治疗方案中，医生指出自己认为或倾向于哪一种治疗方案更适合患者，最终结果由患者进行抉择。

（3）探讨治疗选择，确定患者在做出决定时所希望参与的水平。给患者选择权，弄清楚患者倾向的治疗方案，可以这样问患者："这些治疗方案您更想选择哪一种？"

（4）协商一个双方都能接受的治疗方案。例如，患者因病必须手术，医生如果说："您的病很重，必须做手术，不然就会……"患者可能会觉得你在控制他甚至会怀疑你的动机，他会找出一些理由来逃避手术。如果患者不愿意做手术，而医生认为做手术对患者目前的情况来讲是比较好的治疗方案，可以这样问患者："您不想做手术，虽然我能理解您，但这让我有些担心，您愿意再考虑一下吗？"最好取得患者的理解，选择一个医患双方都能接受的治疗方案，避免制定出患者不方便执行的治疗方案。总之，要尊重患者和家属对治疗方案的选择权，提出合理建议，在适当的时候分享想法、意见、思考的过程和进退两难的困境，与患者验证，是否接受规划，是否所有的担忧已经被述及，从而确定最终的治疗方案。

三、制定个性化治疗方案

每个患者的病情是不同的，因此，医生应该通过与患者的沟通，了解患者的病情、病史、生活习惯等方面的信息，制定最佳的治疗方案。同时，医生要向患者解释治疗方案的原理、效果、风险等方面的信息，让患者了解治疗的过程和结果，从而增强患者的治疗信心和合作意愿。

第七节　结束阶段

医生准备结束医患沟通时，需要对整个沟通过程进行简单总结。结束阶段需要医生掌握一些结束技巧，医患沟通的总结对于整个医患沟通过程是一个阶段性的总结过程，它的成功与否直接影响到患者对整个医患沟通过程的感受和医患之间的和谐度。

一、归纳总结

当医生进行复述时，总是摘取信息中最重要的部分，而归纳总结就要涵盖医患沟通过程中的绝大部分内容。医生要将他所理解的内容用自己的语言表达出来，使得医生和患者达成一致。患者可以补充医生遗忘的内容，医生要检查自己是否已经理解了患者所说的内容。为了保证信息的准确性，对医患沟通过程中所叙述的最为重要的信息进行归纳并与患者再次确认，如"您这次来医院最主要的目的是想明确您的腹痛原因，对吗？""您最主要的不适是近一个月腹痛，进食少，有时还有睡眠差，对吗？"如需再次就诊，与患者确定好下一次就诊时间及治疗计划，需要做的保障措施，解释未来可能出现的结果及风险，如果治疗方案无效怎么办，什么时候、出现什么问题需要寻求帮助，怎么样去寻求帮助。

二、结束技巧

（一）给予患者再次提问的机会

准备结束医患沟通时，需要问患者："还有没有其他的问题？"给患者提出其他问题的机会，也可以这样问："还有什么事情我们没有谈到？"允许患者主动提问，打消患者的顾虑。也可以从中得到患者前期未能表述的信息，有利于提高医患沟通的效果。

（二）再确认

再确认是医患沟通过程的重要环节，通过再确认，使患者想起遗漏的信息。使用诸如"您还有什么要补充的吗？是否满意和同意所制定的医疗规划？还有什么问题需要确认？"等确认语言，可以有效地提醒患者，从而有利于更加全面地收集信息。医生再次明确地告诉患者下一步的诊疗计划，有利于诊疗计划的落实执行。

（三）使用结束语言

医生应适当使用结束语来强调总结。如"没有其他问题了吧""今天就到这吧""您需要把已定下来的治疗方案记住""回家后和家人商量，决定手术治疗方案后再来医院找我，安排下一步住院手续"等，当确认患者已没有其他问题时，本次的医患沟通过程才可正式结束。

第八节 过程管理

沟通过程是信息符号化、符号解读化的过程。沟通过程是发送者把自己的想法加工成能够传递的各种符号并通过某种途径发送，接收者接收信息后形成自己的理解，再把接收或理解的信息返回到发送者的一个过程。沟通过程包括一些基本的要素，如信息发送者、信息、传递渠道、信息接收者、信息反馈和沟通情景。沟通要素体现在沟通过程的各个阶段。在沟通过程的各个阶段中，沟通的基本要素之间是相互影响的。具备一些沟通技术，既能确保沟通过程各阶段的顺利进行，又能确保医患沟通过程的有效管理。

拓展阅读6-3
有效提高医患沟通过程的知情同意

一、沟通过程的六要素

1. 信息发送者　是指发出信息的人，也称作信息的来源。信息发送者是掌握沟通主动权的人，决定着在哪里、向谁、通过什么渠道、传递什么内容的信息，也决定了沟通的成败，发送者的文化素质、沟通技巧、在别人心目中的地位等因素都会影响沟通成效。

2. 信息　是指信息发送者希望传达的思想、感情、意见和观点等。信息包括语言和非语言的行为，以及这些行为所传递的所有影响语言使用的音调、身体语言，如面部表情、姿势、手势、抚摸、眼神等，都是发出信息的组成部分。非语言信息的复杂性常是造成信息含义丰富、难以捉摸的原因。

3. 传递渠道　是指信息由一个人传递到另一个人所通过的渠道，是信息传递的手段，如视觉、听觉和触觉等。通常信息发送者面部表情信息是通过视觉途径传递给信息接收者的，语言信息是通过听觉途径传递的，某些亲昵的动作是通过触觉途径传递的。这些途径可同时使用，亦可以单独使用，但同时使用效果更好。由此可见，在沟通交流中，应尽最大努力，使用多种沟通途径，以便使信息接收人有效地接收信息，促进交流。

4. 信息接收者　是指信息传递的对象，即接收信息的人。信息接收者能否有效接收信息受很多因素影响，如信息接收者的视听觉是否正常，智力是否正常，是否有阅读能力，受教育程度如何，是否愿意接受，是否用心接受等。信息接收是一个信息解码的过程，即将收到的信息转换、恢复为思想，然后用自己的思维方式去理解这一信息。只有当信息接收者对信息理解与信息发送者传递出的信息的含义相同或近似时，才可能进行正确的信息沟通。沟通过程中，不同个人、不同组织解码方式，都会直接影响沟通的效果。

5. 信息反馈　是指信息由信息接收者返回到信息发送者的过程，即信息接收者对信息发送者的反应。反馈的信息可以是思想、观点、意见、态度、情感等。信息反馈在连续的沟通中具有非常重要的作用，它既是对上一次沟通结果进行评价的重要依据，也是进一步改进沟通效果的重要参考资料。在反馈中，原来的信息接收者变成了发送者，原来的发送者变成了信息接收者。因此，沟通过程是一个双向的互动的过程，而不是一个单向的、简单的信息传送的过程。有效的、及时的反馈是极为重要的。

6. 沟通情景　是指互动发生的场所或环境，是每个互动过程中的重要因素。环境能对沟通产生重大的影响，正式的环境适合采用正式的沟通方式。在很多情况下，当环境变化时，沟通也发生变化。沟通的干扰因素多发生于沟通的影响环境中，其中最常见的干扰因素是噪声。

二、沟通过程的七阶段

沟通是沟通主体（信息发送者）作用于沟通客体（信息接收者）的行为过程。在沟通过程中，大致有七个不同的阶段。

1. 信息策划阶段　信息策划是对信息进行搜集、整理、分析的过程。信息策划过程反映着信息发送者的逻辑思维能力的高低和信息量的多少。要想成为一个具备良好沟通能力的人，首先就必须提高信息策划的能力。信息策划包括：确定信息的范围、收集信息、信息评估、信息整理和分析。

2. 信息编码阶段　信息编码就是将信息与意义符号化，编成一定的文字等语言形式或其他形式的符号，以某种形式表达出来。编码最常用的是口头语言和书面语言，除此之外，还要借助面部表情、声调、手势等身体语言和动作语言等。

影响信息编码的因素主要有两方面：①编码的有效性会受到信息发送者的沟通技巧、态度、知识的限制。②信息发送者的社会文化系统亦会影响编码有效性，如不同种族、国家和民族间的文字符号和非言语符号有其不同的代表意义。

信息的编码是一种整理思路的活动，属于内部语言范畴，其间主体产生思想感情的心理活动和进行语言编码的思维意识活动起激活和引导作用。非语言的信息常是一种本能的表达，是一种自然的行为，但也可以通过训练达到表演的程度。

3. 信息发送阶段　信息编码活动结束后，就需要通过一定的途径把它发送给一定的信息接收者。或者通过各种发音器官把话语发送出去，或者通过大脑的书写中枢以书面语的形式发送，在这个阶段语言的编码最终得到完善。对语言的发送起主要作用的是信息发送者积极进行语言发送的生理活动和以此为基础的思维活动。语言的发送阶段的成功与否，直接反映为语言活动与思维活动能否在思想感情的撞击下协调配合的问题。非语言的发送则直接通过身体和表情等来进行。

4. 信息传递阶段　由于语言交际在信息发送阶段可能采用两种不同的活动方式——说和写，所以当信息发送者把经过编码的话语表达出来时，它要么是一连串的音波，以空气为媒介向受话客体传递；要么就是文字，以书写工具为媒介向受话客体传递。但这两种传递方式都需要在一定程度上依靠传递信息所必需的物理活动和生理活动及思维活动来支持，因此它们就可能会受到各种主客观因素的影响，使信息发送者发送出的语音形式或文字形式有所耗减而不能保持信息不变。

5. 信息接收阶段　信息发送者通过两种语言表达方式把信息传递给客体，客体相应地也要采取两种接收方式来获取信息。信息接收者既可以借助人的视觉器官来接收信息，也可以直接通过听觉器官的生理活动，并根据传递通路的畅通情况和听觉语言中枢的灵敏度，来接收其信息内容。信息接收者首先要善于倾听，这关系到信息接收的"度"，关系到沟通的效果。

6. 信息解码阶段　信息接收者在接触到信息发送者通过声音、文字或图像传递的信息后，会借助大脑的中枢系统，结合语境、逻辑、语义知识和理解习惯进行分析与整合，最终将其还原为发送者所表达的内容。信息解码阶段的完成依赖于信息接收者长期以来受到的各种主客观文化心理行为模式的影响，它们通常以各种心理因素的方式积淀在大脑的显意识和潜意识之中。信息解码包含两个层面，一是还原为信息发送者的信息表达方式，二是正确理解信息的真实含义。信息接收者在解码过程中，也必须考虑发送者的经验背景，这样才能更准确地把握发送者欲表达的真正意图，正确、全面地理解收到信息的本来意义。

7. 信息反馈阶段　反馈是信息接收者在接收信息以后，通过解码、消化吸收，传递给信息发送者的信息反应。如果在没有干扰的环境中，面对面的沟通就有机会让我们知道别人是不是理解和领会了自己所传达的信息，是否对自己所传达的话语进行了准确的解码。

沟通行为过程是这七个阶段的反复进行。在沟通活动中，沟通行为不是某一发送系统接收的单向信息传递，而是沟通双方两个系统之间的双向信息交流，沟通双方互为主、客体。并且沟通双方是互相影响的。沟通的目的不是为了获取信息，更重要的是沟通的主客体双方在思想和行为方面得到某种程度的改变和提高。沟通的过程启示我们，一个优秀的沟通者必须随时根据反馈的信息及时调整自己的沟通方法、沟通技巧，改变沟通的角度，实现沟通目标。

三、沟通过程常用的技术

沟通过程常用到咨询技术中的参与性技术与影响性技术。

（一）参与性技术

1. 倾听技术　倾听是医患沟通的第一步，倾听既是医生职业理念的体现，也是建立良好医患关系的基本要求。倾听既可以表达对患者的尊重，同时也能促进患者的表达，使其在比较宽松和信任的氛围下诉说自己的问题及宣泄情绪。倾听时，避免打断患者，作道德或正确性判断，别急于下结论，别轻视患者的问题。当患者有顾虑时，医生应该引导患者将情感表达出来。有时医生对患者缺乏共情，认为患者的问题是小题大做、无事生非、自寻烦恼，因而流露出轻视、不耐烦的态度。

2. 开放式提问技术与封闭式提问技术　开放式提问技术就是医生提出的问题没有预设的答案，患者也不能简单地用一个字或一两句话来回答。通过开放式提问，医生可以获得所需要的一些事实资料，如对于治疗方案的选择，如果问"有什么意见？"则可能引出很多问答。沟通时应该把握时机，采用多种提问方式进行提问，如果只是固定于一种方式，可能造成提问失误，失去了解患者某些方面相关信息的机会。使用开放式提问时，应重视把它建立在良好的医患关系基础上，否则可能使患者产生一种被询问、被窥探、被剖析的感觉，从而产生阻抗。封闭式提问技术是指咨询师提出的问题带有预设的答案，患者的回答不需要展开，从而使咨询师明确某些问题。封闭式提问一般在明确问题时使用，用来澄清事实，获取重点，缩小讨论范围。

3. 重复技术　就是医生直接重复患者刚刚所陈述过的某句话，引起患者对自己某句话的重视或注意，明确所要表达的内容。医患沟通的过程中，有些患者的表达常常是令人不解的，或与事实不符，或与常理不符，对此医生可以应用重复技术澄清。使用重复技术时需注意，该技术只在患者的表达出现疑问、不合理、与常理不符等情况下使用。

4. 内容反应技术　是指医生把患者陈述过的主要内容经过概括、综合与整理，用自己的话反馈给患者，以达到加强理解、促进沟通的目的。医生选择患者陈述过的实质性内容，经过概括整理后，用自己的语言将其表达出来，最好是引用患者最有代表性、最敏感、最重要的词语。内容反应技术的目的是加强理解，促进沟通，重新组织零散的事件和关系，深化会谈的内容。内容反应技术还可以达到帮助患者更清晰地做出决定的目的。

5. 情感反应技术　是指医生把患者所陈述的有关情绪、情感的主要内容经过概括、综合与整理，用自己的话反馈给患者，以达到加强对患者情绪、情感的理解，促进沟通的目的。虽然情感反应技术表面与内容反应技术相近，都是医生将患者陈述过的内容进行总结后再发出反馈，但内容反应技术着重于患者言谈内容的反馈，而情感反应技术着重于患者的情感反应。

6. 具体化技术　是指医生向患者清楚、准确地表达患者的观点，以及患者所用的概念、所体验到的情感及经历的事情。因为各种各样的原因，患者叙述的思想、情感、事件等常常是模糊、混乱、矛盾、不合理的，使问题越来越复杂，纠缠不清。由于患者表达得不具体，医生把握的信息很可能是模糊的、错误的，也难以有针对性地工作。医生借助具体化这一技术，可以澄清患者所表达的那些模糊不清的观念及问题，把握真实情况。

(二) 影响性技术

影响性技术是医生的参考技术，可以帮助患者解决问题，促进沟通目标实现。

1. 面质技术　又称"对质""对峙""对抗""质疑""正视现实"等。医患沟通过程中，患者叙述的事实前后存在矛盾，使用面质技术有助于患者放下自己有意无意的防御心理、掩饰心理，面对现实，并有助于解决问题。使用面质技术时，要以事实根据为前提，避免无情攻击，要以良好的医患关系为基础。

2. 情感表达技术　就是医生将自己的情绪和情感及时告知患者，以影响患者。情感表达技术的作用是通过情感表达，促进沟通顺利进行。情感表达技术和情感反应技术完全不同，前者是医生表达自己对患者的喜怒哀乐，而后者是医生将患者的情感内容整理后进行反馈。

3. 内容表达技术　是指医生通过传递信息、提出建议、给予保证等方式影响患者。医患沟通过程中，各项影响技术都属于内容表达的范畴，都是通过内容表达技术起作用的。内容表达技术与内容反应技术不同，前者是医生表达自己的意见，而后者则是医生反应患者的叙述。反馈是一种内容表达，反映医生对患者的种种看法，借此可使患者了解自己的状况，也可让患者在言语和非言语反应中得知自己的反馈是否正确，从而相应地做出调整。

(田　峰)

复习思考题

1. 医患沟通过程如何有效导入？
2. 医患沟通过程中，如何共同制定诊疗方案？

网上更多……

　本章小结　　　自测题　　　教学PPT　　　微课

第七章
医患沟通技能

关键词

共情	言语沟通	倾听	理解沟通技术
情感沟通技术	非言语沟通		

> 医患沟通技术贯穿医疗活动的全过程，针对不同患者如何进行有效沟通是医务人员在整个医疗过程中不可缺少的基本技能和必修课。在临床医疗中正确地掌握和使用沟通技术显得尤为重要。医务人员的分工不同，患者的素养有所差别，因此，医务人员应针对不同的患者选用适合的沟通方式和技巧。本章从建立医患关系的技能、言语沟通技能和非言语沟通技能三个方面介绍在诊疗过程中需要掌握的医患沟通技能。

知识导图

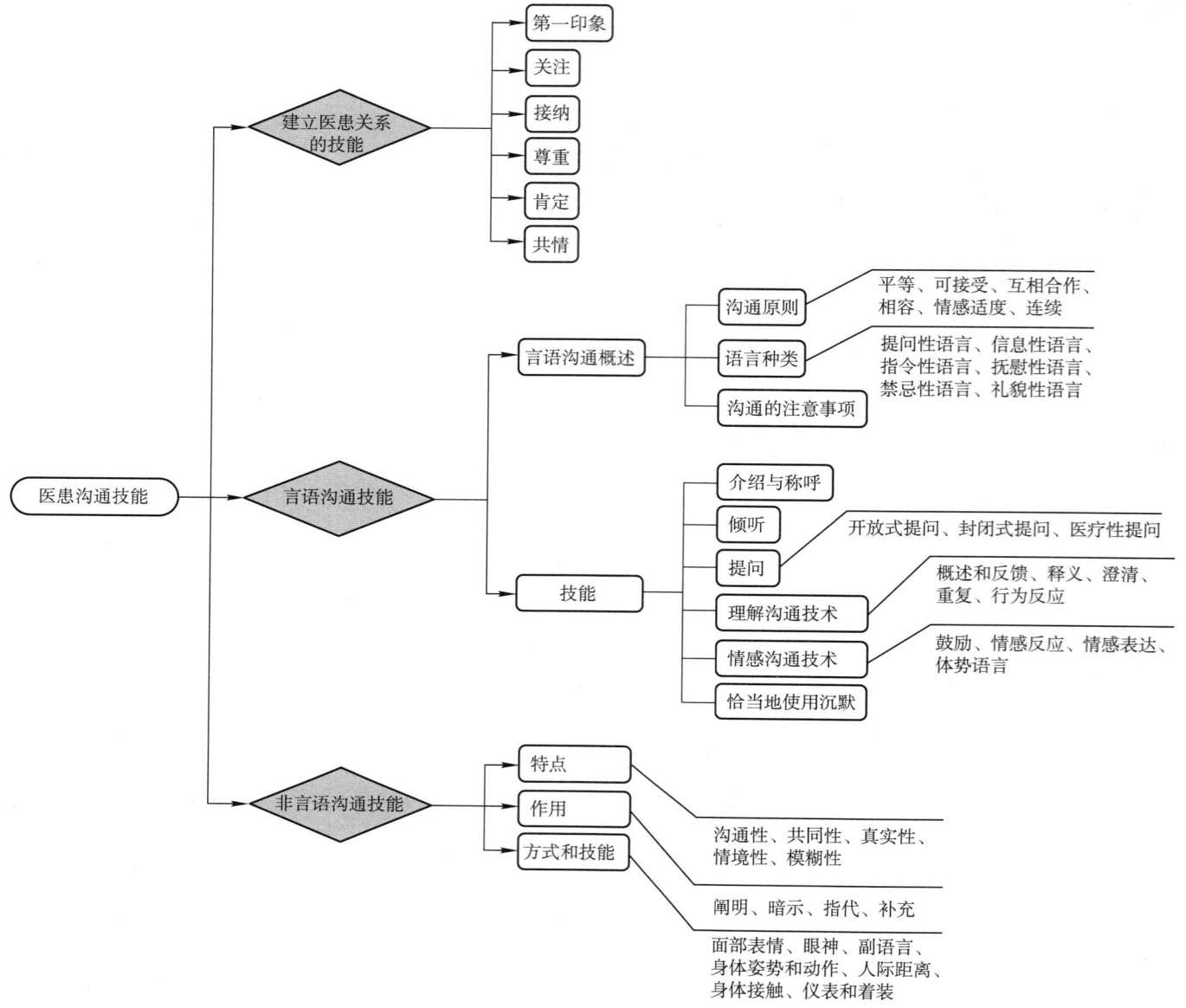

第一节 建立医患关系的技能

医患关系是医方和患方共同构建的、以医方为主导的职业性人际关系。医患之间所有的沟通都必须以良好的医患关系为平台，因此构建和谐医患关系是医患沟通的核心内容。良好的医患关系是医方与患方交互作用的结果，仅靠单方面的努力无法实现。就患方而言，疾病性质、就诊动机、期望水平、付款方式或来源、文化程度、对医师的态度等，都会在一定程度上影响医患关系。就医方而言，医德水准、技术水平、服务态度和沟通技巧等对良好医患关系的建立有重要影响。

一、第一印象

在人际交往中，对于两个素不相识的个体而言，第一印象（first impression）是非常重要的。在对别人做出评价时，最初获得的信息比后来获得信息的影响更大。这种现象在心理学上称为"首因效应"。首因效应就像一个光环，能使其他品质都罩上类似的色彩，例如，患者对医师的仪表和态度有良好的印象，往往对他的医德和技术水平也会给予肯定的评价；同样，如果患者对某个医师有良好的印象，往往对其他医师也会给予良好的评价，这类现象称为"光环效应"。光环效应是一面双面镜，一个人或一个团体的优点都会被放大，一个人或一个团体的缺点也会被放大。所以，每个医务人员在医患沟通中，要用好这面镜子，让它始终照着光彩的一面，并使这些光彩逐级放大。当然，要做到这点是有难度的，但是只要努力和坚持，最终是能做到的。下面提供几条指导性的原则。

（一）注意自己的仪表和举止

人与人交往第一"回合"便是礼仪，表现在目光、微笑及问候语，这是给人的第一印象。患者对医务人员的第一印象往往是基于一些非本质性特征的认识。人们普遍认为外表能反映一个人的精神面貌，面善者心善，外表整洁者做事认真细致，而且外表最容易为他人所知觉，所以每个医务人员在任何时候都要注意自己的仪表和举止，要注意每时每刻都有人在观察、评价。在工作期间保持精神饱满、精力充沛、充满自信；服饰大方、得体、整洁；仪容端庄，神态和蔼；发型适当，男性不蓄胡须，女性不化浓妆；身体清洁卫生、无异味；工作时不用香水，不佩戴各种饰物；坐立身直，举止稳重，在交往中举止文雅、礼貌待人、平易近人。

（二）不断提升自己的人文修养

医学实际上是一门文理兼容的学科，治疗的是疾病，但接触的是人，诊断和治疗皆以人为对象。所以，医学在很大程度上具有人文科学的特征。一名优秀的医务人员，必须具有良好的人文素养。医务人员良好的人文素养，包括博爱的胸怀、道德的操守和法律的意识，也包括学术上的诚实和宽容。医务人员一般都有较高的文化知识，但并不一定都有较高的道德修养和个性修养。医患沟通是人与人的沟通，常常又处于"强者"与"弱者"的沟通状态，这就特别需要医务人员具有较强的道德修养和个性修养。在医患沟通中使用恰如其分的称呼，适当控制情绪，不轻易打断别人讲话，不在人前人后窃窃私语，不在公共场合大声说笑，不贬低同行等都是医务人员必须具备的个性修养。

（三）改善服务态度

尽管医疗服务与商业服务的性质和目的不同，但商家的服务态度和服务理念值得医务人员学习，应把主动热情的服务态度用到医疗活动的每个环节中去。随手搀扶一下患者，顺手为患者倒杯水，见面说句关心的话，这些事情每个人都能做到，既不费成本，也不费力气，但却能给患者留下深刻的印象，他们会感到无比温暖，心存感激之情。

二、关注

关注（concern）技巧是人际有效沟通的首要技巧之一。关注是医务人员用身体语言、面部表情和眼神向患者传达此时此地他是医务人员唯一关心的目标，医师会将精力集中在他的身上。因此，在人际沟通过程中，医务人员不但要全神贯注地聆听患者讲话，认真观察其细微的情绪与体态的变化，并做出积极的回应，还要求医务人员运用其言语与体态语来表现对患者主诉内容的关注和理解，以使患者感到他讲的每一句话、表露的每一份情感都受到医务人员的充分重视。在沟通过程中，关注是尊重的体现，也是共情的基石。美国著名心理学家伊根指出，观察患者的非言语表现是进入他们内心世界的阳关大道。关注确实是人际有效沟通的基本功之一。

在关注的过程中，医务人员要随着患者的叙述做出一系列言语与体语的表示。其中，言语的表示通常包括"嗯""噢""是的""我明白"等伴语。而体语的表示通常包括点头、注视、面部表情的种种变化、适宜的坐姿及一定的沉默等。这些言语与体语的表示应随着患者主诉的喜、怒、哀、乐的变化而变化，借以加深患者对医务人员的信任，并强化其继续讲话的欲念。从这层意义上讲，关注是使患者打开"话匣子"的开关。所以，关注表现的好坏直接影响着和谐医患关系的确立及其功能。

如果医务人员在谈话过程中心不在焉，答非所问，患者就会感到受冷落，其人际沟通工作自难生效；反之，当医务人员能全神贯注地倾听患者讲话，则会令患者感到自己讲的每句话都很重要，因而也会更加积极地投入诊疗过程，与医务人员建立更好的关系，使诊疗产生更大的效能。在运用关注技巧时，应注意以下几点：①要善于对患者察言观色。②注意不要在患者讲话时东张西望。③要让患者感觉到你在专心地听他讲话。④要以各种言语与非言语的举动来表达对患者的关注与理解。

三、接纳

接纳（acceptance）指从心理上无条件地接受患者。被人接纳是人的基本需求，患者的这种需求尤其强烈。生病寻求别人帮助意味着自身价值的丧失，尤其是那些有一定社会地位的人，平时他们以"批评"别人、"指导"或"教育"别人为多，此时轮到别人来指导或教育自己，心里当然不是滋味。有些疾病（如性病、性功能障碍或不育症）会使人感到没面子，有些疾病（如精神疾病或某些传染病）会使人觉得受人歧视，他们可能觉得医务人员也有同样的态度，担心别人不能接纳自己，因此对医务人员的一些话语特别敏感。

在医患沟通中，只在口头上接纳患者是不够的，还要从心理上接受患者的价值观、思想、情感和病痛，更重要的是要让患者感受到被接受。要达到这一目标，首先要从言行举止中了解患者的需求、担忧和忌讳，用适当的语言表达出患者的担忧，解除他的忌讳，满足他的需求；其次，在表达关心或理解时，对患者的身份和疾病性质要有针对性，不论患者患的是什么病，都不需要对疾病的原因负责，因此在沟通中绝对不能使用责备的语气。在表达关心和同情时，一定要有相应的情感体验和表情，使患者感受到关心的真切性。

四、尊重

尊重（respect）意味着把患者作为有思想感情、内心体验、生活追求和独特性与自主性的活生生的人去对待，表现为对患者现状、价值观、人格和权益的接受、关注和爱护。尊重是人的基本需求，患者和弱者更需要别人的尊重。尊重不仅是建立人际关系的重要条件，也是助人的基础，它能为患者创造安全、温馨的气氛，唤起患者的自信心、自尊心和自我价值感，激发患者战胜疾病的勇气。

恰当地表达尊重需要做到以下几点：①尊重意味着完整地接纳，是指无条件地接受患者。应该把患者看成是有人权、价值、情感和独立人格的人，这是平等与尊重的前提。②尊重意味着一视同仁。患者无论是怎样的人，医师都必须如实地加以接受，不能有任何拒绝、厌恶、嫌弃和不耐烦的表现。③尊重意味着以礼相待。对患者不嘲笑、不动怒、不贬抑、不惩罚，即使患者言谈举止有些失礼，也应以礼相待。④尊重意味着信任对方。信任是尊重的基础，缺乏信任就很难有尊重。⑤尊重意味着保护隐私。对患者所讲述的秘密、隐私和病情等相关资料应予保护，不随意外传。⑥尊重应以真诚为基础。真诚与说实话既有联系又不能画等号。那些对患者有害或有损医患关系的话，一般不宜表达，如"你这个人真是不讲道理！""你这种行为真令人讨厌！"应该注意的是，尊重并不是一味地迁就患者，没有原则，没有是非。对患者一些不合理的要求或不同意患者言行的情况，医务人员应在掌握材料的基础上，视医患关系建立的情况，用恰当的方式表明自己的意见。

五、肯定

这里指的是肯定（affirm）患者感受的真实性，不要听而不闻，更不可妄加否定。如患者诉说"身体各处神经老在一跳一跳的"，医师首先必须肯定患者这种跳动感的真实性，并且对患者的不适感到担心，表示理解。解释是下一步的工作，如告诉患者，跳动感来源于肌肉的活动或动脉的搏动等，因为神经是不会动的。医学虽然取得了很大进步，但对患者的多种奇异感受仍然不能做出令人满意的解释和说明。至于患者的想法，即使是明显病态的，也不可采取完全否定的态度，更不能与患者争论。肯定患者的感受，并非要求医师一切跟着患者走，而只是承认患者的想法是可以理解的，患者所担心的事是可能发生的，但并不等于事实。在没有真凭实据的情况下，吵吵闹闹对患者不利，也不利于问题的解决。如果患者感到医师理解他，是在为他的利益着想，医师的劝说和建议便有可能被患者采纳。即使患者的猜疑并没有从根本上得到解决，但只要患者能够在言语行动上比较理智和有节制，这种医患之间的沟通也就取得了一定成效。

六、共情

共情（empathy）是指理解和体验患者内心世界的能力，也就是平常所指的换位思考。具体来说，医患沟通中的共情是指：①借助患者的言语、表情、举止等，医师力求渗入患者的内心世界，将心比心，体验患者的情感体验。②理解患者各种心理活动之间的联系，患者的体验与他的经历和人格之间的联系。③医师把对患者的理解再传达给患者，以取得患者的认可。人有被理解的需要，不被人理解是苦恼的，甚至是很痛苦的。理解对于一个人的身心健康可以起到无法估量的巨大作用。医务人员在医疗活动中应始终保持通情达理，理解患者此时此刻的感受。对患者的感觉要做到感同身受，情同此理。因此，医务人员必须加强自我训练，提高理解和同情他人的能力。

人文视角 7-1
"来访者中心"的罗杰斯

第二节　医患之间言语沟通概述

典型案例 7-1
4 句话说"死"患者

沟通是一扇门，那么语言就是这扇门的钥匙。"酒逢知己千杯少，话不投机半句多。"语言在沟通中具有非凡的作用。一个会说话的人，可以合纵连横，妙语生花，可以化腐朽为神奇，化干戈为玉帛。《孟子》有云，"良言一句三冬暖，恶语伤人六月寒。"语言的表达大有学问，哪些话能说，哪些话不能说，哪些话要点到为止，哪些话要反复强调，要根据不同的人，采取不同的方式。尽管俗话说"良药苦口利于病，忠言逆耳利于行"，但也应该与时俱进，让良药不再苦口，让忠言不再逆耳。

一、言语沟通的原则

在医患沟通中，医生要特别注意语言的表达，要遵守以下基本原则，以实现医患之间和谐及有效沟通。

（一）平等原则

在医疗服务过程中，医患双方的社会角色和地位、影响力及对医学信息的掌握等方面往往是不对等的，这会影响双方形成实质性的情感联系。因此，医患沟通应当尊重患者、平等对待所有患者。所谓平等，一是医患双方平等，患者首先是一个平等的社会人，并且是一个需要帮助的人，如果医方总是有一种凌驾于患者之上的优越感，势必会影响医患之间的沟通效果；二是平等对待每一位患者，不分年龄、职业、贫富、地位、相貌等，在医疗行为中一视同仁，让患者感受到被尊重、被理解，从而建立良好的沟通基础。

（二）可接受原则

由于医患双方医学文化教育背景的不同，对健康和疾病的理解认知存在着很大的差异，医务人员普遍文化程度较高，并受过系统的医学教育和诊疗技能训练，又有医疗经验，对治愈疾病、维护健康的知识和经验有着得天独厚的优势，这是很多非医务人员无法达到的水平。很多患者对自身的疾病、对健康几乎一无所知，即使有些人接触过医学和健康知识，也仅是表层的知识，对庞大深奥的医学知识不可能全面地认知和把握。同时，由于患者所处的阶层、职业、身份、城乡、文化程度、习惯、关系亲疏等社会属性的不同，对疾病意义的理解及看法也千差万别。医务人员需了解患者已有的知识水平、认识水平、情绪特点和心理状态，考虑对方能否听懂和看懂，考虑对方的感情需要，考虑当时沟通的各种情景。医务人员的语言内容需要因人而异，只有这样才能说出患者易接纳的语言。如医生在医务工作中，如何科学问诊，才能启发患者的言路，获取最多的有价值的临床资料；如何以恰当的言语安慰患者，才能使之在不幸的境况中，得到最有效的慰藉；如何传达对患者不利的医疗信息，才能既尊重患者的知情权，又不至于给患者增加过大的心理压力；如何与患者进行情感上和工作上的交流沟通，才能实现最佳的言语交际效果等。

（三）互相合作原则

保障信息畅通是有效沟通的前提，医患双方互为听众，互为发言者。交谈的双方既要有诚意，平等相处，又要有耐心和虚心；医方必须使自己的话语表达准确、明了、易懂，向患方全面介绍疾病情况，让其积极参与治疗方案的选择。只有互相合作、互相尊重才能实现良好沟通。

（四）相容原则

医方应当理解对方的自我价值保护倾向，自我价值保护是一种自我支持倾向的心理活动，其目的是防止自我价值受到贬低和否定。由于自我价值是通过他人的评价确立的，个体对他人评价极其敏感。对肯定自我价值的他人，个体对其认同和接纳，并反过来予以肯定与支持；而对否定自我价值的他人则予以疏离，与这种人交往时可能激活个体的自我保护动机。在人际交往中，人们乐意接纳那些喜欢自己、支持自己的人，倾向于排斥否定自己的人。医生在与患者或家属交谈时，不应当出现歧视、不满等情绪变化，避免出现不理解性的误会。而对于那些不尊重医务人员的人或现象，应当正确引导，避免矛盾激化、升级。

（五）情感适度原则

情感智慧主要是指个人对自己情绪的把握和控制、对他人情绪的揣摩和驾驭，以及对人生的自我激励、面临挫折的承受能力和人际交往技能等，它反映的主要是人的心理素质的核心内容，或者说它主要是把对人的素质要求的某些方面更加具体化了。从某种意义上讲，情感智慧对人的成功起着决定性的作用。在医患沟通中，医方需要控制自身情感适度，其原因之一是必要性。当今的医疗模式为生物－心理－社会医学模式，强调将心理因素和社会因素有机地融合到疾病的诊疗过程中；医者仁心，医者只有心怀仁慈，才能走进患者的物质与精神世界，才能得到患者的理解与支持。其原因之二是理智性。医务人员应当将情感控制在职业工作需要的限度，不能因为患者的病痛叫喊而方寸大乱，也不能因为个别患者的无理纠缠而情绪失控、动作失控。

（六）连续原则

有效沟通必须具有时间、沟通内容与方式的连续性。医患沟通应当注意在患者就医过程的全程沟通，包括院前沟通、入院时沟通、住院期间关于诊疗过程的沟通、出院时沟通及出院后随访等。尤其是在诊疗过程中可能出现的各种情况及所需要采取的各种应对措施等均要随时与患方沟通，医方根据患方对治疗的反应，科学地调整治疗方案，这样不仅能取得最佳治疗效果，同时也能获得和谐的医患关系。

人文视角 7-2
儒家文化与医患沟通

二、医患沟通中语言的种类

有语言学家根据说话者的意图认为言语活动分为五类：描述、指令、承诺、表达、宣告。说话者根据交谈的对象与场合，选择合适的措辞和表达方式来传达信息，而听者则根据所具有的语言知识、谈话背景及场合，来理解对方的意思并做出恰当的反应。灵活地运用各类语言，可以形成沟通技巧，达到良好的沟通效果。

（一）提问性语言

提问性语言是医生根据事物的内部逻辑，为了解病情，从患者语言中获取有价值的主诉，也是医务人员的基本功。提问性语言是医务人员行医过程中必定要使用的语言种类，是医务人员对患者进行调查研究的主要手段。只有经过必要而又详尽的提问调查，才能有助于诊断的准确无误。不进行深入的提问病史，匆匆地得出诊断结论，不仅是对患者生命健康的极端不负责任，也是对医务人员职业不够尊重的表现。

问诊时要紧紧围绕医疗目标展开提问，对重要的、关键的主诉要深入了解，对表达不清之处要适时提问，对背离医疗主题的话题要回避、引导。只有如此，才能在有限的时间里搜集到足够的、真实的资料，为医者的临床思维提供充实的原始材料。正确的提问要掌握时机、把握语气和语调，尤其要把握提问的方式和内容。涉及患者个人隐私的提问，要注意时机和场合，与医疗无任何关系的隐私应严禁提问。根据不同的提问对象采用不同的提问形式，要注意语言逻辑性和提问渐进性（层次性）的统一。尽量避免使用专业术语，不同文化背景的患者对医学词汇的理解有较大差异，必须用常人易懂的词语代替难懂的医学术语。另一方面，我国地域辽阔，人口众多，各地的方言、俚语、俗话都很多，医生应尽量使用汉语普通话，但有时使用方言，在一定程度上也可以促进医患沟通，总之应因人而异。

（二）信息性语言

信息性语言指医务人员在为患者诊治的过程中，有针对性地对疾病知识、治疗方案、治疗情况进行介绍说明，以便患者在知情权得到保障的前提下，做出某种治疗选择。在医疗活动中，医生有使用患者能够理解的语言来说明其所患病情的义务，要介绍可能的治疗方案及每种治疗方案的优劣和预后。患者听取说明和介绍后，有选择或同意某种治疗方案的权利。

医患之间的信息沟通，重点是要进行诊疗方案、诊疗过程及机体状态综合评估的沟通。在沟通过程中，除向患者及家属介绍有关疾病的诊断情况、主要治疗手段、重要检查的目的和结果等情况外，遇有下列情况时，应当充分告知并充分征求患者本人或其家属及其关系人同意：一是需要患者承担痛苦的侵入性检查和治疗项目；二是需要患者承担较大经济负担的检查和治疗项目；三是具有一定危险性的诊断治疗；四是临床试验性检查和治疗项目；五是使用药物的不良反应；六是在患者病情危重或更改手术方案的情况下，应向家属告知其病情及预后。总之，医疗过程是一个医患双向互动的过程，患者的理解和配合是顺利完成医疗过程的重要条件。从目前医疗行为的实施过程可以看出，一些实验性诊断、特殊检查、手术和药物治疗，都必须在取得患者的同意和配合后才能进行，这样可以增加患者对医疗技术局限性和高风险性的了解，增加对医生的信任，增强医生对治疗疾病的信心。

（三）指令性语言

指令性语言是医务人员在履行职责时，根据需要做出的有关诊断或治疗的专业性医嘱或需患者配合的工作性指令。其执行程度直接关系到病情的确诊和治疗。医嘱是指令性语言的一种，医生下达的关于处方用药的指令，也属医嘱范畴。还有一种指令性语言带有工作指示性质，如"请躺在床上，松开衣扣""您明天不要吃早餐，去做抽血检查"等。

指令性语言能够反映医务人员的职业素养。一般来说，指令性语言对患者带有一定的要求性，需要患者遵从执行，因而医务人员容易形成命令式口吻，口气死板，损伤患者的自尊心，引起情绪抵触。根据调查，患者对指令性语言的要求一是亲切，二是明确。虽然指令性语言属工作命令，但这也改变不了人们对其"亲切性"的要求，医务人员在安排患者事务，指示患者候诊、诊疗等各种活动时，均应给人以亲切感。

（四）抚慰性语言

抚慰性语言是医务人员为配合治疗或出于其他职业需要，对患者进行的安抚鼓励性工作语言。如医生对疑虑心较重的患者可以说"您的病是季节性常见病，不要有什么思想负担"；妇产科医生对孕妇可以说"您怀孕了，有些反应是正常现象，回去休息休息就好了"。随着我国医疗模式的变革，加强医务人员对患者运用抚慰性语言是十分必要的。为顺应医学事业发展的需要，医务人员应将安慰患者作为自己的本职工作来对待和完成。

（五）禁忌性语言

医学语言学把在患者面前不能说的语言称为临床医学禁忌语，它是临床医学语言应用中的消极现象。在医疗服务过程中，由于传统文化的影响、患者自身的心理素质及知识水平的限制，医生在和患者沟通时，有些话不能明确地说，需要委婉地提出，有些话甚至不能说，还有些只能跟患者家属沟通。如关于凶祸词语的禁忌，从心理学角度分析，人们非常忌讳提到凶祸一类的字眼。在临床实践中，死亡是最令患者感到恐惧的事情，所以"死"字是不能随意提及的，如非说不可，则改而避之，用同义词来替代，构成修辞上的婉言。如称为下世、过世、谢世等，或"心脏停止跳动""停止呼吸"等说法。服务语言也存在禁忌。医务人员为了提高医疗服务质量，不但要端正服务态度，而且要明确服务禁忌语，在医疗工作中，要杜绝"淡、少、专、硬、偏"的现象。

（六）礼貌性语言

说话要文明礼貌：一是称呼要恰当；二是做到请字当先；三是选词要准确，语言要规范、文雅、不粗俗；四是有服务不周之处要用致歉语；五是不要随便打断患者说话，应答要及时；六是精神要专注，切不可边诊疗边与他人闲聊无关话题。

> 典型案例 7-2
> 都是表达不当惹的祸

三、言语沟通的注意事项

（一）沟通双方应使用相同的语言系统

如果信息的接收者不能够明白信息发出者所发出信息的含义，那么沟通是不会成功的。在医院环境中，如果医生在与患者沟通过程中使用医学术语，患者很难理解医生要传递的信息。所以医生应选择合适的、患者能理解的词语与患者进行沟通，避免用患者及其家属不易理解的医学术语和医院常用的省略语与患者沟通。

医生应使用科学、通俗、易懂、使患者能够理解的词语和字句，并根据患者的文化及教育背景，做相应的调整，要避免不适当地使用医学术语。患者使用医学术语时，医生应做必要的解说。医生的问题不能语义不清、模棱两可，防止因患者理解错误而导致不真实的回答。注意口语的科学性、通俗化。科学性表现在不说空话、假话，不模棱两可，不装腔作势，能言准意达，自然坦诚地与患者交谈。

（二）语言表达清晰简洁

当患者提出不便回答的问题时，可采取以下几种应变方法。第一，转话法。当你遇到难以回答的问题时，可先承认"这确实是个问题"，然后话锋一转"但我认为更重要的是……"。第二，移花接木法。巧妙地绕开敏感话题而谈与其有关的其他问题，不正面回答。第三，机智幽默地解释。当你掌握的信息属保密范围，不能泄露时，就需要随机应变。

（三）语速适中

急缓适宜的语速能吸引患者的注意力，使人易于接收信息。如果语速过快，患者就会难以理解对话的内容；如果语速过慢，声音听起来就非常压抑消极，令人生厌，患者就会分散注意力；如果说话吞吞吐吐，犹豫不决，患者就会不由自主地怀疑你的能力，甚至开始坐立不安。自然的说话速度能使人理解讲话的内容，不时使用停顿能给人以片刻时间进行思考，并在倾听下一句话之前部分消化前一段话。适时提高音量能强调某些词语，如果没有足够的音量提高，患者就不会很在意这些内容的重要性。当然，也要控制次数，如果强调太多，患者会晕头转向，不知所云，且可能会有倦意。加上适当的微笑亦能提升声带周围的肌肉，使你的声音更加温和友善。

（四）尽量使用中性语言或数字来说明

医生的提问要避免带有偏向性，尽量采用中性词语。任何带有暗示性的提问，都会导致不真实的回答。患者对一些频率词没有直观的理解，如经常、很少、一般和可能等词。在与患者进行沟通时，最好能使用数字来沟通，便于患者理解。如腹泻的具体次数、体温的度数、症状持续的时间和发作的频次。

（五）不要重复提问

如果同时问几个问题，会使患者感到紧张，不知先回答什么才好，影响交谈的气氛。一个问题弄清楚后，再谈其他问题，不仅有利于保护交谈气氛，也能使交谈更有条理性。重复提问可能使患者误认为先前的回答错了，而改变回答的内容，导致病情资料不真实。同时，也可能引起患者的不满，认为医生心不在焉，没有在意自己先前的回答。医生在交谈中有时听比说更重要，不应轻易打断患者的思路，听好才能说准。有时医生的暂时性静默（表示在深思）也能鼓励和促使患者诉说。

（六）正确引导交谈方向

交谈时医生要善于引导交谈方向，使交谈过程自然流畅。应在仔细倾听患者诉说的基础上，不时提出问题，以进一步深入了解情况。如需另换话题，医生可用一个开放性的问题提问，如果患者言语过多，讲述大量与病情无关的情况，医生则应等适当间隙，坚定而有礼貌地表示要提其他问题，用不断的提问来控制交谈的进程，但务必注意不要伤害患者的自尊心。

（七）力求信息准确可靠

医生在交谈时要善于把握重点，深入探寻。患者由于种种原因或顾虑，对有些病情一带而过,甚至隐瞒不提;也可能因文化程度较低,不能恰当地说明病情,以致重要的问题反而简略叙述,医生应当准确、及时地抓住这些迹象,要求患者进一步说明。有疑问不应轻易放过,要及时提出,加以澄清。如果患者由于某种原因拒绝提供情况时,也不要勉强,可等到建立起良好、信任的医患关系后再谈,但如果确系诊治所必需的重要资料,则应向患者说明这些资料对诊治疾病的意义与作用,帮助其消除顾虑,积极合作。

(八)不随便评价他人的诊疗

由于每个单位的条件、设备和医师的技术水平等因素存在差异,对同一疾病的认识可能不同,也会有不同的治疗方案,甚至在某种疾病发病初期,可能因症状不典型而出现误诊。然而,当患者再次就诊时,有的医师却不假思索地随便评价、指责前面的医师或医院。还有的上级医师当着患者的面批评下级医师,点评治疗方案,评价治疗效果,这些常引起纠纷。特别是当患者留有后遗症、并发症时,医患纠纷甚至不可避免。

第三节 医患之间的言语沟通技能

典型案例 7-3
你不认识字吗

语言在沟通中的作用突出,在医患沟通中更是作用非凡。希波克拉底曾经说过,医生的法宝有三样:语言、药物和手术刀。医生的语言就像他的手术刀一样,可以救人,也可以伤人;因为临床医学语言既可以治病,也可以给患者带来巨大的负面心理刺激,导致病情恶化,甚至死亡。因此,在医患沟通中,医生一定要讲究语言的艺术性,因为良好的语言表达能够增强患者战胜疾病的信心,给患者以希望和力量,帮助患者战胜病魔。

一、介绍与称呼

(一)自我介绍的艺术

自我介绍是交际中常用的一种口语表达方式。从某种意义上说,自我介绍是进行社会交往的一把钥匙。患者就诊时,医生、护士应主动进行自我介绍,字里行间体现以诚相对,热情相待,使患者有"宾至如归"的第一感觉,达到既让患者了解医生、护士,又便于医生、护士了解患者的目的,为做好医疗、护理工作打下基础。在自我介绍中,应注意以下几个方面。

1. 介绍自我应简洁明了,便于记忆,特别是自己的姓名及主要职责 医患第一次见面时医生应该简单地自我介绍,只要讲清姓名、身份、目的、要求即可。这样做一是给患者带来方便,有事便于找你解决;二是让患者了解医生、护士的工作内容及重要性。

2. 自我介绍时态度要和蔼亲切、落落大方 在老年患者面前,以小辈尊重长辈的态度关照患者,使患者有一种信任感。在年轻患者面前,要以朋友相待,使患者有一种亲切感。在患儿面前,应耐心、细致当好阿姨、叔叔,使患儿有一种依赖感。

3. 自我介绍时不要过分热情 自我介绍时不要过分地夸张热情,不要太用力握手;不要中止别人的谈话,要等待适当的时机介绍自己。

（二）称呼的艺术

称呼是医患交往的起点，恰如其分的尊称和问候患者能让患者感到被尊重、有安全感，也是建立良好医患关系的基础。医者良好的接受态度，使患者愿意敞开心扉，说出自己的想法。患者就诊的时间虽然短暂，但角色转换了，医护人员恰当地称呼他们，会使患者从心理上得到宽慰与满足，这也体现了对患者的敬重与友爱。

1. 尽量使用正式场合的称呼　多使用尊称，如"张工程师""李处长""刘院长""王女士""张先生"等。

2. 按年龄称呼　例如：对老年患者可称为××大爷、××大娘，对中年患者可称为××先生、××女士，对青年患者可称为××先生、××小姐，对少年患者可称为××同学、××朋友，对儿童可称为××小朋友。

3. 按职务称呼　例如：在职干部可称为××首长、××部长、××局长、××所长等；离退休老干部可称原职务，如××主任、××书记等；对知识分子可称职务或职称，如××高工、××教授、××总编等。

常规称呼中应注意：①称呼要简单、准确。②称呼要注意区分不同对象、不同场合。③对职务的称呼要得当。④要注意称呼绰号的分寸。医务人员称呼患者时应尽量做到根据患者的身份、职业、年龄等具体情况因人而异，力求恰当，如果难以确定时也可以征求一下对方的意见，如先生（女士）贵姓？怎么称呼？应做到入乡随俗，根据当地的文化背景和习俗尊称患者，如"张老"，一般不提倡用辈分称呼，否则可能对医师的权威性起到消极影响。不用床号代替称谓，也应尽量避免直呼其名（尤其是初次见面），这样会显得不够尊重。避免使用庸俗的称呼，如"老板""小姐"，更不能使用歧视性的绰号来称呼患者，如"胖子""瘦子"等。

二、倾听

倾听是信息接收者集中注意力将信息发送者所传递的所有信息进行分类、整理、评价及证实，使信息接收者能够较好地了解信息发送者所说的话的真正含义。倾听就是用心去听，去理解，去感受对方，并做出积极的反应。在沟通过程中，倾听是最重要的也是最基本的一项技术，是发展医患间良好关系最重要的第一步。医务人员应尽可能花时间专心倾听患者的叙述，在倾听时应该有敏捷的反应，如变换表情和眼神，点头作"嗯、嗯"声，或简单地插一句"我听清楚了"等。饱受各种病痛折磨的患者往往最担心的就是医师并没有专心听他们的诉说。疑虑和抱怨多的患者说话倾向重复和不厌其烦，尤其需要医师有耐心。有时，患者谈话离题太远，医师可以礼貌地提醒患者，请他回到主题上来。总之，医师不要干扰患者对身体症状和内心痛苦的诉说，尤其不可唐突地打断患者谈话。要想成为一个有效的倾听者，必须努力做到以下几个方面。

（一）倾听的准备

准备花时间去听患者的讲话，最好坐下来与患者交谈（双手或双腿都不要交叉放置），这是一种身体语言，可以传递一种信息。保持与患者的目光接触（不是目不转睛地盯着患者），可以表示医生、护士对交谈感兴趣，以及愿意听患者谈话。可以通过使用适当的面部表情及身体姿势，表示医生、护士注意听患者讲话。既要注意患者言语沟通行为，也要注意其非言语沟通行为。

（二）倾听的技巧

1. 注意倾听时的非言语动作　因为非言语动作可向患者传达你对他谈话的关注和你对他的尊重程度。有的医务人员在倾听过程中有身体左右摇摆、东张西望或是摆弄手中的笔，甚至打哈欠等下意识的动作，这些不适当的行为会给患者一种漫不经心的感觉，既容易伤害患者的感情，也容易使患者对医务人员产生不信任感，对诊疗失去信心，导致医患关系的中断。倾听过程中应重视眼神的配合，给予良好的视觉接触，适当地点头，或者用简短的语言，如"对""是的""好"等表达你对谈话的兴趣和认可，可使对方更加信任你。此外，还应表现出足够的耐心，不能东张西望，也不能抢话过来不顾对方而大加发挥。

2. 要感受性地听，不要评判性地听　听者应当先去感受对方话语中表现出来的情绪、情感，站在对方的立场去体会、思考，与之进行情感交流，然后才能进行分析评判。很多时候，对方并不需要你去评判他所讲述的东西，而只需要有人倾听、有人表现出对他感受的理解和体会就够了，也就是说希望得到共鸣。

3. 积极反馈，适当提问　积极向对方提出反馈，对于不明白的地方，应适时提出疑问，以利于沟通的有效进行，帮助对方清楚表达自己的意思，传达准确的信息。但需要避免干涉性和盘问式的提问，不要探问隐私。对于自己明白的，也可以给出适当的反馈。

4. 要有耐心，不要随意打断对方　倾听时医务人员要有耐心，尽量让患者讲述清楚自己的病症。不让患者说话或不听患者说话，或在刚听了患者的问题后，就迫不及待地开检查单和处方，都会影响医患关系的正常发展。在对方表述的过程中，不应随意地打断对方，更不能插进去大讲特讲。因为这会使对方觉得很扫兴，也会感到没有被尊重和理解。

5. 要抓住言外之意　要听出"弦外之音""言外之意"，这一点很重要，但切忌误解他人的意思。所谓"言外之意、弦外之音"通常发生在以下几种情况：①患者对医务人员不是十分信任，用话试探对方。②十分隐秘的问题，不愿暴露。③天性喜欢说话"绕圈子"。一般而言，除了听对方讲话以外，听者应该更多地注意讲话者的非言语信息，包括语调、语速、声音、表情、体态、肢体动作等。要想确定理解得是否准确，可以通过积极的反馈来验证和修正。

总之，倾听包括5个条件：不批评、不判断、尊重、敏锐、以对方为中心。不批评和不判断主要是鼓励患者深入表达自己，这样医务人员才能真正了解患者的看法和处境。倾听不是被动的、消极的活动，而是主动的、积极的活动，它使人学会用心去听人讲话。可以说，整个医患沟通的过程也是一个倾听的学习过程。在医患沟通过程中运用倾听技巧时，应注意以下几点：①要鼓励患者多讲话。②要尽量从患者的角度来感受他们讲话时的内心体验。③要让患者感觉到你愿意听他讲话。④要注意谈话中言语和体语的配合。

三、提问

提问也是有效人际沟通中最基本的技巧之一。在谈话中，无论是要了解患者的各种情况，还是要调控谈话的内容，都要使用提问的技巧。医患沟通要善于提问，它既不同于提审犯人，连珠炮似的步步紧逼；也不同于求职面试，顺序提问，内容千篇一律。有技巧的发问能迅速澄清问题，发现当事人的许多重要事情、感受和真实情况。首先可以就患者最关心、最重视的问题开展交流，随后自然地转入深入交谈。如疾病的诊断和预后、治疗的目的和好处、治疗的副作用、如何用药及有关注意事项等。常用的提问有开放式提问、封闭式提问和医疗性提问。

（一）开放式提问

通常使用"什么""如何""为什么""能不能""愿不愿"等来发问，如"您怎么不好？""您感觉如何？""什么地方不舒服？""请再进一步说一下好吗？""您还有没有注意到其他的？"没有固定的答案，需要对方更详尽和更进一步陈述或描述性地回答，具有引发思考、深入探讨、澄清疑虑和鼓励说下去的功能。开放式提问是医患沟通中最常用的提问方式，也是交谈开始的最好方式，既能让患者自由地诉说，还能让医师有时间来"品评"患者，尤其是有利于引出罕见的疾病、症状较为散乱的病史或患者的心理问题。

（二）封闭式提问

通常使用"是不是""对不对""有没有""要不要"等词来提问，而回答只有"是"与"否"式的简单答案。在沟通过程中，宜尽量避免提出封闭式问题，以免使当事人有被审问的感觉，且易被暗示，也容易使会谈陷入困境而影响沟通效果。当医患沟通逐步走向深入，医务人员可以通过封闭式提问进一步收集有用的信息、缩小讨论范围、澄清事实和帮助患者集中注意某主要问题等。如"您愿不愿意做手术？愿不愿意住院？"患者的回答通常是"是""否"或其他简短语句。

需要注意的是，封闭式提问的使用时间要适当，通常在会谈的中后期才采用，同时应用次数不宜过多。因为封闭式问题不能提供较大的自由度给患者，甚至限制了患者自我表达的愿望和积极性，这样不仅妨碍医务人员对患者资料的收集和对问题的广泛深入了解，也会对医患关系产生破坏性影响。

（三）医疗性提问

在临床医疗工作中经常使用以下几种方式。

1. **针对性提问** 事实上，能够流利地表达出疾病感受细节的患者并不多。一个说话凌乱、含糊不清的患者可能花费医生很多时间，但仍不能提供出所需要的资料；而一个害羞、沉默寡言的患者可能说得很少或者干脆什么也不说。对待如此的交谈，可从开放式的间接提问直接过渡到有针对性的直接提问，这些问题都是对患者感到不适的直接描述。

这里介绍针对性提问的 6 个技术（6 个"W"）。第一个"W"是哪里（where），"请确切地说疼痛在您身体的什么地方？""指给我看看哪里不舒服？"第二个"W"是什么（what），"什么感觉？""感觉像什么？"第三个"W"是什么时候（when），"什么时候开始的？""是持续痛，还是一会儿痛，一会儿不痛？""什么时间发生的？"（开始、过程、变化、频率）。第四个"W"是怎么样（how），"受季节影响怎么变化？""这一天怎么变化？""睡觉时怎么样？""吃饭时怎么样？""用力时怎么样？"要描述日常生活对症状的影响。第五个"W"是为什么（why），"为什么您认为这个药起作用了？""为什么您现在来看医生？"第六个"W"是谁（who），"谁最了解您的状况？""这事还影响到谁？"（后果对患者及其他人的影响）。

2. **直接性与选择性提问** 开放式提问可以让患者透露出与临床高度相关的大部分资料，但还需通过其他类型的提问来扩展患者的叙述。在患者找不到合适的词语来表达他的症状特点时，菜单式提问是非常有用的，如"睡眠怎么不好，是入睡困难，还是早醒，或者浅睡易醒多梦？""那种疼痛像什么？是刀割一样的，还是烧灼样的？是钝痛，还是紧迫感？""疼痛持续多长时间？是几秒钟，几分钟，还是几小时？"这种问题明显不包含描述性的语言，应当在开放式提问和针对性提问之后应用方才合适。

直接性与选择性提问可提供详细的资料，对急症状态是非常有帮助的，如"您叫什么名字？""您多大啦？""您对青霉素过敏吗？"对于言不尽意的患者也是有益的，在采集过去史和系统回顾具体资料时也常常用到。另外，在交谈中，已经有了某个诊断的假设而需要肯定或否定某些症状时，也常常要使用这种提问方式。然而，这种一个接一个针对直接问题的提问有可能得到不切实际或不完整的临床资料，而且患者会因此产生被审问的感觉而心生不快。类似的提问还有"您家人的情况还好吗？""您真的昏倒了吗？""您有过贫血吗？""您视力有问题吗？""您深吸气时胸部痛不痛？"等。

注意在谈及一些敏感问题时不要用"是"或"不是"的方式来提问，因为一旦对方说谎就会封住所有与之有关的谈话通路，如"您喝酒吗？"这种问法可能是无用的，因为患者会根据其个人的理解而做出不同的回答。如果怀疑患者的疾病与酗酒有关，应该试着问："通常您一天喝多少酒？"

3. 疏导式或商讨式提问　有些患者难以用恰当的语言描述自己的病情，不愿说出自己疾病的深层缘由或有难言之隐，如对于一位主诉胃痛但又不会描述什么感觉的患者，医师常常使用疏导式问题，如"您感觉是针刺一样的疼，还是像火烧一样的疼？"从而诱导患者进行适当描述。知情同意的履行时可采用商讨式问题，如"您是否同意做这项检查？"

在医患沟通的过程中，经常使用综合式提问，即把开放式提问、商讨式提问、疏导式提问和直接性提问结合起来的提问方式。提问应注意避免一连串的发问，以免当事人难以承受。以下两种提问应注意避免使用：一是诱导性提问，这种提问可诱导患者向着有利于医师假设的方面回答，如"您现在感觉好一些了吧？""胸痛是在右边，是吗？"因为这种提问会提示患者回答您想听到的答案。二是复杂多样的提问，如"您睡觉如何？咳嗽得厉害吗？"有时候，医师的大脑思维很快，问题接连脱口而出，反而会让患者无所适从。应适当放慢速度，与患者的节奏协调一致。

四、理解沟通技术

（一）概述和反馈

通常经过交谈，医务人员需要把患者所讲的事实、信息、情感、行为反应等进行分析综合，并以概括的形式表达出来。概述（summarizing）可以说是会谈中医务人员倾听活动的结晶，把患者的有关资料清理成串，分门别类，并将其主要问题反馈给患者。如"您刚才讲了很多地方不太舒服，我看您最担心的是心脏问题，对吗？"概述是医务人员每次会谈必用的技巧之一，既可以在结束会谈时进行，也可以在会谈中随时应用，只要判定对对方所说的某件事情的有关内容已基本掌握即可。那么，怎样做好概述呢？回忆患者表述的信息，并在心中复述这些信息：患者讲述了什么？关注些什么？考虑些什么？通过向自己提问，如"患者多次重复些什么？"或"患者反复提到些什么？"来识别出信息中所存在的明显思维模式和主要问题。

选择合适的开始语句进行总结，在语句中用人称代词"您/你"或直接使用患者的名字，并使用与患者的感觉匹配的语句。使用所选择的语句和词汇描述信息中的主题，把多种因素联系起来，并用自己的语言将总结复述给患者。记住要使自己的语调听起来像陈述而不是疑问。

反馈（feedback）是指在医患沟通的过程中把所收集的信息，如看到的、听到的、检查结果、诊断结论、治疗方案和预后估计用语言或非言语的形式表达出来。交谈结束前，医生应有一个完整的交谈提纲，有经验的医生会将提纲记在心里，在交谈临近结束时，回顾总结一下交谈提纲，避免疏漏项目和重要指标，使资料保证完整。

（二）释义

释义（paraphrasing）的第一种含义是指医务人员对患者所讲的一些重要内容，如问题产生的经过、与问题有关的人和事等，进行内容加工整理，再用医务人员自己的语言将患者的主要感受和想法反馈给对方。如患者说"我经常心慌、腰酸背痛，还常睡不好，我很担心。"医务人员的释义反应可以是："听上去，似乎是您的腰酸背痛、心慌严重导致您很担心而睡眠不好。"

在与患者的交流中，运用释义的目的在于：①通过释义反应让患者确认你对他的信息的理解和接受。②表明医务人员对患者所讲内容的重视，也有助于引导谈话内容的深入进行。③帮助患者集中注意于那些具有重要意义的特殊情境、事件、思想和行为，而不是喋喋不休地重复同一个内容。④释义对于需要做决定的患者经常是很有帮助的，因为重复关键词语和思想会使问题的实质显现出来。

上述的释义反应（即内心对话过程）包括以下5个步骤：第一步，医务人员在心中重复或回忆患者的信息——他告诉了我什么？第二步，医务人员辨别信息中的内容部分——在他的信息中存在什么样的状况、人物或思想？第三步，选择适当的语句进行释义——应使用什么合适的语句？第四步，运用所选择的语句将患者信息的主要内容或思想用医务人员自己的语言表达出来——怎样将患者的主要内容用自己的语言表述？第五步，通过倾听和观察患者的反应来评价自己释义的效果——如何知道我的释义是有用的？释义的第二种含义是医师应用医学知识，使用患者能理解的通俗语言解释相关的医学问题。

（三）澄清

澄清（clarification）就是弄清楚事情的实际经过及事件从开始到最后整个过程中患者的情感体验和情绪反应。尤其是患者感到受了刺激的事，澄清十分必要，否则，就很难有真正的沟通。澄清时尽量不采用刨根问底的问话方式，以避免患者推卸责任或对医师的动机产生猜疑。最好让患者完整叙述事件经过，并了解患者在疾病或事件各个阶段的感受，帮助患者清楚、准确地表达他们的观点、体验或所经历的事件。

（四）重复

把患者传递的信息等加以综合整理，用医者自己的语言（不同的措辞和句子）加以复述或总结，也可引用患者言谈中最有代表性、最敏感的、最重要的词，但不改变患者说话的意图和目的，称为重复（repetition）。重复可以突出重点话题，也可向患者表明医师能够充分理解患者的感受。

（五）行为反应

在理解融通的技术中，非言语的行为反应（behavior response）非常重要，也是医患沟通的一项重要基本功。非言语行为能提供许多语言不能直接提供的信息，甚至是患者想要回避、隐藏、作假的内容。因此，借助患者的非言语行为，医护可以更全面地了解患者的心理活动，也可以更好地表达我们对患者的支持和理解。如何才能正确把握非言语行为呢？

首先，要正确把握非言语行为的各种含义。尽管非言语行为有它一定的含义，但这种含义并不是唯一的。①同一种行为在不同的文化背景下会有不同的含义，在不同个性的个体身上，也会有差异。②一个单一的动作有时很难判断到底是什么含义。如有的人低头是因为性格内向，而一个外向的人低头也许是因为羞愧。为此，应观察一个人的动作群，即一连串相配合的动作。不把他前后、上下的动作加以融会贯通，单凭某个表情就下结论，难免会断章取义，误解对方。③动作所表达的含义可因人、因时、因地、因手段而改变，所以应把动作放在某种情境中来了解。如一位对医师斜视的患者，可能仅仅是因为他表示赞同的习惯，而并非对医师的不恭。如果医师想当然，很可能会判断失误。为此，医务人员要做到看在眼里，记在心里，先保留看法，看看是否确实如此，而不宜马上表现出来。有时过于灵敏的反应反而有害无益。

其次，正确地看待言语内容与非言语内容的不一致。一般情况下，一个人的非言语行为所暴露的信息应该和言语表达的意义是一致的。然而，两者有时也会出现不一致。例如，患者说他多么信任医务人员，与此同时却下意识地摇摇头，嘴角涌起一丝嘲笑，否定了他自己的言语。如遇上述情况，应反复核实，多方了解，减少失误。

五、情感沟通技术

在医患沟通过程中，医务人员除了要注意倾听时的投入，合理地运用提问技巧外，还需要通过对患者谈话、情感的及时反应，来促进患者的自我表达、自我探索，进而找到患者问题的症结所在。情感沟通的技巧包括以下几个方面。

（一）鼓励

由于疾病并不直接取决于患者的意志，患者往往有不安全感，因此，鼓励患者非常重要。但是，安慰和鼓励必须真诚。鼓励的方法多种多样，既可以鼓励患者说出自己的想法和情绪，也可以用举例甚至可以用医师本人的亲身经历引发患者的共鸣，从而达到与患者沟通的目的。

（二）情感反应

患者在医疗会谈中的言语表达，都带有浓厚的情感色彩。医务人员除了要对患者的言语内容做出反应外，还应对患者的情感给予反应。这样既可以帮助患者了解、区分、控制自己的情绪，也有助于医务人员的情感投入，达到同理。如对恐惧和担心的患者，医务人员可以这样反应："看起来，您好像害怕得不得了。"这样的情感反应，像一面"情感镜子"，使患者能透过这种清晰的反应来了解自己的恐惧情绪，从而给他提供了一个自觉、自发、自动去修改的机会。

情感反应的技巧包括以下六步。下面的例子有助于进一步理解如何运用情感反应。

患者：看，医院有许多让人讨厌的院规，真让人受不了，我不喜欢住院（粗哑而高声地说）。

医务人员（内心对话过程）：第一步，注意倾听患者言语表达中使用的情感词汇。患者用了什么样的情感词汇？"讨厌""受不了""不喜欢"等词语可以暗示出强烈的情绪。第二步，注意观察患者言语表达时伴随的非言语行为，如身体姿势、面部表情等。患者的声调和非言语行为暗示了什么样的感受？生气、受挫折。第三步，寻找合适的语句进行情感反应。最好是与患者所使用的感觉词相匹配。如匹配视觉词汇的例子："您的眼睛告诉我您正在生气。""看上去您正在生气。"与听觉匹配的例子："我听到的话告诉我您正在生气。""听起来您似乎正在生气。"选择什么样的情感词汇能够准确描述患者的情绪程度？愤怒、受到限制、不喜欢。第四步，与患者使用的情感词汇相匹配的恰当的语句是什么？用"好像是""显示出""看起来像"等匹配患者所用的"我能看出"等词。第五步，在语句中加入情感发生时的情境。用自己的语言把从患者那里获得的言语和非言语线索中的情感再反馈给患者。患者情感发生的情境或原因是什么？第六步，评估自己的反应是否有效。怎么知道做出的情感反应是否准确、有帮助？注意观察和倾听患者的反应——他是肯定还是否定自己有讨厌医院的情感。医务人员的实际情感反应：看起来你很讨厌那些限制你的医院规则；或者，对于医院的规定你好像很不满。

（三）情感表达

情感表达是指医务人员在建立医患关系的过程中，对患者的感受、体验和行为表明自己的情绪体验。如对患者的疼痛或躯体的其他不适，医务人员对患者说出自己的看法："我感觉您的疼痛似乎没那么严重。"如对患者的某些问题表示不够理解，可以说："我没有听清楚您刚才说的话。"当少数患者对医务人员不尊重，此时的情感可表达为"我知道您这样说（或做）一定有原因，但我确实有些不满意。"

正确地使用情感表达，既能体现对患者设身处地的反应，又能传达自己的感受，在患者面前呈现出鲜活的医务人员形象，展现医务人员的人生观。同时，医务人员的坦诚也为患者做出示范，促进患者进一步表达真正的感受。值得注意的是，医务人员不能只顾表达或宣泄自己的情绪，而不注意患者的感受。因此，情感表达要因人而异，适可而止。

（四）体势语言

言语沟通是双方交流信息、沟通感情、建立良好关系的基本条件之一，也是帮助医务人员了解患者的主要工具之一，因而言语在医患沟通中占有主要地位。然而，在医患沟通过程中会出现大量的非言语行为，或伴随言语内容一起出现，对言语内容作补充、修正，或独立出现，代表独立的意义，在沟通中起着非常重要的作用。医务人员应重视把自己的非言语行为融入言语表达中，渗透到沟通过程中。通过非言语行为传达的共情态度比言语还多，影响力更大。因此，在沟通过程中并非只用语言，而是整个人参与其中。是否能赢得患者的信任、好感，建立良好的医患关系，很大程度上取决于非言语行为的传达。如果医师说，我尊重你，我关心你的病痛，然而眼睛却是东张西望，双手环抱，跷着腿，晃着椅子，这种动作、神态很难使患者相信医师对他的关注。常用非言语形式表达自己对对方的理解、尊重、信任的程度，像面部表情和声调这样的非言语暗示比言语信号影响更大。

六、恰当地使用沉默

语言技巧固然重要，但并不是帮助患者的唯一方法。在整个沟通过程中不必一直说话，在适当的时候，以温暖、关切的态度表示沉默会起到无声胜有声的作用。

沉默所传递的信息主要有：①对医患关系感到满意，没有必要继续沟通。②患者可能想表明他有能力应对所有的事情而不需要医生的帮助。③患者可能在探究自己的情感，此时医生跟他讲话可能会干扰他的思路，在这种情况下，患者的想法是"我需要时间想一想"。④患者可能是担心害怕，用沉默作为对所受威胁的一种逃避。⑤患者可能有难言之隐。为对患者负责，应通过各种方式启发患者道出隐私。

医生应学会使用沉默的技巧，能适应沉默的气氛。沉默是一种重要的治疗工具，但不能一直保持沉默，在适当的时候，医生需要打破沉默。可以通过下列问话来适时打破沉默，如"您是否可以告诉我这个问题给您带来的困扰？""您是否可以告诉我您现在正在想些什么？"

综上，从上述原理和沟通的技巧来看，会谈中医务人员和患者的沟通，对医务人员来说并非仅仅是一个被动的记录事实与听取对方说话的过程，而是一个主动引导、积极思考、情感投入的过程，是医患沟通过程中的重要一环。

拓展阅读 7-1
医患沟通的重要性

第四节　医患之间的非言语沟通技能

非言语即体态语，是由动作、手势、眼神、面部表情等来传递信息的"无声语言"。非言语虽是无声的，却是在诊疗过程中有补充、配合、阐明、暗示和深化作用的一种"伴随语言"。通过体态语实现的沟通称为体态语沟通。体态语沟通的实现有两种方式，第一种方式是通过动态无声性的目光、表情动作、手势语言和身体运动等实现沟通，第二种方式是通过静态无声性的身体姿势、空间距离及衣着打扮等实现沟通，这两种非言语沟通统称为身体语言沟通。

医学体态语在诊疗过程中具有辅助表情达意的功能，有的学者把它称为伴随性语言。国外心理学家研究指出，感情的全部表达等于7%言辞＋38%声音＋55%体态语言，可见非言语沟通在医患交往中的重要地位和作用。医务人员应根据诊疗内容、环境、对象和目的等，准确恰当地利用医学体态语，使有声语言和体态语言相互结合，增进医患沟通效果。

一、非言语沟通的特点

非言语沟通作为人际沟通的一种基本表达手段，是有规律可循的。在信息沟通的互动过程中，非言语符号具有以下特点。

（一）沟通性

在一个互动环境中，非言语符号总是不停地沟通着。只要参与者双方开始进行沟通，自始至终都有非言语沟通在自觉或不自觉地传递着信息。在沟通过程中，有意识的非言语在沟通，无意识的行为举止也在沟通，如某个人安静地坐在房间的角落看书，便能传达诸如"他好学""他性格文静""他对其他人的活动不感兴趣"等丰富的信息。

（二）共同性

无论从生物学角度还是从社会学角度来看，人类表达思想和情感的方式有着共同性。如不管什么人种、民族、性别的人，他们表达喜悦、高兴的感情几乎都以笑的形式来表达；表达悲哀、痛苦的感情，几乎都以哭的形式来表达；愁眉苦脸意味着苦恼；等等。

（三）真实性

体态语存在有意识和无意识的区别，无意识是身体受外界刺激表现的本能反应，是动作者内心世界的真实反映，真实性较强。当某人说他毫不畏惧的时候，他的手却在发抖，那我们更相信他是在害怕。非言语符号之所以可信，一是因为人的动作比理性的言语更能表现人的"情感和欲望"；二是一个人的非言语行为是其整体性格表现及个人人格特性的反映，是一种对外界刺激的直接反应，极难压抑和掩盖。

（四）情境性

与言语沟通一样，非言语沟通也展开于特定的语境中，情境左右着非言语符号的意义。相同的非言语符号，在不同的情境中会有不同的意义。如同样是流眼泪，在不同的场合中可以表达悲痛与幸福、生气与高兴、委屈与满足、仇恨与感激等完全对立的情感，只有联系具体的沟通情境，才能了解其确切的含义。人们的体态语，除了有共同性外，在相当大的程度上还受种族、语言习惯、历史、文化、地域的影响。在现实生活中常可发现，同一种动作在不同民族可以表达不同的意义，相同的意义也可以用不同的体态动作来表现。例如，在医生面前表示"无可奈何"，白种人常以耸肩和摊开双手的方式来表示，黄种人则一般示以垂首或嘘叹；对医生的话语表示赞同与否，汉族人的体态表示是"摇头不算点头算"，保加利亚人、尼泊尔人及我国的独龙族人则相反，摇头表示同意，点头表示反对。

（五）模糊性

体态语的模糊特性，除了语言本身的模糊因素以外，还有动作体态方面的原因。首先，体态语动作具有多义性。以瞪眼为例，可有愤怒、好奇、仇恨、诧异等义项。例如，惊恐面容可见于过度紧张、焦虑、甲亢、肺栓塞等不同的疾病，并不特指哪一种疾病。其次，体态语依附于不同的语境氛围可表达不同的语义。同样是"笑"，在具体的交际语境中，可能是朋友间真诚的笑，可能是仇敌间的狞笑，可能是情人间羞涩的笑，也可能是某种出于无奈的苦笑等。再次，体态语的动作并无明确的规范，也是造成其模糊性的重要原因。最后，体态语的模糊性常表现在"读者"不同，理解亦有不同，在"阅读"体态语时的见仁见智现象十分明显。掌握体态语的模糊性特点，准确理解患者的体态动作的寓意，学会明辨患者在不同情况下的常见体态语，将有助于对疾病的分析、推理、综合、诊断和治疗。

二、非言语沟通的作用

（一）阐明作用

语言是人类最重要的交际工具，体态语作为一种伴随性语言亦不例外。口语、书面语依靠语音和文字来表情达意，都存在一定的局限。体态语除了辅助口语和书面语言来表情达意以外，还可作为单独的表情达意手段来发挥作用。在一些特定场合，譬如在因病失去语言能力的情况下，体态语可以用来独立发挥表情达意的功能。如危重患者不能用言语表达病痛时，医生在查体过程中，可以通过患者的反应判断病变部位，如在按压腹部时仔细观察患者的表情，按压之处患者出现痛苦面容，则说明为病变的部位。

（二）暗示作用

体态语有暗示的作用，这是因为人的表情和姿态分为对称和不对称两种情况，表情对称属生理情绪反应，是发自内心的不自觉表情，可信度较高；表情不对称属主观意识反应，是经头脑加工处理后的表情，具有一定的虚假性。大病治愈后，患者对医务人员发自内心的感激，反映在面部表情上，笑容一定是自然对称的；反之，由于种种缘故，患者对医生虽然不满，但还得装出情不由衷的笑容，其面部表情常常是不对称的。研究发现，人在高兴、满足、陶醉、失望、悲伤的时候，表情和姿态一般呈自然对称状态；在挖苦、欺骗、谄媚、拍马的时候，其表情和姿态一般呈非对称状态。医生的职业要求每个医务人员必须善于解读患者的体态语，判断他人的心理，对潜在、未能直接表露的信息应及早把握，对患者暗示的某些不满，应及早进行解释、沟通，采取相应的措施，避免医疗纠纷的发生。

（三）指代作用

体态语的基本特征是形象直观，口语对事物可以描述，而体态语则直接明示。有时体态语能够离开口语，独立表达某种意思。在医务工作中，体态语的指代作用也是经常运用的，如患者手捂腰部，当医生问及具体疼痛部位时，患者感觉言语表达不清，常用手指痛处，便是具体指示了准确痛点。有时医务人员习惯以眼神、手势指代事物，如患者初来医院，常搞不清医院内部科室的处所方位，提问医务人员，被问者常用手予以指示。

（四）补充作用

在人际交往中，口语、书面语依靠语音和文字来表情达意，都存在一定的局限。因此，有时需要体态语辅助口语和书面语来进行交流，补充口语和书面语的意思。例如，医务人员常以"摊手"代表"无可奈何""没有办法"，以"点头"代表"可以办到""能够治好"，等等。

值得指出的是，医务人员的不恰当体态语也能产生不良效果。例如，当对经济困难患者诊治时流露出的鄙夷目光，当遇急救患者时表现出的冷漠表情，在安静的病室里大声喧哗等，均会使患者感到不安，以致影响治疗。医务人员应注意表达礼貌之意的体态语应用，如柔和的目光、点头、微笑、躬身等。

三、非言语沟通的方式和技能

为了更好地了解患者的情绪、情感和内心真实的思想，医务人员在会谈交流中不仅要倾听患者的谈话，而且要注意观察患者的非言语行为。常见的非言语行为包括面部表情、眼神、副语言（语音、语调和语速）、身体姿势和动作、人际距离、身体接触、仪表和着装等多个方面。

（一）面部表情

面部表情是一种最普通的非言语行为，是人类心理活动的"晴雨表"，是交流沟通中最丰富的源泉，是沟通双方判断对方态度、情绪的主要线索，人的喜、怒、哀、乐都可以从面部表情上反映出来。面部表情是一种共同的语言，不同国家、不同文化的人面部表情所表达的感受和态度是相似的。如愉快时，人的脸部肌肉向上扬，"喜上眉梢"；不高兴时，人的脸部肌肉向下沉；快乐时，展眉舒颜；生气时，横眉冷对；愤怒时，咬牙切齿；羞愧时，面红耳赤。

在医患沟通的过程中，医务人员要注意观察患者面部表情所传递的情绪反应信息，以便随时调整沟通的内容与方向。在与患者的接触中，医生的表情不时向患者及其家人传达着某种信息，传达着感情和态度。因此，医务人员在患者面前，应尽可能控制一些会给患者造成伤害的非言语表情，如不喜欢和敌意等，更要细心体察患者的面部表情。另外，还要学会控制自己的面部表情，不要因诊断出绝症而大惊失色，更不能在患者谈论自己的隐私时嬉笑等。

在医患沟通中，最让患者接受和喜欢的面部表情是微笑。微笑是保持医患关系融洽的润滑剂，微笑服务能使患者获得心理上的满足，使相互之间的沟通交流顺畅，交往成功；微笑可以美化个人形象，以及医院的公共关系组织形象，提高医院的美誉度，进而提高社会效益和经济效益。人们常说，微笑是最好的语言。微笑是通过略带笑容、不出声响的笑来传递感情和信息的，是一种为社交或职业需要表达友善感情的表情语言。

医务人员运用微笑语时应注意的问题：一是真诚友善，微笑是人的内心世界的外部反映，只有对患者怀有真诚的感情，才能产生友善的微笑；二是自然大方，微笑是有源之水，水到渠成，不可干笑、假笑；三是得体有度，医务人员在患者心目中是治病救人的天使，在患者面前，有失大雅的狂笑、冷笑、嘲笑等体态语不符合医务人员的社会形象要求，应避免。

（二）眼神

眼神是指人们在交际中用眼睛神态的变化表达思想感情、传递信息的一种形式。正如爱默生所说，有许多隐藏在心中的秘密都是通过眼睛泄露出来的，而不是通过嘴巴。眼睛既可接收外界信息，又可传递自身内部的信息。从表达效果来说，其表达感情之复杂、微妙、深刻是其他体态语所无法比拟的。眼睛是透露人的内心世界的最有效途径，目光接触是最为重要的体态语沟通方式。

在医疗服务中，目光交流是重要的，交流中的目光对视应给患者被尊重的感觉。当医务人员注视着患者时，眼神应向患者传递出同情、温馨和关爱。另外也可先用短促的目光接触检验信息是否被患者所接受，从对方的回避视线、目光接触等来判断对方的心理状态。在医务工作中，医务人员使用目光语的具体要求有如下三点。

1. 注视的时间　既不可长时间地盯着患者不放，目光也不可在对方脸上掠来掠去。在交谈时，既要不时用短促的目光注视患者，让患者感到医生在聚精会神地听他主诉，又不能目不转睛地盯着患者，使患者精神紧张、局促不安或造成不必要的误解。只有不断地注视目光所及范围内的听者，听者才会感觉到是在对他们说话。在整个谈话过程中，和对方目光相接达50%~70%，就可得到对方的信赖和喜欢。

2. 注视的部位　医务人员注视患者的部位应有所讲究，一般而言，应以患者的双眼和口之间为宜，对女性患者不宜注视胸部和下体。

3. 注视的方式　应体现庄重和友善，含有敌意的目光和漫不经心的眼神都是应当避免的。在日常生活中，视线本身是有含义的，视线的交流具有以下功能。第一，爱憎功能，友好的视线交流可以打破僵局，使谈话双方目光长时间相接。第二，威吓功能，长时间盯视对方会产生一种威吓功能，如警察长时间注视罪犯会形成一种无声压力。第三，补偿功能，交谈当中，说者看着听者的次数要少于听者看着说者的次数，而当说者将视线移向听者，则暗示听者可以说话了。第四，调整、反馈功能，在较大场合讲话时，说者目光会顾及全场，分别和听众的某一部分相照应，当发现听众表情淡漠甚至打瞌睡时，就说明自己的论点不合逻辑或不受欢迎，应及时予以调整。

（三）副语言——语音、语调和语速

副语言是伴随有声语言出现的一种特殊语音现象，经常出现在人们的口语中，对有声语言的表情达意起着相辅相成、相得益彰的作用。在医疗口语中，常用的副语言形式有语音、语调和语速。

人的声音特征，如语调、语音、语速等的变化可以表现人的感情状态。语调有助于表现一个人的情绪状态和态度，如爽朗的笑声表示愉快，不停地呻吟表示痛苦；喜悦时语调高，言语速度快，语调的高低差别大；悲哀时语调低，言语缓慢，语调高低差别小；愤怒时语调高尖且有颤抖等。一个人是友好还是敌对，冷静还是激动，诚恳还是虚假，谦恭还是傲慢，同情还是讥笑等，都可以通过语调表现出来。同样一句话，人在高兴时、愤怒时、玩笑时或冷漠时使用的语气和语调可以是完全不同的，表达的意义也不一样。有时言语本身的重要性反而退到了次要地位。

医学沟通之所以要强调语速，是因为在医疗工作的不同场合和情境条件下，语速确应有所选择和变化。在与患者或家属沟通时，适宜的节奏对于表情达意相当重要。紧急的场合、处理危重患者的抢救事宜时，应当节奏明快，快而不乱，其语言句式宜用短语，忌用长句。在门诊室里正常接待患者，在病房里与患者的日常交谈，一般用中速节奏。在有些特殊语境条件下，如在向患者亲属宣告噩耗，在与患者谈及令人悲痛的事情等，则应以较慢的速度进行。这样，一是对患者及其亲属表示尊重，二是给患者留下充足的思想准备时间。

一般来说，人的情感在声音上的表现有以下几方面。①语调的高低：语调的提高表明患者对所谈事情的看法（如强调、重视）和情绪（如激动、兴奋等）；而语调的降低恰好相反，可能表明对方主观上意识到所谈的内容与人们的一般看法不一致，或正是说到了使之痛苦忧郁的部分。②语速的快慢：说话节奏的变快可能表明情绪的激昂与兴奋；节奏变慢可能说明对方正在进行某种思考，或是说明某事在心理上尚有阻力。③摩擦音和开朗的声音：这种声音成分与生理上咽喉器官的肌肉紧张程度有关。人越紧张，摩擦音就越多、越明显；而人们在轻松讲话时，声音会变得流畅、可靠。

总之，语音、语调、语速等语言形式要素具有增强语言听觉美感和提高语言表现力、说服力、感染力的作用，它不仅是语言的包装，而且是语言艺术的重要组成部分。这些副语言形式的巧妙运用，对医疗口语的正确表达十分重要。

（四）身体姿势和动作

身体姿势是一个人的举止状态。双手展开的舒展状态表示有信心、能控制，直立放松表示有兴趣、有安全感，低头哈腰表示顺从，昂头踮脚表示趾高气扬、信心百倍。一个人的身体姿势显示他的精神面貌：挺胸抬头、肩向后、走路轻快的人，显示他的身体状况良好，心情愉快；相反，低头垂肩、双膝弯曲、走路拖拉的人，则显示他的心情抑郁。

身体动作也是一种非言语沟通方式，可以表达多种不同信息和内心的情绪状态。人的感情和欲求在无意识中通过动作流露出来。身体动作语言与人们日常生活密切相关，也是最容易被察觉的一种语言。医务人员学习和掌握体态语，不仅在于可以通过观察患者的体态变化，了解患者的内心所思和思想变化，从而为治疗疾病打好基础；更重要的意义在于，医务人员的体态语，每时每刻都在被患者"阅读"和接受。医务人员的体态语得当与否，对其自身形象和医务工作质量有着很大的影响。在医患沟通时，患者首先感受到的是医务人员的举止、风度、语言等外在表现，优雅端庄的行为举止可使患者产生尊敬、信任的情感，微微欠身、谦恭有礼能满足患者被尊重的需要。

1. **手势** 几乎伴随着人们的各种交际场合。人的手势动作具有极为丰富、复杂的表现力，在表达思想和感情方面具有重要作用。凡有口语交流的地方，都有手势的存在。手势所表示的含义，经长期使用，已经约定俗成。例如，大家熟知的一些身体动作：摆手——制止、否定，双手外推——拒绝，双手外摊——无可奈何，双臂外展——阻拦，搔头皮或脖颈——困惑，搓手和拽衣领——紧张，拍脑袋——自责，耸肩——不以为然或无可奈何，抚对方肩——友好等。在医患交往中，手的动作更起到直接沟通的作用。手势可以使信息发送者表达的信息更完美，帮助信息接收者对信息的理解更准确。

人们不由自主地表现出的一些不适当的手势动作，会影响良好的沟通。因此，在医患交往中，手势信息应注意礼仪。掌心向上表示虚心和敬意，向下则表示傲慢无礼之嫌。在与人相处时，应避免用手随便指点。

2. 站姿　规范的站立姿势既是美观的需要，也避免给人不敬、敷衍的感觉。站立的基本要求是头端、肩平、挺胸、收腹、双腿并拢、双手叠放身前。女性忌双脚分开站立，可一前一后，男性双脚分开不宜超过肩宽。在正式场合双膝应挺直。双手不拢包，持物时应以右手搭在左手上，贴放于腹部。禁忌手插在口袋里或相握在背后。胸部略向前方挺起，避免含胸、挺肚、驼背等不雅姿势。

立姿语是通过人站立的各种姿态传递信息的语言。医务人员的立姿语对医患沟通也十分重要。在医疗工作中，优雅得体的立姿语，配合口语能收到良好的表达效果。一个医生，一边在口语中表现出渊博的学识，一边辅以气宇轩昂的站立姿态，患者不仅为其良好的内在素质而折服，还会对其稳重、潇洒的外部形象称羡不已，从而起到增加信任感和亲和感的效果。

3. 坐姿　基本要求是女性双脚并拢，至少膝部以上须完全并拢。注意以下几点：正式场合就座后，背部应挺直，头不要靠在椅背上；若是探访长辈、上司、贵宾，只坐座位的1/2，表示敬意。双手位置可放在桌上或叠放在腿上，禁忌抱膝、垫在臀部，抱在胸前、脑后或以手抚摸腿等。避免双脚向前直伸出去或以脚尖指人、全身上下抖动等。

一个人的坐姿既是气质、素养和个性的体现，又受一定的职业规范制约。不同的坐姿传递的信息不同。上身自然挺直，双腿微张而坐，是稳重严肃的表现；将一条腿架在另一条腿上的坐姿是轻松自信的表现；女性上身自然挺直，双腿并拢，是庄重矜持的表现。医务人员在工作场所的坐姿选择已不是个人的事情，往往代表着医院的管理水平和整体素质。医生和护士在工作岗位上，一般应选择文雅、得体的社交坐姿，以适应社会和患者对医务人员的要求和期望。

4. 步姿　心理学家的实验研究发现，人的步姿与性格、情绪、职业有很大关系。直立的姿势及快速而有目的的步态表示有自信和健康状况良好。步履轻盈、身手敏捷等，能给人以热情饱满、充满青春活力的健康形象。医疗职业除了急救场合，一般要求医务人员的步姿稳健，步速适中，步态沉静，基本无足音。这不仅是医务人员职业形象的要求，也是医院工作环境的客观要求。

（五）人际距离

人际距离也称体距语，是交往双方之间的空间距离。沟通双方通过空间距离传递一定的信息。美国人类学家爱德华·霍尔将人际距离分为4种：亲密距离（intimate distance），即亲人、夫妻之间的沟通和交际距离；个人距离（personal distance），即朋友之间交往的距离，此时人们说话温柔，可以感知大量的体语信息；社交距离（social distance），即彼此认识的人之间的交往距离，商业交往多发生在这个距离；公众距离（public distance），即在正式场合、演讲或其他公共场合沟通时的人际距离，此时沟通往往是单向的。实验得出，美国中产阶级白种人的人际距离分别为：亲密距离 0~0.5 m，个人距离 0.5~1.2 m，社交距离 1.2~3.5 m，公众距离 3.5 m 以上。在现实生活中，有很多因素影响人际距离，如性别、环境、社会地位、文化、民族等。

医患距离应根据双方的关系和具体情况来掌握，应重视人际距离在沟通中的有效性，要有意识地把握与患者的距离：对患者表示安慰、安抚时距离应近些，0.5 m 以内，这会有利于情感沟通；正常的医患交谈，双方适当的距离为 0.5～1.2 m，即距离约为一个手臂的长度，这样会使患者感到更加自然和舒适；对有些敏感患者、异性患者的交往距离应适当远些，以免引起反感或误解。通过距离的选择，给患者以合理的空间范围，最大限度地保证其私人性，可以表现出对患者的尊重、关心和爱护。

（六）身体接触

身体接触是人际交往中最亲密的一种社会行为，也是表达情感和传达信息的重要途径。身体接触也是一种身体语言，人与人之间相互理解、消除隔阂、深厚的情谊等常需要通过身体接触才能得到充分表达。在医疗工作中也需要得当的身体接触，有时对患者的关心体贴可以体现在一个细微的动作中，如触摸发热患者的额头；在为患者测量血压完毕时，帮患者把捋起的衣袖拉下；冬天查房听诊时先为患者暖暖听诊器；查体结束后及时给患者整理好衣被；当患者咳嗽、痰不易咳出时，主动为患者翻身拍背，协助排痰等。这些都会给患者传递一种关爱和善意，起到良好的沟通效果。

握手是人际交往中不可缺少的。握手的一般准则包括：①握手的先后。一般而言，主人、女士、长辈、上级需先伸出手，客人、男士、小辈、下级则随后伸出手去握。②握手的方式。一般需起立，双眼注视对方，脱下手套，用右手握，力度适当，时间一般不宜太长，男性同女性握手，一般只握对方手指部分，不宜太紧太久，关系亲密则应上下微摇几下，双手相握一般用于长时间未曾见面的好友之间，显得关系亲密或见面机会难得。③握手的场合。主要包括被介绍与人相识、社交场合突遇熟人或久别重逢、迎接客人到来、送别客人或拜访告辞、接受别人的祝贺和馈赠等场合。④握手时应注意的忌讳。贸然伸手，目光游移，心不在焉，长时间不放，交叉握手，别人正在握手时去与之相握或打招呼，该伸手时慢腾腾或不伸手，握手后用手帕擦手等都是应避免的行为。

（七）仪表和着装

服饰表示一个人在社会上的地位、身份或所属的职业性质。可以从对方的服饰颜色、式样、细节修饰、整体搭配等方面观察到对方的个性特征和心理状况。一般来说，不同的服饰打扮可反映出患者不同的心理状态和个性特点：①穿着违反社会习俗的服装，怀有强烈的优越感。②注重部分修饰的人，自我意识强，或希望借此掩饰自己的弱点。③爱穿华丽衣服的人显然具有强烈的自我显示欲和金钱欲。④较多穿朴素服装的人，属于顺应型的人，或缺乏主体性。⑤有时候突然改变服装的色彩样式，可能预示情绪极不稳定，或是受到突然的刺激，或是怀有新的决心和构想。

着装反映着一个人的年龄、职业、社会角色、性格、情绪倾向等，人们的第一印象常常来自对方的外表，患者的仪表和着装可以为医务人员提供一些线索，同样医务人员的仪表和着装也会影响患者对医务人员的印象。因此，医务人员应注意自己的仪表和着装，力求衣冠整洁、端庄大方。另外，还要掌握好化妆的尺度，因为化妆本身也是一种特殊的身体语言和沟通方式。医务人员可以化淡妆，给人以稳重大方及知识修养较好的美感，切忌浓妆艳抹。同时，上班时间佩戴首饰应与自己的特征相融合，尽量避免繁杂和奢华。

拓展阅读 7-2
关于沟通

（赵静波）

复习思考题

1. 建立医患关系的技能有哪些?
2. 医患之间言语沟通的原则是什么?
3. 医患之间的言语沟通技能有哪些?
4. 医患之间的非言语沟通技能有哪些?

网上更多……

　本章小结　　自测题　　教学 PPT　　微课

第八章
机制和制度上的医患沟通

关键词

患者选医生　　　特需医疗　　　绿色通道　　　导医制度
"一站式"服务　　志愿者服务　　电子健康档案　移动医疗

> 随着社会的进步和制度的完善,医患沟通也越来越在机制和制度上有所体现。机制和制度的不断完善,有助于医患关系的改善和融洽。在中国,较为常见的机制和制度体现在患者选医生、特需医疗服务、绿色通道、导医制度、"一站式"服务、志愿者服务和移动医疗等方面。有些机制和制度是社会发展的产物,随着社会的进步和制度的完善,将对医患关系产生更加积极的作用。

知识导图

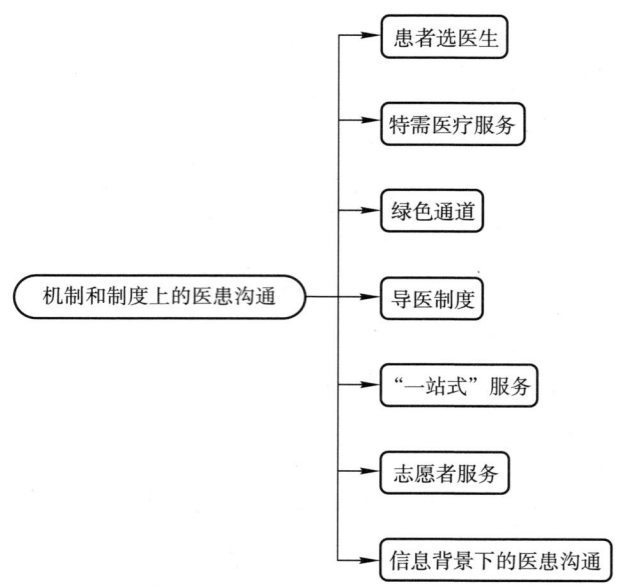

第一节 患者选医生

一、患者选医生的背景、发展过程和原因

"患者选医生"(patient choose doctor)是让患者充分行使对医疗服务的选择权,是调整医患关系的重大改革。医疗卫生机构的改革是一个世界性难题,患者选医生也曾是医疗卫生机构改革的一项举措。

随着医学事业的发展,医疗服务的模式已由以生物医学为基础的"以医疗为中心"的服务模式向以人本主义为基础的"以患者为中心"的服务模式转变。而患者选医生则是"以患者为中心"的服务模式的一种体现形式。利用市场经济的规律,用市场和患者这一客观的标准来衡量医疗工作的价值,运用市场和患者来选择的手段,引入竞争机制,推动医院改革。

视频 8-1 医患沟通中选择医生的重要性

视频 8-2 如何选医生

二、患者选医生对医患关系的意义

医患关系是医疗活动中最基本的人际关系,是建立在医务人员劳动付出和患者身心得以康复基础上的一种神圣职业道德关系。随着我国医疗卫生体制改革和医学模式的转变,"以患者为中心"成为理解新型医患关系的基础。在诊疗过程中,无论是医生还是患者,都是有心理的社会人,都是有着独立人格的人,他们之间是平等的,彼此的人格尊严都应受到尊重。医患关系是一种配合与合作的关系,它建立在患者对医生的信赖和对生命健康渴望的基础之上,只有彼此理解沟通、相互信任,医患双方才能共同参与诊疗活动,共同完成对疾病的诊疗过程。患者选医生是对患者自主权的充分肯定和尊重,体现对人的尊重,是较高层次的需求。"以患者为中心"不单体现在医疗服务上,更应体现在对患者的尊重上,这是医疗服务的出发点,也是最终目的。患者的自主权是患者的一种基本权利,体现了患者的生命价值和人格尊严,患者选医生最大限度地提升了患者在诊疗活动中应有的地位和作用。对患者自主权的尊重是维系新型医患关系的基础,是医疗服务的最高境界,也对医务人员的专业技能和医患沟通能力提出了更高的要求。只有充分尊重患者的自主权,医务人员才能体谅患者的痛苦,理解患者及家属的迫切心情,真正"以患者为中心",一切以患者的实际出发,让患者实实在在地参与到有关自身的医疗决定之中。患者选医生的目的是鼓励公平竞争,推动医疗质量和服务质量的进一步提高,为医德和医术俱佳的医务人员提供一个发挥真才实学的服务平台,面向最广大的普通患者,提供优质高效的服务。

三、患者选医生在医患关系中的作用

患者选医生是建立新型医患关系的一种突破。通过患者选医生,可以促进医务人员不断提高责任感和服务水平,促使医护人员不断学习和钻研业务技术,提高自身的业务素质、道德修养,使得患者的权利和权益得以实现,实现"以患者为中心"的服务宗旨,确立起以人为本的全方位的包括生理、心理、健康在内的服务模式,为良好的医患关系打下坚实基础。

患者选医生建立了一种新的评价体系,促使医院把提高医疗技术、改善服务态度、满足患者

的需求放在第一位。患者选医生是以合理可行的办法，通过患者选医生来准确衡量一个医务人员的技术水平，精确计量其工作量，并在此基础之上，建立起一种合理、公平、公正的分配方法，鼓励先进。

患者选医生有助于协调医患关系，落实以患者为中心的服务宗旨，保护患者权益。患者选医生的服务模式和制度，体现了对患者自主权的尊重，进一步确立了患者作为医疗服务主体的地位，增强了患者在医疗服务提供过程中的主动参与度和发言权，减弱了服务的不对称性。

同时，通过患者的积极参与，加强了医患之间的心理沟通，有利于消除隔阂，提高诊治效果，增进医患沟通和服务。作为医疗活动的主体，医患双方在"患者选医生"的模式下更趋均衡，减少了单纯被动型的服务模式，保护了弱势方，有助于医疗活动的顺利开展。

"患者选医生"有利于促进医患沟通。随着社会的发展，人们的就医观念发生了很大变化，患者越来越注重就医过程中的感受，维权意识日益增强。为了营造和谐的医患关系，适应患者就医由"医务本位"向"权利本位"的转化，患者选医生无疑是推动医患沟通的有力举措。患者享有平等、自主的医疗权，如就医选择权、疾病认知权、诊疗方案同意权等，这些权利是患者自主性的体现，而尊重患者的自主权是减少医患矛盾的最重要手段之一，也是医患关系的重要伦理原则。患者自主选择能使患者感到自身价值的重要，调动了他们主动参与的积极性，同时也增加了他们对医生的了解和尊重。而医生由于患者的信任和支持，也会更好地履行其职责和义务，从而增强了医患之间的交流和沟通，减少了医疗纠纷。与患者共同医疗是医方服务的宗旨，也是患者选医生的核心。

四、患者选医生的弊端及改善措施

不可否认的是，这种服务模式也有其弊端。如何提供完善的选择配套制度，如何合理地引导及调控患者的选择也是需要重点关注的内容。

患者选医生不能忽略医生的重要性。在医患沟通活动中，医护人员在为患者提供医疗服务前，可以先向患者说明医疗活动的方法、目的，征求患者的意见，由患者自己做决定。由于医患之间医学知识的不对称是客观存在的，在医疗过程中，医生仍占主导地位，如危重患者的急救处理、诊疗方案的制定实施是国家赋予医务人员的强制义务。在这种情况下，掌握医学知识的医生应该从专业者的角度，增强与患者及家属之间的沟通、解释，尽最大可能获得患者及家属的理解和配合。

患者的自主权与医务人员的义务之间的矛盾时有发生，如患者凭借自己的主观意愿使用自主权，盲目选医生，在客观上为正确的诊断和合理的治疗增加了困难。患者选医生不能忽视医患各自的义务，医生和患者作为社会角色，都是权利和义务的统一体。双方在享有一定权利的同时，也必须承担一定的义务，这样才能保证医疗工作的正常进行。

在患者就医过程中，分诊护士根据病情指导患者选择相应医生的同时，可针对某些社会心理因素进行说服疏导，获得他们的赞同与配合。优质服务可以促进患者选医生制度的优化，而患者选医生制度的实施又可以促进医方服务质量的提高。在这种情况下，医生只有不断提高自身的医疗技术和服务水平，刻苦钻研，精益求精，才能获得患者的支持和肯定。完全由患者选医生的话，患者选医生的主动权由患者掌握，有可能导致一些高年资、高职称的医生去做普通手术、去诊治常见病，而失去了高级职称医务人员学科带头人的作用，而低年资医生备受冷落，技术提高受到影响，甚至出现技术断层，不利于人力资源的合理配置和使用。

患者选医生是医疗服务适应社会主义市场经济需要的结果，是医疗卫生工作宗旨与社会主义市场经济规律相结合的具体体现，也是贯彻"以患者为中心"服务理念的具体行动。把握患者选医生的本质，建立健全的医生社会评价机制，引导患者正确选择；完善分诊机制，克服选择的盲目性。患者选医生需具备两个前提条件，一是患者对医生的了解，二是患者对自己病情和需要的了解。在某些情况下，后一条更为重要。医学是一门科学，是以患者的健康需求为服务对象，通过经过专门训练的医务人员对系统的医学理论、规范的操作技能、特殊的医疗设备及其他特定设备和材料的具体应用，满足最适合患者实际情况的专业技术活动，而绝大多数患者对此是缺乏了解的。因而，当他们在选择最适合自己病情和需求的同时，仅凭自己的主观判断，是难以做出正确选择的。患者选医生只是一种外在的表现形式，其真正的内涵是通过这种形式建立起的一种新型、"以患者为中心"、平等融洽的医患关系，从而提高医疗质量和服务水平，促进医疗服务向着优质、高效、低耗的方向发展。

患者选医生作为一种社会主义市场经济体制下的医院运行机制的服务模式，在当前条件下还是有其较高的需求和充分的可行性的。但是，在看到其优点的同时，也必须承认它仍存在较多争议。"患者选医生"制度应不断完善，"患者选医生"不是一个简单的过程，而是患者在社会医疗政策、医院规章制度、医生的医德医术、服务质量的综合评价与对比等基础之上，选择适合自己的医生。但是由于患者的知识层次、行业隔阂、对医学知识的缺乏，单凭对某些医生过于简单化、模式化的介绍，有时并不能选到合适的医生。随着患者选医生逐步走向日常医疗实践，医院的服务意识将进一步增强，需要制度约束或引导的服务行为最终必将成为医疗机构和医务人员的自觉实践，纯粹的患者选医生将不断淡化，取而代之的是医院真正有效地全面为患者提供服务，增进群众健康。

第二节 特需医疗服务

一、特需医疗服务的历史和发展

20 世纪 80 年代初，为打破我国计划经济模式下僵硬的卫生体制，适应市场经济的宏观环境，国家以扩大医疗卫生服务范围，解决群众"看病难、看病贵"为卫生改革的突破点，推出一系列带有特需医疗服务色彩的改革措施，如医生出诊、家庭病床、专家挂牌门诊和业余医疗服务等。20 世纪 80 年代末到 90 年代初，特需医疗在国家经济的快速驱动和政策的正向激励下迅速发展，无疑给当时处于长期慢性损耗状态、价格背离价值问题并随物价上涨愈演愈烈的医疗机构带来了生存契机。20 世纪 90 年代初，专家门诊、特约会诊、特约出诊、特约护理、母婴同室、康乐待产、温馨病房和临终关怀等特殊医疗服务及美容、正畸等一些非医疗性服务已成为许多医院出台的重要改革措施。

1992 年 9 月国务院下发的《卫生部关于深化卫生改革的几点意见》中强调，为满足社会不同层次的医疗保健需求，在确保提供基本医疗服务的前提下开展特殊服务，如专家门诊、特约会诊、高档病房、特需护理和上门服务及开展整形、美容、正畸和药膳等服务项目，收费可随需求浮动。这也是我国卫生行政管理部门第一次以正式文件提出"特殊服务"的概念，特需医疗服务随此政策环境顺利发展。到 1994 年，给出了清晰的概念界定，并同意"特需医疗"的叫法，特别提出医疗机构"开展多层次服务"必须把握的原则。

随着在国家政策文件中对特需医疗支持鼓励态度的日益明晰，20世纪90年代中后期，一些医疗资源丰富、技术实力雄厚的大型医疗机构紧随政策，相继申报开设特需医疗服务项目，后继全国各地特需医疗如火如荼地开展，但是特需医疗缺乏标准和监管的矛盾也日益显现，2003年SARS疫情的突袭，也引发了业界对医疗服务公平性的反思和讨论。在这样的背景下，国家卫生工作会议报告指出，要控制公立医院的特需医疗服务，进一步发展特需医疗需要政府介入管理，重点控制特需医疗服务的总量。2024年6月，国务院办公厅关于印发《深化医药卫生体制改革2024年重点工作任务》的通知中明确指出要"制定规范发展特需医疗服务的政策，满足群众多样化医疗服务需求。"

二、特需医疗服务的概念和要求

结合上述特需医疗服务发展的历史，特需医疗服务（special medical service）是我国改革开放后，随着经济不断发展和人民生活水平不断提高而逐渐形成和发展起来的，其范围及内容已越来越广，主要是满足有较高收入并有较强支付能力群体的特殊医疗需求，涵盖预防、保健、医疗、康复等多种服务，需求者不仅希望其疾病得到满意的诊治，而且追求生理和心理上也能获得优质服务。特需医疗服务是顺应社会、经济、文化的发展，适应不同消费阶层人士的需求而产生的一种集约化特殊医疗服务形式。具体地说，特需医疗是提供以特色学科为依托，集体检、医疗、预防、护理等服务于一体的医疗服务，追求质量优良、效率优先、服务全面，满足市场的特别需要。

随着医学模式的转变，人们的健康观念在不断提高，越来越多的人对生命质量、健康水准有了更高的要求，亚健康群体、老龄化、外商、企业管理者等人群的日益扩大，使得特需医疗服务需求人数众多、范围广泛，其不但希望能获得高质量、高水平的医疗技术，同时还要有优良的医疗环境和优质的服务。医疗质量的优劣主要取决于三个方面：良好的医疗设备、精良的人员及严格的管理。其中医疗设备的良好配备是提高医疗质量的基础，高质量、高水平的医务人员是提高医疗质量的核心，严格医疗质量管理是提高医疗质量的保证，以上三个方面密不可分，直接影响着医疗质量的好坏，对增强医疗服务市场竞争力起着根本作用，而特需医疗服务在这三个方面都有着高度的保证。研究也显示，特需医疗客户的主要需求集中在增加医患沟通，同时缩短非医疗就医时间。

三、特需医疗服务的特点

特需医疗是与普通医疗相对而言的，是求医者（患者或非患者）根据自身的健康需要和经济条件要求医院或医生提供的非必需医疗服务或医疗服务条件。这种特殊要求有医疗技术的，如服务的主体和设备等，也有非医疗技术的，如服务的时间、地点、方式、环境、内容等。特需医疗服务的定位，可表现为提供医疗服务的时间、空间、设施和生活照顾上的特殊，而不应对医疗原则、措施和医疗质量实行特殊化处理，医生无论面对怎样的患者，都要始终遵循同等对待、因病施治的原则。

特需医疗服务由普通医疗服务发展而来，也是医疗服务市场自然孕育的结果，是基本医疗服务的补充。特需医疗服务部门的前身多为外宾病房或高级病房，由于其取消了身份识别，而且增加了医院收入，曾被认为是医院改革的重要举措。多数学者认为特需医疗服务是顺应社会政治、经济、文化和组织形态的发展而产生的一种集约化的特殊医疗服务形式。特需医疗服务在理念上偏重以人为本，从整体上对需求者提供了舒适有序的全程医疗服务，既体现了医疗的基本需求，又满足了特殊的需求，包括医疗、预防、保健、康复等多样化服务。

为满足社会各界不同层次的医疗服务需求，有的医院以高端人群及外宾为服务对象，以市场需求为导向，以更好的人性化医疗服务为纽带，建立了特需医疗，形成了以门诊、急诊、病房一体化的医疗保障服务体系，打造一些特需医疗服务的高端品牌。针对高端客户，特别是持有商业保险的外籍客户，民营、合资医疗机构无论在就诊环境、语言沟通还是特需医疗服务方面都具有更多优势。目前国家的相关政策对于公立医院特需医疗的规模有较严格的限制。特需医疗的发展需要提供更高质量的服务，在"以患者为中心"的原则下，医院应当提高医护人员的医疗技术水平，配套完善的医疗硬件设备，提升整体的医疗诊疗能力，为客户提供更为人性化关怀的医疗和保健服务。

随着我国医疗市场的进一步改革开放，鼓励社会资本与外资投入医疗市场，在高端医疗服务市场，特别是特需医疗服务的竞争将日趋激烈。同时，随着人们生活水平的普遍提高及国家对医疗卫生事业投入的加大，将有越来越多的人希望得到医疗中的个性化服务，特需医疗服务将在医疗服务中占据更大比重。特需医疗的服务理念应与社会理想的最高需求相适应。我国现有的医疗模式定位主要考虑的是面向大众的基本医疗需求，随着社会的进步、经济水平的提高，人们对各行各业服务的要求不断提高，追求精细化与深层次的服务。特需医疗服务模式在保证医疗需求的前提下充分体现了医疗服务的整体性、多样性、层次性和个体化服务，随着市场经济的发展和医疗改革的不断深化及人们生活水平的提高，特需医疗服务以其便捷、高品质、全方位的服务具有非常广泛的社会需求，有强大的发展动力。

特需医疗也有一些新的发展形式，如针对诊疗次数多、疗程长，但又无须住院的患者，需要保留诊疗档案和数据的一些特殊诊疗活动，又如急诊留观、放射治疗、血液透析、优生优育、辅助生殖等医疗服务。随着国民经济的发展，医疗服务需求正在从早期的基本医疗服务转向人性化、个性化的需求服务，医疗服务也呈现出复合性、多样性、多层次性的需求特点。

特需医疗服务是我国医疗卫生系统中一项政策性很强的改革措施。随着卫生体制改革的逐步深入，特需医疗已成为我国医疗卫生服务中一个不可缺少的重要组成部分，在卫生事业发展中起一定作用，顺应了社会和行业发展的需要，为医疗服务供需双方带来了良好的经济和社会效益。但是特需医疗发展中也面临一些问题，国家对特需医疗没有明确界定，缺乏有力的指导规范，使得具体操作时有较大的随意性，缺乏监管。完善相关政策、加强科研论证将有助于特需医疗的体系建设，引导其合理有序地发展。随着新医改的不断推进和深入，医疗卫生服务也逐渐明晰，基本医疗卫生和公共卫生服务应由政府承担，而为满足社会多层次需求的特需医疗则应由市场来解决。这不仅是中国医改的趋势，也是发达国家的经验。社会资本或将进入高端医疗，随着新医改推进，公立医院回归公益性的要求越来越明确，公立医院在将来的发展中将逐渐减少甚至取消特需医疗。

作为一种对个性化、质量要求更高的专业服务，特需医疗服务过程中对医患沟通提出了更高的要求。一项针对特需门诊患者的调查研究显示，影响患者服务满意度的主要为部分医护人员语言交流沟通能力有限，对健康知识的宣教及回访电话不到位。针对特需病房的患者的心理需求调查则发现，患者常见的心理需求包括希望受到医护人员及医院各个部门的重视，及时知道自己疾病的目前状况及治疗情况，以及需要有一个舒适、优美、安全的治疗环境，而这些心理需求，均与医患沟通是否到位息息相关。

第三节　绿色通道

一、绿色通道的发展和定义

随着社会的不断发展和进步，急危重症绿色通道的发展水平已成为社会基础保障职能非常重要的内容，而且已成为衡量当代城市公共卫生体系建设不可缺少的重要部分，也是一个医院综合实力的象征。为防止和减少医疗纠纷，加强相关科室急危重症绿色通道建设，尤为重要。

急危重症绿色通道（green channel for critical patient）是指医院内部专门为急危重症患者提供的一套快速高效的服务系统，具体包括急诊患者的预检室、抢救室、手术室、重症监护室、药房、血库、化验检查和影像检查等。由于生命的抢救必须争分夺秒，因此绿色通道必须保证快捷、畅通无阻、无障碍，其目的是为急危重症患者赢得专科治疗的宝贵时间，有效降低医院就医死亡率，体现一切"以患者为中心"的人文关怀理念。

二、绿色通道的优势及在医患关系中的服务体现

医院在管理过程中，优化工作模式，开设绿色通道，体现门急诊快、广、准的诊治特色，提高急诊医疗服务质量，缓解医患矛盾。医院"绿色通道"是在法律和各种规章制度约束下，在医院管理层的直接领导和各职能部门的积极主动配合下，在设备和人员等软硬件配备齐全的基础上，保障急危重症患者和突发公共卫生事件伤害患者就诊、抢救和检查高效、快捷，加快抢救速度以提高综合抢救成功率的应急体系。保障急危重症患者就诊、抢救和检查的一路畅通，加快抢救速度，提高综合抢救成功率。对于突然发生的重大传染性疫情、群体性不明原因疾病、重大群体性意外伤害、重大食物和职业中毒，以及突发公共卫生事件的应急处置，急诊科绿色通道在其中起着举足轻重的作用。

尤其是门诊，集诊疗于一体，范围广、跨度大，涉及科室多，患者的病情复杂，候诊候检时间长，在诊疗过程中，突发病情变化时有发生。如何对急危重症患者实施及时有效的救治，最大限度提高门急诊急危重症患者的抢救成功率，确保门急诊医疗安全，是开展门急诊绿色通道需要解决的课题。完善门急诊急救系统，加强其整合性和联动性，形成一套科学合理的急危重症患者抢救的绿色通道体系，将会增强门急诊的急救能力。通过完善抢救制度、预案，明确职责；建立合理的抢救组织架构及抢救物资供应体系；优化抢救流程，严格执行首诊负责制等途径，保证绿色通道的顺利进行。

急诊绿色通道是指急危重症患者被送到医院急诊科前后，在接诊、检查、治疗、手术及住院等环节上实施的一套快捷、有效、安全、规范的急救服务。急诊绿色通道体现了患者最集中、病情最严重、病种最复杂、救治时间最紧迫、突发事件最多、抢救和管理任务最重的特点，工作涉及医院多个相关科室和职能部门，是一个由多部门、多学科相互配合协作的医疗服务系统。急诊绿色通道的建立是救治急危重症患者最有效的机制。急诊绿色通道遵循时间第一、生命至上的理念，以抢救生命为原则，实施优先抢救、优先检查、优先住院和治疗，执行先救治、后交费，为

患者提供一条生命绿色通道。畅通急诊绿色通道，可以大大缩短患者从到达急诊科就诊到入院治疗所用的时间，降低了患者的死亡率，提高了救治效率和患者满意度。2010年卫生部《关于改进公立医院服务管理方便群众看病就医的若干意见》中要求，"加强急诊绿色通道管理，及时救治急危重症患者"。畅通急诊绿色通道是公共卫生体系建设中不可缺少的重要部分。随着社会的不断发展和进步，急危重症绿色通道的发展水平已成为社会基础保障职能非常重要的内容，也成为衡量社会文明程度和综合实力的重要标尺，成为公共卫生体系建设不可缺少的重要部分。

一些急危重症，如急性心肌梗死，其治疗原则中最为重要的是冠状动脉及时、有效的再开通灌注，尤其是急诊冠状动脉介入治疗术可迅速使闭塞的血管再通，实现心肌完全再灌注以挽救缺血心肌，缩小梗死面积，保护心功能，防止心室扩大和重塑，预防心力衰竭的发生，减低住院病死率，减少医疗费用，并改善长期预后。因此，对于这类疾病实施"绿色通道"的理念，建立畅通的抢救绿色通道，更符合一切"以患者为中心"的宗旨，体现了救死扶伤的医疗准则，更适应了尊重生命、改善医患关系、创建和谐社会的形势。再如脑梗死是我国高发病率的致死性、致残性疾病，神经细胞死亡导致的神经功能缺损，至今尚无有效的治疗方法，而早期溶栓治疗可为脑组织提供再灌注，加快脑损伤的恢复，因此对这一群体采用急诊绿色通道救治，尽最大可能减少脑梗死患者在诊断、转运、治疗过程中的时间浪费，使得脑梗死患者得到及时治疗。

绿色通道优先检查优先治疗。对于急危重症患者可先抢救、先住院、先手术，后补办相关缴费手续。如急性创伤、急性心肌梗死、急性心力衰竭、急性脑卒中、急性颅脑损伤、急性呼吸衰竭、急性剥脱性皮炎、消化道出血、感染性休克、高危孕产妇、"三无"患者的急诊抢救、重大突发公共事件患者的急诊抢救，以及其他应开通绿色通道的较为常见的急危重症病种等。患者一旦进入绿色通道，应优先处置，之后挂号交款，先入院抢救，后交款办手续。该通道的所有工作人员，应对进入"绿色通道"的伤病员提供快速、有序、安全、有效的诊疗服务。各有关临床、医技科室（如检验科、药房等）及后勤部门（如电梯、入院出院处等）必须优先为患者提供快捷的服务。

绿色通道服务涉及医疗机构内部多部门的协调和联动，因此，做好沟通，包括医患之间和医方各部门之间的高效沟通对于绿色通道服务的有效运转非常重要。规范抢救流程和处置预案，建立和不断完善急诊绿色通道，将会提高急危重症患者的抢救成功率和突发事故、突发疾病、群体伤应急救治的能力，也体现了一家医院的内部协调能力和医护人员的救治能力，更体现了医院的医疗服务质量和社会责任感。

第四节　导医制度

一、导医制度在医患关系中的重要意义

导医（medical guidance）是患者对医院的第一印象，导医人员的言行举止、服务态度和工作表现直接影响患者对医院的总体评价。医院导医服务具有5个职能，即迎宾、礼仪、咨询、导诊、分诊。导医的服务宗旨是以患者为中心，导医服务（medical guiding service）就是引导患者到相关科室就医的服务。一般情况下，患者对医院的科室分布、就诊流程、诊疗特色及医生的专业特长等并不了解，有些疾病需要把握看病的时机，甚至需要提前挂号、预约专家等，还需要准

备一些资料等,如果对这些情况不清楚的话,会导致患者就诊过程中遇到困难,增加了医患矛盾,而导医服务就显得尤为重要。

人性化服务是提升医院竞争力的必然趋势。导医人员是医院门诊的窗口,通过其良好的服务礼仪、高效的沟通技巧、完善的服务技能,以及一些对特殊群体的个性化服务,如对于聋哑患者提供手语服务、为外国患者提供外语服务、对老弱病残幼进行服务等,做到入院有人接待、检查有人引导,可以提升患者就医满意度,改善医患关系。

门诊导医服务能够协助门诊患者及时、准确、安全、有效地就诊直至离开医院,让患者满意而归,是医院医疗服务质量的最基本要求。医院在门诊导医方面,应该体现对患者的人文关怀,尽可能为患者就医提供便捷、高效、优质的导医服务。门诊人性化服务和精细化管理也越来越受到重视,它需要重视每一个细微之处带给患者的感受。导医也成为医院门诊工作不可或缺的组成部分,为患者提供分诊、咨询,引导患者就诊,配合各种检查和治疗、健康宣教、便民服务等多种服务,立足本职,外联内动,和谐保障门诊患者的就诊安全。

二、导医制度顺应社会发展的新形式

导医是为增加就诊的针对性和满足患者的心理需求,根据门诊患者的特点而产生的一种新的工作模式,其主要目的是为患者排忧解疑、方便就医。有些医院会设置导诊护士(guidance nurse),其工作主要是维持门诊秩序,引导患者就医,为行动不便的患者提供帮助等。由于医疗行业的特殊性,对医院环境的陌生,对疾病的恐惧,都会造成患者对咨询的强烈需求。导诊护士对患者笑脸相迎、热情相助、准确解答,为患者在就诊、检查、缴费、查询等环节提供帮助,节省了患者的就诊时间,提高了工作效率,也提高了患者的满意度。尤其医院门诊是医院的窗口,人流量比较密集,高质量的导医服务对患者有效的引导和合理分流尤为重要,也有利于患者对医院建立良好的第一印象。

除了上述的人力导医,在目前电子产业飞速发展的时代,各种电子导医系统也应运而生。医院信息系统、实验室信息管理系统、电子病历系统、预约挂号和门户网站等信息系统,通过自助终端和多媒体终端展现给患者及其家属,提供高质量的创新导医服务,方便患者就医,优化医疗流程,提升管理效能,节约人力成本。通过大屏幕、触摸屏等展示医院宣传内容,包括医院信息介绍及与医院相关的社会动态,医疗服务内容包括科室特色介绍等,非医疗服务内容包括化验单自助打印、医疗流程智能引导、自助预约挂号和医疗服务评价与反馈等。这些导医系统的运用,极大减少了患者的非就医时间,提高了患者对服务的满意度,改善了医患关系。

随着移动技术的发展,有些医院开发了"移动导医"服务,设置了丰富的内容,包括消息通知、政策咨询、常用电话、远程会诊、出诊医生查询、门诊发票、门诊处方、价目查询、检验报告、放射超声、手术信息、人员定位、病案追踪、患者留言、急诊挂号、住院一览、住院费用、门诊预约、体检查询等。移动导医系统装载于终端设备,可配备到导医服务人员手中,导医人员可以迅速通过移动平台为患者提供方便快捷的服务。移动导医系统扩大了导诊护士的服务范围,充分发挥了导诊护士的作用,可以为患者提供多方面的咨询服务,解答与医疗活动有关的问题。移动导医系统体积小,可无线连接,携带方便,界面清晰,内容详细准确,护士使用时操作简单便捷,能够满足查询的需要。

门诊导医是接待患者、分流患者、处理急诊的第一线。导医服务以其舒适、和蔼的语气给患者以亲切、周到的服务,给患者以帮助并确切地解答患者的问题,满足患者的需求。移动导医系统的应用，使导医台成为医院的"咨询师"，不但为患者及家属提供了方便，而且提升了服务档次，体现了人性化的服务理念，密切了医患关系。电子导医是专门为就医提供的一项医疗服务方式，根据需求，可以选择电话语音、短信或网站等服务方式，根据提示选择就诊的要求、时间、专家级别等，提交客户请求后，系统会自动搜索符合要求的问诊科室和医生名单、医疗特长，以及就诊时间、地点等信息，并以最短时间回复给客户。

第五节 "一站式"服务

一、"一站式"服务的定义

随着医疗体制改革的不断深化，为满足患者及其家属对于高质量医疗服务的需求，提高医疗服务质量，减少医患矛盾的发生，争取更早地为患者服务，医院基于人性化角度的"一站式"服务（one-stop service）模式在医院医疗服务中备受关注，其核心就是医护人员以患者为医疗活动的中心，为患者提供从治疗前、治疗中到治疗后高质量、全方位的一体化服务，使患者在治疗过程中享受更加完善、全面的服务。"一站式"服务不仅提高了医疗服务的质量和效率，也简化了诊疗流程，增强了医护人员的服务意识，提高了患者的满意度。

二、"一站式"服务在协调医患关系中的作用

随着社会的发展，人们对医疗服务的要求也在不断提高。如何提高患者在医院接受服务的效率、方便患者就医始终是当今医院管理者需要思考和解决的问题。"一站式"服务模式在一些专业领域能够提高服务的可及性和缩短获得服务的时间，已被很多领域采用。"一站式"服务的宗旨是把多种服务，包括服务项目、服务流程通过集成的方式整合在一起，减少繁琐的中间过程，以最短的时间提供最优质的服务，使得服务过程变得快捷、方便。

随着医学模式的转变，医院在为患者提供高水平医疗服务的同时，其服务意识和服务模式也在不断发生变化。"以患者为中心"体现在便民服务的全过程，最大限度地让患者满意。而"一站式"服务能够显著降低就诊过程中询问的次数和行走的路程，改善服务的效率，减少患者就医繁琐的流程，使就医流程简化、便捷。这对医患之间的有效沟通、改善医患关系、提高患者的满意度有非常正性的支持作用。

三、"一站式"服务增进医患关系的服务模式

"一站式"服务模式是一种整合性服务模式，包括指导患者合理就诊，开展门诊健康教育，为患者选医生提供信息，让患者有自主选择权，提供便民措施，提供咨询审批服务、热线电话、预约挂号、自助缴费等。"一站式"服务的对象是患者及其家属，其主要是对传统门诊服务进行整合，将繁琐的就诊程序完善并简化，体现医院人性化、一体化服务。其服务内容包括：①导诊就医，在导医陪伴下完成整个就诊程序，如为患者指引就医路线，协助患者到相应科室就诊，引领患者进行各项化验检查并取出化验结果，在整个过程中针对患者的不同病情进行相关心理疏

导,排除患者可能的不良心理因素,使得患者体验良好的服务。②预约挂号,为了能够快速地提供服务,保证患者在较短时间内接受诊治,设立专门的预约机制,为患者提供网上预约、电话预约、现场预约、智能手机预约等多种预约方式,更好地方便患者就诊。③医疗咨询,包括疾病知识咨询、健康教育咨询、康复咨询、医疗保险咨询、国家相关政策咨询,以及医疗服务、药物价格查询。④健康宣教,是指定期为患者和家属发放各类宣传用的健康资料,针对患者的疾病对患者及家属进行相关的知识教育,让患者和家属能够对疾病本身有一定的了解,消除焦虑、不安等消极情绪,可以通过宣传站,在宣传各类健康知识的同时,接受患者的健康咨询和用药咨询。一站式服务比较人性化、一体化,简化了患者的就诊程序,提高了患者的就诊质量,增加了患者就诊的满意度,但在一定程度上,仍有一定的局限性,还存在人力资源短缺、岗位设置不合理等情况。

通过采取预约诊疗服务,优化服务流程,缩短患者等候时间。有些医院开展自助服务系统,如集挂号、预约、充值、缴费、查询、打印于一体的医疗信息系统和服务设备,采用读卡、触屏技术、支持识别二代身份证和医保卡等功能。这种"一站式"服务系统,使得患者就医总耗时减少,也体现了"以患者为中心"的服务宗旨,简化了服务流程。设置咨询服务是在现场帮助患者解决诊疗过程可能会遇到诸多问题的主动服务举措,在解决问题上不回避矛盾,改变了以往患者需要辗转几个窗口才能解决问题的情况。患者就诊排队等待的时间大幅减少,也有利于医患之间有更多时间进行交流。"一站式"服务提升了医疗服务品质,有效缓解了群众"看病难"的问题。

门急诊患者服务是医院医疗服务的重要组成部分,如何减少门急诊患者的排队次数,缩短患者等待时间,方便患者就医,是医院管理的重要课题。通过创新信息化手段,基于自助服务机推行门急诊"一站式"付费服务模式,优化门急诊服务流程,缩短患者非诊疗等待时间,方便患者就医,提升医疗服务质量。如"自助挂号,诊后付费",待就诊完毕后,在付费窗口统一缴纳挂号费、药费和检查治疗等费用。

随着医院信息化建设的不断发展,各种新兴的管理技术被广泛应用于医疗流程信息化的建设,如何更为便捷地服务于患者,使医院乃至更大范围的医疗IT群体以"智慧医疗""新媒体"为主要目标,努力规范和优化医疗服务工作,也成为医疗改革的重要内容之一。"一站式"服务就是在一个机构或一个窗口办理多项业务。医院的便民服务中心就是"一站式"服务的一个窗口,主要是将可以量化的服务内容集中起来,便于患者在一个区域一次性完成以往"需要多点往返的基础服务业务"。"一站式"服务是医院为患者推出的便民利民举措,是服务患者的一个创新模式,是改善排队等候时长的有效方法,也是医院服务流程优化的一个聚焦点。随着智慧医疗和移动互联网时代的到来,部门职责分工界限分明容易造成流程割裂,对患者需求无法及时有效满足,传统的门诊服务模式难以适应多元化的发展需要。"一站式"服务形成了首尾相接的连贯性业务流程,能够有效提高医院医疗服务效率和服务速度,改善医患关系,提高患者服务满意度。

拓展阅读8-1
医疗O2O欲打造"一站式"服务

从发展的观点来看,"一站式"服务今后还将继续深化和延伸。如面向患者的"一站式"全程服务,院前、院中、院后服务,面向医院优化医院内部流程,面向社会对接在线支付等互联网服务,实现"一站式"服务整合。"一站式"服务发展的特点包括:第一,以人为中心的服务导向;第二,服务流程的集成化和智能化;第三,随时随地提供服务;第四,服务内容的个性化和自主化。

随着信息化时代的到来,医院的信息化建设也日趋成熟,运用医院信息管理系统合理安排就诊流程,减少患者排队候诊次数,减少患者就医时间,而且能整合医院资源,改善患者就诊环境,对于信息化时代的医院具有非常重要的现实意义。"一站式"服务模式可以起到医患之间的桥梁作用。"一站式"服务使得患者就诊时得到关怀，如一些导医导诊服务、咨询服务、巡视服务、便民服务等，可以减少医患矛盾的发生。"一站式"服务中心为医患沟通提供了平台，缩短了医患之间的距离，体现了"以患者为中心"的服务理念。

第六节 志愿者服务

一、志愿者服务的定义

医务志愿者（medical volunteer）是指自愿参加相关团体和组织，在自身条件下争取多方面的共同利益，合理运用社会现有资源，志愿奉献个人可以奉献的，帮助有需要的人，开展力所能及、切合实际，具有一定专业性、技能性，长期参加服务活动的人。医务志愿者服务弘扬的是"奉献、友爱、互助、进步"的精神，是医院精神文明建设的重要组成部分，也是医患沟通的一种延伸和有机组成部分。

二、志愿者服务的形式

医务志愿者服务的形式多种多样，具有以开展社会服务为主的公益性质。医务志愿者社区服务可充分发挥医务工作者的专业特长，为社区提供家庭医疗、护理咨询、心理精神服务咨询等，这些服务对于需要长期保健的患者家庭非常重要。义诊（free medical consultation）是医务人员参加志愿者服务，将专业医学知识传达给群众，服务于群众，在这个过程中，医务人员也丰富了阅历，增加了才干，进一步树立了救死扶伤、忠于职守、乐于奉献、文明行医的新风尚，对于培养和形成良好的职业道德观起着积极作用，是一种净化心理的医德教育。志愿者服务是医院内医疗活动的补充和增强，在门诊，医务志愿者主要为环境不熟悉的患者指路、提供咨询及患者常需的服务，如帮助年老体弱的患者排队挂号、取药、陪诊，协助患者使用医院的一些电子设备。在病房，志愿者对于住院患者进行常规性探访，主要是问候、关心患者，祝愿患者早日康复，让患者感受到社会的温暖和医务人员的关爱。还可以进行有针对性的探访，组织曾经是患者的志愿者，向患者介绍其患病的经历、感受、治疗及治愈的过程，鼓励患者树立信心。也可以进行特殊性的探访，主要针对一些情绪低落、意志消沉的患者，可多次回访，给予心理疏导、解释、安慰，使其逐渐建立与疾病做斗争的信心和勇气，积极配合医生治疗，及时康复。

三、志愿者服务的意义

志愿者服务不仅极大地推动了医院的精神文明建设，同时使医院的精神文明建设和整个社会的精神文明建设产生了互动，并且对整个社会的公民道德建设起到了非常好的积极作用。志愿者服务有助于提升医务人员的形象，满足社会和群众的医疗需求。服务困难群体、献爱心、送温暖，给予一些实际的帮助，给予情感上的支持和温暖。志愿者服务这一服务模式，既让患者获得了支持和鼓励，又让医院建立了关怀的气氛，使"以患者为中心"的服务模式向更深层次发展，更好地体现了医院以人为本的人性化服务理念。医务志愿者代表医院给患者送去关怀与温暖，体现了医院的服务精神与信誉。医务志愿者架起了患者和医院之间的桥梁，为减少医患矛盾、医患纠纷起到积极的推动作用。医务志愿者通过自己的志愿行为、目标、价值取向等直接影响受助者，受助者在接受他们的服务中得到道德感化和教育。随着医疗卫生体制的不断完善，社会服务机制的逐步健全，医务志愿者服务正逐步成为为患者提供良好人文关怀的重要力量。志愿者服务是医院医疗管理及可持续发展的重要内容，应努力使之长期化、规范化和系统化。

志愿者在医疗卫生系统中起着非常重要的作用。在医疗卫生领域，随着医疗服务的去人力化的增加，对志愿者的需求在不断增长。志愿者活跃在卫生服务的各个方面，在医院服务的优势已得到很好的认识。志愿者与患者、患者家属、工作人员和社区等有直接关系，在对患者服务中起着非常重要的作用。志愿者需要具备个体化的技能，以使之与相关人员形成牢固的合作关系。对志愿者进行服务改进，应包括培训、监督和反馈等。

将志愿者纳入医院服务的一部分，可以更好地改善服务及协调与社区的关系。有研究显示，医院投入更多的组织资源来发展和扩大志愿者计划，将得到来自社区更多的支持和参与。医院既要控制成本，而又不影响对患者的服务，志愿者就从人力资源到客户关系等部门和领域提供了非常关键的劳动支持，也为医院节省了相当多的财力支出。志愿者在医患关系中也起到非常积极的正性作用，与志愿者的沟通可以使患者自由表达他们的需求和关注。Parkum 收集了来自 6 家不同医院的患者，发现与一些正式的患者支持项目相比，患者对志愿者服务更加满意。

志愿者代表一种重要的组织资源，然而，在医院文化中对他们的描述非常少。好的医院志愿者计划或项目必须像医院其他规程一样，有详细的计划和管理。一个医院的志愿者计划必须制定具体目标。这些目标有助于指导计划或方案的进行，可作为一种测量工具来评估志愿者工作的效用。医院需要动用一些资源如时间、财力和人力来发展真正有效的志愿者服务。

第七节　信息背景下的医患沟通

一、信息背景下医患沟通的发展

在当前数字化时代，信息技术的发展正在深刻地改变人们的生活和工作方式。特别是在医疗健康领域，医疗信息化不仅提高了医疗服务的效率和质量，还极大地改善了医患之间的沟通模式。互联网技术、大数据、人工智能等新兴技术的应用不仅提升了医疗服务的水平，更为医患之间建立了一种全新的沟通方式。这种沟通方式更加高效、便捷，提升沟通效率，增强互动性和体验性，更有助于为患者提供个性化服务，构建和谐的医患关系，提高患者的满意度。

二、信息背景下医患沟通的内容和形式

使用互联网的医疗服务已获得越来越大的关注，尽管一些问题如隐私和基于互联网的信息质量持续存在。电子技术是一种有效的机制，通过它可以传播信息、促进沟通、改善医疗服务。一种可能性是，利用互联网来加强医生和患者之间的沟通，将提高医疗服务的效率和降低成本。医患之间有效的电子沟通甚至能够减少门诊拜访的需求，并减少支出。但是另一方面，电子沟通的增加可能会增加医生的工作负担，而未能改进医疗服务甚至导致服务效率的下降。

举例来讲，通过微信、免费短信、基于互联网的结构化晤谈、网站或公众号提供一套结构化诊断问题，患者按照自己的状态对问题做出反应或回答，当医生和患者注册这项服务时，患者的免费短信和网站晤谈结果可以通过网站传递给医生，医生将做出反应或进一步行动，服务包含安全条款，以保护通信的隐私。有些网站还提供预约申请服务、转诊服务、处方更新申请服务、实验室和测试结果服务，以及为医生提供处方的机制。

电子健康档案（electronic health record，EHR）的实施，促使医患沟通的模式发生了改变。电子健康档案的使用存在许多优势，通过信息交换可改善患者的健康，提高慢性病治疗的依从性。现今，有些医生将医疗计划或患者健康信息直接拷贝一份给患者，如提议采取有意义的措施，以提高服务的安全性、质量和效率。但许多患者反映，拜访医生时，医生的眼睛总是盯在计算机屏幕上，由于计算机的存在，最开始的时间通常由医生和计算机之间的互动所占据，而不是与患者进行交流或者讨论病情。所以医患关系就转变成患者、医生、计算机三者之间的关系。如果医生盯着屏幕的时间过长，势必会影响到医生和患者之间的沟通，尤其是对患者心理社会问题的询问和患者情绪反应的关注，可能会影响到医患之间的融洽。当使用电子健康系统时，医生需提高自己的沟通技巧。主要策略是与患者会面时，将时间分为关注患者和关注计算机两个阶段，而这两个阶段转换的时候最好有清晰的躯体语言和眼神关注来指示这种转变。还有就是看计算机时可以与患者共享或告知患者正在操作的内容。

目前，健康和医疗服务相关的软硬件信息化设备在人们的生活中应用越来越广泛，推进数字化赋能医改和医疗服务事项"掌上办""网上办"也是当前医药卫生体制改革的重点工作任务之一。作为一个应用平台，可以使沟通、自我管理、自我监督、诊断和治疗服务得以延伸和拓展。通过植入智能手机、可移动设备等的传感器收集数据，有增强和改善患者服务的潜力。移动视频会议应用使得在任何位置，只要有移动网络或者WiFi接入的地方，医疗服务提供者和患者就能够进行沟通和咨询。

视频8-3
移动医疗——医疗的未来

计算机和移动设备使得医生能够轻松下载医疗文档、实验室检查结果、医学影像结果及药物治疗信息，患者能够清楚自己的诊断、疾病状况，用方便携带的移动设备进行及时监控。移动医疗是医疗卫生保健创新的新舞台，使得能够随时随地提供医疗服务，可以跨越时间、空间甚至机构的限制。移动医疗系统对于经典的医疗服务监控和警示系统、临床和管理数据的收集、医疗服务的提供、医疗信息的意识、检测和预防系统都有强烈的影响。利用互联网服务，医生和患者都可以轻松获得医疗记录，患者可以在紧急情况下联系医生，甚至不论何时何地，都能获得医疗登记或预约。健康信息技术已成为医学信息和医疗保健方面高度关注的话题。目前，医院和卫生系统都依赖信息和通信技术，以提高医疗卫生服务的质量、安全性和效率。

视频8-4
为什么移动技术可以很好地定义每个人未来的医疗保健

随着无线网络技术的发展和成熟，越来越多的医院开始部署移动医疗信息平台。建立医院医疗智能服务中心，根据就医者的基本医疗档案，建立"以患者为中心"的客户服务中心，提供医疗智能化服务，这种服务方式贯穿于医院医疗服务的全过程，包括院前、院中和院后三个环节。院前挖掘顾客的健康需求，提供健康教育和健康指导服务；院中提供高品质的医疗服务，保证医患之间的信息交流及反馈渠道的通畅；院后主动追踪患者康复情况，提供增值服务。整个过程体现了现代医疗服务的全程管理理念和思想，并在每个环节上设计智能化的服务系统，形成了无缝隙的医疗管理服务网络。利用现代计算机网络集合医疗门诊、住院、检验检查等服务流程，形成一种敏捷的、智能的、优质的医疗服务流程，建立一个医院客户服务中心的受理平台。

（侯彩兰）

复习思考题

1. 试述患者选医生的优势和劣势。
2. 试述特需医疗的发展前景。
3. 举例说明绿色通道在医患关系中所起的作用。
4. 举例说明"一站式"服务在医患关系中所起的作用。
5. 试述移动医疗的发展现状和在医患关系中的前景预估。

网上更多……

本章小结　　自测题　　教学 PPT　　微课

第九章
医疗环节沟通

关键词

门诊沟通　　入院沟通　　出院沟通　　问诊
手术　　病情告知

> 医疗环节的医患沟通以医方为主导，通过科学的沟通，指引患者进行诊疗，使医患双方形成共识并建立信任合作关系。明晰医疗服务的重点环节，了解各环节的沟通特点、患者的心理与行为特征，掌握各环节的沟通要点与技巧，可以实现强化以医方为主导的医患沟通理念、提升沟通技能、融洽医患关系的目标。门诊沟通、入院沟通、出院沟通是全程沟通的三个重要环节，问诊中的沟通、手术沟通、病情告知和坏消息告知是医学晤谈的特定事项，是临床医疗工作中常需面对和完成的沟通任务。

知识导图

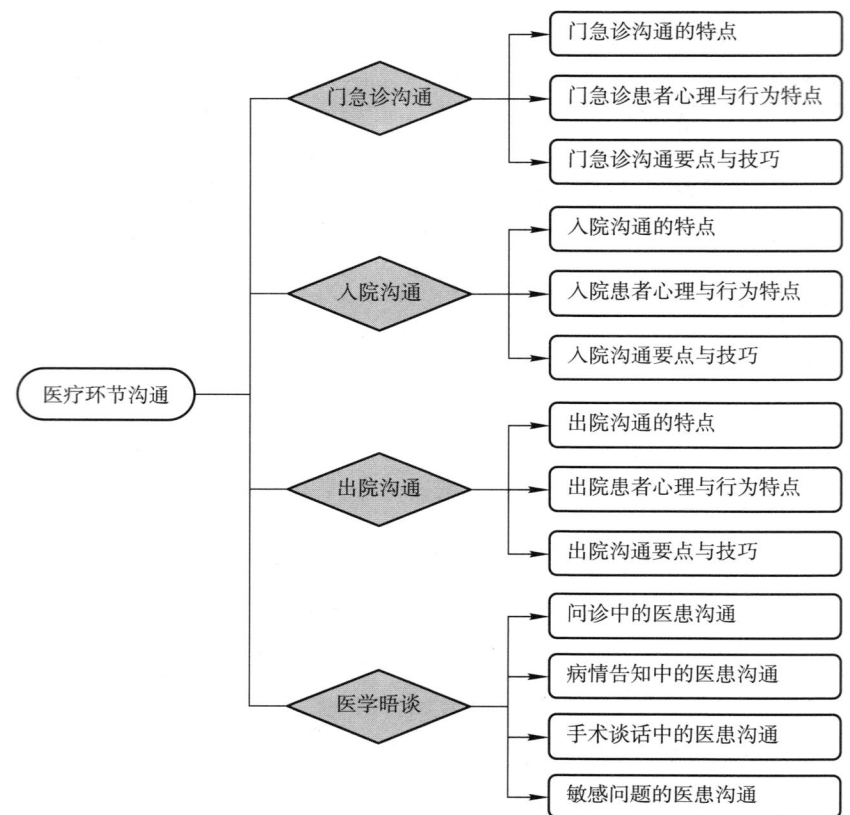

第一节 门急诊沟通

> 典型案例 9-1
> 患者就诊时对医生录像，你怎么看？

门诊是医院医疗服务工作的第一个重要环节，是医务人员直接对患者进行咨询、诊疗、体检、预防、保健的场所。急诊是对紧急就诊的急、危、重症患者进行处置或者抢救的重要场所。由于目前各医院门急诊不仅普遍存在患者就诊量大、身份各异、病情复杂多样、期望高等情况，还存在服务的时限性强、涉及环节多等现状，这就要求门急诊医务人员具有较高的技术水平、快速准确的反应能力和较强的沟通能力，否则极易引发医患矛盾与冲突，产生医疗纠纷和投诉。门急诊服务质量的优劣、医患沟通的好坏直接关系到医院的声誉和品牌，对于全程医疗服务极为重要。

一、门急诊沟通的特点

（一）沟通对象复杂，异质性突出

1. 患者身份各异　门诊患者来自社会各阶层、各领域，有着不同的职业背景、经济状况、成长经历、生活背景、受教育背景、社会文化背景、信仰等特点，其人际沟通模式、沟通能力也往往受其身份特征的影响而不尽相同。急诊中常遇到突发事件，如交通事故、自然灾害等，同时就诊的诸多患者之间可能身份差异大，沟通时需要注意区分方式、方法。

2. 心理特征各异，心态多样　由于患者的身份各异、人格和心理特征不同，加之所患的疾病不同，对疾病的应对方式不同，对疾病的治疗需求、期望及就医心态也各不相同。患者受应激或躯体疾病的影响，就诊时可能处于不同的心理健康状况，也会影响沟通的方式和效果。病情危急患者的家属就医心切，往往情绪极不稳定，增加了沟通难度。

3. 患方沟通主体具有多样性　许多患者受疾病所限不能沟通，或出于保护性医疗目的而不适于直接沟通，或为形成"治疗同盟"共同对抗疾病，需要医方与患者近亲属进行沟通。有时送诊或陪诊者并不一定是患者亲属，可能是其同事、朋友、仇家等。

（二）诊疗工作的要求高，难度大

1. 诊疗工作的专业性和全面性共存　很多大型医院，门诊分类已扩展到二级学科的各个研究方向，甚至越来越多地设置专病门诊和专病病房。业务分工越细，专业化程度越高，对医生技术含量的要求越高，而患者疾病的多样性、复杂性、合并性又要求门诊医生具有广博的相关学科知识，诊断思维既能发散又能收敛，有时甚至需要多个科系的医生协同诊治。

2. 诊疗工作繁重且时限性强　患者向大型医院尤其区域影响力大的医院集中的趋势比较明显，这些医院的门诊医生需要在有限的工作时间内接诊大量患者，诊疗工作十分繁重。在短时间内要完成对患者的询问病史、体格检查、阅读既往诊治资料、分析病情等，还要去伪存真，提出恰当的处置意见、解答患者疑问、讲解注意事项等，没有瑕疵地完成整个诊治过程绝非易事。

（三）沟通内容复杂多样，难以深入

1. 病种繁多，病情复杂　门诊疾病谱广，病种繁杂，若为常见病、多发病，可得到快速诊断，适当处理；若临床症状不典型或涉及多个系统、多病共发，则临床诊断与处置十分困难。急诊患者大多病情危急、危重,难以明确诊断,危急程度不易判断。部分患者病势重、变化快,需要迅速准确判断,即刻抢救。

2. 诊疗业务的随机性大,变化大　门诊患者的就诊时间和病情均具有不可预测性,往往受其主观意向、日程安排等多种因素的影响,有些因素是患者不可抗拒的。例如,部分患者无法预先判断自己属于何种疾病,就诊时随意选取就诊科室。

3. 沟通难以深入　由于门诊工作量大、时间紧、节奏快、病种繁、病情杂、环节多,医患之间的沟通和交流往往很难深入,有时会显得简单、肤浅。医务人员对患者的告知工作不到位,容易让患方觉得医方存在生硬、敷衍问题,双方信息的不对称,进一步使患方产生心理落差。

(四)沟通环节繁杂,风险大

1. 诊疗过程不连贯,沟通障碍风险大　参加门诊工作的各专科医生多采取定期轮换的方式,不能长期固定在门诊工作,且因各种因素影响,人员流动相对频繁。因此,对于多次复诊的患者,往往会经历多位不同的医生诊治,而每位医生的诊治方法也不尽相同,增加了接诊医生全面了解患者诊治全过程的难度。每位医生的职业经历、沟通方式与能力各不相同,针对患者不同病期的病情进行沟通,往往形成非连续性诊疗与沟通,会造成个别患者心理上不接受,容易产生矛盾与纠纷。

2. 诊疗环节关联性强,系统性强　门诊是由多个环节组成的诊疗体系,诊疗全过程涉及预约、导医、分诊、挂号、候诊、交费、检查、治疗、取药等许多环节,各环节之间紧密连接,流程合理才能保证正常的诊疗秩序。若有一个环节衔接不好,沟通不畅,就会影响患者的整体就医感受。门诊工作涉及临床、药学、卫生经济学、医院管理学等多学科领域,需要多部门协作,共同形成一个完整的服务体系,具有较强的系统性。如果参与门诊工作的某个部门工作人员出现沟通障碍,将可能会影响患者对整个体系服务质量的感受。

3. 医患矛盾易发且尖锐　门急诊患者数量较多、人员构成复杂、流动性大、病情各异、心态多样、诊疗时限性强,容易产生医患矛盾。尤其急诊中的急危重症集中、发病突然、抢救任务繁重,医患矛盾往往更加尖锐。患者往往只从自身利益考虑,认为自己得到最好的医疗是最重要的,医院要无条件地为其着想,甚至可以忽视其他患者的需求;而急诊医生有时需要根据求诊患者的病情轻重、急缓进行周全安排,优先处理病情更加急危的患者。

二、门急诊患者心理与行为特点

(一)就医心理急切与焦虑

多数患者及其家属就医心切,希望医生立即给出明确的诊断,得到及时治疗。由于缺乏医学常识,有些患者即便病情轻微,也会出现不必要的紧张和焦虑不安,迫切期望诊治。如果患者是突然发病或遇意外伤害,缺乏足够的思想准备,容易产生精神焦虑、手足无措,急切期待立即解除病症。

(二)紧张、恐惧心理

患病本身就是一种心理应激源,容易导致患者产生负性情绪。急危重症患者及其家属面对紧张忙碌的抢救氛围,担心出现难以接受的严重后果或发生救治差错等,会产生紧张和恐惧心理。部分患者需要进行器械辅助检查或创伤性检查,可能产生恐惧心理。

（三）抑郁与烦躁

导致患者出现抑郁与烦躁的因素很多，包括对所患疾病缺乏足够认识，经济负担过重，对医生的诊治存在疑虑，心理需求和期望得不到满足，对医疗服务不满意等。有些躯体疾病可能影响大脑功能，导致患者出现抑郁、烦躁等心理症状。

（四）无助感与依赖

患者面对突发性疾病或伤害、重大疾病等，不仅要负担沉重的经济压力，还可能因病失去收入来源，自己又无法掌控疾病的发展和治疗，或经过反复治疗而效果不佳，可出现不同程度的无助感与对医生的依赖心理，甚至绝望情绪。

（五）自卑与病耻感

公众对某些疾病缺乏足够认识，存在误解，甚至会歧视患者，如精神疾病、传染性疾病等。这类疾病患者的心理处于弱势地位，容易产生病耻感、自卑、羞怯，不愿与医生真诚沟通，就医时可能有意掩饰或隐瞒重要信息，甚至会产生被社会遗弃的心理。

（六）多疑与抵触

有的患者顾虑重重，担心出现药物不良反应、手术并发症与后遗症，怀疑医生的诊断、治疗方案是否恰当，产生不信任感和抵触心理。有的患者不愿面对自身疾病的自然病程进展，或不能接受终身服药的现实，四处寻医问药，反复到不同的医院、找不同的医生看病，希望能推翻既往诊断或发现可以治愈的良方。个别患者对自身每一个微小变化与不适感都非常敏感，偏执地认为自身疾病的固有症状是医生治疗造成的，而记恨医生，引发医患冲突。有的患者则讳疾忌医，不愿就医，担心被查出或诊断出疾病，即便医生确诊其患有某种疾病也不愿承认患病的现实，不愿接受治疗。还有些患者及其家属不愿找异性医生看病，尤其多见于女性患者。

三、门急诊沟通要点与技巧

（一）增强主动服务意识、责任意识

门诊医务人员必须适应医学模式的变化，更新服务观念，增强服务意识，改善服务态度，转变服务方式，提高服务效率，将服务前移，主动服务。急诊工作是患者最急需、家属最关心、舆论最敏感的服务环节，责任重大，稍有不慎，就可能给患者带来不可弥补的损失，甚至会危及生命，从而影响医务人员形象。门急诊医务人员要有强烈的责任意识，严格执行"首诊负责制"和专科门诊制，确保主要专科门诊按需开诊，切实满足百姓就医需求。值班医生要及时接诊、会诊，仔细询问病史，认真体格检查，合理辅助检查，谨慎诊断，精准处理，规范书写医疗文书。

（二）加强技术力量，迅速准确判断，精准医治

要切实加强门诊医务人员培训，增强门急诊技术力量。诊疗工作中，应积极果断，分秒必争，迅速准确判断病情，恰当处置各种疑难、复杂状况，做到精准施治。满足患者就诊的迫切需要，及时挽救患者的生命，同时使患者及其家属对医务人员产生信任和尊重。此外，医院应开设急诊"绿色通道"，完善"绿色通道"制度，对符合标准的患者进行"绿色通道"服务，实行

"二先、二后"（先处置抢救，后挂号交费；先入院抢救，后办理手续），各临床、医技及后勤部门必须优先提供快捷服务，经积极抢救患者病情稳定后，及时将患者转入相应病区，提高急诊患者的救治率。

（三）掌握沟通技巧，注重人文关怀，进行有效沟通

门急诊医务人员不仅要技术过硬，而且要有较强的沟通能力，具有一定的人格魅力和亲和力。医务人员要尊重患者，学会处理各种纷繁复杂的人际关系，学会以换位思考的方式对待患者，始终以理智的态度抑制非理性冲动，耐心、细心地对待每一位患者；注重人文关怀，切实把"以患者为中心"作为工作的出发点和归宿点，处处体现"仁学"与"仁术"，视患者为亲人，为其提供亲情服务，使其感到医生的温暖，产生安全感；与患者建立一种融洽、信赖的医患关系，确保医患沟通的渠道畅通无阻。沟通要在尊重、诚信、同理心及耐心的原则下，针对不同类型患者采取不同的沟通方式与方法，使沟通真正成为医患双方的良性互动过程，而不强求患方必须接受医方的意见与建议。沟通不仅仅靠谈话，应该是多种沟通手段的综合运用。患者对医生有殷切的期盼，有敏感的观察，医生不仅要"听其言"，而且要"观其行"。医生对患者要同情和关爱，一个微笑、一个眼神，爱意就能被传递，沟通就得以完成。

问诊方法要因人而异，对少言寡语者，要有耐心、循序渐进地询问；对滔滔不绝者，要巧妙转问、引导，既不浪费时间也不让患者感到缺乏耐心等。体格检查应注意手法，掌握技巧，把握轻重，关注患者的感受，需要患者暴露身体的某些部位时要注意保护患者的隐私，并配合得体的言语安抚。询问病史、体格检查及查看患者相关检验项目后，医生会分析病情，做出初步诊断，并要向患者进行适当的解释，尽量避免因时间有限而仓促地开出处方，把患者打发，甚至不写门诊病历。这样会使患者或家属产生不信任感，甚至引起医患纠纷。医生必须尊重患者对病情的知情权和对治疗方案的选择权，告知各种方案的利弊等，沟通时既要简明扼要又要通俗易懂，还应考虑患者的经济条件、理解判断力和心理承受能力等，使患者能够真正选出最适合自己的治疗方案。

（四）掌握心理学知识，关注患者就医感受，建立"治疗同盟"

参加门诊工作的医务人员不仅要有高度的责任心，还要具有广泛的医学知识和丰富的临床经验，同时要掌握心理学知识，沟通中适当使用心理学技术打消患者顾忌，消除恐惧，使其敞开心扉地向医务人员倾诉自己的症状、体征和心理感受。注意加强医务人员情商的培养，使其关注患者的感受和情绪反应，促进有效沟通。医务人员要细心、耐心、热心地做好解释、安抚、疏导工作，使患者有亲切感和安全感，增强战胜疾病的信心，不仅要医治好患者的疾病，还要医治好疾病对心灵的创伤。医学之父希波克拉底曾说过：医生有三大法宝——语言、药物和手术刀。"治好病"是医患双方的初衷，医患关系应当是同心协力的合作关系，即"同盟关系"，这就需要医患双方达成价值共识，放下怀疑，彼此配合。

（五）优化服务流程，建立全程导诊服务

门诊诊疗工作中的"三长一短"现象（候诊时间长、交费时间长、取药或出报告时间长、看病时间短）是长期困扰医院和患者的问题。解决"三长一短"问题首先要充分发挥门诊"一站式"服务的优势，把需要集中办理的事项和关联性服务进行调度，形成完整的服务链；改善基础服务设施等服务手段，优化服务流程，简化挂号、检查、收费、取药等方面的手续；为患者提供

从进院、分诊、挂号、就诊、收费、检查、化验、取药、治疗等全程导诊服务；各专科实行护士分诊，分层挂号、分区候诊，特殊患者全程陪诊；完善沟通途径与沟通方式，可以运用现代化、信息化手段，增加沟通渠道，如建立医患沟通信息化平台，患者可以通过手机应用软件预约就诊、咨询、查询就医信息等，医院通过信息平台进行用药、复查、饮食等提醒，并完成随访功能；建立门诊医生工作站，引进电子处方管理系统、门诊电子病历系统等，提高门诊医生的工作效率；建立门诊自助排号、自助交费、报告单自助查询与打印等信息系统。同时，加强对医务人员的管理，杜绝带人"插队"和"加塞"看病、替熟人打招呼等现象，避免在就诊环节上引起医患摩擦与冲突。

（六）办公室统筹协调，各科室通力协作

在门诊患者就诊的整个过程中，患者和门诊医生的直接接触时间不长，大部分时间都消耗在排队等待、检查、交费等环节上，需要与放射科、化验室、收款处、导诊等多部门服务人员接触。门诊办公室在整个门诊服务中要发挥统筹协调作用。多学科、多部门人员的服务态度、沟通能力和协作水平，对患者的就医感受具有重要影响。例如，护士的良好服务意识和沟通能力能够弥补医生与患者之间的沟通不足，缓解患者的紧张感和恐惧感；导诊人员真诚的微笑、耐心的服务和准确的疏导，能使患者避免因路径或程序不熟悉造成的时间浪费，提升就医感受；急诊中涉及多器官、多系统的急危重症患者，需要急诊医生具备多专科的综合医学知识，也要求急诊各科室与医院其他相关科室紧密的协作配合，用系统性、全局性的观点研究疑难和急危重患者的病情，并在第一时间采取最佳的治疗措施。

拓展阅读9-1
共同决策与风险沟通

第二节 入院沟通

门急诊医生接诊符合住院标准的患者时，应根据病情向患者及其家属介绍初步诊断、治疗方案等情况，并建议住院治疗。患者入院后，由责任护士和责任医生在规定的时间内，与患者及其家属进行交流，介绍医院的环境、各项规章制度及住院期间衣食住行等所要注意的事项，使患者尽快熟悉医院环境，完成角色转换；要对患者疾病的起因、发展、影响因素等进行更为详细的了解，进行仔细的体格检查；还要向患者介绍入院后的诊疗流程、各项检查、可供选择的治疗方案、可能的副作用和治疗效果等。

一、入院沟通的特点

（一）沟通的深入化

多数住院患者的病情复杂、严重，变化性大，不确定性强，潜在风险高，治疗费用高。与门诊沟通相比，入院沟通要更加复杂，更加细致、深入。

（二）沟通途径与方法的多样化

入院后医患沟通的途径更加多样，可以通过健康教育、书面沟通、志愿者服务、健康俱乐部、医院环境等途径进行医患沟通。

（三）沟通的书面化

书面沟通是沟通双方借助文字、图画、图表等文字符号进行的沟通。书面沟通的内容包括各种诊疗知情同意书、协议书，疾病的发病特点、治疗方法、预防措施等健康教育资料，以及医院规章制度、入院流程、出院流程等；有的需要医患双方签字后各自留存，有的可以免费发放给患者或制作成板报、宣传栏，有的可在医院网站上发布。

（四）沟通的标准化、程序化

医院往往根据各专科的特点制定标准化沟通内容，印刷成册或整合入信息系统，并设定沟通情境、沟通程序和所要达到的沟通效果，对沟通内容的记录要有明确的规定，对医务人员提出具体的沟通要求，针对不同的沟通结果提供多种预案。

（五）沟通的双向性、互动性

医疗活动是双向的，医务人员要根据患者病情、经济状况等提供多种治疗方案，并鼓励患者积极参与诊疗过程，参与疾病管理、病房管理。患者要及时将治疗过程中的心理、生理反应反馈给医务人员，医务人员要根据患者对治疗的主观和客观反应，科学地调整治疗方案。

二、入院患者心理与行为特点

（一）焦虑、紧张、恐惧

新入院患者往往由于突遭意外伤害、病情急剧进展或恶化等原因而住院治疗，处于疾病发展的急性期，对病情发展和住院治疗缺乏足够的心理准备，而造成精神紧张、焦虑烦躁、恐惧不安，甚至惊恐万分，产生濒死感。

（二）情绪淡漠

部分患者在突然罹患重病的打击下出现"情绪性休克"，表现出情绪淡漠、退缩、目光呆滞、表情茫然，对外界刺激反应下降甚至无反应。

（三）挫折感与失控感

有的患者不能确定自身疾病的发展、治疗效果和转归，失去控制感，或无法客观地面对患病住院的既成事实，产生强烈的挫折感。为重新获得控制感和安全感，患者可能表现出强烈的求知、就医、求服务心理，急于了解所患疾病的有关知识，寻求名医、名药和最佳治疗措施，希望得到医务人员的重视和优质服务。

（四）孤独感和依赖心理

住院患者突然离开自己熟悉的家庭和工作环境，进入陌生的病房，容易产生孤独感与寂寞感。急性期住院患者常常感到安全感降低，孤独无助，需要可信任的人陪伴。

（五）抵抗治疗的心理

有的患者对生活、治疗失去信心和动力，抗拒各种治疗与护理，表现为不与医务人员配合，甚至自行拔掉各种导管、输液管等，多见于自杀、伤残、久治不愈患者。

（六）患者角色适应困难

如果患者对患者身份能够及时、准确认同，其在心理和行为上将产生变化，履行患者的义务并获益，促进身体康复。如果患者不能快速进入患者角色，将产生患者角色适应困难，如患者角色冲突、患者角色缺失、患者角色强化、患者角色减退、患者角色异常等，不利于保持就医行为和遵医行为。

三、入院沟通要点与技巧

（一）切实落实首问负责制，做好各环节之间的衔接

患者办理住院手续、交纳住院押金、查询费用等时，住院处工作人员应向患者介绍需预交押金数额、物价标准等，必要时还需说明原因和有关政策规定，争取患者的理解。患者如有疑问，住院处工作人员应主动与管床医生或费用发生科室取得联系，并由其负责解释，使患者准确理解。患者服务中心工作人员要协助或引导患者到达住院病区，帮助解决入院过程中遇到的各种问题。病房护士应在妥当安排基础事宜后向管床医生报告，交由医生接诊。

（二）沟通信息要清晰、准确，避免"沟而不通"

病房护士要热情接待新入院患者，及时向患者告知入院须知、注意事项、生活指南等内容，帮助患者熟悉用餐、用水、如厕等事宜；向患者介绍管床医生、责任护士，并在恰当位置上注明。病房接诊医生要态度诚恳，主动向患者介绍自己，耐心、详细地询问病史，全面、细致地进行体格检查和必要的辅助检查，将医疗信息整合后应立即与患者及其家属沟通初步诊断、基本病因、诊疗计划和进一步检查项目、饮食等事项。危重患者入病房后应立即实施抢救，并及时告知患者家属相关诊断、急救措施、危险因素，适时填写重危告知书。重危告知书包含患者的基本病情、急诊诊断、诊疗措施、危险后果等一系列内容，由患者家属签字确认。

（三）重视书面沟通，避免形式主义

书面沟通时要与患者进行深入的交流，而不是搞形式主义，简单地让患者签字了事。对于重要的检查，要向患者讲明检查的要求与注意事项、对疾病诊断的意义、检查结果的含义，特别是一些创伤性检查，需专门签订特殊检查项目知情同意书，并安排人员陪同患者检查，稳定患者的情绪，增进信任。

（四）尊重患者的参与权和选择权

鉴于医学的不确定性，疾病治疗的方案可有多种，治疗效果也是不确定的。与患方沟通时，医务人员要注意使用通俗易懂的语言介绍各种治疗方案的利弊，让患方共同参与治疗方案的选择，取得患方的支持和配合，并详细地记录在病历中，有助于增进医患互信，改善医患关系。"患者选医生"也是尊重患者选择权的具体体现之一。

（五）求同存异，形成共识

对于风险大的治疗方案，在签订协议书或同意书时，医务人员要注意语言表达的技巧，不要

让患方理解为医务人员在逃避风险、规避责任，而要向患方如实呈现疾病本身和治疗方案客观存在的风险，分析透彻，解释清楚，并着重交代对潜在风险的防范措施和医生为此所做的努力。通过沟通，既要让患方坚定战胜疾病的信念，又要让患方对治疗风险有必要的理解，意识到医患双方有着共同的努力方向，患者的康复是医患双方共同的目标，只有相互信任，形成"治疗同盟"，才能达到最佳效果。沟通中还要使患方理解并签订协议书或同意书，这是尊重患者权利的体现。

（六）帮助患者完成角色的转换与认同

在入院沟通环节中，医务人员还要借助适当的沟通技巧帮助患者顺利完成患者角色的转换。患者对患病角色的认同有助于患者心理状态和行为方式向积极的方向发展，更好地配合医务人员进行检查、诊断、治疗和护理，有利于疾病的康复与转归。

（七）讲究沟通策略，"统""分"结合

"统"是指将患者及其家属集中到一起进行交流；"分"是指把患者与家属分开，单独与患者或患者家属进行交流。沟通要采取开诚布公、坦诚交流的方式；阐述病情要客观，既不夸大其词，也不能刻意隐瞒。必须对患者讲"善意的谎言"时，应与患者家属达成共识，征得患者家属充分的知情同意和理解，或由家属决定沟通内容及实施，并及时解答患者家属的疑问。对于无陪护的患者，应留下其家属可靠的联系方式，以备患者病情变化时能及时告知家属。

（八）耐心沟通，避免绝对化

许多患者的病情变化存在不确定性，与患者及其家属沟通时，尽量避免使用绝对化语言、观点和判断，不要对患者疾病的转归、病情变化做出绝对化预测，尤其不能过于乐观。许多患者和家属自认为有医学常识，固执己见，或对疾病的认识存在误解，所以不要期望一次沟通或简单交流就能够达到理想的效果。

> 人文视角 9-1
> 日本是如何解决医疗纠纷的？

第三节　出院沟通

目前，住院患者的出院常以其生理功能的恢复为判断依据，往往忽视其心理社会功能的康复。患者心理社会功能的康复常需出院后经过相当一段时间的休养调整，因此，出院沟通显得格外重要且必要。对患者的出院沟通可从康复处方、诊疗效果反馈、医务人员的服务等方面进行。

一、出院沟通的特点

（一）口头告知和书面告知相结合

出院告知多以口头告知和书面告知相结合的方式进行，其中重要事项或者需要严格遵守的事项均应采用书面告知的形式。

（二）承上启下的作用

医患沟通应当是医患双方在患者就医过程中进行的全程沟通，包括院前沟通、入院时沟通、

住院期间沟通、出院时沟通及出院后随访等。出院沟通在全程沟通中具有承上启下的作用，既要顺利结束住院治疗的关系，又要顺利开启出院随访的关系。

（三）沟通内容更加广泛

出院沟通要对整个住院诊疗过程进行阶段性总结，需要沟通的内容较多，信息量大，涉及住院治疗的全过程。

二、出院患者心理与行为特点

（一）感恩心理

患者在医院期间享受到医务人员提供的优质服务，或者医务人员凭借精湛的医疗技术将一些濒临死亡的患者挽救过来，绝大多数患者及其家属会对医务人员心存尊敬和感激之情。

（二）欣喜

大部分患者经过住院治疗能够达到入院时医患双方的预期效果，甚至意想不到的疗效，出院时会心情愉悦、欣喜，感觉满意。

（三）沮丧与绝望

部分慢性疾病患者出院后仍需要长期治疗，对工作和生活影响大，经济压力大，会产生一种沮丧悲观的情绪，忧心忡忡，怨天尤人，有时会出现拒绝用药，不能按医嘱完成既定的疗程，出现不健康的心理行为。部分患者经过住院治疗，疗效并不理想或者达不到患者的期望，可能会对治疗失去信心，从而出现沮丧情绪，甚至悲观失望，产生轻生念头。

（四）愤怒与记恨

医务人员的服务态度差、技术水平低、医院管理混乱、沟通不到位等情况，可能使住院患者产生不满情绪和意见，出院时暴发愤怒、冲动、谩骂等行为。极少数患者及其家属认为医生治疗措施不当，导致患者病情越治越重，可能会记恨医务人员，甚至发生投诉与纠纷。

三、出院沟通要点与技巧

（一）消除干扰因素，处理好自动出院或转院

患者及其家属的异常心理和情绪变化常干扰医生的诊疗行为，影响医患关系与疾病的治疗。例如，患者家属缺乏医学常识，盲目听从亲友或同病患者的意见，误以为相关诊疗措施是医院为"创收"而实施的；医疗费用高但预后不良的危重及慢性病患者家属，对诊疗措施的准确性持怀疑态度，不相信医护人员，甚至无端指责医护人员，阻碍疾病诊疗的顺利进行，容易引起医患矛盾而导致患者自动出院或转院。对于坚持办理自动出院或者转院的，沟通中要注意理解和体谅患者及其家属的感受和选择。

（二）做好出院沟通，进行书面告知

出院沟通最主要的形式是出院告知。出院告知内容应该包括入院诊断、检查结果、治疗经

过、治疗效果、出院诊断、出院医嘱与带药、复诊时间、饮食起居等，必要时应为患者出具诊断证明及病历复印件。出院后仍需继续用药时，要告知患者用药的剂量、方法、时间，用药中的注意事项、可能出现的药物反应及处理方法、复诊的要求等。对手术后的出院患者，要告知其预防伤口感染的方法、伤口可能出现的异常状况及处理方法。书面告知的形式主要为出院小结，也可包括复诊预约单、出院指导单等，出院指导又包含疾病健康教育、药物管理等内容。

（三）重视医院文化建设，做好延伸性服务

出院沟通时要注意与患方一起评价临床治疗效果，了解患者对医疗服务的满意度，向患者征询改善医疗服务的意见与建议等。大多数患者的住院治疗仅是疾病治疗的一个环节，出院后仍需随访与延伸性服务。办理出院时，医务人员还应该留取患者的联系方式，征得患者同意后将信息转交患者随访服务中心，以便安排出院随访。优秀的医院文化和良好的医患关系决定了出院后沟通的延续性。良好的出院沟通能够进一步增加患者的信赖感、安全感与自尊感，有助于开展出院后延伸性服务。

拓展阅读 9-2
希波克拉底之医师论

第四节　特定医学晤谈中的医患沟通

一、问诊中的医患沟通

问诊是医生通过与患者及相关人员的询问和交谈，了解病情，经过综合、分析、推理，做出结论的临床诊断方法，是医疗服务的重要环节，也是医患沟通的重要途径。Cambridge-Calgary 指南设计了问诊的基本框架，包括开始问诊、收集信息、体检、解释及制定计划、结束问诊五个环节。

（一）开始问诊，建立关系

开始问诊即导入问诊，是建立良好医患关系、营造和谐轻松氛围的初始阶段。医生应该提供舒适的环境、解释谈话的目的、说明谈话所需的时间和谈话的重要性，帮助患者尽可能全面、准确地讲述病史，并解除紧张不安、顾虑重重的气氛，顺利开启医患沟通的大门。

1. 准备问诊　了解患者的基本信息，包括询问患者的姓名、年龄、婚姻状况、受教育程度、民族、职业、工作单位、住址等基本信息。提供安全、安静、明亮、卫生整洁、优美舒适、私密、温暖适宜的环境，可以给患者安全、舒适感。准备好诊疗工具，如听诊器、叩诊锤等检查工具及检查申请单，电脑、打印机等工作正常。医生做好心理准备，心情平静、舒畅，充满热情，仪表、仪态规范、端庄，举止得体，态度和蔼，是顺利问诊的前提。

2. 确认医患双方的身份与问候　初次接诊时医护人员要主动问候患者，并做自我介绍和必要的说明，以消除医患之间的陌生感、距离感，有利于医患沟通及和谐关系的建立。根据患者的情况使用恰当的称呼，而不要直呼其名，不用门诊号、床号等代替患者的姓名，合理使用社交称谓，使患者有被尊重感。当患者在其家人或者朋友陪同下就诊时，医生也应认识患者的陪同人员并明确其关系，以便准确地称呼患者及其陪同人员，减少陌生感、增进熟悉感、亲切感，有益于信息采集、体格检查和诊疗过程等。如果患者不希望陪同人员完全了解自己的疾病相关信息，应

在问诊导入时进行确认，合理保护患者隐私，增进医患互信。

3. 明确患者就诊的原因和目的　　只有准确地了解患者就诊的需求和目的，接诊、问诊才能达到满意的效果。医生要使用开放式问题进行问诊，鼓励患者清晰、准确地表达需求和原因；要尽量避免先入为主，暗示性套问；关注患者的表情、动作、姿势，保持眼神的交流，对患者需求给予积极回应；谈话时不要注视其他地方，不要同时接打电话或与多人交谈，不要边记录边交谈，必要时告知患者需要记录信息后再记录。为了尽快获取有利信息，医生有时需要提出一些目的明确的封闭式问题，提高问诊的效率。

（二）收集信息，采集病史

采集病史是医生通过与患者或者知情人的交流，来了解疾病的发生、发展、既往诊疗经历和健康状况等信息的过程，主要是通过问诊来完成。对于大多数患者来说，只根据病史即可做出诊断，因此制定一套采集病史的系统方案并付诸实践非常重要。

1. 明确病史采集的结构与任务　　病史采集的主要任务包括基本信息、主诉、现病史、既往史、个人史、婚育史、月经史、家族史等。

主诉是患者就诊最主要的原因，包括症状（或体征）及其持续时间。现病史是病史的主要组成部分，包括起病情况、主要症状的特点、病情的发展与演变、伴随症状、与鉴别诊断有关的隐性资料、诊疗经过、一般情况等，凡与现患疾病直接有关的病史，虽年代久远亦应包括在内。既往史是指患者过去的健康和疾病情况，内容包括一般健康状况及疾病史、传染病史、手术外伤史、输血史、食物或药物及其他过敏史、预防接种史、过去健康状况及疾病的系统回顾。个人史要了解、记录患者的出生地及居留地、生活习惯及嗜好、职业和工作条件、冶游史。婚育史包括患者的结婚年龄、配偶健康状况、性生活情况和生育情况等。家族史要采集患者父母、兄弟、姐妹及子女的健康状况，有无患有与患者同样的疾病，有无家族性遗传疾病。

2. 把握问诊方向　　问诊过程中，医生要善于引导问诊方向，不偏离主题，仔细倾听患者陈述，适时提出问题，敏感地发现信息，准确地把握信息，深入地了解病情。在患者偏离主题或者滔滔不绝时，要注意通过沟通技巧恰当地择机引导，坚定而有礼貌地用不断的提问控制交谈的进程，使之准确地提供关键信息，以保证问诊过程重点突出、主次分明，切忌因此伤害患者的自尊心。

3. 准确使用语言沟通和非语言沟通的技巧　　语言表达是沟通的关键，用词的选择及语气、语调的运用都会影响表达的效果。用词要注意选择意义清楚、具体、简明、完整、礼貌和正确的词汇，准确传递要表达的信息。语速要适中，过快或过慢的语速都会影响听者对内容的理解。语气要让患者感受到亲切和温暖。医生要仔细观察和领悟患者的容貌、仪表、手势、眼神、表情、姿势等非语言沟通信息，对于交谈中发现的一些消极信号要给予关注，并加以疏导，以免影响沟通的氛围。同时，医生也要学会恰当地运用非语言沟通的技巧传递自己的意思，并要防止一些不良的信息通过自己无意识的非语言沟通表达出来。肢体接触是一种强有力的沟通方式，可用来表达亲切、关心、同情和愤怒等各种情感，也有治疗作用，但必须注意接触的方式和时间要合适，要考虑患者的敏感程度和医生的职业行为准则，如当患者表现出很难表达情感时，把手放在其手臂上可以表示同情。

4. 注意问诊的技巧　　问诊中要专心、耐心地去倾听，去理解、感受对方，并做出积极的回应，适当地给对方以鼓励，如点头、发出一些表示注意的声音"嗯""对"等，但要避免分散对方注意力的动作。对于不明白的地方，应该适时提出疑问，帮助对方清楚表达自己的意思，传达准确的信息，要避免干涉性和盘问式的提问，不要随意地打断对方，不要探问患者隐私。对关键内容可将患者的话用自己的语言重复一遍，进行信息确认，增强双方交谈的自信心。医生既要善于把握重点，深入探询，又要善于听出"言外之意"，准确、及时地抓住这些迹象，提出并加以澄清。如果患者确实拒绝提供情况，就不要勉强，可等建立起良好的互信关系后再谈，但确系诊治必需的重要资料，则要向患者说明提供详实信息的重要性，帮助其消除顾虑，积极配合。

问诊有一些规律性技巧。医生应按项目的序列系统地询问病史，对交谈的目的、进程、预期结果要心中有数。按时间顺序询问，是指按照主诉和现病史中症状或体征出现的先后次序，问清症状开始的确切时间，追溯症状的演变，跟踪病情发生至目前的演变过程，避免遗漏重要的资料；当多个症状共存时，要确定其出现的先后顺序；如有其他因素如药物等影响症状的变化，也应详细问变化特点。按病史结构询问，采集病史不太可能遗漏重要的信息，但在某些情况下则需要调整病史采集顺序，如对一个外伤致复合性骨折患者应先进行抢救后，再采集完整的病史。过渡性语言，是指用于转换问诊主题的语言，使患者不会因话题的变换产生不解或者困惑。沉默，是指询问一个问题后给予患者适当的时间进行思考、回答，允许必要的停顿，适当的沉默可以鼓励患者提供足够的信息或者道出敏感的问题。补充性提问，是指患者在谈话中出现沉默或信息不足时，医务人员可采用反向提问来引出原来讲话的内容，或者采用补充询问进行信息反馈，来鼓励患者进一步讲述信息，说出他们所有的担心。重复性提问，是指为核实先前问诊获得的重要资料，重复提问先前的问题，重申要点，但要避免无计划的重复询问。

5. 避免过多使用专业性术语　问诊中，医生要尽量使用科学、通俗、易懂的词语和字句，并根据患者的文化及教育背景进行语言沟通，避免不适当地使用医学术语，如果确需使用医学术语，应做出必要的解释，以使患者准确理解其意思。

6. 解释问题与病情的技巧　在问诊中，医生有时需要回答患者的一些问题，解答疑问，消除疑虑，告知病情，使沟通得以顺畅进行。医生在解释问题时需要事先了解患者对问题的看法，解释时注意尽量简化信息，突出重点，回应其非语言性暗示，避免使用专业术语，解释后确认患者能够正确理解。在患方观念影响问诊时，医生需要适当地说理，让对方心悦诚服，无压抑感和威逼感地配合问诊。

7. 切勿随意评价同行的诊疗　由于疾病发展的不同时期临床表现和检查结果可能不同，不同医疗机构的条件、设备、技术水平存在差异，不同医生的知识结构与技术存在差异等原因，不同医疗机构甚至同一医疗机构的不同医生可能对同一患者的诊断和诊疗方案存在异议。在问诊过程中，不应随意评价其他医疗机构或者医生的诊疗意见、治疗效果，甚至横加指责，这样会进一步恶化紧张的医患关系，增加医疗纠纷的风险。

（三）处理信息，以体检和检查结果为补充

医生要将问诊中收集的信息进行处理，并结合体验和检查结果进行综合分析，做出诊断，形成治疗方案，有时需要考虑多个可能的诊疗方案。

（四）解释及制定计划

解释的主要任务是向患者解释可能出现了什么问题，可以给予患者什么帮助。医生要把处理后的信息告知患者，向患者及其家属提供合适的信息，帮助其正确地回顾与理解病情，对病情做出合理解释，回答患者对疾病的一些疑问，与患者达成共识。解释清楚病情后，医生需要与患方讨论一个合理的诊疗方案。讨论过程中，尽可能提供备选方案，指出医生推荐的建议性方案，讲清推荐的具体理由；必要时对多个可能的方案进行比较，探讨各自的优劣利弊，弄清患者倾向的方案，最好选择一个医患双方都能接受的诊疗方案，但最终要尊重患者的选择权、决定权。还要注意通过沟通使患者形成合理的治疗期望。

（五）结束性交谈

在完成问诊任务、获取到主要信息后，医生要简要梳理和总结问诊的主要内容、医患双方初步达到的共识，对患者表示感谢，并可约定下次交谈的时间，恰到好处地结束谈话。

1. 总结问诊内容　医生要客观地复述问诊中获得的最重要信息，进行归纳总结。对于敏感信息和关键信息，如主诉等，医生要将自己的理解用语言表达出来，由患者进行确认，使医患双方达到一致。

2. 补充信息　准备结束问诊时，医生要给予患者再次提问的机会，提醒患方有无需要补充的遗漏信息，以有利于更加全面地收集病患信息，也能够使患者感受到被尊重。

3. 健康教育　根据患者病情对其行为、生活方式、心理情绪与治疗随访等给予必要的指导与教育，如劝说酒精性肝炎患者不要继续饮酒，告诫慢性阻塞性肺疾病患者不要抽烟等。

4. 使用结束语言　医生应当使用结束语来强调问诊的结束，使用必要的客套性话语能够增进医患关系的和谐性，如"谢谢您的配合""今天就到这吧""有事再联系"等，正式宣告问诊的结束。

> 人文视角 9-2
> 奥斯勒：行医的金科玉律

二、病情告知中的医患沟通

1964 年世界医学大会通过的"赫尔辛基宣言"和 1981 年里斯本宣言，都肯定了医疗机构的告知义务和患者的知情选择权利。卫生部 1982 年发布的《医院工作制度》，是我国医疗知情同意权的萌芽。随后国务院颁布实施的《医疗机构管理条例》及卫生部颁布实施的《医疗机构管理条例实施细则》对签字同意制度做了规定，即医疗机构施行手术、特殊检查或者特殊治疗时，必须尊重患者对病情、诊断、治疗的知情权利，征得患者及其家属或者关系人同意并签字。《医师法》《医疗事故处理条例》《民法典》等对医疗告知也做出了明确的规定。医疗机构的告知义务，由部门规章到行政法规，再到法律，法律位阶越来越高，法律效力越来越高，表明立法和实践中对医疗告知、患者的知情选择越来越重视。患者有权理解和认识自己所患疾病、检查、诊断、治疗及预后等情况，并在充分知情的条件下享有选择权。

（一）告知的形式

告知的形式包括书面告知、口头告知和公示告知。

1. 书面告知　根据《民法典》第一千二百一十九条的规定，实施手术、特殊检查、特殊治疗时，应当进行书面告知。《医疗机构管理条例实施细则》第八十八条中规定：特殊检查、特殊治疗是指具有下列情形之一：①有一定危险性，可能产生不良后果的检查和治疗；②由于患者体质特殊或者病情危重，可能对患者产生不良后果和危险的检查和治疗；③临床试验性检查和治疗；④收费可能对患者造成较大经济负担的检查和治疗。书面告知不必仅限于条款规定的书面告知情形，医疗机构或医务人员认为有必要的均可进行书面告知，如《住院须知》《就诊须知》等；患者不配合治疗的时候，也应书面告知。

2. 口头告知　对简单、无创伤性或创伤性小的检查和治疗，口头告知即可，如常见的超声影像检查、一般的药物治疗、输液等。

3. 公示告知　对于不特定的患者，主要是通过张贴、悬挂医院及医师的有关情况，以方便患者就诊。由于专业知识、技能水平和设备局限无法开展的治疗项目，医方应如实公开告知患者，如精神病专科医院经卫生健康部门批准不设发热门诊等。

（二）告知的内容

根据《民法典》第一千二百一十九条的规定，告知的内容主要为患者的病情、医疗措施、医疗风险和替代医疗方案。病情告知包括患者的诊断情况、病情的轻重、预后及与所患疾病有关的内容；医疗措施告知包括医疗措施的性质、理由、内容、目的、预期效果及不实施的后果等内容；医疗风险告知是指医疗行为可能伴随的不良后果、危害性及防范措施；替代医疗方案的告知是《民法典》中新增的内容，医方应当将多种医疗方案及各自的优劣利弊告知患方，由患方做出选择与取舍。应该进行告知的医疗事项包括特殊检查、特殊治疗、输血、麻醉、手术、护理、尸体解剖等。

（三）告知的技巧与注意事项

1. 告知的时效性与目的性　告知是履行法律规定的义务，不是免责的权利。告知是动态的，需要在不同的时间节点进行及时告知，而且从接诊到诊疗结束的全过程都应当告知。告知的目的是让患方享受到知情权和自主选择权。

2. 告知的保护性　向患者本人的告知应当避免对患者产生不利后果，不宜向患者说明的，应当向患者的近亲属说明，并取得其书面同意。有些心理脆弱的患者罹患预后差或者无有效治疗措施的疾病时，如实告知会导致患者承受巨大的精神压力，甚至会产生恐惧、绝望、自杀。隐私权是自然人享有的一种基本权利。在医疗活动中，因诊疗的需要，患者往往需要将自己的隐私告知或者暴露给医务人员。患者的隐私权与医师知悉病情相矛盾时，患者的隐私权应受到限制，即患者应当披露自己的相关隐私。医疗机构及其医务人员负有保护患者隐私的义务，在诊疗过程中不可避免地知悉患者的隐私后，应当依法保护患者的隐私。

3. 告知的整体性与预见性　患者需要根据医务人员提供的相关信息做出选择某项检查、治疗的决定。有时医生过多地介绍自己偏向的诊疗方案，片面强调有利方面，对治疗风险和不良后果告知不够全面、充分，会导致患者产生过高的期望。一旦治疗结果不能达到患者预期时，容易发生医疗纠纷。医务人员在病情告知时要有预见性，不仅要告知当前的病情，还要能够根据疾病自身的发展趋势和规律，提前告知患者疾病和治疗中可能发生的情况，尤其是可能出现的不良后果及治疗中的风险。

4. 因人因病制宜　患者的性格、经历、社会经济地位等各不相同，针对不同的人要采取个性化的沟通方式，才能达到良好的告知效果。对受教育程度低、理解能力差者，要使用通俗易懂的语言、形象化的方法解释病情；对受教育程度高、理解能力强者，要深入探讨病情，详述发病机制、治疗原理及选择依据等。针对不同的疾病也要采用不同的告知技巧，诊断明确、疗效确切的疾病，可简单明了地沟通；病情复杂、预后不明的疾病，要详细告知，寻找共识，形成"医患同盟"，给予适当的安慰和支持。

5. 抓住关键，突出重点　不同的就诊环节有不同的内容和特点，医务人员要针对具体的医疗行为，抓住沟通的关键、突出告知的重点。入院患者，重点告知其诊断、诊疗计划、可能的疗效和风险；输血患者，重点告知其输同种异体血的不良反应和经血液传播疾病的可能性；麻醉时，重点告知患者麻醉方法的选择、麻醉可能发生的意外情况和并发症；手术患者，重点告知其手术方案、手术风险或并发症及其应对措施等。

6. 告知的禁忌　医务人员进行病情告知时，要态度诚恳，尽量少使用医学术语，确保患者准确理解沟通内容，把握好告知的分寸，必要时进行书面告知，禁止使用"没事""一定会""好像"等不负责任或不确定的表述，禁止欺骗或者敷衍患者，避免使用容易刺激患者情绪的语言或者使用非语言沟通向患者传递负面的情绪，避免强求患者改变观点而完全服从医生的要求。

三、手术谈话中的医患沟通

手术是外科治疗的主要手段之一。手术治疗的创伤性和高风险性决定了外科是医疗矛盾与医疗纠纷的高发区。手术治疗作为创伤性应激事件，对患者具有明显的刺激，需要通过良好的医患沟通来减轻其不良应激。

（一）手术方案的告知与选择

1. 手术方案的告知　手术医生将手术方案告知患者有助于缓解患者的紧张情绪，争取患者最大限度地配合。医生应把治疗方案、预期结果、可能发生的医疗意外及并发症清晰地告知患者及其家属，并说明预防医疗意外和并发症的应对措施。对手术治疗所需的费用，也要在手术方案告知时让患者家属有所了解，做好准备。

2. 尊重患方的选择权　医生应鼓励患方积极参与手术方案的选择与制定，包括是否手术、手术时机、手术方式等。通过沟通，确保患方知道病情的发展及原因，可供选择的治疗方案、手术方案，要说明手术的必要性，不手术治疗可能产生的后果，并以建议而非命令的方式与患方进行交流，给予患方选择的权利。当患者及其家属内部意见不一致时，建议患方先内部沟通，统一认识，再做出决定。

3. 把握沟通的方式与方法　医患双方在手术治疗的认识上存在一定的差异，医生的理性认知与患方的感性认知之间存在着矛盾。医生要认真倾听患者的内心痛苦、欲求，要设身处地地站在患者的立场上，体验并理解患者的认知，对其感受给予认同，舒缓患者的不良情绪。医务人员要努力营造舒适自在和安全可靠的氛围，减轻患者的疑虑和不安，以同理心不断鼓励患者做出正确的选择。

（二）手术前沟通

1. 术前指导　手术前，医务人员应为患者提供正确的心理疏导，指导患者加强自我训练，管理好自己的情绪，调动患者的主观能动性，配合医生迎接手术。医务人员要以真诚的态度对待患者，与其交谈，使其有安全感，取得其信任，才能积极影响和改变其情绪；还要将心比心，学会心理换位，理解其思想和情感，分享其情感体验，真切表达对患者的关爱。医者的积极情绪与信念也会对患者的情绪和信念产生积极的影响，手术医生要适当展现对实施手术的信心。睡眠对手术的顺利开展是非常必要的，术前要告知患者休息好。医护人员还要对患者的饮食进行指导，以免影响手术，防止发生并发症。

2. 术前谈话　术前谈话与签字是手术治疗的一种常规制度。手术前，医生要找患者、患者家属或者单位领导谈话，告知患者手术的名称、方法、时间、应急预案等，并要求他们在谈话记录上签字确认。只有征得患者及其家属的知情同意后才能实施手术治疗。术前沟通时，要注意实事求是地说明病情、手术疗效与风险，切忌主观片面、夸大其词，以免造成医患纠纷；解释要全面到位，对术中、术后可能出现的危险与并发症进行全面说明，使患者及其家属有充分的认识和思想准备，也要介绍医生为防止风险及并发症所做的准备与努力，取得家属的信任和理解；要根据每位患者的具体情况，有针对性地进行个体化沟通，避免书面沟通的形式化和千篇一律。术前沟通还要注意求同存异，确认医患双方的共同目标，形成"治疗同盟"，不能使患者及其家属感觉到医务人员在想方设法推卸责任，导致拒绝签字，而影响治疗方案的实施。对于某些病情危重、预后较差者，如直接与患者沟通不利于其治疗，则应执行保护性沟通措施，与患者进行选择性沟通，但与其家属的沟通要全面、彻底。

3. 术前签字　表示医患双方共同确认双方已经就手术情况进行充分沟通，患方在充分知情条件下同意开展手术治疗，认同手术方案。沟通签字时，要注意患者家属与患者的关系及家庭成员的构成，选择合适的沟通对象。一般情况下，继承序列越靠前的人越具有签字资格，最好由患者指定其授权委托人，失去民事行为能力的患者应由其家属事先商定代理人。紧急情况下，无法联系到患者亲属时，医院领导或行政值班人员可以进行术前签字，以挽救患者生命。

（三）术中沟通

由于疾病和个体的差异，术中可能发生各种难以预料的情况，需要进行实时的医患沟通。术中沟通要注意几个方面。

1. 言谈举止有度，把握分寸　对非全身麻醉的患者进行手术时，医护人员不可表现出惊讶、无可奈何、可惜等言语和表情，以免患者受到不良暗示；不要讲容易引起患者误会的话，如"糟了""错了""不行了"等，以免引起不必要的医疗纠纷。医护人员要避免在手术台上随意谈论与手术无关的话题，无关话题和行为容易使意识清晰的患者产生恐惧感、危险感，即使手术医生能够保证手术质量，也容易引发医疗投诉和纠纷。

2. 避免不良刺激　手术中医疗器械的碰撞声、医护人员的活动声，都会对患者产生不良影响，除事先告知患者这些情况不会影响手术质量外，医护人员还要精练技术、增强责任心，以减少或避免术中不良刺激。在手术室中播放背景音乐有助于缓解患者的紧张情绪和恐惧心理，减少外界不良刺激的影响。

3. 术中补充告知　在手术过程中发现患者情况与术前预期不完全相符，需要考虑扩大手术范围或改变手术方式，甚至扩大手术损伤时，医生应立即下台告知患者家属或者委托人，根据术中情况提供可供选择的处理方案，征得知情同意并签字后方可继续进行手术。术中出现危及患者生命的情况时，医生应积极组织抢救，及时与患者家属进行沟通，讲解更改治疗方案的必要性，提供术后的补救措施，避免擅自更改治疗方案导致医疗纠纷。

（四）手术后沟通

手术后，医生应重视术后患者的观察与处理，根据病情变化继续做好医患沟通。

1. 及早沟通，消除顾虑　术后，医生应尽早向患者及其家属说明手术经过、手术结果，并说明术后病情恢复的一般规律，可能出现的并发症及观察、治疗方案，使患者及其家属对病情和治疗有更深入的了解。对术后应激反应较重的患者，医务人员要给予心理疏导，帮助患者减轻顾虑和情绪不稳定，减少角色行为，使其认识到术后病情逐渐好转的客观现实，增强其信心。

2. 术后康复指导　医护人员应正确指导术后患者的活动，如嘱咐肺部手术后的患者多咳嗽、咳痰、保障气道通畅；腹部手术后的患者适当活动，以加速血液循环，促进康复，一有排气就要告诉医生；骨科手术后的患者要保持功能位，加强功能锻炼等。

3. 勤于观察，适时沟通　手术后，医务人员要连续观察患者，及时了解病情发展，出现术后病情变化或并发症时，应及时向患者及其家属说明可能的原因、转归和处理方法，以征得患者和家属的理解与配合。

4. 联络会诊　对于术后心理应激反应严重，情绪、睡眠等问题明显的患者，可请临床心理学专业医生进行联络会诊，对患者进行心理治疗与疏导，必要时给予抗焦虑药或者抗抑郁药治疗。重大手术可能引起部分生理功能丧失或者体象改变，导致患者出现心理障碍，如自卑、焦虑、抑郁、错觉、幻觉等，则需要请精神科医生介入干预。

四、敏感问题的医患沟通——如何告诉坏消息

医疗活动中的坏消息是指患者被诊断为严重的疾病、进行性疾病及残疾，或患者死亡。坏消息是一个相对的概念，常依赖患者及其家属的理解、接受程度及反应状况，具有很强的主观因素。坏消息通常意味着患者遭受不良后果，如容貌受损、健康丧失、社会关系和财产损失、家属角色或家庭结构破坏。

告知坏消息是医疗实践中不可避免的环节。由于现代医学的局限，医务人员经常面对严重疾病、病情恶化、残疾或死亡而倍感无力，甚至对许多问题无法给出明确的解释，有时会觉得自己负有责任。大多数医务人员担心自己是否有能力把坏消息准确、恰当地传递给患者及其家属，主要是因为担心自己的告知会击垮患者的生存信心，使其失去希望；担心患者或家属获悉坏消息后出现悲伤、愤怒等情绪反应及暴力、自杀等过激行为，自己无力应对；担心出现医患纠纷，自己显示出过度自我保护和推卸责任的色彩；担心患者指责自己误诊误治、处置失当等导致不良后果，影响原本亲密的医患关系，或因过失行为而自责、羞愧。医务人员也难以避免亲人患病或离世等坏消息给自己带来巨大的打击，亲临困境的体验增加了把坏消息告知患者及其家属的难度。因此，告知坏消息经常是医务人员进退两难的困境。

按照相关法律和伦理基本准则，医务人员很难对患者的病情知而不告，而且保守坏消息存在一定的风险，如可能导致某些传染性疾病患者耽误治疗的最佳时机或者传染给其他人，使患者失去正视现实、调整个人生活的良机，耽误患者处理财产问题或者与亲人告别等。进行坏消息告知时要讲究程序和方法，把握告知的原则和策略。

（一）告知坏消息的程序

美国德州 M. D. 安德森医院 Walter Baile 博士提出了 SPIKES 模式（6个步骤的首字母组合），将告知坏消息的程序分为6个步骤。

1. S（setting）——设置情境　设置一个安静、舒适、私密的环境。医生在告知坏消息前要预测患者可能出现的情绪反应；安排在不会受打扰的时间，把自己的手机调成静音；问清楚患者愿意让谁陪同，如果患者家属很多，要问一下患者希望谁在场陪同（最好不要超过2个人）；很多情况下，需要先将病情告诉患者家属再与患者沟通；准备些纸巾，以应对情绪不稳定者；医患双方要全部在能够相互看清对方表情的位置相视而坐，保持目光接触，目光的水平对视有利于情感交流；让患者做好准备。

2. P（perceives）——对疾病的认知　全面了解患者及其家属对病情的认知情况。医生可以

用直接询问的方式进行开放式提问，明确患者及其家属已经了解和期待了解哪些信息，对疾病的理解和看法，对一些术语的认知，并密切观察其对问题的反应、情绪变化、智商情况。如果患者的认知和事实之间存在差异，需要严肃地讲解，让其了解事实真相。有的患者对疾病过于乐观，有的患者对疾病的严重程度认识不足，都需要对其逐步深入地告知。

3. I（invitation）——邀请　引导患者询问有关病情的细节。首先，告知者要弄清楚患者想知道什么信息，以便有针对性地告知，且告知时可以使告知者免受责备或者感到尴尬，患者也能感受到拥有一定的主动权。其次，要明确患者希望如何处理他们的疾病信息，想了解多少，与谁分担。大多数患者患病初期想完全了解他们的病情，但是随着时间的推移和病情的发展，许多患者不再想详细了解病情，有的患者则不想面对未来。此时，医生应尊重患者的选择，不能强行告知。最后，还要了解患者自己处理这些问题的办法，明确患者能够利用的资源，还需要哪些方面的帮助及其人际关系，以便告知时给予切合实际的希望。

4. K（knowledge）——知识　根据患者及其家属对病情的认识、对信息的需求进行告知。告知前，要先列出一个大纲，指出每个信息对患者及其家属意味着什么，并预测患者知道坏消息后的反应，给患者及其家属一些预警信号，以便让其做好心理准备，然后再传达消息。告知坏消息时，要正式、严肃；一次告诉患者的信息不要超过两个概念，且要评估患者的理解程度；讲解疾病信息时要使用简单易懂的语言和概念；注意停顿，给患者及其家属足够的反应时间。

5. E（empathizing）——共情　将自己与患者及其家属进行换位思考，产生同情。告知者要专心聆听患者及其家属的倾诉，理解他们的难处；不要急于告知其新的坏消息，不要把自己的看法和推断强加给他们；要认可患者及其家属的情感体验，理解其处境并尊重其表达方式；尽量放松，带动患者及其家属更加轻松地谈话；显示出并不害怕谈论患者内心的忧虑。

6. S（summary）——总结　在会谈结束时，对谈话内容进行必要的总结，帮助患者更好地理解和掌握医生要传达的信息。提出治疗建议，留出时间让患者及其家属提出问题，不要使用命令的口吻，如"我们得这么做"等，医生需要告诉患者治疗方案的各种不同选择，尊重患方意愿与选择，同患者一起承担治疗的责任。必要时，请患者及其家属简要复述告知内容，以确保其记住了要点，并及时纠正其误解。最后，告诉患者随访情况。

告知患者坏消息是一个十分复杂的交谈过程，在临床实践中最好能分解成一系列的步骤。医生可依照6步（SPIKES）方案完成告知任务，感性地、富有同情心地向患者传达消息。在整个告知过程中，要注意切勿在走廊里告知、不要接听电话或者分散注意力做其他事情、不要通过电话告知等。

（二）告知坏消息的原则

一般情况下，由术者或者主治医生告知坏消息比较合适，尽量避免让进修或实习医生进行告知，且应该首先考虑告知患者，当告知患者本人可能对其不利时可以告知其家属。医生要掌握告知坏消息的原则。

1. 准确客观地告知病情　医生应准确、客观、及时地将患者病情的严重程度、不良后果、并发症、治疗方案及预后等告知患者及其家属，态度要严肃认真，并说明医务人员所作出的努力，使患者及其家属对病情有一个全面的认识和理解，对包括死亡在内的严重后果有一个心理准备。一旦出现病情恶化或者抢救无效，患者家属能够认同医生抢救的科学性、合理性。

2. 适时告知坏消息　需要告知坏消息的患者多数病情危重、复杂、多变，随时可能出现危险，原则上应在最短的时间内进行有效的沟通，使患者及其家属了解病情的具体情况，取得他们的理解和配合,以免耽误病情,影响治疗。对于心理素质好的患者,可将实际病情直接告知;而对于心理怯懦的患者,应选择合适的时机,采用委婉的方式告知。

3. 尊重患者及其家属的知情权和选择权　危重患者的救治方法可能有多种,各种治疗方法各有优劣利弊,起效时间有快有慢,效果有好有坏,副作用有大有小。医生应将选择的治疗方案、治疗效果、可能的副作用及并发症、可能的意外情况等信息如实告知患者及其家属,最大限度地解答其疑惑,尊重其知情权和选择权,由其进行抉择。

(三)告知坏消息的策略

正确的告知策略有助于医患沟通,从而增进医患互信与理解,减少或避免医患矛盾与纠纷,有利于患方配合医方的诊疗活动。1993年世界卫生组织提出了病情告知策略。

1. 制定计划　医务人员应该制定一个计划,列出所需告知患者的情况有哪些,须分几个阶段进行告知,每个阶段的告知任务有哪些,下一步还需要做什么检查,采取何种治疗方案,可能取得的治疗效果如何等。

2. 留有余地　告知患方病情时,要留有一定的余地,让患方有一个循序渐进、逐步接受的过程。开始时可采用一些模糊的表达方式,如"可能""也许"等词汇,委婉地打开话题,然后再根据患方的接受程度逐步深入告知病情。

3. 分次告知　如果把全部信息一次性详尽地告知患方,患方往往只会关注不利的信息,而忽略对其有利的信息,容易使其产生悲观消极的情绪。如果条件许可,可将告知任务分解为几个部分,采用多次告知的方式逐步将关键信息告知患方。

4. 给予希望　告知患方病情时,要尽可能地给予患方切合实际的希望。

5. 切忌欺骗　当告知坏消息时,谈话要严肃、认真,提供真实、可靠的信息,不能欺骗患方或提供虚假信息。临终关怀工作人员可以有选择地将病情信息告知患方,但告知的部分也必须是真实的。

6. 给予支持　与患方进行换位思考,才能实现富有同情心的、高效率的沟通,更重要的是要给予支持和专业的帮助。应允许患方发泄,即使其经过一段时间的哭泣后情绪仍无法平复,也应该保持交谈。面对愤怒的患方,一定要站起来,保持与其目光相接,严肃而有礼貌,以表明你早有所料。如果担心自己有安全问题,要打开门或离开房间。如果患方表明想自杀,应直截了当地表示对其担忧,坦诚地与其谈论关于自杀的话题,耐心、谨慎地消除其不安情绪,说服其放弃自我伤害或自杀行为,必要时可求助他人。

7. 保持接触　告知病情后,医务人员应该和患方保持密切的接触,鼓励患方参与诊疗方案的制定。在某些情况下,可将患方转给心理医生或心理咨询师,针对丧亲之痛、焦虑和抑郁及人际关系问题等给予专业指导。

(李　勇)

复习思考题

1. 门诊沟通的特点有哪些?
2. 入院沟通的要点与技巧有哪些?
3. 进行病情告知时要注意哪些事项?

4. 问诊的基本框架是什么?

5. 男性患者,42岁,病理诊断为肺癌,CT发现癌细胞已经转移到颈部淋巴结、脑、骨等部位,请你设计一个告知患者病情的方案。

网上更多……

 本章小结　　 自测题　　 教学PPT　　 微课

第十章
临床各科及特殊患者的医患沟通

关键词

临床　　　疾病特征　　　身心特点　　　沟通障碍　　　沟通要点

> 焦虑、抑郁、恐惧、孤独、敌对等负性情绪状态，如同发热、腹痛、恶心、呕吐等临床常见症状一样，为各科疾病患者所共有，并非某一类患者的特异性反应。但除了这些共同特征外，不同科室的患者还具有一些独特的特征，从而导致不同科室的医患沟通也有其自身的特点和特殊性。

知识导图

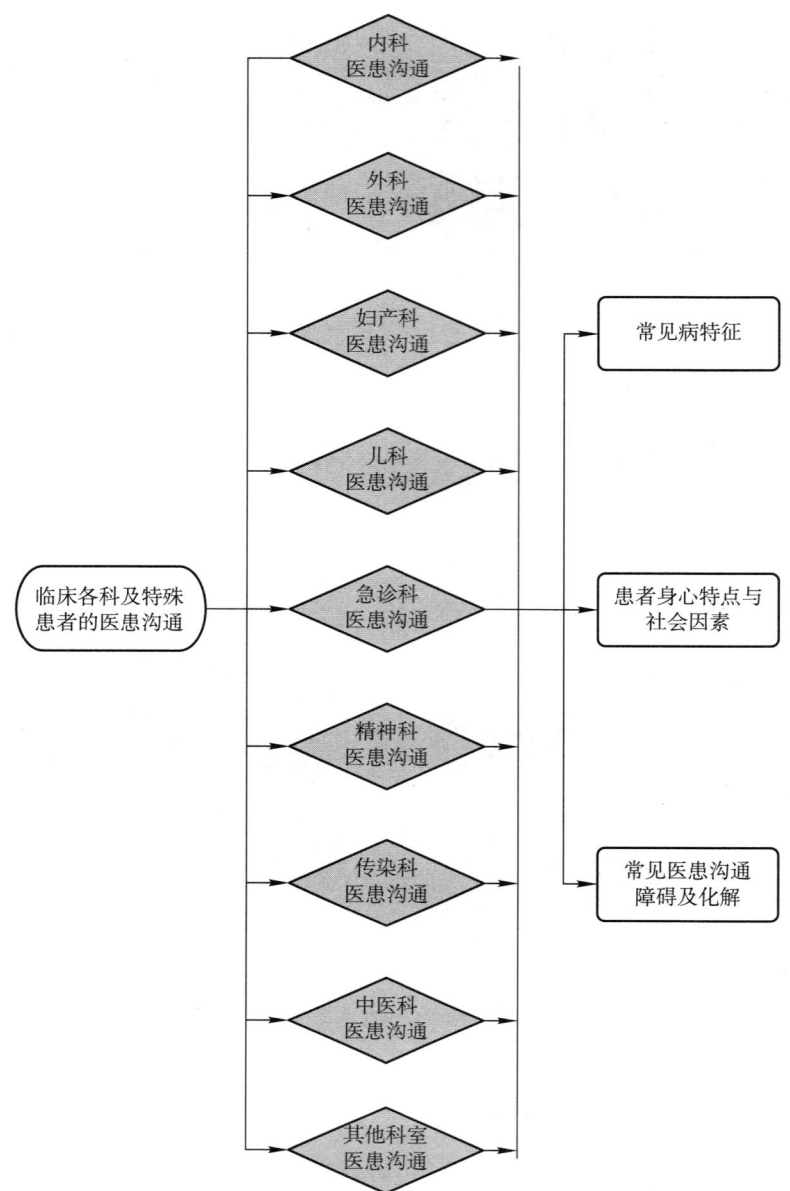

第一节　内科医患沟通

> 典型案例 10-1
> 医生几句话就把我打发了

多因素统计分析证明，沟通在内科医患交互作用中具有积极的效果。内科按专业分为呼吸、消化、心血管、泌尿、血液、内分泌及代谢、神经、风湿免疫等，在临床医学中占有非常重要的位置。由于病情各异，不同科室患者的临床特点不同，具有不同的心理行为特征，其医患沟通所涉内容及注意事项也不尽相同。临床医患沟通中，心血管内科、消化内科及神经内科需要特别关注，这些科室医患沟通的质量对疾病转归的影响较大。

一、心血管内科

（一）常见病特征

心血管疾病是危害中老年人身心健康的头号杀手，以冠心病、原发性高血压等最为常见。

1. 发病率、致残率、死亡率高　中国心血管疾病危险因素流行趋势明显，心血管疾病的发病人数持续增加。
2. 临床表现形式多样　心血管疾病早期多无症状，在出现心功能障碍、严重心律失常或其他急性事件（如急性心肌梗死、卒中等）之前患者并不知晓，日常活动不受限制。
3. 常有多种合并症或并发症　冠心病患者常合并高血压、糖尿病、血脂异常，风湿性心脏病常并发心房颤动、血栓栓塞、感染性心内膜炎等。
4. 不易彻底治愈，多需长期治疗　大多数心血管疾病通过治疗可以控制症状，但不能彻底治愈，需要长期坚持治疗，对生活影响较大。

> 拓展阅读 10-1
> A型行为（A型行为模式）、D型人格

（二）患者身心特点与社会因素

1. 愤怒和敌意　具有愤怒和敌意的人，尤其是"A型行为类型（TABP）"的人，容易患心血管病。在患病后，该类型人又容易怨天尤人，致使愤怒、怨恨和敌意更加明显，加重病情，影响预后。
2. 紧张　心脏病突发意外事件的比例较高，易引起患者的过度关注，亲友或同事的猝死、心肌梗死、中风等会加剧患者的紧张情绪。任何胸背部、头部不适或疼痛均会使其联想到病情是否加重，因此反复就诊、过度检查、依赖药物。患者一般谨小慎微，日常活动受到限制。紧张也是引起血压增高的重要因素。
3. 焦虑　是心血管病的明确诱因之一，可增加高血压、动脉粥样硬化、心律失常的发生率。另外，心血管疾病（如高血压、冠心病等）患者也常合并焦虑。当焦虑诱发胸痛时，无论是否同时存在冠心病，常规的抗心绞痛治疗通常无效，只有通过抗焦虑治疗才可使胸痛缓解。心脏病合并惊恐发作（焦虑的一种类型）时，猝死的发生率增加。
4. 抑郁　抑郁患者可表现为一些躯体症状，心血管方面的症状（如胸闷、胸痛、气短等）尤为多见。抑郁可诱发、加重心血管疾病，预测重大的心脏事件（如心肌梗死、死亡、冠脉旁路移植术或成形术等）。另外，心血管疾病又可导致或加重抑郁，高血压、心肌梗死、脑卒中、心律失常、心力衰竭、接受心脏介入治疗或心脏外科手术治疗的患者合并抑郁的比例均较高。

5. 主要社会因素　不健康的生活方式，如吸烟、大量饮酒、膳食不合理、缺少运动等，与高血压、冠心病的发病率有密切关系。

行为类型：早期的研究发现 A 型行为与高血压、冠心病密切相关。有资料表明，高血压患者中有 79.5% 的人具有 A 型行为，而 50% 的高血压患者可诊断为 D 型人格。

精神压力：现代社会中，诸多的负性生活事件、日益复杂的人际关系使人们面对的精神压力普遍高于以往，尤其是社会孤独和缺乏社会支持的人，容易发生焦虑、抑郁，与心血管疾病的发生密切相关。

（三）诊断中的医学沟通

获取重要病史有助于分析心血管疾病的病因、危险因素和诱因，明确诊断、判断心功能及对危险性进行分层。对合并身心疾病的患者，必须询问相关病史，若忽略这一环节，则会在一定程度上影响医患沟通。

（四）治疗中的积极沟通

1. 针对患方的医学与健康教育　需要告诉患者和亲属的医学知识：一旦明确诊断，应告诉患者及其亲属该病的病因或危险因素、发病机制、临床特点、治疗方法、疗程等，使其对病情、疗效和预后有足够的认识，有助于加强对治疗的依从性，减少因为不知情而引起的医疗纠纷。

需要告诉患方的健康知识：心血管疾病的预防应从年轻时开始，尤其是有高血压、冠心病、糖尿病等疾病家族史的个体，更应提早采取预防措施，包括限盐、限制高脂饮食，多食富含维生素和纤维素的食物；戒烟，限酒；坚持有规律的体力活动；保持心理平衡；定期进行必要的检查；患病后保持乐观、平和的心态，积极配合治疗，定期复查，以便于观察疗效及调整治疗方案。

2. 适度告知患方治疗中的风险　严重的心血管疾病即便已经处于治疗过程中，也可能病情恶化，或出现致命的并发症；一些药物可能导致脏器损害，甚至出现致命的不良反应；介入治疗也可出现多种严重的并发症。医生应将患者的病情如实告诉其亲属或者患者本人，同时告知主要用药和治疗措施的利弊，使患方对疾病的转归有清晰的认识，对治疗过程中可能发生的意外有足够的思想准备，这样既有利于患方配合治疗，又能减少医疗纠纷。

3. 给予患方治疗方案知情选择权　选择任何治疗方案，应根据病情需要，将适应证、利弊、风险及费用等告诉患方，确保其知情，并将决定权真正交予患方，由医患双方共同商定最佳的治疗方案。应避免诱导患方接受非必需、风险大、费用高的治疗。

4. 引导患方配合治疗　心血管疾病起病大多隐匿，早期常无症状，而是于体检或因其他病就诊时偶然发现，故患者的知晓率较低。即便已知有病，在日常活动未受影响的情况下，也不一定立即接受治疗。患者要么对治疗缺乏足够的认识，依从性低；要么对治疗期望过高，追求根治。如果患者同时合并心理障碍，更影响治疗效果。

> 拓展阅读 10-2
> 人大代表：大部分医患纠纷由医患沟通不畅引起

（五）常见医患沟通问题及化解

1. 因医患之间对疾病的认识不一致而导致的沟通障碍　心血管疾病都有一个较长的发展过程，早期诊断不易，多需要长期治疗，不能根治，发生意外的风险较高。患者及其家属对疾病的了解不够，对医学的现状和作用缺乏认识，短期内不能明确诊断、治疗效果不好、经济负担加重、突发意外情况等，都是医疗纠纷的导火索。因此，首先要准确掌握与疾病有关的信息，动态观察病情变化，采取及时有效的诊治措施，将处理过程和疾病风险告诉患者及其家属，特别要强调患者自己在治疗过程中的积极作用。例如，要将急性心肌梗死的死亡率和有关并发症告诉患者家属，使其有思想准备；告知高血压患者如不能有效地控制血压，发生脑卒中等并发症的危险性会增加；让患者及其家属知晓慢性心房颤动未经有效的抗凝治疗，发生栓塞的比例增大，以及抗凝过程中发生出血的危险增加等，从而在发生意外情况时，使家属有心理准备，减轻其心理冲击。

2. 因选择检查项目而导致的沟通问题　如果做了许多检查未查出任何异常，患者往往抱怨："我明明有问题，你们却没查出来，花了这么多钱，一点效果也没有。"例如，不少患者因胸闷、气短、心悸等症状，一直当作患有冠心病，长期服用有关的中西药制剂，治疗也无确切效果。但是，他们从未做过系统检查评估，而作为冠心病诊断"金标准"的冠脉造影为一种介入性检查，时常被患者及其亲属拒绝。任何时候都应根据适应证选择检查，并让患者及其家属知情，同时应根据患者的经济状况选择最有必要、价格低廉、无创性或创伤小的检查。医生应告诉患者每种检查的局限性，阳性有助于诊断，阴性也有鉴别意义，等等。

3. 因药物不良反应而导致的沟通问题　心血管疾病多需长期服药，许多药物不仅价格昂贵，还会有一些不良反应，个别不良反应是致命的。例如，服用阿司匹林出现过敏性皮炎或者出血倾向，服用β受体阻滞剂后出现心动过缓、支气管哮喘，服用硝酸酯类后出现剧烈头痛，服用血管紧张素转换的抑制药后出现咳嗽，服用钙离子拮抗剂后出现水肿，服用他汀类降脂药后出现肌痛、肌溶解坏死、肌酶增高等。

二、内分泌科

（一）常见病特征

1. 内分泌功能亢进或功能低下。
2. 缺乏组织特异性及器官特异性。
3. 临床表现个体差异较大。
4. 伴随不同程度的神经精神症状。
5. 起病隐匿，病程长。

（二）患者身心特点与社会因素

1. 慌乱、烦躁　多数内分泌疾病患者需要终身治疗和定期复查。一旦患者了解这一情况后，常表现出慌乱、烦躁，或感到难以置信。有些患者不能接受终身服药的现实，四处求医问药，希望能找到可以根治的良方，故容易上当受骗。

2. 敏感、多虑　随着对所患疾病的了解，一些患者变得十分敏感、多虑。例如，糖尿病患者对自身每一个微小变化都在意，担心是并发症；一些甲状腺功能亢进（简称甲亢）患者由于时间等原因，没有定期随访，仅凭自己的感觉随便调药，但同时又担心疾病进展，导致多虑。

3. 抑郁、自卑　有些内分泌疾病可伴随性功能异常，从而影响患者情绪和夫妻关系。糖尿病患者常伴随高血压及血脂紊乱等，长期治疗费用不菲，导致个人及家庭经济压力增大，容易使患者产生被社会遗弃的心理，从而表现出焦虑、绝望、抑郁和对社会不满的情绪。

4. 主要社会因素

（1）生活方式改变：近年来随着现代化进程的加速，人们的生活方式发生了很大的改变。大量摄入高热量的精细食品及久坐少动的生活模式，使世界范围内肥胖人数显著增多。而与肥胖伴随的胰岛素抵抗状态，使糖尿病、血脂紊乱、痛风（高尿酸血症）等内分泌代谢性疾病的患者数成倍增加。

（2）健康知识缺乏：缺乏基本的健康知识是糖尿病、血脂紊乱、骨质疏松症等内分泌代谢性疾病发生和发展的重要原因。

（3）社会生活节奏加快：现代生活节奏加快，人们的时空观念、竞争观念增强，心理情绪紧张刺激增加，这些因素容易导致中枢神经功能失调及自身免疫功能紊乱，从而影响一些内分泌腺体的分泌及调节。

（4）人口老龄化：随着社会经济发展水平的不断提高，特别是卫生、营养和疾病的控制水平提高，人们的平均寿命不断延长。老龄化的出现，使多种内分泌代谢性疾病的患病率明显增多。

（5）环境污染：由于环境污染及各种违规食品添加剂的大量使用，使外源性激素所致内分泌功能紊乱成为不可忽视的问题。例如，减肥药中添加甲状腺激素，易导致甲亢的发生。

（三）诊断中的医学沟通

1. 重要病史项目及意义

（1）现病史：了解主要症状的特点有助于正确诊断内分泌疾病，所以在沟通的过程中，要认真了解患者患病的具体情况，以免延误病情。

（2）伴随症状：内分泌疾病的临床表现常涉及多个组织器官，但患者就诊时常仅以自我感觉最重要的一两个症状为主诉，如果不仔细询问病史，容易导致误诊或漏诊。

（3）病情的发展及演变：内分泌疾病常呈进行性发展和演变，通过沟通掌握患者病情的这一特点非常重要。例如，桥本甲状腺炎的甲状腺功能可能正常，也可能表现为甲状腺功能亢进或甲状腺功能减退（简称甲减），但其本身有自然发生甲减的趋势，最终归为甲减。了解患者目前处在哪个时期，让患者知晓该病的自然发展规律，均有助于疾病的治疗。

（4）个人史：通过沟通了解患者过去的健康状况，对于现患疾病的诊断常能提供非常有用的资料。

2. 实验室检查的特殊沟通　由于内分泌疾病的临床表现缺乏特异性，故诊断的确立有赖于逐步进行的一系列实验室检查。有时即使做了多项检查仍不能明确诊断，需要进一步观察及随访。但患者常不能理解，认为抽了血就应该有结果，甚至部分人会觉得医生是不是为了开单提成，才做那么多无用的检查。医生需要向患者说明逐步做检查的必要性及所需的时间，让患者在充分知情的情况下主动参与和配合实验室检查，避免对医生产生误会。

（四）治疗中的积极沟通

多数内分泌代谢性疾病都需要长期治疗、定期监测和随访，患者的依从性与积极配合至关重要，为此医护人员要通过多种方式对患者及其亲属进行健康教育，告知患者和亲属相关疾病的基本医学知识，使其了解所患疾病的自然进程及预后，认识到定期随访和监测的必要性。同时，通过学习了解所患疾病在治疗中的风险，从而学会预防和规避疾病风险。

由于对同一种疾病临床上可能有多种不同的治疗方案，所以需要医护人员耐心与患者及其家属沟通，使其了解不同治疗方案各自的优缺点，能依据自身的情况，选择合适的治疗方案。

（五）常见医患沟通问题及化解

1. **因对疾病的认识不足而导致的沟通障碍**　一些内分泌代谢性疾病只能控制，不能根治，而且某些疾病一旦发展至晚期，目前医学上尚无有效措施逆转其自然病程。

2. **因患者伴随的情绪障碍而导致的沟通障碍**　内分泌疾病常伴有情绪障碍，如果医生未考虑到这一点，将患者所患疾病最坏的预后全盘托出，而不告知可以采取哪些措施尽量延缓病情进展等，患者更容易产生悲观绝望的情绪，不信任医生，不配合治疗。因此，医生应针对患者的具体情况，告知患者其所患疾病的基本知识、在治疗过程中可能出现的各种不同反应、如何与医护人员配合争取最好的结果、医生会采取哪些措施尽可能维持病情稳定等。患者一旦了解了自己的病情及医护人员为其所做的各项努力后，即使病情反复或恶化，出现医患矛盾的可能性也会降低。

3. **因治疗反应的个体差异而导致的沟通障碍**　不同的患者对治疗反应的个体差异可能很大。为避免医患纠纷的发生，医方在治疗前应向患者及其家属交代为什么要使用该药物及可能出现的不良反应等。用药后应仔细观察患者的治疗反应，对出现的问题及时分析原因，加强与患方的沟通交流，并根据患者的反应调整治疗方案。

> 人文视角 10-1
> 巴林特与巴林特小组

三、神经内科

（一）常见病特征

1. 发病率高、死亡率高。
2. 起病急、病情变化快、致残率高。
3. 病程较长，疾病常出现反复。
4. 病情缓慢进展，需长期服药。
5. 多数患者合并存在其他内科系统疾病。

（二）患者身心特点与社会因素

1. **恐惧**　一些老年人，尤其是患有高血压、糖尿病、心脏病，以及高血脂、高血黏度的老年人，时常担心自己会得脑血管疾病，久而久之，造成心理压力。

2. **焦虑、抑郁**　患有神经系统疾病的患者，尤其是脑血管疾病的患者，由于肢体活动受限，有些还有语言功能障碍，因而产生焦虑、烦躁、忧愁，也有些则出现情绪消沉、低落、抑郁等表现，甚至不配合医生的治疗。

3. **可伴有心理社会问题**　有些疾病的病程长，会出现反复，患有这样疾病的患者可能产生心理和社会问题，担心疾病的进展，进而不能继续工作，有时还可能产生厌世之感。

4. **易产生孤独心理及人格变化**　因为患有疾病行动不便或不愿与人交往，情绪多变，有时高兴，有时悲伤，有时满意，有时失望，久而久之，则可能出现人格变化，形成情感脆弱、被动依赖、以自我为中心、敏感且多疑，并产生孤独心理。

5. **主要社会因素**

（1）社会人口老龄化：随着人口老龄化日益凸显，老年病尤其是脑血管疾病发生率也逐步升高。

（2）饮食习惯的变化：大量摄入高脂肪、高胆固醇食物，导致过多、过早发生动脉粥样硬化及高脂血症的人显著增加，脑血管疾病的发病率也随之增高。

（三）诊断中的医学沟通

1. 病史询问的重要性及意义

（1）现病史：是病史中最重要的部分。全面、细致地了解患者疾病的发生、发展过程，直接关系到对患者疾病的诊断，因此要重视对现病史的询问，尤其是一些细节问题更要注意，以免遗漏疾病发生的线索。

（2）既往史、个人史：对于神经系统疾病的病因和鉴别诊断有重要意义，如既往史中有无罹患高血压、糖尿病、心脏病、中毒等，个人史中的职业接触史、烟酒嗜好及摄入量等。

（3）家族史：家族史询问非常重要，如肝豆状核变性、舞蹈病等遗传性疾病。

2. 体格检查认真细致、注重沟通　及时发现患者有无感觉、运动障碍等，如存在手套（袜子）型感觉障碍则提示周围神经病变。

3. 向患者和家属阐明进行辅助检查的必要性及意义　对于神经系统疾病的诊断，CT、MRI等影像学检查非常重要，但由于价格较贵、结果需要等待数天才能拿到，故需要向患者及其家属交代清楚，并根据患者的病情选择最恰当的检查项目。对于颅内感染性疾病、脊髓疾病、蛛网膜下腔出血等疾病，需要腰椎穿刺取脑脊液进行检查以帮助诊断。一般患者对于腰椎穿刺检查存有顾虑，担心留有后遗症，不少患者甚至拒绝此项检查。在遇到这样的患者时，医生要有足够的耐心与患者沟通，解释检查的必要性并进行安慰，解除其恐惧心理，使其配合检查，以帮助明确诊断。

（四）治疗中的积极沟通

在详细询问病史、规范的体格检查得到准确的阳性体征、完成相关的辅助检查做出正确诊断之后，应开始积极治疗，即使对不能确诊的患者，也应先采取相应的对症治疗。

1. 针对患者的医学与健康教育　在治疗疾病的同时，向患者及其亲属积极宣传医学常识、进行健康教育，对提高其健康意识及对一些疾病的认识很有帮助，有利于隐袭、缓慢起病的疾病早期发现、早期诊断和早期治疗，如帕金森病、阿尔茨海默病等。而对于高发的脑血管疾病，积极进行宣教更为重要。通过详细询问病史，了解患者是否存在高血压、糖尿病、心脏病、高血脂、高血黏度等，以及有无吸烟、酗酒等不良习惯。如果存在以上一项或几项因素，则告知患者及亲属此为脑血管疾病的危险因素，应引起重视，并给予积极的控制，使患者尽量戒烟、戒酒，保持良好的生活习惯等，通过采取各种措施避免脑血管疾病的发生，达到一级预防的目的。而对于已经患过脑血管疾病的患者，要向患者及其亲属宣传二级预防的重要性，即避免复发，除了去除危险因素与继续积极控制基础疾病外，还应该坚持服用抗血小板制剂及他汀类的药物，并定期到医院复诊。通过加强对患者的教育，使医患双方能很好地配合，从而达到降低脑血管疾病发生与复发的目的。

2. 适度告知患者治疗中的风险　神经系统疾病的发病、病情进展有其特殊性，有些患者在入院之初病情可能并未达到高峰，对于这类患者的病情要有充分的估计，并向患者亲属交代可能会出现的变化、最重的状况、应注意观察什么。有些疾病不宜告知患者本人，避免给患者增加心理负担和压力。例如，吉兰-巴雷综合征（GBS）患者，入院时仅表现为四肢无力、反射消失，而随着病情的进展，患者可能出现呼吸肌麻痹，需要气管切开，用呼吸机维持呼吸，对于这种病情的风险严重程度应该及时与患者亲属沟通，密切观察患者的呼吸状况，交代有关气管切开的事宜，以便一旦出现呼吸肌麻痹，可立即行气管切开呼吸机辅助呼吸，避免临时交代延误抢救时机，同时也使患者家属事先有心理准备，减轻惊慌、恐惧情绪。

3. 给予患者及亲属治疗方案的知情选择权　针对诊断明确的疾病，采取哪一种方案应该与患者及其亲属沟通，征求他们的意见，并说明不同方案的治疗效果，使患者及其亲属在对不同的方案充分知情的情况下做出选择。如 GBS 患者，治疗最有效的药物是丙种球蛋白注射，但其价格高昂，一个疗程需要数万元的费用，也可以用糖皮质激素及营养神经药物，但效果不理想。选择何种治疗方案，应与患者及其家属沟通，充分讲明两个方案的利弊，给予患者知情选择权，征得同意后予以使用，避免患者不知情而使用昂贵药物造成的费用纠纷。

4. 引导患者和亲属积极配合治疗　在治疗的过程中，除了治疗方案、药物、费用要与患者及亲属沟通外，还要得到患者及亲属的积极配合，才能取得良好的治疗效果，尤其是一些慢性反复发作性疾病。例如，在神经科门诊经常会遇到癫痫的患者，患病多年，发作越来越频繁，服用很多药物效果不明显。对这样的患者，要有足够的耐心，与患者及家属充分沟通，说明规范服用抗癫痫药的重要性，要求患者积极配合医生的治疗，因抗癫痫治疗是一个漫长的过程，需坚持长期服药，并向患者说明药物的副作用，出现不良反应及时就诊，只有患者很好地配合，才可能取得较好的治疗效果。

（五）常见医患沟通问题及化解

1. 因病情突然加重甚至危及生命，家属不满意引发纠纷　神经系统疾病，尤其是急性脑血管病，有突然发生变化的危险性，且多数为老年患者，伴有心血管疾病，并有突然发生心血管疾病的危险性。对此类患者应充分估计可能的危险性，事先向家属交代，将可能会出现的危险及时沟通好，使家属有充分的心理准备。如果没有事先沟通，当患者病情突然变化、加重，甚至死亡发生时，患者家属不能接受，易引发医疗纠纷。避免此类纠纷的关键是医生要充分估计可能会发生的危险，要反复向家属交代出现各种危险的可能性，并且密切观察病情变化，当病情加重或出现其他情况时能及时发现，并采取积极的抢救治疗措施，使患者的病情能够得到缓解，即使患者抢救无效死亡，由于采取了积极的抢救措施，也可以减少纠纷的发生。

典型案例 10-2
患者病情恶化、死亡的沟通案例

2. 因检查项目不合理或开错检查单引发纠纷　此类纠纷较易发生在神经内科门诊。由于每日门诊量大，患者多且症状各异，可能会有体格检查不够细致、准确，或病情复杂，某些体征掩盖了实质病变部位的体征，出现检查项目不够合理，或者由于笔误开错检查部位的情况，从而引发纠纷。为避免此类纠纷的发生，医生要细致、认真地对待每一位患者、每一个检查项目，对确实出现的不合理费用及时向患者和家属解释清楚缘由，并予以退还。

四、消化内科

（一）常见病特征

1. 发病率高，涉及器官多，是致死或病残的重要原因，如胃癌和肝癌的病死率在恶性肿瘤病死率排名中分别位于第二和第三位。
2. 病种多而复杂，病情迁延反复，病程长，医疗费用高。
3. 常需要进行侵入性检查，如内镜检查。
4. 心身疾病多，且难以确诊。流行病学调查显示，五分之一以上消化科门诊的患者为功能性胃肠病或消化道器质性病变伴有心理障碍。

拓展阅读 10-3
不良情绪与消化系统疾病

（二）患者身心特点与社会因素

1. 忧虑　消化系统疾病，如肝硬化、炎症性肠病、肠结核等，由于病程长，疗程长，反复用药、药物种类繁多，花费高，导致患者对治疗的依从性差，对医师的信任度低，常处于深深的忧虑之中。

2. 恐惧　对消化系统疾病的恐惧常源自两方面：其一，消化系统疾病的某些症状，如急性胰腺炎的剧烈腹痛，消化道出血的大量呕血或便血，肝硬化腹水的顽固性腹胀等，常令患者产生对疾病的恐慌，甚至有面临死亡的痛苦感，同时患者对疾病可能复发也具有深深的恐惧和忧虑。其二，消化疾病常用侵入性检查，如胃、结肠镜检查等，患者对此常有恐惧感，戒备心理重，接纳性较差。

3. 多伴有心理障碍　多种消化系统疾病由于病情特殊、疗程长而繁杂，如溃疡性结肠炎、克罗恩病等，或者疾病本身合并心理障碍，如功能性消化不良、肠易激综合征等，患者经常反复求医，频繁更换医生和治疗方案，致使疾病治疗不规范、不连续，而治疗效果不好又加重患者的担忧，形成恶性循环，致使患者出现失眠、抑郁、焦虑等问题，严重影响患者生活质量。

4. 主要社会因素

（1）饮食习惯不良：现代生活节奏加快，迫使人们的饮食方法和饮食习惯发生了很大的改变。三餐不按时、饥饱没有规律、高脂饮食、喜腌制食品、少食蔬菜水果等都会导致胃肠炎、胃癌等疾病的发生。同时，过度饮酒也会导致酒精性肝病、急慢性胰腺炎等消化性疾病的发生。

（2）精神因素：随着现代社会的发展，人们所面临的精神压力普遍较高，精神因素与一些消化性疾病有很大的关系。例如，中考、高考所带来的紧张、焦虑感常常使学生出现腹泻、食欲不振、腹痛等功能性消化不良反应。如果精神诱因不能去除，功能性消化不良症状就容易反复发作。

（三）诊断中的医学沟通

1. 注重病史的收集　消化系统疾病常与饮食和个人生活习惯有关，在获取病史的过程中，要重视患者进食规律、食物偏好、饮酒习惯、是否经常服用非甾体抗炎药，同时还应了解有无相关疾病家族史。

2. 引导患者进行重要的体格检查和内镜、影像学检查等　腹部检查是消化系统疾病体格检查的重点，应引导患者配合做好其视、触、叩、听诊，以便掌握病情。同时，对于内镜、影像学检查等项目，医护人员应充分了解其特点、优势、费用、可能的不足或局限性、风险或并发症，根据每个患者的具体情况，与患者及其家属充分沟通，选择恰当、合理的检查方案。

（四）治疗中的积极沟通

1. 针对患方的医学与健康教育

（1）需要告诉患者和亲属的医学知识：临床上如明确诊断者，应告诉患者及其家属有关该疾病的发病机制和原因、临床特点、治疗药物和方案、疗程等，使患者及家属对该病的诊断、治疗有一个较为系统、准确的认识，这有助于患者及家属积极配合医生的治疗，增强对医生的信任感，提高治疗的依从性及治疗效果。

（2）需要告诉患者及家属的健康知识：有关疾病的健康知识介绍及养成良好的生活习惯与生活方式，对消化系统疾病的预防和治疗具有重要意义。例如，嘱咐患者戒烟、限酒，给予患者必要的精神和心理疏导，教育患者劳逸结合、合理安排作息生活。

2. **适度告知患方治疗中的风险** 消化系统疾病常有各种临床急症，如消化道大出血、重症急性胰腺炎、急性化脓性胆管炎等，具有较高的医疗风险。因此，临床医师要根据每一位患者的具体情况，针对该疾病的特点，充分告知病情的风险程度。

3. **给予患方治疗方案的知情选择权** 消化系统疾病常用的治疗方法有内科药物治疗、外科手术、影像介入或内镜下治疗等。例如，胃癌患者可能因病期不同、转移与否，甚至患者原有的身体状况或基础疾病不同，而选择不同的治疗方案，如手术、内镜下治疗、辅助化疗、对症支持治疗等。经治医生有责任根据患者的具体情况，充分告知可采用的治疗方案及各自的利弊，在取得患者或家属书面的知情同意签字后方可实施相应的治疗。

4. **引导患者和家属配合治疗** 在消化系统疾病的治疗过程中，患者及家属对疾病的理解程度往往直接影响该疾病的治疗疗效或预后。因此，经治医生应根据患者年龄、文化程度、理解能力，针对具体疾病，选择通俗易懂的语言，充分告知患者及家属相关疾病的知识和治疗方法，以取得患者及家属的理解和信任，从而引导患者和家属配合治疗。另外，要如实告知家属治疗中可能的并发症或副作用、可采取的应急措施等，也可以应用以往成功治疗过的病例进行介绍，以便使患者及家属认识到经治医生具有高度的责任心和丰富的临床经验，从而配合治疗。

（五）常见医患沟通问题及化解

1. **因患者对疾病认识不足导致的沟通问题** 患者因为没有专业知识或者对专业知识一知半解，常常对疾病的严重程度、病情中可能出现的并发症或不良预后认识不足，对治疗的期望值过高，一旦病情恶化则没有思想准备。部分患者及家属总认为疾病只要治疗了就一定能好，这些很容易造成医患之间的沟通障碍。

2. **因内镜检查或治疗出现并发症导致的沟通问题** 随着内镜技术的不断发展，内镜检查和治疗在消化系统疾病诊断和治疗中具有重要作用，但必须承认，任何检查和治疗都有其局限性和可能出现的并发症。患者及家属尽管了解内镜检查或治疗的必要性，但往往对可能出现的并发症认识不足，一旦发生后易产生埋怨情绪，甚至产生医疗纠纷。

3. **因药物毒副反应导致的沟通问题** 内科药物治疗是消化系统疾病患者采取的主要治疗方法之一，对于某一疾病，相关药物在帮助患者控制症状、缓解病情方面具有肯定的积极作用。但不可否认的是，药物本身可能存在一定的毒副作用。如果经治医生没有就这些问题与患者及家属进行充分沟通，一旦出现药物的毒副反应，患者及家属就会不理解，会认为这是医生用药指征掌握不当或没有事先交代清楚引起的，可能还会认为相关费用应由医院承担，从而导致医疗纠纷。

> 拓展阅读 10-4
> 肾内科、呼吸内科

第二节　外科医患沟通

外科是研究外科疾病的发生和发展规律、临床表现、诊断、预防和治疗的学科，外科疾病分为创伤、感染、肿瘤、畸形和功能障碍五大类，这些疾病往往需要以手术作为主要手段来治疗，因此外科患者的心理行为变化主要与手术相关。无论何种手术，对患者来说都是比较强烈的应激刺激，会产生一定的躯体和心理反应。这些反应降低了机体对手术的耐受力，如果不及时进行处理，势必会影响手术的效果，严重时甚至会造成手术意外。在外科，医患沟通是非常重要的环节，良好而有效的沟通能使患者及其家属对治疗更有信心、情绪更加积极稳定，患者更早康复。

一、外科疾病特征

1. 效果好、收效快，但有局限性　手术对某些疾病也只是治疗的环节之一，还要补充其他治疗措施；有的疾病手术可以令其"手到病除"；有的也只是探查或明确诊断。

2. 合作性治疗　手术是群体性劳动，技术复杂，环节多，涉及临床、医技、后勤多个部门和工种，需要各方面的主动协助、密切配合。

3. 风险性较大　手术治疗的对象是患病的机体，手术有正面的治疗作用，也有破坏机体组织、增加全身负担的负面作用。故而手术的风险大、并发症多，医疗安全问题突出。

4. 技术含量大　手术条件要求高，对无菌技术、麻醉技术、仪器设备、物资供应等条件依赖性大，且要求严格。

5. 心理社会因素　手术患者的个性特征、情绪状态、应对能力、社会支持、生活事件等，对外科手术的心理应激程度、手术顺利程度及术后康复状况都有影响。

二、外科患者身心特点

1. 手术前的身心特点　患者手术前的心理反应最常见的是手术焦虑、恐惧和睡眠障碍，一般患者住院 24 h 内焦虑、恐惧程度最高，适应住院环境和患者角色后逐渐减轻。

2. 手术中的身心特点　对非全身麻醉的患者，在手术中的恐惧心理达到最高点时往往表现为对手术中医务人员的言行举止的用心倾听和揣摩，以及对手术器械撞击声音的格外留心。对于全身麻醉患者，在实施全麻以前和苏醒过来以后的所见所闻特别在意。

3. 手术后的身心特点　术前焦虑水平高的患者，一般术后仍会维持较高的心理反应。由于重大手术均有可能引起部分生理功能丧失和体象改变，故容易导致许多心理问题，如愤怒、自卑、焦虑、人际关系障碍等。

三、术前与患者谈话及家属签字

手术前，医务人员要同患者做一次详细的谈话，告诉患者手术的名称、方法，手术中的感受，手术中可能出现的问题及其处理，让患者了解手术的大致情况和适应办法。医务人员要根据患者的具体情况给患者以充分的心理调节。

手术前，医务人员要找患者、患者家属谈话，并要求他们在谈话记录上签字，这是一种常规制度。通常情况下，医务人员是在征得患者或家属同意后才决定手术的。患者的承诺和签字说明两个问题：一是医务人员（院方）对患者人格和权利的尊重，手术是以损伤为前提的，患者是否接受这种治疗，自己完全有权决定，只有在紧急情况下，医务人员才能在无承诺（签字）时进行手术；二是签字意味着患者及其家属对医务人员的信任，对医务人员来说也是字字千钧，责任重大，具有法律意义。

四、手术中言谈举止

手术当中，医务人员除仔细手术外，还要认真执行查对制度和汇报制度，防止出现差错事故。手术中，医生、护士要尽量避免言谈，表情、举止也要安详、从容，不要给患者造成心理负担。

1. 举止表情要自然　医务人员之间要尽量做到一个眼神、一个小动作就能互相心领神会。切不可在非全身麻醉患者面前露出惊讶、可惜、无可奈何等表情，以免患者受到不良的暗示或知道不该知道的病情。

2. 说话注意分寸　手术中，医护人员不要讲容易引起患者误会的话，如"掉了""糟了""血不能止了"等，以免引起医源性疾病。因为非全身麻醉的患者，对医务人员的一举一动都在非常认真地体会。

3. 避免不良刺激　手术中医疗器械的碰撞声、医护人员的走动声，都会对患者产生不良刺激。

> 典型案例 10-3
> 患者还躺在手术台医生护士忙拍合影
>
> 拓展阅读 10-5
> 规范手术室语言行为

五、手术后沟通

1. 勤观察，常沟通　手术后，医务人员不管如何疲惫，也要耐心细致地与患者或家属交谈、询问病情和术后情况，必要时还要连续观察患者，直到病情平稳。

2. 注意术后合理使用止痛剂　要给患者及其家属讲清道理，防止过量，避免成瘾。

3. 及时处理手术并发症的病理心理反应　术后的"随症反应"是指患者把术中体会到、听到的情况与术后的不适联系起来看，要告诉患者术后不适是暂时现象，伤口愈后就会消失，以减轻患者的心理紧张。

4. 正确指导术后患者的活动　如嘱肺部手术后患者多咳嗽、咳痰，保障气管通畅；腹部手术后患者应适当活动，以加速血液循环、促进康复，一有排气就要告诉医务人员，等等。

5. 及时说明，消除顾虑　有些术后身心反应严重的患者，虽然手术非常成功，但患者仍然会主诉疼痛加剧，且情绪不稳定。医务人员要给予指导，让患者认识到术后病情会逐渐好转，以增强患者的信心。

第三节　妇产科医患沟通

妇产科是医患纠纷高发的科室之一，尤其是产科，关系到母婴两条生命的安全。

> 典型案例 10-4
> "难产"的剖官产

一、妇产科疾病特征和患者身心特点

（一）常见病特征

1. 患者年龄跨度大，疾病谱广　女性自出生后的新生儿期开始，至绝经后的老年期，一生各个不同阶段均有患妇科或产科疾病的可能，而且疾病类型较多。

2. 患病率高，受重视程度低　妇女普查发现，妇产科疾病患病率可高达 40% 左右，农村等

经济欠发达地区及城市特困人群中患病率则更高，尤以阴道炎、宫颈炎等更为常见。患者往往不重视此类疾病，认为对身体无多大影响而不进行正规的治疗，待疾病发生了不良转归则后悔莫及。如宫颈炎长期不治疗，炎症慢性刺激导致宫颈癌发生的情况。

3. 涉及个人隐私多　妇产科疾病常常涉及婚姻、家庭和两性关系等个人隐私。例如，生殖道畸形直接关系到性生活的质量，继发不孕症可能与婚前性行为、人工流产等有关，性传播性疾病可能与不洁性生活史有关，前置胎盘可能与多次宫腔操作、手术史有关，分娩、引产等均和婚姻、家庭有关。

4. 病情变化快，发生情况突然　产科疾病往往病情变化快，尤其是分娩过程中出现的一些并发症，如脐带脱垂、子宫破裂、羊水栓塞、产后出血等，一般均在瞬间发生，且会对母婴产生严重危害，一旦发生，家属往往不能理解，极易造成医患纠纷。

（二）患者身心特点与社会因素

1. 讳疾忌医，耐受性强　由于妇产科疾病经常涉及婚姻、家庭和两性关系等个人隐私，加之生殖器官常被人们认为是最神秘的器官，所以不少妇女患妇产科疾病后，常会感到难为情，不能及时就诊，或就诊时出于顾虑或羞怯心理不能明确表述就诊的目的、病史等。有些患者，尤其是农村妇女，文化层次低、家庭和社会地位不高，对疾病的耐受性会很强，小病能忍则忍，大病才就诊，对某些妇产科疾病不重视，或由于经济方面的原因而不进行正规的治疗，使病情延误而影响预后。

2. 怕到男医生处就诊　有些妇产科患者，不愿请男医生看病，尤其是年轻的妇产科男医生在门诊时常受到冷遇。

3. 怕做妇科检查　疾病的诊治过程离不开必要的体格检查和辅助检查，在妇产科的临床工作中，常常有患者不愿接受妇科检查、诊断性刮宫等。

4. 忽视孕期保健，拒绝孕期治疗　由于少数人对孕期保健认识不足，不能按时进行产前检查，或认为孕期服药对胎儿不利，拒绝任何孕期治疗，以致孕期的某些病理现象未能及时被发现，或者未能及时得到治疗。

5. 盲目追求剖宫产　部分产妇及家属因为惧怕分娩时的疼痛，或误认为剖宫产对胎儿和产妇有利，对剖宫产可能出现的麻醉和手术并发症及对胎儿的不良影响缺乏了解，使得在分娩方式的选择上医生与产妇或家属难以沟通，不能取得一致意见，且经常有产妇或家属在无任何手术指征的情况下强烈要求剖宫产。

6. 对新生儿的期望值特别高　一旦在分娩过程中发生胎儿窘迫、新生儿窒息，或分娩出先天残疾儿，产妇及家属往往不能接受，情绪容易失控，导致医疗纠纷发生。

7. 主要社会因素

（1）经济因素的影响：社会经济的发展与国民的健康状况、疾病的发生密切相关，特别是女性特殊的生理、心理特征，使得其比男性容易受到更多的经济因素的影响而产生心理压力、心理冲突，造成身心功能的障碍。

（2）政策因素的影响：社会政策因素对妇产科患者也有一定的影响，如计划生育政策、二胎政策等。

（3）环境因素的影响：环境因素和胎儿的发育密切相关。统计资料表明，近年来胎儿出生缺陷发生率逐年上升，这与环境污染的影响密不可分。

二、妇产科医患沟通的途径和趋势

各级医疗机构中，妇产科医疗纠纷的发生率名列前茅。在新的医疗环境下，妇产科的临床工作面临严峻考验。根据妇产科疾病的特征和患者的身心特点，考虑从如下几个方面入手。

1. 提高妇产科医疗技术水平　患者到医院的首要目的是治病，最关心的是疾病的治愈及健康的恢复。高质量的医疗技术是加强医患沟通、改善医患关系的前提与基础。因此，医务人员首先要精益求精地钻研医学科学知识，不断提高医疗技术水平，从而有效地避免和减少医疗事故的发生。

2. 强化对妇产科患者的心理疏导　社会、心理因素在妇产科疾病的发生中起着重要的作用，与疾病的诊治效果也密切相关，并可能直接影响妇产科疾病的转归。在临床工作中，医生应努力寻找影响患者健康的社会和心理因素，以患者为中心，重视社会、心理因素在疾病中的作用。医学工作者除了具备扎实的医学知识和心理学知识外，还应扩大知识面，从而更好地与患者建立良好的人际关系。

3. 普及妇产科及优生优育知识　妊娠是一种正常的生理现象，但因体内肾上腺素皮质激素分泌增加，孕妇的情绪较为脆弱，易激惹、焦虑不安，且易产生抑郁情绪。医院可通过开设专题讲座、编印和发放各类健康教育处方及宣传册等方式进行妇产科及优生优育知识的普及，这有助于孕妇了解妊娠知识，学会面对和减轻不良情绪。

4. 提高语言沟通与非语言沟通的技巧　善于运用语言和非语言艺术，达到与患者有效沟通是医护人员的必修课。与患者交谈时应注意以下几点。

（1）医务人员应根据个人的知识和经验，对患者的职业、性格、文化修养、疾病种类及病情程度等做出判断，以便选择恰当的交谈方式。交谈过程中，医生要尽可能耐心、专心和关心地倾听患者的诉述，并有所反应。部分饱受各种痛苦折磨的女性患者，会疑虑和抱怨多、说话重复，对此尤其需要医生有耐心地听她述说。

（2）应该无条件地接受患者，不要有拒绝和不耐烦的表现。例如，有些未婚先孕、要求人工流产或引产的患者，以及性传播疾病患者等，医生对其不能有厌恶、嫌弃的表现，应该一视同仁，语气要更加心平气和与冷静，努力营造一种使患者感到自在和安全的气氛，以便其享有充分的发言权。

（3）要善于提问。尽可能不按教科书的检查表和病史采取格式化的固定顺序提问，尤其要避免连珠炮式的"审问"方式。医生的提问应尽量使患者有主动、自由表达自己的可能，这既体现了医生对患者独立自主精神的尊重，也为全面了解患者的思想情感提供了最大的可能性。患者愈是感到受尊重，感到无拘束，就愈可能在医生面前显露出自己真实的一面。

（4）医生向患者及家属交代病情要尽量通俗易懂，避免过多使用对方听不懂的专业术语，避免强求患者及家属立即接受事实，避免刻意改变对方观点。对可能发生的不良情况应尽量事前交代全面，充分履行"告知义务"。因为患者及家属往往能够理解事前交代，而对事后交代却不能接受。

5. 优化环境，缓解患者紧张情绪　住院时，由于环境的改变和疾病的折磨等原因，患者常会产生紧张、焦虑、恐惧等不良情绪，而传统的"白墙、白单、白大褂"更会加重患者这样的心理反应。尤其是产科病房，这里是迎接新生命降临的地方，产妇不同于一般的患者，当一个新生命呱呱坠地的时候，带给大家的是兴奋、喜悦，所以产妇及家属都需要有一个温馨的环境来烘托这样的心情。实践证明，改变就医环境，如病房实行家庭化、宾馆化装修，医院环境设计园林化，将病房的墙面涂刷为粉红色或湖蓝色，将床单和被套的颜色改为淡绿色或淡红色或花色，将护士服改为粉红色或淡绿色，定期播放背景音乐等，是减缓患者焦虑、恐惧心理的有效手段。它能让患者心情舒畅地接受治疗、让产妇心情愉悦地接受分娩并迎接新生命的降临。优化就医环境也是加强医患沟通、改善医患关系的重要措施。

6. 开拓思路，为患者提供人性化的服务　目前，"以患者为中心"已成为医疗服务工作中的重要指导思想。它标志着医院运行机制和服务模式的根本转变，改变了过去"以医疗为中心"的单纯治病的传统服务模式，确立了"患者至上"为医院一切工作的着力点，开始为患者提供全方位的优质、人性化服务。因此，开拓思路，为患者提供"以人为本"的人性化服务，是加强医患沟通、减少医患纠纷的重要保证。实践证明，只要时时处处想着患者、真心诚意地提供优质服务，必然会对医疗质量、服务效率、患者满意度等起到积极的促进作用，并最终减少医患纠纷的发生。

第四节　儿科医患沟通

孩子是家庭的未来，部分家长溺爱孩子，在就诊时表现为对医疗服务和医务人员的要求很高。儿科疾病常具有起病急、病情重、病情变化快、死亡率高等特点，若医疗服务与患者及家属需求存在差距，就有可能引发医疗纠纷，这既可能导致耗费医院大量的人力、物力、财力，也会对医院声誉造成一定的损失。

一、儿科疾病特征和患者身心特点

（一）常见病特征

1. 起病急，临床表现不典型　小儿患病起病急，尤其是孩子出生半年后，从母体获得的抗体基本消失，极易患感染性疾病。新生儿及体弱儿感染时，临床表现不典型，容易漏诊。

2. 病情易反复和变化且死亡率高　小儿病情易反复且多变化，但只要诊断及时、处理得当，不少病情危重的患儿，经及时治疗后可迅速转危为安。但有些患儿，特别是新生儿、体弱儿，因抵御疾病的能力差，即使起病时较轻，也有可能病情骤然加重，甚至突然死亡。

3. 免疫系统功能未完善，防御疾病能力差　小儿皮肤黏膜娇嫩、屏障功能差、淋巴系统发育未成熟、体液免疫和细胞免疫功能均不健全，故防御能力差。小儿出生 6 个月后，来自母体的 IgG 浓度下降，且自行合成 IgG 的能力不足，一般需要长到 6~7 岁时才达到成人水平；新生儿血清 IgM 浓度低，易感染革兰氏阴性细菌。婴幼儿期 SIgA 缺乏，易患呼吸道及消化道感染相关疾病。小儿其他体液因子如补体、趋化因子、调理素等活性和白细胞的吞噬能力也不足。

4. 各年龄阶段儿童患病种类不同，且与成人疾病种类有很大不同　儿科疾病常常与小儿生长发育特点相关，并且相同的临床症状在不同年龄阶段小儿的病因也各不相同。小儿常见病种类与成人也不同，先天性疾病、遗传代谢性疾病发病率相对更高。

5. 小儿对致病因素所致的病理反应与成人不同　由于小儿发育不够成熟，所接触的病原体种类较少，对病原体的反应往往与成人迥异。例如，维生素 D 缺乏时，婴儿易患佝偻病，而成人则表现为骨软化症;对于肺炎链球菌所致的肺部感染,婴儿常为支气管肺炎,而年长儿和成人常为大叶性肺炎。

(二)患儿及家长身心特点

1. 患儿的身心特点

(1)自我表达能力差:与成人相比,孩子的语言表达能力及对疾病的理解尚在发育阶段,还不成熟,故婴幼儿通常只能用哭闹来表达不适感,即使是年长儿也不能完整、准确地自我表达病情。

(2)情感控制能力低:儿童患者的心理活动大多随诊疗情景迅速变化。学龄前和学龄期儿童认识事物时常以自我为中心,情绪变化快,情感控制能力较成人明显低下。

(3)对疾病的耐受力低,反应性强:由于不能很好地表达自己的意愿并向大人倾诉,稍有不适和疼痛,就会表现出烦躁和哭闹不安。婴儿生病时,会表现为长时间地啼哭,并且不吃不喝,一般措施不能使哭闹停止。

(4)患病后心理变化大,依恋及依赖性增强:患病后患儿常常表现出恐惧、愤怒、惊骇、烦闷不安等情感,且害怕打针、吃药,害怕与穿白大褂的医务人员接触。尤其是有过看病、吃药、打针体验的患儿,面对医务人员会因害怕而哭泣,面对打针、吃药更会产生莫名的紧张或恐惧,且在复诊时这方面表现会更突出。住院期间需离开家庭、脱离学校和社会环境,患儿(尤其是独生子女)突然面对一个陌生的环境,心理上会有一个不适应的过程,对家属的依恋及依赖性增强,甚至出现退化行为。

(5)检查及治疗时不易合作:儿童注意力相对不集中、转移较快,容易被外界事物所吸引。有些孩子生性好动,医务人员询问病史时常很难控制与他们的谈话,做体格检查、治疗时部分患儿也会表现出不合作。因此,医务人员必须有足够的耐心,有时甚至需反复多次检查才能获得正确的检查结果。

(6)自尊心强与心理承受能力的不相适应:随着年龄的增长,儿童的独立性和主动性也逐渐增强,学龄期儿童患病后不愿别人把自己当小孩子看待,对限制自己活动的要求有抵触和反抗情绪。同时,他们的心理承受能力有限,特别是在疾病和治疗所产生的痛苦面前常常会将自身的弱点暴露出来,并且缺乏应对能力。

2. 家长的身心特点

(1)焦虑和紧张:出于对孩子的珍爱,一旦孩子患病,家长们常常感到焦虑和紧张。尤其是对初为人母人父的家长,因为对疾病缺乏认识、没有经验,这种感觉会更加突出。

(2)家长对患儿过分的照顾和溺爱:部分家长一旦发现孩子患病,就会过分地照顾和溺爱孩子,甚至夸大病情,以期医生的重视。殊不知,这样非但不利于孩子疾病的诊治,还会对一些慢性病患儿以后的教育产生不良影响。

(3)家长对患儿不正确行为的容忍和支持:许多家长往往认为孩子生病是自己照顾不周造成的,产生强烈的内疚感和补偿心理,于是对孩子病中的要求尽量满足,对其行为尽量容忍和支持,滋长了孩子的"不正之风"。

(4)怀疑和不信任:家长们来自社会的各个阶层,受教育程度、文化背景等千差万别,部分家长因对疾病的不了解从而对治疗方案产生怀疑,表现为拒绝配合医护进行治疗;部分家长由于年龄、性别、言语、着装等外在条件和表现而对医务人员产生不满,演化为对医护人员的技术水平的不信任和过分挑剔。

二、儿科医患沟通的途径和趋势

当前，儿科医疗纠纷的发生率较高，紧张的医患关系常常会严重地干扰医院、科室的正常工作秩序，有时甚至影响医疗卫生事业的发展和社会稳定。由于儿科患者的特殊性，医务人员要根据患儿的情况，具体问题具体分析，有针对性地与患儿及其家长进行沟通。

1. 根据不同年龄患儿特点，采取不同的方式进行沟通

（1）新生儿易哭闹，医务人员在接触新生儿患者时，应动作轻柔、敏捷、熟练，以减少刺激，并用语言和抚摸等给予无微不至的关爱和呵护。往往一个灿烂的微笑，一套动作轻柔、标准有序的检查手法，就能安抚患儿，增加患儿家属对医生的信赖，同时也减少了医疗纠纷的发生。

（2）婴儿患者有需要爱抚和用形体表达喜悦、愤怒、惊骇等情绪的要求。婴儿住院后，生活环境发生了很大的变化，使其缺乏安全感，常常表现出恐惧、孤独、抑郁和分离性焦虑。医务人员在接触婴儿患者时说话要语气温和，动作要轻柔，并予以爱抚和亲近，与患儿建立感情，消除患儿的陌生感和内心恐惧感。

（3）幼儿患者有依恋家庭的情绪，疾病痛苦可引起患儿的抑郁、焦虑和恐惧，而疾病的刺激和打击，可使幼儿患者出现退缩行为，可能使曾经获得的行走、控制排便、自己进餐等技能暂时丧失。医务人员要给予他们耐心、细致、周到的关怀和呵护，对住院患儿要多加关心，亲近他们，并允许他们携带自己喜爱的玩具和物品，使他们尽快适应环境变化。

（4）对于学龄期患者，疾病可引起其内心情绪波动，产生抑郁、焦虑、恐惧、悲观、自责等心理，出现对抗、挑剔、任性、不遵医嘱和攻击行为，且易与家长和医护人员发生摩擦。医务人员在接触年长患儿时应感情细腻，注意方式方法，语言要体现平等，说话的口吻、问诊的话语要符合孩子的年龄特点。另外，体格检查的方式要适合儿童，切不可粗声粗气、疾言厉色，伤害其自尊心。对恢复期的学龄儿，应允许家长适当帮他们补习功课，鼓励其参加社会活动和轻微劳动，以缓解因耽误学习而产生的焦虑情绪，尽早恢复其社会功能。

2. 解读婴幼儿及儿童患者的体态语言　小儿科也被称为"哑"科，因为婴幼儿患者不能诉说感受，只能通过面部表情、声音、身体活动同成人建立联系，实现与成人的相互理解。医务人员在接诊时，有时要以看和听的方式为主，解读患儿的体态语言。医护人员正确解读患儿的体态语言，是实现良好医患交际、达到理想沟通的基本保证。所以，要多留意患儿的面部表情、动作、发出的声音，以便及时发现病情变化。

3. 克服儿童患者的恐惧心理　疾病带来的疼痛和各种治疗（如打针、吃药、插胃管等）会给患儿带来疼痛刺激、留下不愉快的记忆、产生对疾病的恐惧感，导致其对以后的检查不配合。所以医务人员在为患儿检查治疗前，应该不厌其烦地向小患者讲解要为他们做些什么检查治疗、为什么要做、可能会有哪些不舒服和疼痛，有针对性地消除他们的疑虑和恐惧、安抚不良情绪，使患儿积极配合诊疗工作。而年长儿认知力增强，当感知到一些慢性疾病对其成长和生命构成威胁时，会产生严重的不安情绪和心理冲击，医护人员要通过沟通让儿童正视疾病，鼓励他们树立战胜疾病的信心。

4. 与患儿家长有效沟通　在儿科，与患儿的沟通在很大程度上来说是与患者家长的沟通，故家长在医患关系中起着举足轻重的作用。对患儿家长的安慰和解释是治疗过程中非常重要的一部分。家长一般都希望了解孩子得了什么病、为什么会得病及如何治疗等。所以医护人员要以疾病事实为基础，本着实事求是的原则，真实、准确地进行表述，用通俗易懂的语言进行解释和说

明，同时取得家长的信任和理解也利于治疗。如果只是简单地说"没什么问题"，肯定不会令患儿家长满意。患儿病情严重，危及生命，也需如实交代病情，而不能出于"善心"，怕家长承受不了打击，只是轻描淡写地说上几句，致其误认为病情很轻微，延误治疗，最终引起不必要的纠纷。

5. 医疗技术与医患沟通　高质量的医疗技能和水平有助于取得患方信任，是改善医患关系、进行有效医患沟通的重要环节。工作责任心不强、对疑难重症患儿病情观察不仔细、检查和治疗时不严格按照操作规范等，都是儿科医患纠纷产生的主要原因。这就要求医务人员精益求精地钻研医学科学知识，提高为患儿服务的医疗水平，赢得患儿及家长的信任，从而有效地避免或减少医疗责任事故和技术事故的发生。

6. 医疗环境与医患沟通　医患沟通的环境是影响沟通效果的重要因素，尤其是对于正处在认知成长加速期的儿童而言，就医环境对患儿及家长的心理能产生很大的影响。病区的环境是否安静、病室墙壁色调是否宜人、有没有吸引孩子的壁画等，这些都与孩子的心情、沟通效果有着非常直接的关系。

第五节　急诊科医患沟通

急诊科是医院中重症患者最集中、病种最多、抢救和管理任务最重的科室。因为医护人员的接诊人数多，劳动强度非常大，加上患者家属常常有焦虑等负面情绪，故更需要做好医患沟通工作。

一、急诊工作特点

1. 节奏的紧张性和有序性　急诊患者大多是急、危、重患者，抢救工作必须争分夺秒，这就使得急诊工作必须时刻处于一个紧张的待命状态。为了做好急诊救治工作，特别是突发事件中成批患者的救治工作，急诊医务人员需要具备快速的应急能力、严密的组织指挥及紧张而有序的节奏。疑难危重患者的抢救和治疗还需要多科室相互协作，各科室之间必须密切而有效地配合。

2. 诊疗的随机性和规律性　急诊工作量随机性大，患者就诊具有不可预见性，常常由于季节、气候、各种流行病、传染病、食物中毒、工业外伤、交通事故等原因，处于超负荷工作状态。

3. 技术的专业性和全面性　急诊患者发病急、病种广、病情严重而复杂，往往涉及多个器官和系统，医护人员需要掌握临床多个相关学科专业的医疗护理知识和急救技能，这样才能尽可能抓紧抢救时间，挽救患者生命。

4. 矛盾的突出性和尖锐性　急诊是医院的窗口，24 h对外开放，是所有急诊患者入院治疗的必经之路，是抢救患者的主要场所。因为其患者来源于社会的不同层面，人员复杂，涉及面广，故与医护人员之间最容易产生矛盾，若不能进行很好的医患沟通，也最容易引发医疗纠纷。同时，因为患者病情危急，求医紧迫，患者及家属对于医务人员先详细采集病史、进行一些必要的体格检查、影像及化验检查等行为可能会不理解，认为"耽误抢救、多此一举"，这就容易造成医患双方的需求和现实之间的矛盾。再加上急诊患者在抢救中病情变化往往很快，预后不良或生命垂危，一些家属对医疗知识不太了解，可能会认为医生有意或无意地延误病情，甚至极少数家属由于经济困难或素质较差等原因趁机讹诈医院，使得医患之间的矛盾更加突出。

二、急诊患者和家属特征

1. 病情的急危重性　只要具备"急"特征的医学现象，都属于急诊范畴，包括医务人员界定的急症及患者个人所认为的急病，以"急"和"缓"来界定其就诊对象。急诊作为急、危、重患者救治的第一线，近年来逐渐成为医疗纠纷的易发场所。急诊患者大多是急危重患者，一般在夜间、节假日等非正常工作时间较多。急诊工作常常包括院前急救，也称现场急救，是急诊医疗体系的重要组成部分，与院内急救、重症监护密切相关，其目的是更加有效地抢救急、危、重伤员和应对各种灾难性事件。院前急救是指伤病员从发病现场到送达医院之前的就地抢救，以及监护、运送到医院的过程。院前急救已经受到社会和医疗单位的广泛关注，其服务质量的好坏直接影响到医院的形象和患者的生命安危，同时也往往容易引起医疗纠纷。

2. 情况的突发性、复杂性　急诊有时会遇到一些突发事件，如自然灾害、交通事故、各种中毒等，此时常可能有大批伤病员同时来诊，急诊科就需要临时召集所有相关科室医务人员，调集各方的力量加入急救工作。急诊包含多学科的专业知识，急诊从业人员要有良好的心理素质、反应能力、协调能力、良好的语言艺术和沟通技巧，这需要不断地学习和培训，不仅要学习急诊科的知识，还要了解各专科的最新进展；同时，还要开展心理学、社会学和伦理学教育，提高医务人员接诊的艺术和技巧。

3. 求医的紧迫性　急诊患者和家属大多数都求医心切，希望医生能马上做出明确诊断，尽快采取相应的治疗措施。有些患者虽然病情较轻，但因为对医学知识了解不够，往往也会非常紧张；而有些情况危急的患者则必须尽快采取紧急措施，才有可能脱离危险或缓解急症。

4. 后果的严重性　急诊重症患者多，病情来势凶猛，病情复杂，即使抢救及时，也可能会出现一些严重的后果或并发症。一些患者送来急诊时就已死亡或虽然经过各方面尽力抢救仍然无法挽救，而部分家属因为对这些后果没有充分的心理准备，难以接受事实，往往将责任推卸到医务人员身上，从而引发医疗纠纷。

三、急诊科医患沟通的影响因素

急诊科的环境较普通科室嘈杂，可来自患者本身、过多的陪同家属及频繁过往的工作人员等，尤其夜间普通科室门诊不开诊，所有的患者就诊都集中在急诊科。这种嘈杂的工作环境容易使患者及医务人员产生烦躁、焦虑的情绪。急诊患者及家属普遍存在"早就诊、早治疗"的迫切心理，而由于急诊工作是急、危、重症患者最集中，负荷最大，时间最紧的工作，这一工作特点往往会导致部分医护人员语言表达不恰当或不清晰、把握不好语言深浅度、缺乏耐心、不能心平气和地听取患者的指责、意见和建议等，从而引发医疗纠纷。

四、急诊科医患沟通的注意点

1. 增强责任意识，主动提供医疗服务　急诊医疗是患者最急需、家属最关心、舆论最敏感的问题，处理稍有不慎，就可能给患者带来不可弥补的损失，甚至会危及生命。因而，急诊医务人员要有强烈的责任意识，急诊值班医生必须严格执行首诊负责制度、会诊制度、急危重患者抢救制度等医疗核心制度；耐心询问病史，认真体格检查，仔细观察病情变化；及时接诊、会诊，将患者交接给接班医生时需要紧密衔接并将病情交代清楚；遇到同时患有多学科疾病的患者时，要主动服务，绝不能以任何理由推诿患者；需要转院的，在未请示上级医师，也未与被转医院联系的情况下，不要随便将患者转院；规范书写病历；强调无菌操作及切实落实好医疗核心制度。

2. 果断准确、积极有效地实施急救　由于急诊患者病情的危重性、突发性、紧迫性，患者及家属往往心情焦急，希望立刻得到有效的救治。医务人员应积极果断，分秒必争，迅速投入急救工作。医院应开设急诊绿色通道，经积极抢救，待患者病情稳定后及时将患者转入相应病区，争取抢救时间，提高急诊患者的救治率。积极有效的诊治抢救是急诊患者及家属的根本需求，也是急诊医患沟通的关键所在。

3. 各科室密切配合，救治疑难急危重患者　急诊中一些因突发重大事件前来就诊的患者往往病情复杂严重，常涉及多器官、多系统的病变，因而一方面需要急诊医生具备多专科的综合医学知识，另一方面要求急诊各科室与医院其他相关科室积极紧密地协作配合，用系统性、全局性的观点研究急诊疑难急危重患者的病情，并在第一时间采取最佳的治疗措施，对患者进行全方位的诊疗，使之得到及时、全面、有效的治疗。科室间的团结协作是急诊抢救的重要保障，也是一个医院急救能力和综合管理水平的重要体现。

4. 讲究沟通艺术，注重人文关怀　现代急诊服务除了要求做到更快速、更有效，还要求能更舒适、更人性化。急诊岗位风险大、夜班多、节假日不能休息、心理压力大。要做好医患沟通工作，不仅要靠谈话，也要利用微笑、眼神等非语言沟通方式来传递爱意，并和谐沟通过程。对重症患者，医务人员要在采取急救措施的同时，耐心疏导、尊重患者及安慰亲属，并通过沟通做好心理诊疗，建立起接受救治的最佳心理环境和身体应激状态。对意外死亡的患者的亲属，要用亲切的语言和温和的态度去安慰他们，使其控制冲动情绪，配合院方处理善后。

5. 认真交代病情，如实记录急救经过　急诊医患矛盾比较突出和尖锐，因而医务人员要充分认识急救中潜在的纠纷和法律问题，提高执行各项规章制度的自觉性，要以高度的责任心投入工作。医务人员要坚持以患者为中心、尊重理解患者、认真倾听患者的要求和意见、建立新型医患关系、运用关爱为患者解决问题，使其感受到医护人员的真诚服务，并取得患者和家属的理解和配合。同时，如实、及时记录抢救经过，准确判断、认真描述接诊时患者的情况、接诊时间、通知医生时间及医生到达时间、进行抢救时间、抢救器材和药物等。尊重患者的知情权和选择权，对于重要的检查治疗和急危重病情交代，不仅要有书面记录，而且要有患者或其授权家属的签字。如实记录病情和抢救经过不但是医务人员的职责，也是处理医患纠纷的法律依据。

第六节　精神科医患沟通

精神科的沟通要求以共情为基础，同时需要更加耐心、细致，心怀包容和同情心，同时还要注意遵守伦理准则和法律规定。

一、精神障碍患者身心特点

精神障碍指的是大脑功能活动发生紊乱,导致认知、情感、行为和意志等精神活动不同程度的障碍。目前,各类精神障碍发病率有上升之趋势,不同精神障碍患者既有共性,也有各自不同的表现。

(一)基本特点

精神疾病患者的心理特征及其涉及的社会心理因素,与其他躯体疾病患者相比具有明显的特殊性,主要体现在以下几个方面。

1. 广泛而强烈的耻辱感　精神疾病的耻辱感伴随着人类历史而产生,至今仍然非常广泛和强烈。罹患精神疾病之后,多数人羞于启齿,讳莫如深,哪怕是非常普通的抑郁症、焦虑症等也可能讳疾忌医。同时,大众对精神疾病患者的包容、接纳和同情做得不到位,不自觉的歧视和排斥态度与行动也加重了患者的心理负担和病耻感。因此,与精神疾病患者沟通的基本要求是建立在共情基础上的包容、接纳和同情。

2. 疾病自知力的特殊性　躯体疾病患者尽管不清楚疾病的性质和诊断,但基本上能意识到自己有病而主动求医;与之相反,许多精神疾病的患者不能恰当地意识到自己的疾病。

3. 人格异常导致沟通困难　人格缺陷是精神疾病的一个重要致病因素(或称危险因素),一些患者和家属存在不同程度的人格缺陷,而人格缺陷往往是导致沟通困难的重要因素。不了解这一点,沟通时就会对患者的表达与交流方式感到不理解和难以接受,从而出现明显的情绪和行为上的冲突。

4. 精神疾病本身有交流障碍　以患有精神分裂症为代表的精神病性障碍患者,许多都存在交流和沟通的障碍。例如,思维松弛和情感淡漠的患者,一般人很难听懂他们的言语表达,也很难深入他们的内心;处于躁狂状态的患者思维高度活跃、言语兴奋且滔滔不绝,很难打断;有的患者则完全缄默不语,对任何提问都毫无反应,这些都给沟通带来较大的困难。

5. 精神疾病涉及的社会因素复杂且繁多　社会心理因素是精神疾病发病的两大因素之一,另一个是生物学因素。一般来说,心理因素或多或少地在发病与治疗中产生不同程度的影响,心理治疗是某些疾病的主要治疗方法,也是多数精神疾病的重要辅助治疗。对抑郁和焦虑障碍来说,心理因素对发病和治疗都起到很大的作用,而创伤后应激障碍则直接由心理应激导致。

(二)临床常见精神疾病患者的身心特点

1. 精神分裂症患者的身心特点

(1)不愿住院接受治疗:由于对自身疾病无认知,不愿住院接受治疗,或受幻觉、妄想支配,以及不能适应住院环境、思念亲人及家庭等,出现出走的念头。

(2)对治疗的极度不合作:由于受幻觉、妄想支配,或否认有病、认为无须治疗,以及担心服药后影响身体健康或不能忍受药物的不良反应,患者表现为对治疗极度不合作的态度。

(3)易发生意外:由于受幻觉、妄想支配,以及精神运动性兴奋,或精神药物的不良反应,患者表现为易出现冲动、伤人、毁物、自伤、自杀等意外事件。

(4)有睡眠障碍:由于精神症状的影响、环境的改变、生活无规律及思念亲人等原因,患者往往有睡眠障碍。

（5）生活自理能力下降：由于精神症状的影响，患者表现为行为紊乱和不知清洁，甚至不能料理个人卫生。

（6）饮食障碍：患者由于受精神症状的影响，常出现拒食、乱食和暴饮暴食等。

（7）恢复期心理负担重。

（8）不易坚持服药。

2. 躁狂症患者的身心特点

（1）心情显得非常喜悦，情绪高涨，且愉快心境具有感染性，常常能得到周围人的共鸣。

（2）说话口若悬河、滔滔不绝、高谈阔论，别人没有插话余地。患者感觉自己"脑子非常灵活""变聪明了"等。

（3）动作快速、敏捷，可以无休止地、无次序地进行活动，整天忙忙碌碌，片刻不得安宁，特别是人多的场合更显活跃，但这些行为均无结果。

（4）情绪兴奋、躁动不安，很容易受周围环境的影响。

3. 抑郁症患者的身心特点

（1）有自杀观念和行为：表现为焦虑、悲观、绝望而产生自杀观念和行为。

（2）情绪低落：表现为无精打采、兴趣索然、郁郁寡欢和一筹莫展等。

（3）生活兴趣降低：患者生活被动、丧失主动性、工作学习困难或不能工作、活动减少、反应缓慢、懒于生活和自感处于孤立无援的境地，像掉进大海中间或深渊的底部。

（4）反应迟缓：患者回答问题反应迟缓、低声细语或内容简短。

二、患者家属的心理特征

家属在精神障碍的发病、诊断、治疗和康复的整个过程中扮演着非常重要的角色，医患沟通过程会比其他临床科室更多地要求与患者家属交流，这是精神科的特殊性，因此了解家属的心理特点十分重要。

1. 对治疗效果和预后的不恰当期望　不少家属对治疗效果和预后有不切实际，或者违背疾病性质与发展规律的期望。在诊断确立之后，应当全面了解和评估患者家属对疾病性质的认识，以及对治疗效果的预期，及时就有关情况进行沟通。

2. 对治疗副作用的担心　患者对精神药物存在许多误解，如"是药三分毒""西药副作用大而中药没有副作用""长期吃药使人变傻"等，这些观念严重影响治疗的规划化和依从性。如果事先没有进行良好的沟通，当患者真正出现一些常见的副作用，如嗜睡和手抖等，就会强化患者和家属对药物不良反应的错误观念，导致患者频繁换药、病急乱投医，甚至产生医疗纠纷。

3. 对住院的担心　患者家属普遍担心住院可能对患者产生不良影响，如强迫患者住院是否会给患者留下永久的心理创伤？在一个"都是精神病"的环境里，患者是否会互相影响而导致病情更加严重？是否会受到其他患者的伤害？是否会接受传闻中的"残忍"治疗？这些都需要在患者住院前进行有效的沟通。

4. 由于亲人患病导致的各种不良心态　精神疾病，尤其是重性精神疾病对家庭影响非常大。家属在担心社会歧视和忍受患者异常行为的多重压力下，常出现各种情绪反应。由于社会上存在着对精神疾病患者的歧视和偏见，很多家属有病耻感。有的家属有内疚和自责感，在态度和行为上矫枉过正，影响治疗和康复的正常程序；有的家属则在照顾患者的压力之下，自己也逐渐发展成焦虑、抑郁患者，需要临床的专门处理。与家属的沟通难度丝毫不亚于与患者的沟通，如果忽视或者不能正确理解家属的情绪反应,势必埋下沟通失败甚至是医疗纠纷的种子。

三、诊断中的医学信息沟通

精神疾病的诊断信息主要通过交谈来获得,而需要进行沟通的躯体检查和实验室检查信息相对较少,这是与其他躯体疾病的诊断明显不同之处。与患者谈即精神检查,有时也包含病史采集(就合作的患者而言);与家属的交谈则是精神科的传统病史采集策略。对于轻症患者的诊断信息,应当首先选择与患者本人进行充分的信息交流,由患者决定是否告知他人;对于重症患者,特别是自知力缺乏的患者,沟通的内容主要是鼓励患者讲述自己的症状,最后的诊断则主要是与监护人和近亲属进行沟通,不得向其他任何人披露,除非法律有特殊规定。总的来说,精神疾病诊断信息的沟通和披露,涉及隐私保密的伦理原则和法律要求,一定要认真严肃地对待。

由于精神疾病患者的特殊性,专科教材中对各类精神疾病患者的沟通有专门详细的叙述,这里不再赘述。这里需要强调的是对自杀观念和行为的评估,与患者及家属的沟通非常重要。对自杀风险积极有效的评估、沟通和处理,能避免许多悲剧的发生和减少与此相关的医疗纠纷。

许多重性精神疾病患者对病史的陈述欠缺全面性与准确性,故需要向家属了解病史。但由于各种原因,不少家属在提供病史时,习惯性地按照自己并不准确的主观判断对病史进行不恰当的取舍。因此,在采集病史时,首先应该告知知情人尽可能客观、详细地描述患者的异常表现。如果判断家属对病史有隐瞒或夸大,应该再次诚恳地强调客观描述的重要性,并考虑通过询问其他知情人来互相佐证。

四、治疗中的积极沟通

一些精神疾病患者需要施行非自愿治疗,患方对于精神药物的副作用、疗效与疗程等问题存在诸多担心,需要积极主动地与之沟通。另外,一些特殊的治疗和处理措施,如电休克治疗和保护性医疗约束措施等,都需取得患者或家属的知情同意。

> 拓展阅读 10-7
> 对精神障碍患者家属询问要素及健康教育

1. **针对患方的医学与健康教育** 对患方教育的重点,应围绕患方最关心的问题,以及医生认为可能影响疗效与预后或容易产生误解的问题。

2. **适度告知患方治疗中的风险**

(1)治疗中的暴力、自杀(自伤)和躯体疾病的风险:这是精神科治疗过程中特有的风险,应当作为治疗决策的组成部分,与患者及家属进行认真的沟通。临床上有针对这三类风险评估的专门项目和工具,其中有些内容需要家属的密切配合。患者评估结果和拟采取的防范措施是医患沟通的重点,必要时应签署书面沟通文件。

(2)药物治疗的风险:新型的抗精神病药和抗抑郁药,其安全性和有效性都是经过严格的医学科学试验证明之后才会应用于临床的,只要合理、规范地使用药物,罕见出现危及生命的不良反应。常见的不良反应及其发生概率,在药品说明书上都有明确标示。向患者告知的重点是解释药物不良反应的表现、发生率及发生后如何处理等。需强调的是,在治疗开始时就应向患者告知上述内容,特别是要告知不良反应发生后的处理方法。

(3)详细解释药物的用法:也是精神科治疗沟通的重要内容。精神科药物的剂量加减都是逐渐进行的。临床上时常出现由于医生没有交代清楚药物用法而出现严重的不良反应,甚至引起医疗纠纷的例子。开具处方时不仅要详细说明用法,某些情况下还要要求患者重复一遍,以核实他是否真正理解了。

3. 给予患方治疗方案知情选择权　由于部分患者拒绝治疗，所以非自愿治疗是精神科的一个特殊而又常态的问题。传统观念导致一些医生和家属在治疗决定权上强势，有些家属则自作主张，随意改变治疗方案，这些做法都可能损害患者的利益。对于无自知力的重症患者，首先和家属协商治疗是法律允许的程序，但同时应当选择合适的时机向患者解释和说明治疗方案，因为患者对治疗的感受和反应是修正和完善治疗的重要反馈信息。关键是要树立尊重患者的自我决定权的伦理意识，而不是想当然地认为所有精神疾病患者都丧失了判断力。

4. 引导患者和家属配合治疗

（1）强调治疗依从性问题：多数精神疾病是慢病程，需要长期治疗。抗精神病药和抗抑郁药的规范和足够的疗程是治疗的关键，因此对于治疗依从性的沟通，是治疗决策中非常关键的步骤。

（2）劝说不愿接受治疗的患者：精神疾病患者不愿意住院、不接受治疗的比例是所有疾病中最高的，劝说的关键是深入了解和理解患者不愿接受治疗的真正原因，然后因人而异、因事而异地进行耐心的解释和说明。

第七节　传染科医患沟通

传染病是由各种病原体引起的能在人与人、动物与动物或人与动物之间相互传播的一类疾病。当被确诊患传染病后，患者不仅自己要遭受疾病折磨，更痛苦的是自己成了对周围人造成威胁的传染源，所以传染病患者在心理行为方面极易发生剧烈变化。

一、传染科常见病特征

1. 有病原体　每种传染病都有其特异的病原体，包括病毒、立克次体、细菌、真菌、螺旋体、原虫等。

2. 有传染性　病原体从宿主排出体外，通过一定方式，到达新的易感染者体内，呈现出一定传染性，其传染强度与病原体种类、数量、毒力及易感者的免疫状态等有关。

3. 有流行性、地方性和季节性

（1）流行性：按传染病流行过程的强度和广度可分为散发、流行、大流行、暴发等情况。

（2）地方性：是指某些传染病或寄生虫病，其中间宿主受地理条件和气温条件变化的影响，常局限于一定的地理范围内发生，如虫媒传染病和自然疫源性疾病。

（3）季节性：指传染病的发病率，在年度内有季节性升高，这与温度、湿度的改变有关。

4. 有免疫性　传染病痊愈后，人体对同一种传染病病原体产生不感受性，称为免疫。不同的传染病、病后免疫状态有所不同，有的传染病患病一次后可终身免疫，有的还可再次感染。

二、传染科患者身心特点与社会因素

1. 自卑　因为传染病患者有时需要被隔离，所以患者怕被歧视、被疏远和冷落，故不愿暴

露病情等真实情况，其过度自我保护会影响医护人员对病情的了解和判断。

2. 抑郁、自责　部分患者的疾病是因患者之前在生活中卫生意识不强，甚至因性生活过度放纵而引起，使得患病后常常自责不已。慢性传染病病程长，易反复，在治疗上不仅耗费了大量的时间，经济的支出也让患者对家人有内疚感，感觉自己是一个累赘，思想负担极重，故患者可表现为抑郁、焦虑、情绪不稳，严重者会出现轻生的念头。

3. 孤独、寂寞　病情严重的患者需要长时间隔离治疗，长久地与亲人、同事分离，难免会孤独、寂寞。由于患的是传染病，担心自己的病不小心就会传染给他人，怕被人瞧不起，不愿与别人交往，又希望有亲友前来探视，内心矛盾而孤寂。

4. 过度担忧及放任心理　有些患者对传染病过度担忧，担忧被传染上其他的传染病，不敢接触病房内的其他物品，不敢活动，显得过分小心和疑虑。而有些患者由于缺乏对传染病的了解，则表现出放任的心理，不遵守消毒隔离制度，生活随便，互串病房。

5. 四处投医，盲目治疗　患者在求治心切的影响下，常出现四处投医、不规范治疗的情况，而这又可能造成病情的延误，对患者身心产生新的不良影响。

典型案例 10-6
信息不全造成的误诊

6. 参与诊疗意识过强，自行更改治疗方案　传染病的实际治疗过程中，患者往往缺乏依从性、不遵从医嘱，以及轻信虚假广告而擅自停换药物，从而导致病情反复甚至恶化。

三、常见医患沟通问题及化解

1. 告知患者病情的风险程度　在诊疗过程中，要充分尊重患者的知情权，及时告知患者及其家属患者所患的疾病、病情发展的程度、疾病的预后，以及哪些医疗措施可以选择、各有什么利弊和可能存在的风险，让患者及其家属做到心中有数，以免遇到问题时，因毫无准备而产生怨恨、怪罪。

2. 征求不同治疗方案　与其他系统疾病一样，传染病的治疗方案并不是唯一的，有时可以有多种方案选择。在这种情况下，医生应该将每一种治疗方案的适应证、剂量、疗程和利弊等告诉患者，让患者在对自己病情及治疗方案充分知情的基础上选择一种治疗方案。

3. 引导患者配合治疗　传染病，特别是慢性病毒性肝炎，由于疾病自身的特点，需要长期观察、治疗，因此患者的依从性对疗效和预后影响很大，一定要争取到患者的积极配合，以期达到治疗的目的。

4. 加强健康教育　传染病患者最怕的就是传染，既怕自己的病传染给家人、朋友，又怕别人的病传染给自己。因此，无论在门诊还是病房，健康教育应贯穿始终。健康教育的对象，不仅是患者，还应该包括患者的亲朋好友。告诉他们疾病的传播途径和防护知识，平日的饮食起居，如何与他人正常相处等。

5. 加强患者之间的联系　患者住院期间，医护人员可有意识地安排那些心情开朗、对自己病情有正确认识的患者主动和其他患者交流，患者之间的相互帮助常常能起到减轻和消除患者心理压力的作用。例如，可以让患者之间互相交流、互相鼓励，并且医生给予定期指导。

第八节 中医科医患沟通

一、中医科患者的心理特征

1. 挑剔心理　患者常常认为"中医越老越吃香""老中医医生只要搭搭脉、看看舌苔就能识出病根",而年轻中医则很难取得他们的信任。所以,名中医往往一号难求,而年轻中医诊室则门可罗雀。部分患者对医生探脉水平尤为关心,对中医理论有一种神秘感。

2. 期待心理　患有心脑血管疾病、糖尿病,以及心身性、免疫性、代谢性等慢性复杂病症的患者常常四处打听名医,辗转慕名而来,容易对所要求诊的中医产生神秘感和过高的心理期望值。

3. 受暗示心理　中医诊疗疾病强调整体观念。通过"望、闻、问、切"收集信息,运用"四诊八纲""六经与脏腑辨证"等中医理论,确定理法方药,诊病方式独特。中医在医患"一对一"个性化交流过程中重主观感受(症状变化)、轻理化检查的倾向常较明显,加上患者十分关注自己的健康,自身医学知识又不足,极易接受来自医方的暗示。

4. 依赖心理　由于受人照顾的时候较多,患者角色行为不断强化,社会角色容易退化;自我中心加强,兴趣狭窄;全神贯注于自身机体,行为变得被动,故对他人的依赖性增强,表现为一切起居均听医嘱,症状稍有改变即诚惶诚恐、患得患失。

5. 恐惧心理　针灸、拔火罐是中医特有的治疗手段,初诊患者对针灸、拔火罐等缺乏感性认识,加上对疾病预后担忧,容易产生恐惧感,尤其对需要用长针治疗头面部疾患的患者来说,更是如此。

二、诊断中的医学信息沟通

1. 望诊信息沟通　望诊包括望患者的神色形态、舌苔等,富有经验的中医可通过观察机体表现的各种外象,测知脏腑功能强弱及气血阴阳盛衰,判断病情。所谓"望而知之谓之神"。尽管如此,仍需排除先天肤色、化妆、药食染苔、一时情绪失控等多种因素造成的干扰,此时就必须通过语言沟通来进行甄别。关键性的信息(如面部气色晦暗常代表病情深重)可教会患者在日常生活中进行自我观察,以便调整不合理的饮食起居和生活方式,并配合医生加速康复步伐。

2. 闻诊信息沟通　"闻而知之谓之圣",闻诊包括:①听声音,听患者的言语气息、呼吸、咳嗽、呕吐呃逆声等,通过清浊、高低等情况判断疾病表里虚实;②闻气味,特殊气味能反映疾病的特征,有助于病机的分析判断。例如,口气臭秽属积热、酸臭属积滞。由于闻诊主要靠医生用心体验,沟通中需多做些解释性的工作,以取得患者的理解。

3. 问诊信息沟通　中医问诊内容十分广泛,为防止遗漏重要信息,前辈专门制定了"十问歌"。问诊中应注意态度和蔼、语言亲切,围绕主要病症进行有目的、有步骤的询问,既要突出重点,又要全面了解。问后注意倾听,不要粗暴打断患者的话语,即使患者答非所问,也要巧妙引导患者转到自己关心的话题上来,并且应当对患者的主诉格外重视,在得出病理机制后,一定要给予耐心的解释。

4. 切诊信息沟通　包括脉诊和按诊，是医者运用手和指端的感觉，对患者体表某些部位进行触摸按压的检查方法，包括切脉和体表部位的触诊，均要做到动作轻柔、细致有序。

三、治疗中的积极沟通

1. 针对患方的医学与健康教育

（1）需要告知患者的中医基本知识：中医的阴阳五行、脏腑经络学说，外感（风、寒、暑、湿、燥、火）及内伤（情志与饮食）病因学说，应用通俗易懂的方式，向患者做一个简单的讲解。

（2）运用情志学说告知患者自我调节情绪的方法：七情（怒喜忧思悲恐惊）过度对脏腑功能的影响，应当告知患者及家属，如盛怒伤肝、大喜伤心等，并让患者及家属了解情志疗法的原理，如怒伤肝、悲胜怒、喜伤心、恐胜喜等，使其配合调整，以纠正长期处于某种过于偏激的情绪对身体造成的不良影响。

2. 告知患方治疗中的风险　由于中药主要采用天然植物、矿物及动物来防治疾病，故相对较为安全。但常言道"是药三分毒"，用药期间也必然会伴随一定的风险，对此中医医生应当告知患者，如黄芩、黄连等苦寒药久用可能会影响食欲，或可能导致轻微腹泻等。

3. 告知患方服药的注意事项　由于中药的给药途径、煎煮方法和服药方法各异，需要耐心向患者及家属说明，如对处方药物的煎煮方法有不同要求的，包括浸泡时间、用水量和火力（急火或文火），其中还有先煎和后下，需要特别交代清楚。对生活起居中的注意事项，包括饮食禁忌、心理调适、合适的运动方式与运动量等，均要详细告知患者。

4. 给予患方治疗方案知情选择权　对于患有过敏性疾病、晚期肿瘤、各脏器慢性炎症等的患者，现代医学本身有明确的抗过敏、抗肿瘤和抗感染治疗指征。给予中医药治疗方案时应当详细告知中西医各方案治疗的利弊，由患者或其法定代理人在充分知情的基础上，自主选择并签字。

5. 引导患者和家属配合治疗　中医独特的病因学说认为，疾病的发生大多非单一因素，而往往是综合了天气（六淫）、七情、饮食等混合因素，故治疗除了辨证论治、针对性地用药外，还包括合理调节情志（控制和改变不良情绪）、调整起居（改变不良生活习惯）、改变不良饮食嗜好、辨识不良气候并针对性防范等。医生应当用类比等通俗易懂的方式，使患者明白并逐步掌握其中的要领，从而引导其配合治疗，达到事半功倍的效果。

第九节　其他科室的医患沟通

一、肿瘤科

肿瘤，尤其是恶性肿瘤已经成为当前危害人类健康的主要疾病之一。无论从文化观念的角度，还是从疾病的治疗及转归过程角度，都是患者及家属难以接受的，甚至确诊癌症就认为已经被判了死刑。癌症的治疗不同于其他疾病的治疗，除了治疗周期长外，即使在治疗过程当中疾病仍有转移复发的可能，并且常出现患者难以忍受的不良反应。因此，针对这种疾病治疗的特点，应建立积极的沟通方式，促进医患交流，才能更好地保障患者的生命安全和生活质量。

（一）疾病特征
1. 恶性肿瘤分布面广，危害性大。
2. 恶性肿瘤为广谱性疾病，治疗需要多学科参与。
3. 恶性肿瘤治疗效果不确定，治疗费用高昂。
4. 恶性肿瘤治疗方法复杂，没有通用的治疗规范。

（二）患者身心特点及社会因素
1. 恐惧心理　由于对肿瘤的认识程度不同，患者及家属往往有恐惧心理，害怕预后差，害怕死亡，寝食难安，会反复向医护人员和同种疾病的患者打听与自己疾病相关的信息。特别是恶性肿瘤患者的恐惧心理更为明显，甚至有患者产生绝望心理。
2. 怀疑、否认心理　被确诊为恶性肿瘤的患者一开始大都怀疑是误诊，心理矛盾，情绪紧张，会想方设法从各种渠道获得有关恶性肿瘤的检查和诊断方法，甚至到上一级医院去寻求诊断和治疗。
3. 自卑心理　有些肿瘤患者，如乳腺癌患者，因患处外观的改变或失去，而感到自卑及担心被嫌弃。
4. 悲观失望　当患者得知所患肿瘤为恶性时，常表现为极度悲观失望，情绪低落，对治疗措施抱以淡漠态度，甚至出现轻生的念头。
5. 投机心理　疾病后期，在求治心切的影响下，患者及其家属常常抱着"死马当活马医"的心态四处求医，甚至接受各种不规范治疗，部分患者因此反而病情加重，加速死亡。
6. 主要社会因素
（1）性格特征：研究发现，C型人格（癌症倾向人格）与癌症的发生密切相关。
（2）高危人群的"癌症圈子"：种族、生活方式、风俗习惯、宗教、文化、经济地位及职业等因素均与癌症的发生有一定的关联。
（3）癌症患者生活经历的一致趋势：癌症患者存在类似的生活经历，如不幸福的童年，感到孤独、孤立，与父母一方或与双亲关系紧张或有敌意，没有爱抚也没有友谊；青年时代性格内向，在工作和生活中情绪不易流露；经历重大生活事件，如痛失爱子、配偶死亡等打击后情绪心理反向补偿，由丧失变为无望的抑郁。癌症患者的心理状态还与其社会生活状态相关，表现在婚姻不如意、社交范围小及社会支持度低等。

拓展阅读 10-8
C型性格

（三）医患沟通的途径和趋势
1. 在充分了解病情的基础上，客观告知患者及家属相关疾病信息　医务人员应该充分了解患者的病情，做好各项检查，给予患者尽可能准确的分期，并根据不同的分期结果，做出相应的预后判断。在此基础上，医务人员应真实客观地告知患者及家属病情，给患者一个较为准确的对于疾病整体的信息。特别强调的是，由于恶性肿瘤病情特殊，患者家属往往要求对患者隐瞒真实病情，但正确的方法是应如实告知患者病情。
2. 做好针对患方的医学与健康教育　对癌症患者的医学与健康教育应循序渐进，分阶段进行，包括疾病知识的教育、手术治疗的教育、放疗和化疗知识的教育及康复期的健康教育多个环节。

3. 提供相应的治疗方法供患者及家属选择　由于恶性肿瘤属于尚未解决的医学难题，治疗过程较为复杂及多样，诸多问题医学界尚无定论，各种新药不断上市，治疗方案也不断更新，因此需要临床医生把握学科动态，客观真实地提供给患者治疗方案的相关信息，从而有效地帮助患者及家属做出选择。要尽量提高患者的知晓度，将每种治疗方法的利弊如实告知患者及家属，让患者参与其治疗决策，使患者对疾病的治疗有强烈的参与感，并使得医患之间能够发挥双方的积极性。

4. 适度告知患方治疗中的风险　恶性肿瘤治疗周期长、治疗复杂，各种治疗所引起的副作用必须事先说明。由于化疗周期较长和疗效的不确定性及可能产生的毒副作用，大多数肿瘤患者对化疗表现出拒绝、恐惧、焦虑或消极抵抗情绪。因此，做好医患沟通与交流，是保证治疗方案顺利实施和争取获得最佳预期治疗效果的重要前提。

（四）常见医患沟通问题及化解

1. 因患者对诊断方式误解导致的沟通问题　癌症患者常常对一些诊断手段比较担心，尤其对一些有创伤性的诊断手段比较抵触，担心诊断方式导致肿瘤转移，又怕诊断时间长延误治疗。充分地沟通和告知诊断方法和其目的意义，对患者接受诊断检查非常必要。例如，肝占位性病变患者担心肝穿刺会使癌细胞转移，从而拒绝肝穿刺活检，此时就应该通过沟通了解患者的担心，给予必要的信息，以减少患者对此诊断方法的不确定感。

2. 因患者感觉治疗效果不佳而导致的沟通问题　每位患者和医生都期待好的治疗效果，但是癌症治疗的实际情况不一定尽如人意，而且患者对治疗效果可能有着自己的理解，和医生的理解不完全一致，就可能因此出现一些误解而产生医患矛盾，若不及时与患者及家属沟通很可能造成医疗纠纷。

3. 癌症晚期不适合放化疗而进行姑息治疗，引起患方不接受的沟通问题　一些晚期癌症患者已经没有做放化疗的必要，过度治疗只能降低患者的生活质量，而姑息治疗为患者提高生活质量有很重要的意义，但患者家属往往不能接受患者已处于癌症晚期的事实，以及不能接受"已无法抗癌治疗"的事实，这时往往会出现沟通问题。

二、口腔科

口腔是人体健康的一面镜子，是消化系统的起始端，是面部美学的重要内容，世界卫生组织早已把口腔健康作为人体健康的十大标准之一。口腔疾病是人类的常见病和多发病，口腔的健康不仅关系到咀嚼功能，还直接影响消化功能和营养的摄取，是全身健康的基础。此外，口腔还与呼吸、言语、表情、美容、味觉及心理状态关系密切。

（一）疾病特征

1. 疼痛　与炎症、外伤、肿瘤、溃疡、肿胀等有关。疼痛的主要特点是自发性剧痛、自发性隐痛、激发痛和咬合痛。因病因不同，牙痛的性质、部位、持续时间及与外界刺激的关系等均会有所不同。

2. 口腔黏膜改变　与口腔炎症、肿瘤、外伤、手术、口腔卫生不佳等有关。

3. 有感染的危险　与外伤、手术、口腔不易清洁、机体抵抗力降低、营养不足等有关。

4. 语言沟通障碍　与疼痛、口腔颌面部肿胀、张口困难、外伤、术后禁止发音等有关。

5. 自我形象紊乱　与颌面部畸形、外伤、面神经麻痹、颌面部疾病和手术造成组织缺损等引起的外表变化有关。

6. 营养失调　与口腔颌面部软组织损伤、炎症、畸形、肿瘤等影响进食及营养知识缺乏等有关。

（二）患者身心特点与社会因素

由于口腔疾病具有发病率高、病程长、常影响患者的生理功能与美学等多个方面，且与身心健康关系密切等特点，因此口腔科的患者常常有自卑、恐惧、轻视、焦虑等特点。

1. 自卑　健康的口腔和美丽的牙齿是人体外表形象的重要表现，口腔颌面部因先天或疾病因素导致异常、变形、破坏或缺损，不仅影响正常的生理功能，也影响面容美观，从而会对患者产生较大的心理压力，导致与人交往时出现自卑。

2. 恐惧　多数患口腔疾病的患者都是在正常知觉的情况下或者在局部麻醉的情况下接受检查和治疗的，故意识清晰，能听到电机和涡轮机高速运转的声音，品尝到钻头磨牙时神经尖锐的酸痛感、感受拔牙时的疼痛等。尤其是儿童，更容易对口腔操作产生恐惧感。少数患者经历过不愉快的口腔诊疗后，会产生不良的情绪记忆，导致很长时间都不愿意再看牙病。

拓展阅读 10-9
牙科恐惧症

3. 轻视　牙病通常以局部症状为主，没有严重的全身症状，不直接危及生命，所以不容易引起人们的重视，很多人认为"牙疼不是病"，即使"疼起来真要命"了，经过简单的消炎治疗后，待疼痛一缓解，不少患者又会抱着得过且过的心理，不愿再去看医生。

4. 焦虑　不少口腔内科疾病，如口腔溃疡、牙痛、灼口综合征等有反复发作、疼痛等特点，给患者的生活造成一定的影响，并会导致其对疾病的预后有不同程度的担心，从而引起焦虑、睡眠障碍等。

5. 社会因素　长期以来，我国社会上对口腔疾病预防保健和治疗的知识宣传普及不够，口腔医疗的资源比较匮乏，而且各地区发展也不平衡。人民群众对口腔疾病了解较少，对口腔健康保健要求不高，这些已经影响到口腔疾病预防和治疗的普及与推广。

（三）医患沟通的途径和趋势

与口腔科患者的信息沟通，从初诊开始通过详细认真的临床检查和问诊交流就应当付诸实施。问诊交流时重点应关注和了解病变的部位、发生时间、有何症状、可能的原因、病变的程度、发作的特点、既往的发生和进展情况、治疗的方法和效果、患者对诊断和治疗有何要求和期望、全身其他系统的健康状况、有无不良生活习惯和特殊嗜好等。

1. 针对患者的口腔疾病进行知识与健康教育　让患者了解一些基本的口腔医学疾病知识，如基本的牙齿结构及组成、常见口腔疾病治疗方法等，提高大众和患者的口腔卫生保健观念，让越来越多的人意识到要定期到医院做口腔检查。

2. 适度告知患者治疗中的风险，签署手术协议书　任何治疗都存在风险，口腔科的治疗也不例外，如口腔外科手术、口腔修复手术可能损伤牙槽神经，引起患者术后长时间局部神经麻木、疼痛等。故在治疗前，医生需要告知患者可能存在的风险，尽可能签订《口腔治疗知情同意书》，以避免一些潜在的医患纠纷。

3. 给予患方治疗方案知情选择权，若改变治疗方案需及时与患者沟通　在同一种疾病有几种不同的治疗方案的时候，需要用通俗易懂的语言告知患方不同治疗方案的利弊（如在义齿修复中，活动义齿、金属冠、烤瓷冠、全瓷冠、种植义齿的优缺点，以及各自的费用等），并给出一定的建议，最后让患者结合自己的实际情况做出选择。如果在治疗过程中，因不可预测或不可抗拒的因素，不得不临时改变治疗方案，应及时与患者或家属沟通，征求患方的同意后再进行下一步治疗。

4. 引导患者和家属配合治疗　利用图书画册、口腔模型、计算机图形等形态学资料和视觉工具可帮助患者及其家属理解口腔疾病的病因、治疗方法和治疗效果等，从而促使他们更积极地配合疾病的治疗。

5. 对有口腔科恐惧症的患者，要注意沟通以建立信任　要耐心讲解和演示诊疗过程，并利用口服镇静药物、静脉镇静药物等进行镇静治疗和无痛治疗，减轻患者的恐惧感，使治疗更加顺利。

6. 注意与患儿的交流，增加其配合度　少儿期是口腔疾病的多发期，尤其是牙体牙髓疾病和牙颌畸形，而年幼的儿童出于对治疗的恐惧，往往配合度较低，有的甚至无法治疗。医护人员需要掌握一定的儿童心理学知识，用亲切的语言及和蔼的态度与患儿沟通，帮助患儿消除恐惧感。

（邹　涛）

复习思考题

1. 与临床各科患者的沟通有没有特殊性？为什么？
2. 外科与内科的患者相比有什么特点，术前、术中、术后的沟通应该注意哪些问题？
3. 儿童有哪些认知特点，针对儿科的患者，医护人员应如何进行沟通？
4. 简述急诊患者的特殊性及怎样做好与急诊患者的医患沟通。
5. 促进传染科患者高效治疗的沟通要点是什么？
6. 与恶性肿瘤患者及家属沟通需要注意些什么？

网上更多……

　本章小结　　　自测题　　　教学 PPT　　　微课

第十一章
冲突情境下的医患沟通

关键词

人际冲突　　　医患冲突　　　医患纠纷　　　医患沟通

> 冲突一般是指对立的双方在观念、利益、行为或态度、期望等方面的分歧、争执或对抗。冲突通常发生在不同的个体与个体、个体与组织之间，可以表现为高度克制的抵触状态到侵犯对方合法权益的行为。医患冲突是指在医疗实践过程中，医方与患方之间对某些医疗行为、方法、态度及后果等存在的分歧、争执或对抗。医患冲突具有突发性、复杂性和危害性的特征，并且冲突中医患双方通常存在信息沟通障碍。医患纠纷是医患冲突的严重和复杂形式。医患冲突情境下的医患关系是一种不稳定状态，双方的信任度下降，如果缺乏进一步的有效沟通，有可能演变为不安全的、更复杂的状态。充分有效的医患沟通是化解和处理医患冲突的最重要的基础和前提。医患纠纷中的医患沟通应遵循平等和尊重、以人为本、依法和守德的基本原则。医患沟通覆盖处理医患纠纷的全过程，需要从心理学层面、伦理学层面和法学层面进行全面细致的解析。

知识导图

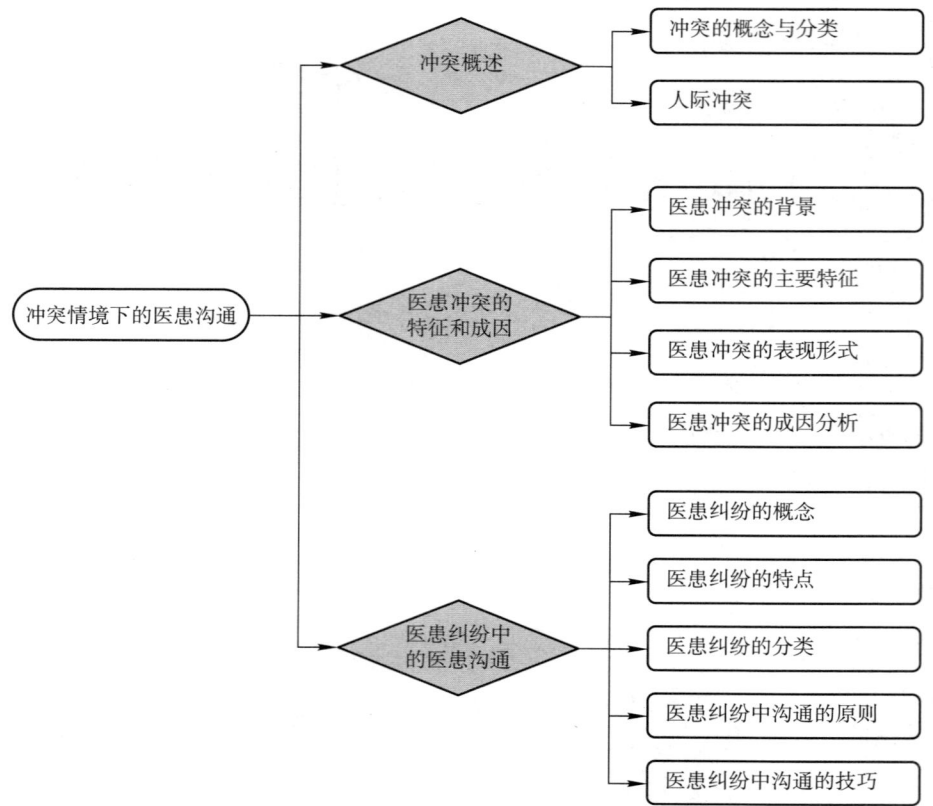

第一节 冲突概述

一、冲突的概念与分类

(一)冲突的概念

冲突(conflict)是指对立的双方在目标、观念及行为、期望上不一致时所产生的分歧或对抗。冲突可以发生在个体与个体、个体与群体、群体与群体之间,是对立双方的社会互动过程。

冲突包含以下几个主要因素:①至少卷入了两个以上涉及冲突的客观实体;②存在意见的对立或不一致,并具有互相影响的作用;③冲突中各方的不一致或对立都能被彼此感知到,并出现了相互影响和相互干预的想法和行为;④冲突中的各方存在着彼此不一致的利益倾向。

传统观点认为冲突是有害的,会给彼此造成不利影响。冲突常常成为个体或组织机能失调、非理性、暴力和破坏的同义词。因此,传统观点认为应该尽可能避免和清除这种冲突。冲突的人际关系观点认为,冲突是无法避免的客观现象,不一定都会带来不利的影响,也有可能成为有利于人际交往或组织工作的积极动力;认为既然冲突是不可避免的,在人际交往过程中就应该接纳冲突现象的发生和存在,承认其存在的必然性和合理性。现代管理学研究提出了冲突的互动作用观点,认为和平安宁的组织容易对变革和创新过程表现为静止和迟钝,管理者应该鼓励某些有益的冲突。一些冲突可能是有益的,冲突会促进个体自我反思和提高,促使组织不断革新并保持活力。

(二)冲突的分类

按照发生的原因和内容,冲突可分为种族冲突、宗教冲突、政治冲突、资源冲突、人际冲突(医患冲突、价值观冲突等)。按照冲突中出现的客观实体,冲突可分为个体内部冲突、个体之间冲突、个体与群体或组织之间冲突、群体与群体之间或组织与组织之间冲突等。按照发生的场景,冲突又可分为家庭内部冲突、医疗场所冲突(如医患冲突)等。

二、人际冲突

(一)人际冲突的定义

人际冲突(interpersonal conflict)指的是发生在相互依赖的个体和群体间互相知觉到的各自既定目标的不一致、出现了干涉行为及同时伴有消极情绪体验的动态过程。人际冲突是一种广泛存在的社会现象,是人际交往中普遍存在的一种社会互动现象,人与人之间利益倾向的不同、沟通的障碍、文化和认识的差别、个性的差异,都有可能造成冲突的发生。

人际冲突的来源十分复杂,包括因为争夺有限资源引起的冲突,因某些个人需求或者个人利益不同引起的冲突,还可以因价值观、信念与态度的差异、认知差异、沟通的障碍引起冲突。另外,具体的冲突情境与不同冲突来源的交互作用,影响着冲突的发生发展。

拓展阅读 11-1
人际冲突的理论模型

（二）人际冲突的应对模式

由于每个人成长经历不同，人格特征、社交技能和行为方式也不相同，对人际冲突的认识和态度也不同，每个人应对冲突的行为模式和处理策略也会有所不同。以利益冲突为例，人们应对冲突事件常见的行为表现为：①回避。冲突发生后，包括潜在的冲突，试图不作处理，置身事外，既不满足自身利益也不满足对方的利益。②强迫。只考虑自身利益，为达到自己的目标而无视他人的利益。③迁就。屈从于对方的意愿而牺牲自身利益。④合作。尽可能满足双方利益，寻求双赢局面。⑤折中。双方都有所让步，放弃部分自己的利益。

应对冲突的行为模式的常见影响因素包括：冲突双方的行为倾向或偏好，社会压力或群体规范，激励结构或利益分歧，互动规则等。

拓展阅读 11-2 冲突的处理策略

第二节　医患冲突的特征和成因

医患冲突（doctor-patient conflict）是指在诊疗、护理等医疗实践活动过程中，医方与患方之间对某些医疗行为、医疗手段或方法及医疗后果存在着分歧、争执或对抗。医患冲突是一种特殊的人际冲突，是对立的双方在观念、利益、行为、态度及期望等方面都存在着分歧和对立，这种冲突通常发生在医患双方个体与个体、个体与组织之间，可以表现为高度克制的抵触状态到侵犯对方合法权益的极端行为。

一、医患冲突的背景

1. **医疗服务资源不足与群众日益增长的需要存在矛盾**　长期以来我国人口基数巨大，医疗卫生资源不足、基层医疗卫生机构的服务质量和医疗条件不能满足广大群众日益增长的对高水平医疗服务的需求，造成大量人群看病纷纷涌向大城市大医院。患者的无序流动造成城市大医院超负荷运转，看病的不方便引发多数患者的不满和抱怨，医患冲突发生率呈逐年增长趋势。同时，大医院医生超负荷接诊患者，必须尽快做出诊断和治疗，没有时间和精力与患者耐心地沟通和解释。医生在工作任务重、压力大的情况下，容易与患者的沟通做不到位，导致医患之间的误解和矛盾，这是医患冲突的常见原因。

2. **现有医疗保障制度与群众的经济承受力之间存在矛盾**　疾病造成的经济风险是大多数社会成员无力单独承担的，因而就有了社会保障制度的诞生。目前，我国基本医疗保障体系正在逐渐完善过程中。许多医院特别是民营医院的发展建设和运行费用还有一部分需要靠医疗服务创收来解决，使医院的医疗服务被赋予消费和市场色彩；对于患方来说，由于当前的医疗保障体系还在不断完善过程中，患者可能会承担较多诊疗费用。这些矛盾会影响正常的医患关系，是医患冲突潜在的导火索。医疗保障制度不完善导致医务人员和医院不得不直接面对患者对高额医疗费用的质疑。

3. **医疗服务的现状导致医患双方之间的信任度降低**　现代高科技技术的应用和医疗资源的不充足，医疗服务行业也受到市场经济的影响，迫使医疗服务机构在发展过程中，履行治病救人的基本职能的同时，也需要兼顾经济效益。因此医疗机构的发展存在一定程度的市场化现象。现代医学发展虽然大大改善了人类的健康状况,但是还有很多难题没有攻克,加上患者的个体差异,很多疾病的疗效难以预测;许多检查方法和治疗手段,本身就具有一定的侵入性和损害性,许多患者不能理解和接受这些事实。患者对医疗服务缺乏风险意识,对治疗效果期望过高,认为只要进了医院就一定能治好病,只要花了钱就应该治好病,若达不到期望效果,就归咎于医院和医务人员。这些矛盾渗透到医患关系中,影响医务人员的声誉,导致医患双方之间的信任度降低。

4. 医疗行业高风险性与医疗风险分担机制之间存在矛盾　医学科学的局限性、疾病本身的复杂性及不可预见性决定了医疗行业是高风险行业,在医疗实践活动中存在意外和一定概率的错误率甚至事故率。此种风险通过医疗责任保险等有效方式分担及化解医疗风险的有效机制尚不健全,一旦出现医疗纠纷,患者的不满就会直接指向医院和医务人员,甚至导致医患之间的直接冲突。

5. 表现形式激烈和处理难度大　不少医患冲突急剧升级,演变成暴力事件。部分患者家属采取过激的态度和行为,包括围堵医院或病房、在医院公共场所祭拜、纠缠和围攻医护人员等,引来大量群众围观,造成不良社会影响,扰乱正常就医环境,给院方施加压力,要求满足自己的诉求,目的利益化明显。医患纠纷出现后多数患者家属情绪反应强烈,对行政部门的介入和处理有抵触情绪,造成调查、取证困难,难以及时解决。有的患方利用互联网发布片面的信息,而公众因不了解事件真实完整的过程,容易片面理解而有过激回应,使得医患冲突的处置工作难度增大。

6. 社会危害性大,造成恶劣影响　医患纠纷特别是掺杂医闹事件会扰乱正常的医院工作秩序和人民群众的就医环境,医护人员在医疗实践工作中,在临床决策过程中可能倾向于采取消极保守的治疗方法,以回避医疗风险。这些行为将影响医学科学的进步和发展,最终损害患者的利益。一些严重的医患纠纷如果得不到妥善处置,还可能引发群体性事件,对社会稳定造成严重影响。

二、医患冲突的主要特征

1. 突发性　随着问题和矛盾的积累和激化,医患双方在不良的人际互动过程中,过激的反应和行为常常会一触即发;从开始的潜在不满情绪和抵触状态,升级为影响和阻碍常规医疗活动的过激行为,给患者及医务工作者均带来了紧张和恐慌,造成医疗服务系统的临时性混乱,医患冲突随时爆发,不易估测。

2. 危害性　医患冲突干扰和破坏了医院正常的诊疗秩序,严重影响医务人员的心身健康,威胁着医务人员的生命安全,对患者及家属造成了双重损害;另外,处于冲突中的医护人员也无法正常地进行医疗活动,无形中削弱了医院的医疗质量,给在院就医患者带来安全隐患,也影响其他患者的就医诊疗。医患冲突事件中的高额赔偿金消耗了公共资源,医疗单位的秩序被破坏,也扰乱了社会稳定和安宁,给医疗卫生服务系统及社会带来的连带效应与隐性损失不计其数。

3. 媒体和社会舆论的倾向性　广大群众看病就医是重要的民生问题,医患冲突必然会引起社会公众的关注和媒体介入。病痛就医的患者是作为弱势群体的特殊社会角色,媒体对患者常常带有非理性的同情和社会舆论的倾向性。所以一些媒体在报道医患冲突时,常常有意或无意表现出对医学领域一些基本常识的欠缺,以及对专业领域知识缺乏基本尊重,缺乏公正与理性地看待医疗卫生服务的特殊性,将对立的矛头指向医者,加剧了医患双方的对立情绪。

4. 医患之间信息沟通障碍　医患沟通的目的是医患双方能够达到合作信任关系，有利于疾病的诊断和治疗，并且能够起到医患间关系润滑剂的作用。由于当前医疗环境中，医护人员工作负荷重，没有精力和时间与患者进行充分的信息交换和交流，并且对医患沟通的重视程度不够，使医患双方信息沟通不畅，在获取和整合相关信息时出现障碍。

三、医患冲突的表现形式

在医疗实践中，医患冲突的表现形式多样，从不同的视角可以把医患冲突分为以下几种。按冲突的性质可分为：情绪冲突、行为冲突、认知冲突、期望冲突、目标冲突、利益冲突等；按冲突涉及的内容可分为：非医源性冲突、医源性冲突等。由于医患关系矛盾、医患冲突、医疗纠纷、医疗事故等概念有重叠甚至混淆不清，本章按冲突涉及内容分类（图11-1）。

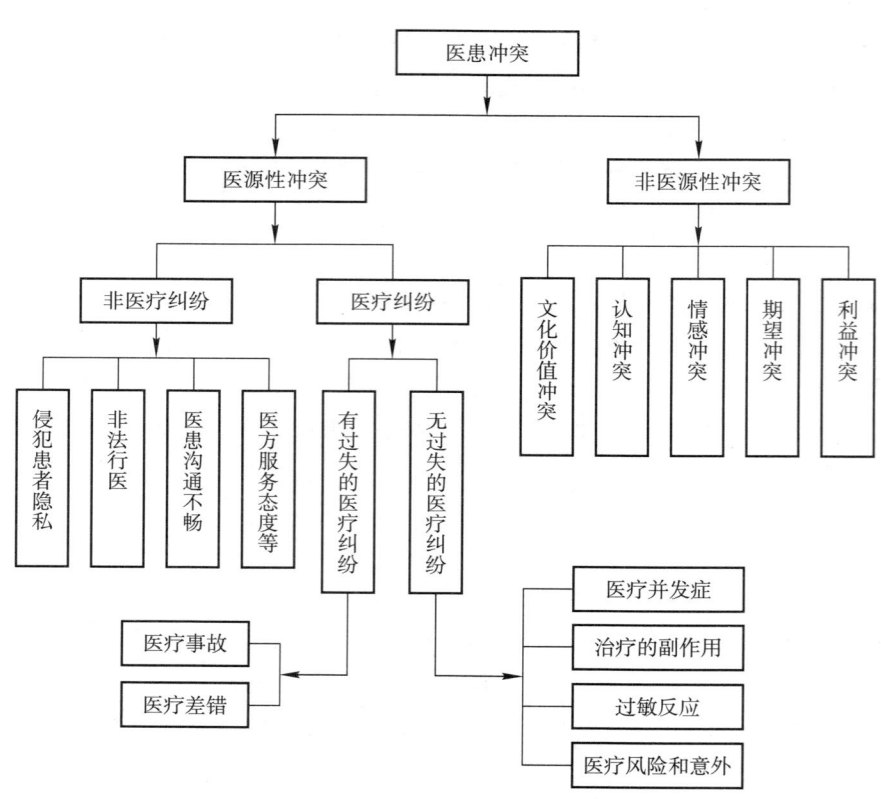

图11-1　医患冲突的分类

四、医患冲突的成因分析

医患冲突的产生原因是多方面的。社会层面的原因，包括医疗资源分配不均衡、人口基数巨大而政府对医疗服务投入相对不足、医疗保险体制还在逐渐完善过程中及社会对医疗服务的期待值过高等；医院层面的原因，包括医院管理存在薄弱环节、医疗水平及医疗服务能力和质量不能满足快速增长的社会需求等；管理层面的原因，包括医患双方的利益冲突、医患对医疗过程及结果认识的偏差、信息沟通不畅及媒体舆论导向偏差等。

1. **医患双方的利益冲突**　利益冲突是指不同利益主体对各自利益目标的互不认同，每个利益主体为了保护自身利益对另外一方具有对抗的态度或行为。由于我国目前医疗保障制度还在不断完善的过程中，治疗过程中一些患者自己可能要承担一部分费用，如果疾病未能得到治愈或好转，一些不富裕家庭今后生活的基本保障会受到影响，因此有些患者可能采取不合理的极端方法，来获得相应的利益补偿。一些患者对医生获得利益存在不客观认知，由于医生职业群体中有少数谋取非正当利益的医者，会扰乱公众对医生群体的判断，导致许多患者错误地认定多数医者行医过程中会追逐额外的利益。另外，医务人员在冲突事件中如果被鉴定是医疗差错或事故，将面临经济赔偿或其他处罚，同时职业发展受到影响。这些因素均导致医患关系的恶性循环，必定造成医患冲突外化。

2. 医患双方的认知差异　是指医者与患者在医学诊疗活动中对同一事实或结果存在认知差异，并存有一定的矛盾对立状态。由于医生和患者彼此的知识体系、认识事物的角度及在医疗活动中所处的位置不同，造成医患之间的认知差异。医患双方对人生健康观、疾病的认识、痛苦的感知、医学诊疗技术的了解与期待、死亡的态度等方面存在认知差异。医者是从医学科学专业的视角，分析和解释疾病的原因、临床症状及可能的转归，需要从事实依据、科学分析及实践经验来判断和处理问题，保障医学诊疗活动的科学性和有效性，理性成分更多；患者及家属因缺乏系统的医学知识，对专业医学常识了解甚少，不能理解医学技术的局限性，不能理解临床决策过程中任何疾病的诊断和治疗都需要权衡利弊。

医者在诊疗活动中将患者的利益放在第一位，治愈疾病、恢复健康、回归社会。而患者就医时往往希望医者在短期内迅速为其缓解症状、减少病痛。因此医疗实践中二者时常处于矛盾状态。医患双方因认知的不同，对医学诊疗过程的态度和期望也不同，进而造成医患关系的紧张。

3. 信息沟通不畅　现代医疗实践活动中，医患双方的信息沟通过程受到多种干扰因素的影响，造成医患沟通信息不准确、不客观，容易引发医患冲突。

首先，医学技术发展对疾病诊疗本身认知掌握程度的有限性与患者对健康需求的无限性存在矛盾。对患者而言，诊疗效果是就医的重要目标，对患者满意度起着决定性的作用，也是容易导致医患关系紧张的重要因素。诊疗过程中患者及其家属不可能具有与医方同等的医学专业知识，不了解医学技术本身的发展对疾病诊疗的局限性，患者常常对诊疗效果有较高的期待值，职业规范要求医者使用医学的专业术语，当医方用专业术语和患者及家属沟通时，患者往往不能准确地理解，对医疗过程中的风险和不可预测性的承担意识较差。

其次，信息传递过程还受到沟通环境的影响，包括沟通环境的嘈杂，难以辨认的字迹等；另外，网络中大量鱼龙混杂的碎片化医学信息会混淆患者的判断。医学信息传递过程中，需要医方和患方不断交流信息和反馈信息，特别是得到患方的反馈，才能达到有效沟通；如果患方没有机会表达自己的不同想法和期望，将埋下冲突的隐患。

最后，大量先进诊疗仪器的出现，虽然为临床诊疗提供了便利的条件，同时也使得医患双方沟通交流的时间大大减少。另外，医方为了减少医疗风险和避免潜在的冲突，加大医学检查范围与力度，造成一定程度的过度检查，增加了患者的就医成本，也让患者对医院和医生的医术产生怀疑，医患关系的冷淡和程式化，也为医患冲突埋下了隐患。

4. 媒体角色偏离　在当前的社会环境下，新闻媒体在报道医疗实践活动及医患关系过程中，少数媒体人角色偏离，不能公正地看待医疗卫生服务行业的特殊性，对医疗行业的负面报道较多，对正面的信息报道较少，经常会断章取义，甚至有一些不实的报道，无形中加剧了医患双方的对立情绪。可能的原因包括部分媒体从业人员在自己求医过程中对现行体制和医疗机构、医务人员积累了一些不满，对医疗相关事件报道时具有个人倾向性；医疗卫生服务与民生息息相关，医患冲突的报道容易博取公众的关注。因此部分媒体人倾向于报道负面信息，甚至夸大其词，而忽略了大多数医务人员高强度的工作及奉献精神。一些患者受到媒体对医患冲突负性及片面报道的影响，增加负面情绪，阻碍医患之间相互理解与良好沟通。

第三节　医患纠纷中的医患沟通

一、医患纠纷的概念

医患纠纷（doctor-patient dispute）是指医患双方对医疗后果及其原因的认定存在分歧从而引发争议的事件；广义是指患方认为在诊疗护理过程中患者权益（身体权、生命权、健康权、知情权、名誉权、隐私权、处分权等）受到侵害，要求医疗机构、卫生行政部门或司法机关追究责任或赔偿损失的事件。医方包括医师、护理人员、医疗技术人员、管理人员及医疗机构，患方包括患者、患者的亲属、监护人、患者的单位组织等。患者也可以是有求医需求的健康人，包括接受预防疫苗接种的儿童、正常体检者、婚前检查者等。"纠纷"泛指争执不下的事件或不易解决的冲突问题。

医患纠纷表现为医患双方直接的公开的对抗。医患纠纷的发生和调节受到多层面因素的影响，医患双方直接化解纠纷具有较大的困难，往往需要第三方介入协同解决，控制医患纠纷进一步加剧升级，为解决医患纠纷提供可选择的途径，通过调解、协商、厘清双方责任、达成共识，最终化解纠纷。第三方主体主要包括政府部门（如司法行政部门和卫生行政部门）、社会组织（如医学会和律师协会等）及商业组织（如保险公司等）。化解医患纠纷中，医患沟通是必不可少的，也是最基本的过程，本节主要介绍医患纠纷中的医患沟通。

二、医患纠纷的特点

医患纠纷是医患冲突中更复杂和更严重的形式，除了具有医患冲突的一般特征以外，医患纠纷表现形式复杂多样，过程特点各异，具有一些自身的特征，主要表现如下。

1. 生命健康受损后的不可逆性　医疗纠纷中的争议事项多数具有不可逆性，一旦导致残疾或生理机能障碍，恢复的可能性便极小，一旦死亡便无法重生。由于生命健康的这种不可逆性，导致医患纠纷中只能采取其他的途径来进行一定程度的补偿，而生命健康很难用金钱、物质的价值来衡量。

2. 不满情绪的集中性　医患纠纷具有明确具体的患者抗议一方，在医患纠纷中的不满情绪一般非常集中在患者及家属几个人身上，很难在短期内疏解。有效处理医患纠纷就必须有效地疏导这些集中的愤怒情绪。

3. 医疗损害责任归属的模糊性　医疗服务是一种特殊的服务，医患纠纷涉及很多技术性因素，疾病治疗及结果的不确定性决定了很难对医患纠纷发生的原因、是否构成医疗事故及医疗事故的责任程度进行明确的界定。医患双方对于纠纷事件及其责任归属认识存在很大差异，这种差异成为医患双方各自坚持己见、不做让步的基础和理由。

4. 对医疗行业影响的广泛性　主要表现为以下三个方面：①医患纠纷的处置方式和效果影

响着同类事件中人们表达诉求的方式。医患纠纷处理过程中，如果患方以激进的方式获得更多利益，其他人也会效仿。②医患纠纷的处置方式影响着医疗从业人员的积极性，对医生的心理和医疗行为具有深远影响。如果患者和社会不能理解和谅解医学诊疗的局限和失败，医生在医治过程中就会回避可能对患者有利但有一定风险的诊治措施，会选择更保守的治疗方案，也会让医生产生职业困惑。③医患纠纷的处理会影响整个医学的进步。医学是一个需要不断地试错从而获得进步的行业。医患纠纷的处置如果过于强调医生在其中所要承担的责任，就会降低医生进行尝试性创新的积极性。如果形成了一种医学不敢创新、畏惧失误的恶性循环，将阻碍医学的进步，最终影响整个社会公民的健康保障水平。

三、医患纠纷的分类

1. **医患纠纷的医学分类**　从诊疗结果上看，医患纠纷可分为医疗过失（医疗事故）纠纷和非医疗过失纠纷。医疗事故又可分为医疗责任事故和医疗技术事故。非医疗过失纠纷指的是针对医疗意外、医疗并发症及对疾病自然归转的不同理解等。

（1）医疗事故：《医疗事故处理条例》规定，医疗事故是指医疗机构及其医务人员在医疗活动中，违反医疗卫生管理法律、行政法规、部门规章和诊疗护理规范、常规，过失造成患者人身损害的事实。此概念明确了医患纠纷的主体是医疗机构及其医务人员，发生时间是在医疗活动过程中。凡是违反医疗卫生管理法律、行政法规、部门规章和诊疗护理规范、常规的行为都属过失行为。

（2）非医疗过失纠纷：是指除医疗过失纠纷以外的医患纠纷。这类纠纷有些是由于医学方面的因素使患者的权益受损，但不是因为法律上的过错包括故意和过失等；有些是因为患者的不当行为引起。具体包括以下几个方面：①医疗意外。在临床诊疗及护理过程中，常常会发生一些难以预见或难以避免的损害后果，有些虽经医务人员百般努力，仍然给患者造成了不良后果。对此患者及家属由于难以面对残酷的现实，对医务人员合乎科学的解释不能接受，认为是医务人员未尽职尽责，因此产生医患纠纷。医疗意外有两个主要特征：一是医务人员或医疗单位对于损害结果的发生，没有主观上的过失。通常是由于病情特殊或者患者体质特殊而引起的。病情或者患者体质特殊是超出医务人员注意范围的。二是损害后果的发生属于医疗单位或医务人员难以预见的。②并发症。一般情况下，事前医务人员会对患者及其家属进行说明，后者心理上有一定的准备。③病情的自然转归，是指患者病情自然发展的结果。临床医疗实践中，大部分逝者都是病情自然转归的结果。但如果医务人员事先不能交代清楚，取得患者及其家属的理解和支持，发生纠纷的可能性也很大。

2. **医疗纠纷的法律分类**　从医患双方的法律关系来看，医疗纠纷主要包括两个方面，一个是医疗损害责任纠纷，另一个是医疗服务合同纠纷。

（1）医疗损害责任纠纷：医疗损害责任是指医疗机构及其从业人员在医疗活动中，未尽相关法律、法规、规章和诊疗技术规范所规定的注意义务，在医疗过程中发生过错，并因这种过错导致患者人身损害。医疗损害责任的外延分为医疗技术损害责任、医疗伦理损害责任和医疗产品损害责任三种类型。①医疗技术损害责任：是指医疗机构及医务人员在选择患者的诊疗方法、治疗措施的执行等医疗过程中，有不符合当时医疗专业知识或技术水准的过失行为，医疗机构应当承担侵权赔偿责任。②医疗伦理损害责任：是指医疗机构及医务人员在从事各种医疗行为的时候，没有对患者履行充分告知义务，没有给患者提供及时有效的建议，没有保守和患者病情有关的秘密，或者没有取得患者的同意就采取某些医疗措施或者停止继续治疗等，从而违反职业良知或者医疗职业伦理上应该遵守的规则，医疗机构应承担赔偿责任。③医疗产品损害责任：是指医疗机构在医疗过程中使用有缺陷的药品、消毒药剂、医疗器械及血液和制品等医疗产品，造成患者人身损害，医疗机构或医疗产品的生产者和销售者应承担医疗损害赔偿责任。

（2）医疗服务合同纠纷：医疗服务合同是指医疗机构与患者之间有明确相互权利、义务关系的合同。医患之间虽然没有签订书面合同，但当患者到医疗机构挂号就诊，双方就建立并形成了一种事实上的医疗服务契约合同关系。在此类纠纷中，对医疗机构追究的是违约损失赔偿责任。

四、医患纠纷中沟通的原则

1. 平等和尊重的原则　医患纠纷中，双方情绪和意见对立，相互尊重是进一步沟通的前提和基础。对患者的精神的安慰及人格的尊重具有重要作用，在相互尊重的基础上，使用患者能理解的语言，以平等、同情、宽容、平和的态度进行沟通，消除患者对诊疗过程的疑虑，有助于医患双方对医疗活动达成一定程度的理解和谅解。

2. 以人为本的原则　治愈疾病、保持健康是医疗活动的根本目的，医疗服务体现的是对生命的尊重。医患纠纷首先要正视在病痛中呻吟的患者，解决医患纠纷的最终目的是患者得到有效的帮助，因此医患双方都要树立以人为本的思想，换位思考，双方要坦诚相待，共同参与沟通。

3. 依法和守德的原则　沟通过程中，恪守救死扶伤和人道主义的职业道德，严格遵守相关的法律法规及医院有关规章制度，在这个前提下注意把握谈话的层次、内容和对象的范围。

典型案例 11-1
麻醉真的无效吗？

五、医患纠纷中沟通的技巧

医患沟通是在医疗卫生服务工作中，医患双方围绕着疾病诊疗和健康问题，以医方为主导，通过各种途径建立的信息和情感交流的过程，目的是使医患双方能够达到合作信任关系，有利于疾病的诊疗和医学事业的发展。医患纠纷发生后，为防止纠纷进一步激化、升级，在处理医患纠纷的全过程中，都需要加强医患沟通，增加相互的信任和理解。现实中的医患沟通过程极为复杂，涉及众多影响因素及不同因素之间的交互作用，每一个因素都可能导致医患沟通障碍的出现。在与患者沟通医学诊疗等相关信息的基础上，需要从心理学层面、伦理学层面和法学层面进行沟通，促进情绪情感的交流，使医患双方能够了解彼此的责任和义务、医疗过程中的法律法规和道德行为规则。医患沟通信息交流，涉及疾病本身、医疗技术、服务措施、人文关怀等多方面，是医疗服务中极为重要的环节。

典型案例 11-2
抢救是否真的不及时？

（一）心理学层面的沟通

大量医患纠纷并非源于医疗事故、医疗差错，常常不是因为医护人员的差错导致的不良医疗后果，而是缺乏有效的医患沟通造成的，一个有效的、高质量的医患沟通对建立和谐的医患关系、降低医疗过程中医患纠纷的发生率有重要意义。医患关系作为一种特殊的人际关系，是在医疗过程中由医方提供医学技术、患者积极配合医方解除病痛的单向帮助关系。所以，有效医患沟通的目的就是要建立和谐的医患关系，也是达到最佳医疗效果的重要环节。鉴于医患沟通的目的和医患关系的特征，建立心理咨询关系的技术有很好的借鉴意义。心理学层面的医患沟通可以从以下三个方面切入。

1. 基于建立心理咨询关系的理念和技术进行医患沟通　医患沟通与心理咨询过程中咨询师与来访者之间的沟通具有多方面的共性，两者都是基于帮助患者的一种特殊治疗关系。医患沟通可借鉴心理咨询过程中的理论及技术，利用心理学理念和技术建立良好的医患关系是进行有效沟通的基础，包括尊重、温暖、真诚、共情、积极关注等。

尊重意味着完整地接纳一个人，彼此平等，以礼待人，信任患者，保护患者的隐私，真诚交流和沟通。温暖、热情应贯穿与患者交流的整个过程，温暖体现在和患者交流时的耐心、认真，不厌其烦地解释和回应患者的询问，温暖是一名优秀的医务人员的必备素质。真诚就是实事求是，要求医生坦率地与患者交谈，真实地表达想法，不掩饰和伪装自己。但是真诚不等同于向患者说明一切真实情况，需要考虑患者的接受程度及对疾病恢复的影响。共情是指体验别人内心世界的能力。医生要设身处地从患者的立场体会和感受患者的内心世界，同时用适当的方法将这种理解传达给患者，让患者了解到医生明白和理解患者的感受，有助于增加患者对医生的信任和促进建立良好的医患关系。积极关注是指医生以积极的态度看待患者，关注患者的优点和长处，鼓励和赞扬患者言语和行为中积极的方面，帮助患者认识和发现其自身有助于恢复健康的积极因素。这些心理学理念和技术的应用有助于建立彼此信任的良好的医患关系。另外，医生应通过提高语言和非语言交流的技巧促进有效的医患沟通。

2. 了解患者心理需要，帮助其满足心理需要　患者的心理需要会以各种方式表现出来，若得不到满足便会导致一些不良情绪和对抗行为，患者的心理需要不能得到满足常常成为医患冲突及医患纠纷的动因。人们在健康时能够自己去主动满足各种需要，而患病后往往无法按照通常的方式去满足需要，而且因社会角色的变化还会产生新的需要。所以，医患纠纷发生后，医护人员应积极了解患者的心理需要，并努力帮助患者满足其心理需要，以利于医患纠纷的化解。

患者的心理需要主要包括：①患病期间的生存需要。人们在身体健康时，饮食、呼吸、排泄、睡眠及躯体舒适等生存需要很容易被满足，患病后这些基本生存需要的满足则受到阻碍或威胁。不同种类的疾病及病情严重程度对生存需要的影响程度不一样。例如，吞咽障碍患者对食物需要的满足受到影响、呼吸困难患者对吸入氧气和呼出二氧化碳的需要受到影响等，不仅直接影响生理功能，对患者情绪也有极大影响。②患病期间的安全需要。疾病本身就是对安全需要的威胁。患病时日常生活秩序受到干扰，患者会产生不安全感，体验到深深的孤独。③社会联系和交往的需要。患病住院后与亲友分离，特别需要医护人员和亲人的关怀、同情和理解。④患病期间尊重的需要。患病后常感到成为别人的负担或累赘，自信心降低，因而对尊重的需要会更强烈。患者需要得到人格的尊重，需要保密隐私，需要知晓与疾病有关的诊治信息等。⑤患病时的自我成就需要。患病时，最难以满足的就是自我成就的需要，主要表现在发展和能力方面力不从心，成就感下降，自我成就需要受挫严重。

全面了解患者的需求，解惑释疑，疏解患者的消极情绪，减少医患间的误会，可以有效阻止和减少医疗纠纷的发生。利用一些心理学技术可以更加了解患者，有助于明确患者的心理需要，提供有效的帮助，改善已经存在问题的医患关系。①倾听患者的心声，真诚地理解患者。医务人员首先要善于倾听，这是获取患者相关信息的主要来源。医患纠纷中，真诚地与患者沟通，交流时要认真倾听。听患者说话时寻找和发现一些值得尊重与肯定的地方，同时注意了解患者的感受和需求。与患者沟通时应集中注意力，避免分心，以免被患者误认为冷漠和不关心，适时、恰当地给予患者反馈信息，鼓励和引导沟通。②及时疏解患者的消极情绪。患者在就医过程中往往具有强烈的情感需求，希望获得社会支持和精神尊重。发生医患纠纷后，患者及家属会产生焦虑、烦躁、愤怒和敌对等消极情绪。发生冲突时，医务人员有负性情绪是难免的，有时候还会很强烈，但为了能够与对方一起解决矛盾，需要控制住自己的这些情绪，与对方进行心平气和的沟通，努力减少双方的分歧，找到解决问题的办法。与患者沟通时应尽量理解和包容患者的情绪，始终表达对患者生命健康的关爱，充分运用谈话艺术，疏解患者的消极情绪。

3. 了解医患双方存在认知差异，从患者认知视角进行沟通　医学及医疗服务的专业性，决定了医方和患方对医疗信息掌握和理解是不对称的。在这样的背景下，作为医患沟通主体的医务人员，往往通过陈述最主要的事实来传递他认为重要的信息，而患方却因为相关信息的不完整产生误解。认知是指人们认识活动的过程，医患双方对医疗信息认知方式的差异常常是破坏医患沟通最直接的原因。

（1）知觉模式：医生关注概括性的问题，倾向于寻找问题出现的原因；而患者关注细节性的问题，倾向于得到明确结果。沟通过程中，向患者介绍医学科学技术发展及疾病诊疗过程本身就具有局限性和不确定性。

（2）决策过程：医生依据事实和证据及临床表现进行判断，重视客观证据与信息传递；患者往往基于自己以往的经历经验，采用情感判断，重视主观感受与和谐气氛，关注心理感受，对情绪体验更敏感。沟通过程中，医护人员首先要站在患者的角度去体会患者的心理感受，设身处地地理解患者的想法，在此基础上才能更有效地沟通医学诊疗信息。

（3）知识经验的差异：主要表现为对疾病信息、诊断信息、药物信息和其他信息等了解程度的差异。疾病信息是指关于疾病的历史、危害性等，诊断信息是指诊断手段和诊断标准等，药物信息是指治疗不同阶段的用药和药物的副作用等，其他信息则包括治疗中的相关术语等。沟通过程中，患者对很多医学术语并不能正确地认识和理解，医护人员对相关医学术语都需要给予相应的详细解释。

（4）信息不对称：医患之间的知识体系和认知角度的不同，导致医患信息不对称，患者处于信息弱势，他们希望从医院获取其所需要的相关信息，提高应对疾病的能力。然而，由于医护人员工作繁忙，医患沟通时间短，患者无法从医护人员处获得足够的信息，如果医院的其他信息渠道，包括健康教育、视觉引导设施等也不完善，患者很难获得关于其疾病、诊疗、支付等方面的详细信息，就会进一步增加患者的焦虑情绪与无助感。

沟通过程中，通过加强患者健康常识教育，提高患者对医学及医疗服务的科学认知和就医能力，减少过高期望和不合理的医疗要求，增加他们对医务人员的理解。同时，通过多种渠道，如短信、宣传册、宣传栏等，向患者传递疾病诊治、费用支付和就诊指南等方面的信息，促进患者积极参与和配合治疗。

典型案例 11-3
医生私自退还医疗费

（二）伦理学层面的沟通

医学伦理规定着医学道德，是从事医学实践的人员应该遵守的行为规范，是调节各种医学道德关系所必须遵循的要求和准则。伦理学医患关系中的医患沟通，体现为医患双方的道德责任。医患之间是平等关系，即医生尊重患者的医疗权利，一视同仁地为患者提供医疗服务；患者尊重医生的劳动，并密切配合诊治，共同完成维护健康的任务。医学伦理规范在医患互动中的作用主要是约束医生的行为、保护患者利益，患者的行为表现有很大的主观随意性和不可预料性，增加了医患沟通的难度。发生医疗纠纷时，伦理学层面的沟通包括以下几个方面。

1. 尊重患者的权利，告知患者应承担的义务　医疗纠纷中进行沟通时，要尊重患者的基本权利，不泄露患者隐私与秘密。作为一种社会角色，患者享有其特殊的权利，并承担相应的义务。患者角色的权利：①享受医疗服务的权利；②享有被尊重、被了解的权利；③享有对疾病诊治的知情同意权；④享有保守个人秘密的权利；⑤享有监督自己医疗权利实现的权利；⑥享有免除病前社会责任的权利。

同时，以患者能理解和接受的方式告知患者应该承担的相应义务。患者角色的义务包括：①及时就医，争取早日康复；②寻求有效的医疗帮助，遵守医嘱；③遵守医疗服务部门的各项规章制度，支付医疗费用；④患者要和医护人员合作，配合诊治护理工作。

2. 遵循知情同意的医学伦理原则　医务人员具有告知义务，让患者对自己的疾病有充分的认识，让患者自己做出决定。医务人员对患者及其家属的告知义务包含以下几个方面：①疾病的诊断结果；②拟定的治疗方案和其他可供选择的方案；③所拟定治疗方案可能存在的风险；④发生风险时的应急措施；⑤医疗费用；⑥疾病的转归。

医生有责任增进患者的健康，为患者最大利益服务。医务人员有义务根据自己掌握的医学知识、业务专长及医院条件提出诊疗方案，并将诊疗信息包括诊疗风险和并发症等客观全面地告知患者及家属而供其选择；同时，要注意告知内容要通俗易懂，面对不同的患者及家属采取相应的告知策略，确保充分理解各方面的相关信息，注意把握告知对象的场合与个体化差异。作为患者，如实陈述病情、接受医师的指导意见、配合治疗是其责任和义务。发生医患纠纷时，医患双方应该实事求是地说明和认可"知情同意原则"的执行过程。一般情况下，可以在适当的场合将病情及一切医疗活动直接如实地向患者告知，若遇到复杂性问题，则要求先向家属告知，然后再与患者谈话，减少医患纠纷。

3. 尊重患者的文化差异　文化背景潜在而深入地影响着每一个人的思想观念、行为模式、心理特征。医务人员自身的文化背景和知识修养等因素，会影响到其与患者的沟通方式和过程，而患者由于所处社会环境、文化背景及心理状态等的不同，对语言的感受、理解和使用也有所不同。医务人员与患者或亲属进行沟通时，要充分考虑其文化背景，根据其文化背景选择合适的沟通方式，尊重患者的文化差异，才能使沟通顺畅。医患纠纷中进行沟通时，尽可能多地了解患者的文化背景，在沟通各环节中尽可能理解并尊重患者的文化信仰、习俗、观念及其在就医行为中的表现，以易于患者理解和接受的文化沟通交流方式，协调医患关系。

> 典型案例 11-4
> 双侧附件切除引发纠纷

（三）法学层面的沟通

出现医疗纠纷后，一些患者及家属往往不诉诸正常救济渠道，而是采取干扰医院医疗秩序的手段以求获取金钱上的赔偿；一些政府行政部门由于片面地追求和谐安定、息事宁人，而向医院施压，医院往往以经济赔偿作为了结。减少医疗纠纷的发生，构建和谐的医患关系，需要提高医务人员的法律意识，加强医务人员对医疗卫生相关法律法规、各项工作职责的学习和培训，提高其依法执业、依法行医的自觉性，增强自我保护意识、对工作的责任感和处理医患纠纷的能力。在医患法律关系中，医患双方的权利与义务具有对应性与统一性；患者享有获得医疗服务权、生命健康权、知情同意权、自主决定权、隐私权等诸多权利，同时，患方也有遵守医疗机构规章制度的义务、尊重医务人员人格的义务、诊疗协力义务、支付医疗费用义务等；医方则负有诊疗权、特殊干预权、人格尊严权。医患双方在法律上是平等的。发生医患纠纷时，法律层面的医患沟通需要注重以下几个方面。

1. 尊重医患双方的权利，依法沟通

（1）尊重医患双方的权利。医方的权利：医务人员首先具有公民的基本权利，如人格权、人身不受侵害权等；与职业相关的权利概括起来可分为以下几种。①诊疗权，包括对患者的检查权、诊断权、处方权等。②特殊干预权，通常医务人员的一般权利要求要服从于患者权利的基本要求，但特殊情况下，可以限制患者的权利以达到特殊的治疗目的。③医学研究权。

患者的权利：①就医权。当人们的健康和生命受到疾病威胁时，会选择寻求医生的帮助。该权利是宪法赋予每个公民的基本权利之一。②知情同意权。患者有权从医生那里获知有关自己的病情、医生的诊断、病情的发展、决定治疗计划、了解治疗中出现的问题及解决办法、可能的预后情形、医疗费用等。③选择权。在就医过程中，患者有对医疗机构的选择权、对医生的选择权、对治疗方案的选择权、对治疗药物的选择权等。④隐私权。患者为了得到有效的治疗，会将不愿被别人知晓的私人信息披露给医务人员，医务人员非经患者同意，不得泄露任何患者不愿透露的个人信息。⑤安全保障权。在诊疗过程中，医疗机构有义务为患者提供安全的医疗设施和诊疗环境，使患者的人身安全和财产安全得到有效的保障。⑥获得赔偿的权利。因医务人员违反规章制度、违反诊疗护理常规等行为，造成患者各种不同程度的身体损害的，患者及其家属有权要求医疗机构予以赔偿。

（2）医生的告知义务和患者的知情同意权，从法律的角度阐述权利与义务的关系。卫生法律规范对患者知情同意权与自主决定权的规定是医患沟通的法律依据，沟通内容与形式要符合法律规定。依据卫生法律规范及临床实践，医方的告知、沟通内容大体包括：医疗机构的医疗资源（医疗设备、医疗技术水平等）情况，患者的病情，医疗机构的检查方案与结果、诊断方案与结果，医疗措施，医疗风险等。

（3）医方依法执业，履行防病治病、救死扶伤的社会职责。《医师法》规定：医生应当坚持人民至上、生命至上，发扬人道主义精神，弘扬敬佑生命、救死扶伤、甘于奉献、大爱无疆的崇高职业精神，恪守职业道德，遵守执业规范，提高执业水平，履行防病治病、保护人民健康的神圣职责。《传染病防治法》规定了医生对甲类传染病或甲类疑似传染病的患者必须实施强制治疗和强制隔离。《突发公共卫生事件应急条例》也对医务人员的行医行为有明确的规定。医疗护理操作常规和医院管理工作制度，是在总结医学科学和技术成果的基础上形成的理论和方法，是医疗过程所应用技术的规范和指南，医务人员在医疗活动中要严格执行医疗操作常规和管理工作制度。在处理医患纠纷时，医疗机构要切实保护医护人员的合法权益。

2. 法学视角下的医患关系是平等协作关系　患者进入医疗单位治疗，医方有义务为患者提供医疗服务，患方有义务按照服务内容支付医疗费，医患双方的地位是平等协作的。一般情况下，医方无权拒绝患方的治疗要求，患方有义务如实提供病史和配合治疗。

鉴于医疗科技的高度专业性、现有医疗科技水平的有限性，以及疾病的复杂性与个体差异，医疗意外和并发症等风险在所难免。医方根据自身的医学知识和技术，为患者做出诊断和治疗，不能保证全部治愈患者。医方实际提供的服务很难达到患方理想中的服务质量，患方不能简单地认为医方提供的服务质量不合格，应努力理解医方所承担的巨大压力。

医方有义务为患者提供诊断、治疗、护理等服务，患方有义务按照服务内容支付医疗费用；医方有对患者医疗信息、医疗方案、医疗风险等的告知与沟通义务，患者具有知情同意权与自主决定权，履行医方的告知与沟通义务的重要意义在于尊重患者的选择和尊严。建立在这种基于法律并互相谅解基础上的医患沟通将会顺畅、有效。

3. 知晓处理医患纠纷的法律程序　医患之间的良好沟通还必须以法律制度为保障。医患纠纷中双方的情绪和利益都处于对立状态，医患双方都需要知晓处理医患纠纷的相关法律程序，无论是医疗事故鉴定还是医疗纠纷司法鉴定，都是依照国家相关法律法规开展的，包括国务院的《医疗事故处理条例》、最高人民法院的《关于民事诉讼若干问题的规定》、全国人大常委会的

《关于司法鉴定管理问题的规定》及 2020 年实施的《民法典》，这些法律法规为依法解决医患纠纷提供了法律依据，有利于理清医患双方的责任。

（方建群）

复习思考题

1. 医患冲突的主要特征是什么？
2. 简述医患纠纷中医患沟通应遵循的原则。
3. 简述医患纠纷中医患沟通的技巧和方法。

网上更多……

本章小结　　自测题　　教学 PPT　　微课

第十二章
医方与社会的沟通

关键词

患者家属　　　社区沟通　　　新闻媒体　　　医务社会工作

> 从广义的概念来看,医患沟通不仅仅是医护人员与患者之间的沟通,也包括以医务人员为代表的医方与患者家属、社区、新闻媒体等社会群体的沟通。然而,受当前医患关系紧张、信息不对称、沟通不畅等因素影响,医方与其他社会群体仍存在种种观念差异和误解,客观上造成了一定程度的沟通不畅问题。医方若能将医患沟通提升到社会沟通的广度与高度,将有助于缓解一些社会群体对医务人员的误解和偏见,进而能在很大程度上解决当前医患沟通中存在的诸多难题。

知识导图

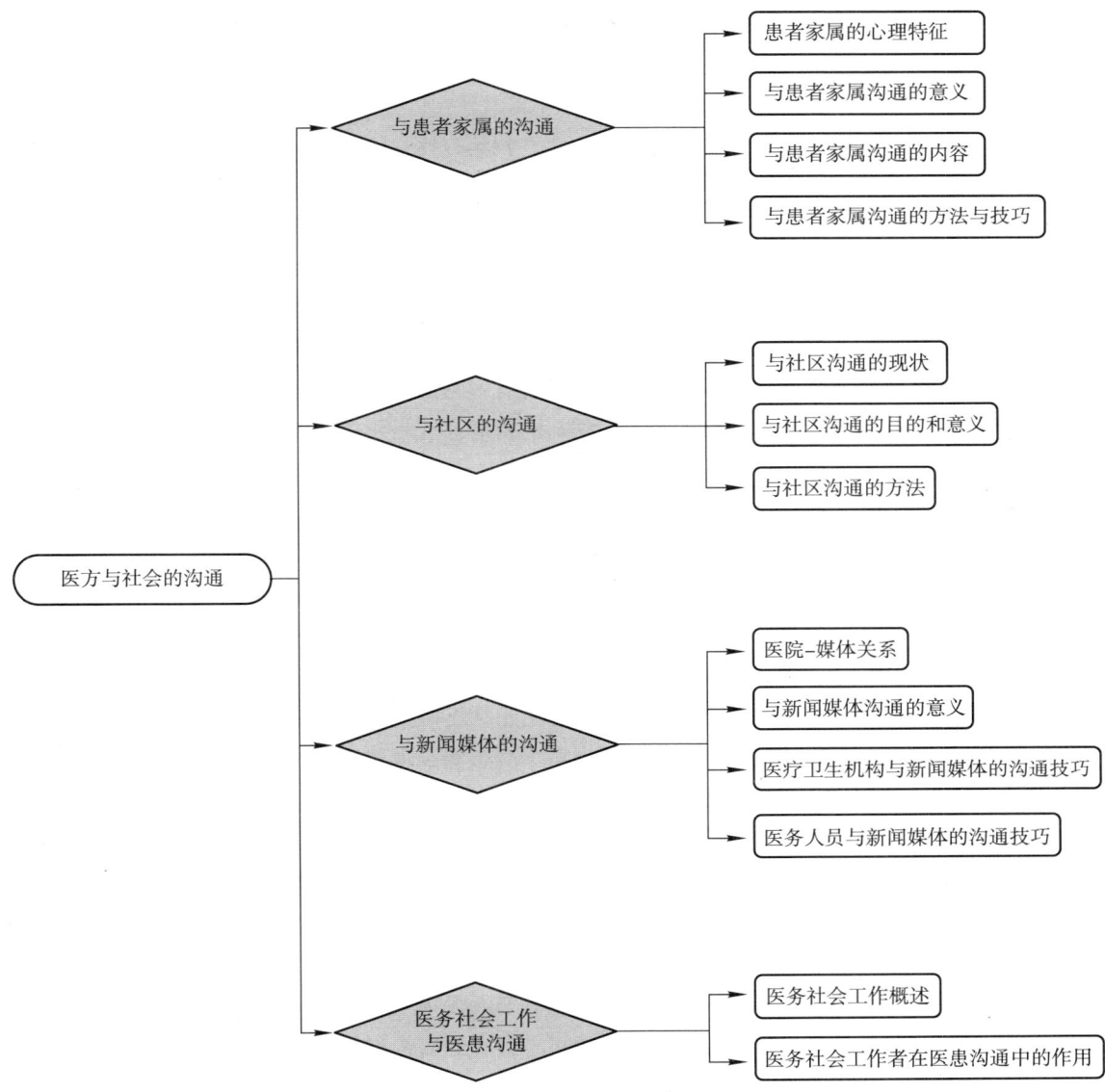

第一节　医方与患者家属的沟通

患者家属（relative of patient）是患者利益的核心代表，也是患者社会支持系统中最为重要的力量。患者家属对患者的支持与帮助、对医生的理解与信任、对诊疗行为的认识与参与不仅会影响患者疾病的诊治，也会影响医患关系的和谐。

一、患者家属的心理特征

了解患者家属的心理特征是与其进行有效沟通的基础。对于患者家属来说，亲人患病往往是一种负性生活事件，目睹亲人忍受病痛的折磨甚至是死亡的威胁时，常会承受较大的心理压力或负担。

（一）患者家属常见的心理反应

1. 紧张和焦虑　是患者家属最为常见的一种心理反应。首先，因觉察到患者病痛，患者家属常存在不同程度的紧张、焦虑等异常情绪，且其紧张、焦虑程度常与患者的病痛、病情严重程度、病情危急程度成正比。尤其是对危重病、癌症、临终患者的家属来说，由于不能接受残酷的现实，其焦虑情绪往往更明显。其次，由于缺乏医学知识和对医院的管理及就诊程序的了解，对医疗机构的环境感到陌生等也可使患者家属感到紧张和焦虑。具体可表现为反复询问病情希望得到肯定的答案，对患者轻微的病情变化感到紧张，希望得到经验最丰富的医护人员的医治等。再者，对于经济条件差的患者家属，疾病诊治的经济负担也是引起其焦虑、不安的原因之一。

> 典型案例 12-1
> 我的孩子会患"精神病"吗

2. 恐惧与缺乏安全感　家属的恐惧与缺乏安全感多源于对疾病的认识不足和对疾病预后的不确定性。如急危重症、临终患者家属担心疾病不能治愈而回避谈及生死问题，传染性疾病患者家属担心被传染，新生儿、儿童患者家属担心治疗与检查的安全性及疾病的并发症或后遗症，精神障碍患者家属担心疾病遗传风险或患者伤人毁物风险等，均是对疾病可能造成影响的不确定性充满恐惧的体现。也有部分家属出于担心患者的痛苦和可能的并发症而表现出对各种注射、侵入性检查、手术等诊疗手段的恐惧，表现为拒绝接受检查、拒绝签署知情同意书、不愿让患者知道真实病情、诊疗时不敢去看或躲开等行为。

3. 怀疑与不信任　由于对疾病的发生、发展、治疗、转归、预后及医院的诊疗规程不了解，家属常担心患者得不到细心周到的诊疗护理，怀疑医护人员的诊疗水平和医院的诊疗条件。为此甚至会查阅网上或书籍中的资料与医生的诊疗进行对比，并以自己查阅的资料为准，对医生的治疗方案表示怀疑，拒绝配合医护人员的各种医护措施；也可表现出对医护人员的年龄、性别、言语、着装等外在条件及表现的不信任，怀疑医护人员的技术水平，要求更换主管医护人员；或出现因医疗设施和环境的局限性而引起对医疗机构治疗能力的怀疑，挑剔住院环境和设施，要求转院等。

4. 同病相怜感　相同疾病的患者家属之间容易产生同病相怜感，亲和力极高，非常容易沟通，新入院患者家属对老患者家属的信任程度甚至会超过医生，这可能产生积极或消极两方面的影响，如家属之间交流的是疾病治疗与康复的成功经验，不仅有利于患者及家属树立疾病治疗的信心，也有利于相互之间交流必要的健康保健知识；如交流的是对医务人员或医疗机构指责、不信任等负面信息，则可能损害医患关系。

5. 愧疚感　不少患者家属认为患者生病是自己照顾不周所致，自己有很大责任，因此感到愧疚、自责。愧疚感多见于儿童患者的父母和老年患者的子女。

6. 容忍　对患者不正确的行为容忍和支持是许多家属的共同表现，容忍往往是在愧疚感基础上产生的。家属会尽量满足患者的不合理要求，甚至对许多过激行为如辱骂医护人员也不加以劝阻，特别是一些重症、绝症患者的家属。

7. 依赖感　患者家属对患者日常生活上的照顾过度依赖护理人员，对自己缺乏信心，害怕自己的行为会伤害患者。

8. 悲伤与抑郁　部分家属面对患者的病痛和病情变化，可表现出感同身受的体验；或面对亲人病情无法恢复或恶化时，产生无助、自责、自罪等感觉，承受较大的心理压力，进而产生悲伤、抑郁，严重者甚至出现自伤、自杀等行为。

9. 厌倦　多见于慢性病、重性精神障碍等需要长期照护的患者家属，因长期服侍、照顾患者，特别是无救治和康复希望的患者，易产生厌倦情绪。"久病床前无孝子"就是患者家属厌倦情绪的一种现实体现。

（二）影响患者家属心理反应的因素

1. 与患者关系的亲密程度　与患者的关系越亲密，感情联结越深，面对患者患病，尤其是罹患危重疾病或难治疾病时，家属的焦虑、恐惧、悲伤情绪越深。一般来说，配偶、父母、子女等直系亲属的患病对家属造成的心理影响更大。

2. 病情　包括疾病的严重程度、突发程度、易诊治程度、病程长短、是否可治愈等，一般常见病、康复期患者对疾病诊治过程参与愿望较强，多数能主动与医务人员沟通并自主选择诊疗方案，家属的心理负担及心理反应并不明显。而急症、危重症、慢性病、癌症、绝症的患者家属往往要承担更大的心理压力和诊治过程中的责任及经济负担，其心理反应往往更强烈。

3. 患病亲人的数量　对家属来说，患病亲人数量越多，对其造成的心理、经济负担越重，越容易造成心理打击，严重者甚至可能出现应激相关障碍。

4. 文化水平　文化层次较高的患者家属，尤其是具备一定医学知识的患者家属，对于疾病甚至死亡相对能够理性地理解，其心理反应一般相对理性。但对于某些特定的职业，如医务人员来说，有时可能因为无法治愈亲人的疾病或挽救亲人的生命而出现明显的无能、自责和负罪感。

5. 社会支持　患者家属的社会支持主要指来自其他家庭成员、亲友和社会（同事、组织、团体和社区等）在精神上和物质上的帮助。有良好的支持性社会关系的人，能较好地处理亲人患病所带来的种种问题，出现不良心理反应的可能性较低。

6. 个性特征　决定个体的行为方式和应对方式，影响个体对亲人患病这一现实的认识与评价。乐观、外向的家属一般能更理性地对待亲人患病的事实，更积极地处理患者疾病诊治的有关事宜，甚至可以在患者和医务人员之间发挥"润滑剂"的作用，进而有利于患者疾病的治疗和康复。

拓展阅读 12-1
气质类型与患者家属的心理反应

7. 是否对患者隐瞒病情　对于危重症、难治症患者的家属来说，如果对患者隐瞒病情，其心理压力往往更大，因为其在忍受内心悲伤的同时还要在患者面前若无其事，掩饰自己的真实情绪。

8. 是否身心健康　对于年老体弱或心理异常的家属，要根据其身心健康状况进行有针对性的有效沟通。例如，视力、听力下降或失明、失聪人士，患有严重心脏病而经不起负面消息刺激者，焦虑、抑郁、痴呆等精神状况异常者，以及罕见的代理型孟乔森综合征患者，均需要事先评判并针对性改善沟通方式、内容等。

二、与患者家属沟通的意义

在临床实践中，许多患者由于疾病所限行动不便，其就诊及住院期间的很多事宜都是由家属完成的。因此，患者家属也是医护人员需要直接面对和沟通的对象，与患者家属沟通是医患沟通的重要组成部分，在患者疾病的诊疗中具有重要意义。

1. 有利于取得患方的信任，和谐医患关系　病痛在对患者造成痛苦的同时，也会对患者家属造成一定的心理负担。患者家属也会迫切地需要了解患者病情和治疗方案，而知情权也是患者家属的一项重要权利，尤其是对行为能力受限的患者来说，必要时患者家属可以在对疾病认知、了解的基础上帮助患者就诊疗措施做出选择。通过沟通，患者家属可以了解患者疾病的诊治情况及可能的风险、影响身体康复的可能因素、需要的诊疗费用等信息，有助于消除其在面对亲人患病时的无助感及无措感，改善其不良情绪，进而动员各种资源积极参与到疾病的诊疗决策中，并能更好地照顾患者，有利于患者的康复。通过充分的沟通，能够使家属及患者体验到被尊重，在调动家属积极参与疾病诊治的同时也有利于增强患者及家属对医方的信任感，促进医患和谐。近年来医患关系矛盾突出的原因之一就在于医方在疾病诊治过程中忽视了患者家属的重要作用，医护工作者在关注患者和疾病的同时也不能忽视患者利益的直接相关人——患者家属，及时有效的沟通能在一定程度上改善患者及家属的焦虑、恐惧、急躁等不良情绪，避免造成误解或引起猜疑不满，从而减少医疗纠纷的发生。

2. 有利于更全面地了解病情　作为与患者关系较为亲密的人，患者家属是医护人员了解病情的主要渠道。医护人员通过与家属的交流，可以补充与患者交流中的遗漏信息，从而更全面地了解疾病症状、发病过程、既往史、家族史等信息，为进一步地明确诊断、制定治疗方案打下良好的基础。

3. 有利于提高医疗服务质量　生物－心理－社会医学模式要求医务人员不仅要关注患者的躯体问题，更要关注与其疾病相关的社会心理因素。要恰当地对患者进行诊治，必须深入了解患者各方面的状况，如患者的心理状况、生活习惯、行为方式、生活工作环境、人际交往等方面的情况，这些也都依赖于与患者家属的沟通。其一，患者家属的合理参与有助于调动患者的社会支持系统，缓解患者因患病而产生的心理压力，坚定其对抗疾病的信心。其二，让家属合理参与治疗过程也是循证医学的要求，循证医学的理念是根据患者的临床特征来选择个体化、综合性治疗，患者的生活习惯、个性喜好、人际关系、经济情况等反映患者个体资料的许多信息有时需要从患者家属处获得，这些信息也是个体化临床循证诊疗的重要依据。其三，患者家属往往是患者住院费用付费的主体，患者的许多诊疗方案如不征求家属的同意，常无法进行。因此，通过与患者家属沟通并让其合理地参与到诊疗过程中来，不仅体现了对家属的尊重，也有利于患者接受更科学合理的诊疗措施，从而提高医疗服务质量。

4. 有利于提高医方的效益　患者是医院和医务人员赖以生存和发展的基础。在当前市场经济的体制下，医疗关系也具有消费关系的部分属性，患者及家属不仅可以自由地选择医院，还可以选择医生及治疗方案。在这种情况下，医疗机构要发展就必须提高自己的医疗质量和服务水平，建立和谐的医患关系，在社会上树立良好的形象和声誉，扩大自己的社会知名度。医务人员通过与患者家属之间的沟通，使患者及家属在增强治病信心、积极配合医生的同时，也敢于承担一定的风险。有了患者及家属的理解、支持和信任，医生必将会更加精心地为患者诊疗，这样不仅使患者接受了更优良的医疗服务，也使医务人员在患者及家属中树立了良好的信誉，有利于吸引更多的患者来就诊。同时，通过医患关系的融洽和医疗服务质量的提高，也可缩短患者的住院天数，提高医院的病床周转率和医疗设备的利用率，进而提高医疗卫生机构和医务人员的收益。

5. 有利于健康知识的普及　医务人员不仅是疾病的治疗者，还应该是疾病的预防者和健康知识的传播者。通过与患者家属的沟通，在交流致病原因、疾病治疗、预后与康复、疾病预防等信息的同时，也应对患者及家属进行健康知识普及，使其掌握相关的健康知识，有利于预防类似疾病的发生。

三、与患者家属沟通的内容

在具体的医疗活动中，与患者家属沟通的内容主要包括以下几个方面。

1. 患者的病情　主要围绕患者当前的病情进行沟通，首先通过沟通收集与患者疾病相关的各种病史资料。对患者病情有初步判断或明确诊断时应及时进行病情的告知，告知内容为患者当前病情、疾病的诊断、鉴别诊断、后续可能的检查项目、诊疗计划、预后等信息。暂不能确诊病情的要把为了确诊而进行的检查及诊断性治疗的必要性让家属了解，并取得其理解和配合。切忌不经沟通直接给患者做检查和治疗，这样会导致患者家属误以为医务人员在浪费他们的金钱。一般常见疾病的告知应以患者为主，在征得患者同意的情况下应同时向患者家属进行告知，但告知时应注意对患者要求保密且对与疾病诊疗无关的信息进行保密。对18周岁以下的未成年患者、意识不清的患者、无行为能力的患者（如重性精神障碍患者）或有自杀倾向的患者，应当直接告知作为监护人的患者家属，尤其是这类患者需要出入院时更需要患者家属的知情同意。针对恶性肿瘤等疾病的患者病情，当直接告知患者本人可能会产生不利后果时，应当告知患者书面授权委托的告知对象。当患者病情危重或病情明显加重时，应及时告知患者家属，必要时可出具病危通知书，并由被告知对象在病历相关记录处签字。

2. 治疗措施　包括针对患者所采取的治疗措施及治疗措施的目的、方法、步骤、可能存在的医疗风险等。对于药物治疗、物理治疗等无创诊治方法，应告知各种措施的不良反应、过敏反应等信息。对于有创诊治措施，如各种有创诊断、检查、治疗和手术等医疗措施，应告知患者及家属实施该措施的必要性、操作方案、麻醉方式、操作和麻醉时可能出现的医疗风险等，在征得患者及家属同意后请其签字确认。同时需要沟通的是患者有无医疗保险、医疗保险的种类、当前治疗措施所需的费用、是否使用属于自费范围的诊疗措施等与患者诊疗费用相关的信息。当需要使用自费治疗措施、药物、医用耗材和医疗用品时，须在使用前告知患者及家属，以免造成不必要的纠纷。

3. 患者家属应尽的职责　针对患者的疾病治疗与康复，医患双方属于目标和利益的共同体，在医护人员进行诊疗护理的同时，患者家属也应积极配合，以共同促进患者疾病的康复。首先，应告知患者家属患者因患病而需要免除的社会责任和需要的照顾，取得患者家属的理解和配合。其次，要告知患者家属在患者治疗过程中应扮演的角色，尤其是针对住院患者更是如此。一般来说，针对病情较重且需要住院治疗的患者来说，其家属一般需要承担以下角色：①患者的心理支持者。患病对于患者来说是一种心理上的压力与打击，容易出现焦虑、恐惧等心理问题，部分患者会因需要照顾而产生病耻感，需要有人协助排解。患者家属作为患者社会支持系统的主要组成部分，是担当这一角色的最佳人选。对于患者来说，外人如何看待并不重要，重要的是亲人是否接受与理解，亲人的关爱之情是患者重要的心理需求之一，对于危重病、慢性病患者更是如此，这种需求也是医护人员和其他人员无法给予的。因此，医务人员要积极与患者家属沟通，让家属明白其本身是患者情绪稳定的重要因素，是患者主要的心理支持者，而患者的良好心理状态对于疾病的康复是非常重要的。②患者日常生活的照顾者。患者因病痛感等躯体不适或身体功能障碍，生活自理能力可能会有一定程度的受限，生活起居可能需要家属辅助或照顾。针对这一情况，患者家属不能有厌烦情绪，更不能认为患者是"废人"，拖累了家人，而要细心照顾，让患者觉得亲人没有放弃自己，自己更应该努力康复以回报亲人的付出，坚定其战胜疾病的信心。③疾病后续治疗与康复的参与者及监管者。疾病的治疗、预防与康复不应该局限于医院内的各种诊疗措施，尤其是疾病的预防，更需要患者日常生活中的积极配合与主动参与。此时，患者家属应承担起患者健康监管者的角色，使患者保持良好的生活习惯，保持身心健康，预防疾病的复发。尤其是对于老年、儿童、生活自理能力受限或存在认知能力缺陷的患者来说，患者家属的健康监管者角色更为重要。而针对瘫痪、活动能力受限的患者来说，让家属掌握如何帮助患者翻身、擦身、辅助饮食等基本护理知识与技巧亦十分重要。

4. **医疗管理制度和诊疗程序** 医方还应就医院的诊疗规章制度和诊疗程序等相关情况向患者及其家属进行沟通和告知。对于住院患者的家属来说，还要告知患者的主管医生和护士、病房的管理要求、患者的作息时间、医院的餐饮供应情况、家属的陪护与探视要求、患者临时离开病房或医院时的请假制度、出入院手续的办理流程、遇争议时的解决途径等内容。对于重症监护病房、传染科病房、新生儿监护病房、血液透析病房、精神科封闭病房等有特殊管理要求的病房来说，也要对病房特殊管理的要求、必要性等向家属做出说明并征得其理解和同意，以避免因管理制度的问题引发医患纠纷。在实际的沟通过程中，如医务人员没有足够时间或不便与患者就管理制度进行沟通，可由专业的医务社会工作者介入进行沟通。对诊疗程序的沟通，有条件的医疗机构或面对急危重患者时可由专业医务人员或医务社会工作者引导。

拓展阅读 12-2
临床常见的知情同意书样例

5. **康复与预防的相关知识** 医方的职责不仅仅是进行疾病的治疗，更重要的是身体的康复与疾病的预防，因此医务人员还有责任就身体康复、疾病预防的相关知识向患者和家属进行说明。这样不仅有利于增强患方对医方的信任程度，提高其后续治疗效果，增加院外治疗过程中的依从性，同时也向患方普及了健康知识，增强其健康理念，有利于患方进行自我保健与疾病预防。

6. **法律、法规要求** 如重性精神障碍的网络报告、传染性疾病的强制报告、未成年人伤害病例的强制报告等。

四、与患者家属沟通的方法与技巧

与患者家属沟通的目的就是要让家属体验到医务人员的专业医疗服务和悉心的照护，通过这种全方位的服务与关爱，使得家属能更加理解、信任医务人员，更加密切地与医务人员合作，促进患者早日康复，提高医疗质量，防范医疗风险和医患纠纷。但在具体医疗实践中，面对不同的患者家属，沟通的语言、方式、方法也应有所区别，具体沟通中应做到"因人而异、因时而定、因情而论"，但其中也有一些共性的方法与技巧。

1. **主动沟通** 患者家属在面对亲人患病及医院的陌生环境时常有无措感，有时甚至不知该如何主动与医务人员沟通。因此，医务人员在与家属沟通时要充分发挥主动性，放低姿态，不要被动地等着家属来问；如遇患者家属询问或了解病情，也不要以工作忙、要下班了、不该自己值班等借口搪塞；情况需要时，若患者家属不在，要主动打电话联系。有时候，让患者的监护人等主要家属了解病情可能比让患者本人了解更重要。同时，在沟通中要充分尊重患者家属的感受，不要因为自己在专业方面的权威性而高高在上，而要保持平等相待的态度，对患者家属的要求、询问甚至是质问，都应该显示出一种谦和的态度，尽量做到心平气和、坦诚相见、叙述明确、解释到位，向患者家属传达一种负责任、实事求是的态度。必要时，医务人员可主动送上名片、联系方式，以便更好地取得患者家属的信任。主动沟通还应体现在对患者的主动关心上，如针对住院患者，医务人员可在闲暇时、上班后、下班前抽出很短的时间去病房查房，问问患者当天的感觉、饮食睡眠情况、治疗护理过程中有无不适等。这种看似琐碎的嘘寒问暖往往最能赢得患者与家属的好感。即便医务人员在工作中出现一些小漏洞，也会在与患方的感情交流中慢慢消融。

2. 准确把握患者家属的心理需求　患病后，患者整个家庭的原有生活、工作都会受到很大的影响，此刻患者家属最想了解的是患者得了什么病、严重程度如何、需要做哪些检查、如何治疗、预后怎样、治疗的费用等情况，所以在与患者家属沟通时首先要了解患者家属的心态，针对患者家属的心理需求，耐心地、有的放矢地进行沟通。

3. 个性化沟通　不同的患者家属由于文化层次、家庭背景、职业特点、宗教信仰的不同，其沟通风格与理解能力也会有所不同。医务人员面对不同的患者家属，沟通方式也应有所区别。对文化水平低、理解能力差的患者家属，沟通用语应通俗易懂，必要时可通过形象的比喻深入浅出地讲解疾病的成因、严重性等；对文化水平较高者，要注意沟通内容的逻辑性和全面性；对具有医学知识的家属，可以适当使用医学术语；对年长的家属要多使用敬语；对有宗教信仰者要充分尊重其信仰等。

4. 保持沟通的双向性　有效沟通是全面了解病情和取得患者对诊疗方案理解和配合的基础。要做到有效沟通，医务人员就要注意保持沟通的双向性。首先，对患方进行询问病史或病情告知时，要注意语言的通俗易懂，不要在沟通中使用过于专业或晦涩的语言。譬如想了解患者的疼痛性质，用"是针扎一样的痛还是持续慢慢的痛"会比直接问"锐痛还是钝痛"更容易让患者理解。其次，在沟通中要注意让患者家属进行反馈，确保其已了解了告知的相关信息，在交流的信息十分重要或患者家属理解能力有限时可多解释、强调几遍，尤其是让家属签署疾病相关知情同意书时更应如此。不要因需要多次告知而不耐烦，不能用"给你说了多少遍了，你怎么还不懂"等此类可能伤害患者家属并损害医患关系的用语。再者，要善于倾听。沟通中对患者家属的病情陈述和信息反馈要耐心倾听，倾听时可通过语言或肢体语言进行反馈，以让患者家属了解到医务人员是在耐心听、认真听。沟通过程中还要注意把握沟通的方向，针对不善言辞的家属要多多鼓励，针对言语过多甚至是有赘述倾向的家属要善于巧妙地转移话题方向，以提高沟通效率，节省医务人员的时间。

5. 讲究沟通策略　临床实践中经常会遇到同时面对患者多位家属的情况，面对亲人患病及个人经济情况的不同，不同家属会有不同想法。这种情况下，医务人员一定要注意沟通策略，如家属与患者之间意见一致，可以将患者及其家属集中到一起进行交流，以节省沟通时间；如遇患者与家属、家属与家属之间意见不一致时，可以在病情告知的基础上先让患方之间进行内部沟通，待其意见达成一致后再进行医患之间的沟通，以避免医务人员介入患方的内部矛盾，造成不必要的纠纷；如患者家属之间实在不能达成意见一致，沟通时应区分主要家属和次要家属，要抓住"管事的"主要家属来谈病情，然后再由他去解决家属不同意见带来的干扰。

6. 不要随意预测患者的病情变化　由于疾病的多样性及个体之间的差异性，患者病情变化有着太多的不确定性，所以在与患者家属、亲友交流时，不要轻易对患者疾病的转归、病情变化做预测,更不能做过于乐观的预测,尤其不要用"99%""100%"等含有概率的语言预测疾病的风险和预后。面对患者家属询问病情时,可以就患者当前的情况做客观描述,如"目前情况稳定""病情暂时稳定,还需进一步观察""病情尚未稳定,还需密切观察"等语言回答。

7. 不随意评价他人的诊疗　由于医疗机构之间条件不同和医务人员的治疗理念、技术水平不同,针对同一疾病认识可能会有所不同,在诊疗方案上可能也会有所差异,故医务人员与患方进行交流时,不要向患者家属评价他人的诊疗方案,否则可能会导致患方的不信任,甚至引发医疗纠纷或医务人员内部的纠纷。

8. 重视书面沟通　由于医患沟通的特殊性,在与患方进行沟通时,不仅要注意做好口头沟通,对于一些重要的内容,如入院须知、重要检查、手术协议书等还需要落实到书面上。但在书面沟通时一定要把沟通的信息实事求是地如实告知,取得患者家属的理解与配合,避免让家属认为医务人员是在逃避风险、规避责任。

9. 重视非言语沟通　非言语沟通也是沟通过程中重要的信息交流途径,医护人员在与患者家属进行交流时也要注意非言语沟通技巧。首先,要注意外表形象和仪态得体,医护人员的精神面貌会影响患者及其家属的情绪和看法。因为人在交往中通常凭第一印象来判断对方是否值得信赖,所以医护人员应做到着装得体、仪表端正、举止大方、用语规范文明、决策果断,这样不仅有助于取得患方的信任,也有助于消除患方对陌生环境的恐惧感,减轻患者及家属的焦虑心理。其次,要注意说话的语气和方式。医院是医护人员的舞台,在与患方沟通过程中,医务人员要像演员进入角色一样对患方充分展现出关心、体贴与尊重,在与患者家属的沟通中,通过恰当的语气、语速、语调和肢体语言营造一个轻松的交流氛围。再者,用心倾听。卡内基说:"如果你想成为一个谈话高手,必须首先是一个能专心倾听讲话的人"。倾听是对患者家属尊重和重视的表现,医护人员可通过微笑、手势语、点头等肢体语言鼓励患者家属诉说,尽量让患者家属宣泄和倾诉,在对患者病情全面了解的同时也可以为患者家属提供心理安慰。同时,倾听不仅要听其言,还要观其行,通过观察患者家属在诉说过程中的行为表现,也有利于判断其心理状态及需求。

10. 注意沟通内容的一致性　在与患者家属进行沟通时,各级医生、护士、进修人员、实习人员之间对同一问题在沟通内容上要保持一致性,不要任意回答、各行其是。一般来说,面对疑难或不确定的问题,要以患者的主治医生、护士或科室相关负责人的意见为准。所以,医务人员在面对患者家属提出的自己不能确定的问题时,应及时向相关负责人员征询意见,以避免因医务人员之间意见的不同而造成患者家属的误解。

总之,做好与患者家属沟通既是医务人员的一项必备技能,也是一门艺术。医务人员要从心理、行为、语言等多角度、全方位、艺术化地处理与患者家属的关系,提高自身的沟通能力,从而达到提高医疗服务质量、增强患方满意度、和谐医患关系的目的。

第二节　医方与社区的沟通

医学是集科学研究、技术创新、人文关怀三位于一体的学科,其基本任务是疾病的预防、诊断、治疗、康复,而根本目的是促进人类社会从个体到群体的身心健康。长期以来,我国提供的医疗保健卫生服务只是一种主要针对疾病诊治的医院式服务,患者得到的是质量较低、消耗较高的卫生服务。这种模式不仅造成了"看病难""看病贵"等医疗服务问题,也不利于健康保健知识在民众中的普及和宣传。国内一项针对北京部分社区居民进行的随机抽样调查发现，社区民众普遍存在人口老龄化、卫生知识知晓率低、慢性病患病率高、看病不便等健康相关问题。因此，要实现"人人享有卫生保健"的目标，在传统的医院式服务的基础上，还必须建立完善的社区医疗卫生服务体系，加强医方与社区之间的沟通，使医务人员和医疗卫生机构在广大人民群众的医疗卫生保健和健康知识宣传方面发挥更大的作用。

一、与社区沟通的现状

预防疾病与损伤，促进和维持健康；解除疾病带来的痛苦；照料与呵护患者；避免早死，追求安详的死亡是现代医学四个方面的目的。后三个目的的实现主要是通过医院内直接的医患互动来实现，医学的首要目的，即预防疾病与损伤、促进和维持健康则更多的是需要全社会的参与，尤其需要各类医疗卫生从业人员加强与社会的沟通，以在全社会层面推广与宣传健康知识，在疾病和损伤的预防方面发挥更大的作用。我国目前医学实践的现状是重治疗而轻预防，体现在医患沟通层面上，就是无论是医疗机构还是医务人员，均只重视院内与患者的沟通，而忽视与社会乃至社会的微型单元——社区的沟通。

1. 沟通意识不到位　首先，无论是医疗机构的管理人员还是具体的医务人员，均缺乏疾病预防的意识，在医学实践中存在明显的"重治而轻防"的思想，在沟通中主要是针对医院内的患者而忽视与非患者群体及患者出院后的沟通。其次，在市场经济的大环境下，医方普遍只关注疾病诊治过程中带来的经济效益，而忽视健康知识普及和疾病预防所能带来的医院口碑、医院品牌等更深层次的社会效益。

2. 沟通方式存在问题　与人民群众健康保健意识和需求不断提高相矛盾的是我国医疗资源相对不足，医务人员普遍存在工作量偏大、对医患沟通的重视和投入不够等问题。目前医疗机构所实施的医患沟通具有明显的院内沟通和矛盾沟通的倾向，更多的是院内沟通，而且倾向于产生矛盾后才去被动地沟通。从基层医护人员到医院管理者，都没有认识到医患沟通应"环节前移"，也不注重医院与社区、与普通民众的沟通。理想的沟通应该起到"未雨绸缪"的疾病防范作用，而不仅仅是疾病发生后的"临渴掘井"，或是在医患矛盾发生后充当"消防员"的角色。

3. 沟通主体与客体缺位　医患沟通，尤其是医方与社区的沟通应该是全体医务人员的共同职责。由于思想认识的不到位，目前仍有相当一部分卫生管理人员和医务人员认为沟通主要是医生、护士与患者的沟通，导致无论是制度还是渠道上，均存在医方与社区沟通的主体与客体缺位。主体缺位体现为在各类医疗卫生机构中，甚至是专门的社区医疗机构中，缺少专门从事社区沟通的机构、部门和医务人员；客体缺位则体现为忽视医疗机构整体与社区的沟通，从而将健康人群和亚健康人群排除在沟通之外，造成沟通的局限性。

二、与社区沟通的目的和意义

1. 拓宽医患沟通的途径与内涵　医疗卫生机构不仅是一个技术机构，更是一个社会服务机构，具有"医、教、研、防"的四大功能。加强与社区乃至社会的沟通，将院内沟通变为深入社会的沟通，不仅丰富了医患沟通的形式，拓宽了医患沟通的渠道，也能使医患沟通更好地服务于医学目的，在完善医疗卫生机构和医务人员防病治病、健康教育的职责与任务的同时，有利于把医学科学的研究范围延伸到社会这一层面。

2. 变应对性沟通为服务性沟通　医学科学发展的目的是要服务于全体人民。因此，无论是医疗机构还是医务人员，为全民进行健康服务是其基本职责之一。从这一角度来说，医患沟通亦是这一服务过程中的重要一环。如前所述，目前我国的医患沟通更多的是针对患者的应对性事后沟通，无论是医疗机构，还是医务人员，均缺乏前瞻性的服务性沟通意识。医疗机构进行社区沟通，就是将沟通的环节前移，改变过去那种"发生事情才沟通"的应对性沟通角色，主动征询社会对医疗服务的需求、意见与建议，主动向社会宣传健康相关知识和医疗服务的现状与特点，不仅有利于提高医疗机构的社会声誉，也有利于社会增加对于医务人员的认识、理解和信任，也就可以把一些医患争端、医疗纠纷消灭在萌芽状态。

3. 变单向沟通为双向沟通　医院主动深入社区进行沟通，所面临的不仅有患者，还会有患者家属、健康人群，其沟通氛围就可以不像医院内的医患沟通一样正式、严肃，也可以改变传统的"我说你听"的灌输式沟通模式，使沟通在一种轻松、互动、全民参与的氛围下进行，改善医患之间、医院与社区之间角色不平等、信息不对称的关系，使社会群众主动关心和参与医院的建设、管理、发展、服务等各方面，使得医患、医群之间产生互相促进、互相帮助、互相信任的和谐新型医患和医群关系。

4. 由社区和医院共同承担沟通的主角　医疗机构注重社会沟通，并将沟通的重点和基点放在社区，使医疗机构和社区成为休戚与共的使命"共同体"，共同为服务好百姓的健康努力。也可以让社区和广大民众为提升医疗机构的医疗保健服务技术和水平出谋划策，这样就能使得医疗机构真正地植根于社会，服务于社会。

5. 增强民众疾病预防与康复的意识　加强与社区的沟通有利于健康知识在民众中的传播，提高全民的保健及疾病防范意识，增强其健康管理能力。越南进行的一项研究发现，参与式社区沟通能够增加越南农村少数民族地区民众的艾滋病防范知识，提高其艾滋病预防能力。再者，对患者来说，很多患者除医院治疗外，缺少社区、家庭治疗与康复的意识和途径，这往往会影响其疾病的后期恢复。通过医方与社区的沟通，有利于弥补医院治疗与家庭康复之间的空隙，实现治疗－康复的一体化，更好地促进患者的康复。

三、与社区沟通的方法

与传统的医患沟通不同，医方与社区沟通的沟通对象在构成上更为复杂和多样化。因此，双方沟通的方法与形式要多样化，角度应有多面性，内容要更丰富，理念要更创新。

1. 加强政策引导与制度建设　医方与社区的沟通是传统院内沟通与院内诊疗服务的外延，做好此方面的沟通，有助于更好、更科学地实现医学目的。因此，医疗卫生服务的相关部门及从业人员均应加强对社区沟通的重视。首先，从宏观层面来说，政府部门，特别是卫生行政部门应加强此方面的政策引导，可从卫生法律法规和卫生政策层面，明确医疗卫生机构及医务人员与社区沟通的责任。其次，各级医疗卫生机构应建立与社区沟通的相关制度，在不断提高诊疗水平、促进经济效益的基础上，进一步强化疾病预防及健康知识宣传的职责，以提升自身的社会声誉和社会效益。总之，通过政府宏观调控与医疗卫生机构指导性规定的有机结合，会使医疗卫生机构与社区之间的联络进一步加强。

2. 强化社区沟通机制建设　在加强制度建设的同时，医疗卫生机构还应加强与社区沟通的机制建设，具体可从以下几方面着手：①建立信息畅通、布局合理的沟通渠道。信息的畅通对于沟通来说至关重要，而沟通渠道的合理布局则能提高沟通时效与效率，节约医疗卫生资源。因此，在与社区沟通方面，可以以国务院办公厅下发的《关于推进分级诊疗制度建设的指导意见》为契机，在社区沟通机制上建立城市三级医院－城市二级医院－县级医院－基层医疗卫生机构分级联动的沟通机制，形成以大型综合性医院为中心点、逐级向下一级医院直至社区辐射的网状沟通渠道。在沟通过程中，注意保持信息的通畅，同时尽量把与社区沟通的主体下移到基层医疗卫生机构，而高层级的医疗卫生机构为基层机构提供技术后盾支持和疑难问题解决，进而形成"基层沟通为主、各级双向沟通、上下联动沟通"的沟通机制。②加强社区沟通的人力资源建设。首先，各级医疗卫生机构可设立由行政领导牵头负责的"社区沟通工作组"或专门的机构，管理并监督相关工作开展。其次，应加强专业人力资源的培养与建设，可通过人才引进和自身教育培训相结合的方式增加医疗卫生机构与社区沟通的人才配置。③调动社区干部参与的积极性。医疗卫生机构，尤其是基层医疗卫生机构可与附近社区挂钩，通过举办社区干部专题讲座、专题读书会、专题联谊会等形式，为社区干部讲解当前的医改政策、医保政策和医疗保健政策，介绍医院进行医患沟通的主要方法、医院与社区沟通的重要意义，通过活动取得社区干部对医院与社区沟通工作的理解与支持，调动其参与的积极性，使其能够在医院与民众之间发挥纽带和润滑剂的作用。

3. 注意沟通内容与形式的多样性　与社区的沟通对象不仅有患者，还有更多非患者的普通民众，因此在沟通内容上应丰富、形式上应多样。具体可做到：①在沟通内容上不应仅局限于疾病诊治、康复与预防的相关问题，还应包括介绍党和国家的医疗政策；介绍医疗技术与各级医院的技术特色，尤其要着重介绍本区域医疗卫生机构的特色；介绍医疗卫生机构的服务内容、就医流程、便民惠民服务等；介绍医疗卫生机构的服务理念、管理文化、行风建设举措等，以及就医时患者的诉求渠道、方法和处理的途径等。通过相关内容的沟通，一方面使患者获得健康保健知识，另一方面也能增加患者对当前医疗卫生政策及医疗卫生机构的了解程度，增强医社之间、医患之间的互通互信，把医患之间因相互不理解而导致的矛盾消灭在萌芽阶段。②在沟通方法与形式上应注意灵活多样，可通过书信、邮件、电话、微信公众号、网络直播间进行非直接面对面的沟通，也可通过社区联谊会、文艺会演、座谈会、专题报告等形式进行直接面对面的沟通；可通过社区居民的医疗保健需求调研、义诊等形式进行具有服务性质的沟通，还可通过编制《医院社区沟通手册》《疾病预防与保健手册》等专门的宣传手册进行相关知识的宣传。如条件允许，在社区沟通中，尤其是进行疾病预防和康复知识普及时还是要尽可能进行面对面的沟通。一项针对墨西哥裔美国人2型糖尿病患者的随机对照研究发现，在与患者的社区沟通中，与书信沟通等沟通方法相比，通过社区健康工作者与患者建立的直接面对面的沟通能够更好地提高患者的健康自我管理能力，并能更好地控制自身的血糖水平。

> 人文视角 12-1
> 社区医生入户访视技巧

第三节　医方与新闻媒体的沟通

当今社会是信息高度发达的社会，报纸、广播、电视、网络、微博、微信等媒体渠道可以使一条新闻在几分钟之内传遍大街小巷、路人皆知。随着社会信息化的不断深入，新闻媒体报道逐渐呈现快速化、多样化的发展趋势。新闻媒体是社会舆论的代言人，在高度信息化的今天，媒体舆论既能"封杀"一个组织，使其举步维艰，也能使一个组织美名远扬，迅速发展。在这种背景下，医疗机构要得到社会广泛认同，获得良好的社会形象和经济效益，加强与媒体的沟通，与媒体建立和保持良好的合作关系已成为各级医疗卫生机构进行外部宣传的"第一要务"。

一、医院-媒体关系

医院-媒体关系（hospital-media relation）是指医院与媒体的互动关系。随着新闻媒体的快速发展和医疗卫生机构对于公共关系的日益重视，医院-媒体关系催生了现代的医院公共关系，在大众传媒资讯高度发达的今天，医院-媒体关系已在医院公共关系中居于更核心的地位。利用大众传播媒体进行信息传播是医疗卫生机构公共关系的基本手段之一，是医院迅速扩大知名度、造成宏观效果的重要方法。医疗卫生机构处理媒体关系的目的，是营造和维护良好的社会形象。所以，医疗卫生机构要重视与媒体关系的处理，但视野也不能仅限于媒体，必须跨过媒体去考虑与公众的关系处理。医院-媒体关系的处理只是一个中间过程，目标指向媒体的受众即公众，从这层意义上来说，医院-媒体关系最终指向的是医院公共关系。

（一）医院-媒体关系现状

医院以救死扶伤为己任，新闻媒体主要承载舆论监督的职业责任，它们都有相同的服务对象——人民群众。近年来，随着人民群众越来越关注自身健康，社会和媒体也开始关注医院，关注由此产生的医疗资讯舆论，如医疗新闻和广告、医疗卫生制度与改革、卫生保健知识、医学新技术和新进展信息等。在这些舆论中，既有正面的，也有负面的。由于部分媒体的责任意识不强和医疗卫生机构的媒体沟通和公关意识不强，一些夸大医疗卫生机构过失或完全失实的负面新闻报道时有发生。受当前社会大环境及医患关系现状的影响，一旦出现医患纠纷的相关报道，公众更倾向于把患方视为弱势群体，往往选择性报道甚至夸大医方在纠纷中的过错，一旦出现此类的负面新闻报道往往更能引起民众的关注和共鸣，尤其是随着当前新媒体的不断出现，负面新闻往往能更加快速地发酵和传播。当前媒体对医疗卫生机构、医务人员过多的负面舆论报道不仅影响了医院在公众中的形象，加剧了医患关系紧张，甚至会对医疗服务质量和医务人员的安全造成影响。有学者选取了2018—2019年三家国家级、地方级主流报纸中78篇医患纠纷事件进行研究，发现媒体面对医患纠纷往往采取负面的报道倾向，批评、谴责当事医生，同情当事患者，其中有46%的报道存在失实，多数是"标题党"、煽情渲染式报道，对建设和谐医患关系带来了巨大挑战与负面效应。可见，医疗卫生机构与媒体关系尚存在一定的问题及不和谐。医院和媒体之间这种整体和谐中的局部不和谐状况，不仅不利于医院与新闻媒体之间关系的良性发展，也与当今建设和谐社会的主题不相称。

（二）医院-媒体关系现状的原因分析

医院和媒体都是以人民群众为服务对象的，两者之间存在建立良好关系的契机和切入点。但现实情况是医院与媒体之间的关系存在很大偏差和不和谐因素，这需要从医院和媒体两个方面来找原因。

1. **医院方面** ①医院是疾病救治的场所，救死扶伤也是医生的天职，但现实与理想出现了差距。近年来，部分医务人员存在的责任心不强、技术水平不足、违规操作等医疗过失行为及拿"回扣"、收"红包"、商业目的的统方、过度诊疗等违反医德的行为损害了医务人员在媒体及公众面前的形象。②只关注自身发展，缺乏社会意识。不少医院在社会交流方面还处于半封闭状态，只关注自身，忽视与社会的互动和了解民众的实际需求。许多医院通过媒体传播的内容更倾向于医院的专家、设备、开展的项目，或代表医院形象的"好人好事"。这类宣传往往是站在医院自己的角度，而没有认真思考媒体和信息传播的目标人群的实际需要。因此，医院不能只要求媒体为其自身做什么，还要研究政府需要什么、公众需要什么、媒体关心什么。③缺乏媒体关系意识和危机应对技巧。当前，与媒体建立良好合作关系的重要作用还没有引起医院的足够重视，未认识到危机的潜在性，没有危机预防意识。而一旦发生危机事件，不少医院又缺乏危机解决能力和应对媒体的技巧，甚至可能错误地高估医院的能量和社会对其的依赖程度，以强硬的态度对待蜂拥而至的媒体，最终使医院的公共形象受损。近年来医疗卫生领域的一些报道让医院疲于应付、手足失措的背后固然有患方及媒体的因素，但医院方面缺乏媒体应对及危机公关的技巧也可见一斑。

2. 媒体方面 ①紧盯医疗行业与医患关系。一是健康问题近年来成为越来越受关注的焦点问题，媒体报道这类问题容易引起大众共鸣，从而扩大其影响力和品牌效应，为媒体带来社会效益和经济利益。二是医院往往是新闻线索集中的地方。人吃五谷，难免患病，各种不同的疾病，特别是难治的、罕见的疾病都让人好奇，而随着诊疗技术的发展，一些新的治疗手段如体外受精、器官移植等易引起媒体和民众的关注。三是部分媒体为寻求卖点，抢新闻，对医患之间的矛盾未经深入调查即做出失实报道，易误导读者和公众，对医患关系的紧张和医患纠纷的频发起到了推波助澜的作用。②受商业运作支配，部分新闻媒体践踏新闻道德底线，脱离实际报道。目前，由于媒体已进入商业运作期，尤其是新媒体的不断出现，导致媒体为了自身的生存和发展，吸引更多的民众关注，不惜"炒作"甚至制造假新闻。

> 典型案例 12-2
> "茶水发炎"与"产妇肛门被缝事件"

二、与新闻媒体沟通的意义

医疗卫生机构是媒体信息的重要来源之一，媒体则是医院的重要宣传通道，两者相辅相成。新闻媒体作为社会声音最前沿的代表，能够反映社会动态，引导社会舆论。医疗卫生机构则具有医疗保障和社会服务的作用。医疗卫生机构与媒体在各自的业务范围和工作目标内，既有共同利益，也会产生矛盾，新闻媒体对医疗卫生机构的生存和发展具有重要的影响作用。医疗卫生机构为促进自身发展，应加强与媒体理性沟通，寻求建立与媒体的良好合作关系，创造良性互动的合作空间。

1. 新闻媒体是促进医疗卫生机构发展的动力 积极与新闻媒体沟通，一方面，能争取媒体关注并宣传医疗卫生行业的政策与现状、医疗卫生机构的运行特点；另一方面，能使媒体及时向医疗卫生机构反映公众的健康需求，督促医疗卫生机构在医疗活动中履行社会责任，帮助医疗卫生机构落实政府颁布的医疗卫生政策，促进自身的医疗制度化建设和规范化管理，提高整体的服务质量，从而使医疗卫生机构在社会的监督下健康发展。因此，医疗卫生机构必须充分利用舆论宣传工具，为自身的科学经营和健康生存鸣锣开道，在大力营造廉洁行医、弘扬正气的舆论氛围的同时，架起医方与媒体、与社会之间相互沟通、相互信任的桥梁，促进各项工作的顺利开展。

2. 新闻媒体有利于提升医疗卫生机构的社会形象与品牌 做好媒体宣传工作，有利于增进社会各界对卫生工作的理解和支持，关系到卫生事业的改革与发展。发挥媒体的舆论导向作用，可树立医疗卫生机构的良好形象，增进社会各界对医疗卫生机构的了解，并获得理解、支持和赞誉，为医疗卫生机构带来品牌效应；反之，则会影响医院的声誉。医疗卫生机构信息能否被媒体报道、如何报道，其决定权在新闻界，必须通过新闻界人士协助才能实现报道的愿望，医疗机构与新闻界的关系越融洽，有利于医疗机构的新闻报道就越多，就越容易得到新闻界的理解和支持。尤其是在当前信息化的社会背景下，医疗卫生机构的发展及社会形象与公众的认知与评价息息相关，主动与媒体沟通，借助媒体的宣传平台，加强与社会公众之间的沟通，能够使公众更多地了解和认识医疗卫生机构，提高其社会知名度和行业竞争力。

3. 新闻媒体架起了医疗卫生机构联系人民群众的桥梁　医疗卫生机构必须认识到与媒体沟通就是与社会公众的沟通，媒体是医疗卫生机构与社会大众沟通的重要途径。加强与媒体沟通，让其客观、公正、完整地报道医疗卫生机构的工作实际、医务人员的工作现状与奉献精神、医疗保健知识乃至医患纠纷的处理过程，能够使人民群众更真实地了解医疗工作，促进社会大众对于医疗服务，尤其是医疗服务有限性的认识和理解，能够建立更好的医患关系环境和医患沟通氛围，在改善医务人员的职业环境的同时，也为医疗卫生机构的发展提供了更广阔的空间。

三、医疗卫生机构与新闻媒体的沟通技巧

1. 主动与新闻媒体沟通　医疗卫生机构要想拥有好的外部舆论氛围，就应该积极与新闻媒体沟通交流，保持与新闻媒体沟通的有效途径，建立良好的合作关系。在主动沟通时，可从以下两种途径着手。

（1）主动与媒体记者保持联系：①医疗卫生机构应建立与新闻媒体的专线记者（专线记者指专门报道某一行业的新闻记者）的联系机制，让记者感受到医院在主动与他们保持良好的关系，也让他们通过这种方式逐渐了解医院，了解医疗流程，了解医方工作的困难，更理解医疗的高风险性，并开始关注医院的发展。②急记者所急，及时发现新闻信息。作为医方，应有专门负责对外宣传的工作人员，并要熟悉新闻业务。记者无稿源时，医方可为记者出主意、想办法、做策划，解其燃眉之急。同时，医疗卫生机构各级宣传人员，在与记者的沟通过程中需要有敏锐的新闻嗅觉，能够将他们目前的选题与医院的传播重点进行有机结合，从而创造传播的机会，提高医院新闻的传播价值。③应一视同仁，宽厚待人。医疗卫生机构对待不同媒体的记者应一视同仁，不应因媒体级别不同而区别对待，同时要有宽广的胸怀，理解记者的苦衷与难处，并感谢他们的劳动。即使对于曾报道过负面消息的记者，也要宽宏大量，多与他们沟通，逐步消除误解与成见。如一位年轻的记者到某医院采访，经医院多方做工作，仍未阻挡负面消息的发布。该记者后来成了该医院的专线记者，医院没有怨恨她，而是与其主动沟通，介绍了许多优秀医务人员如何为患者着想的动人故事，同时工作上给予了她许多支持和方便。在后续的工作中，她撰写了很多展现医务人员感人事迹的新闻稿件，使人民群众真实客观地了解了医务人员。她从此也成为该医院的忠实朋友，并为维护医院的荣誉、促进医院的发展积极献计献策。④对报道的信息及时反馈。无论是正面的还是负面的新闻报道，医疗机构都应在第一时间内对新闻记者进行反馈。如是一个不熟悉的记者对医院进行正面或积极的报道，医院应及时表示感谢，并表达希望建立合作的愿望。对负面消息的报道，医院也应与记者及时坦诚沟通，了解该消息报道的内部信息，以利于医院有的放矢地快速化解分歧、隔阂，消除不良影响。

（2）建立与新闻媒体的互动关系：与新闻媒体，尤其是媒体高层管理人员建立互动关系，是医疗卫生机构与媒体沟通的重要方式。建立和维护这层关系是一个长期的过程，具体可从以下方面着手：①主动走访相关新闻单位。医疗卫生机构应定期走访所在地区的相关新闻单位，与相关负责人如总编辑、新闻部主任等加强联系与沟通。主动向他们介绍医院的发展情况，让其深入了解医院，探讨与新闻单位合作的途径与项目。通过经常性的交流沟通，使他们感受到医方对他们的尊重，促进双方建立融洽的合作关系。②保持与新闻宣传管理部门的沟通。医疗

卫生机构的领导和新闻人员还应定期走访所在地区管理新闻宣传的部门，与其建立联系，让其了解医院的全面情况，一旦出现有新闻媒体参与的重大事件时，可请他们协调处理，妥善解决矛盾和纠纷。③及时与新闻媒体沟通。医疗卫生机构与新闻媒体的沟通应及时，尤其是有较大新闻事件时，医院应尽快启动应急机制，及时将医院充分准备的相关材料发送到各个媒体的高层决策部门，主动向其介绍事件的原因、经过、沟通处理办法，并与他们真诚探讨，寻找解决问题的途径和方法。

2. **有针对性地沟通** 当前社会存在着多种新闻媒体，具体到医疗卫生行业来说，既有一般的社会公众媒体，也有政府的官方媒体和行业媒体，针对不同类型的媒体，要选择有针对性的沟通方式。社会公众媒体的主要形式有报刊书籍、广播影视、网站网页、微信公众号等，这类媒体信息量大、受众多、传播快、影响广。但这类媒体的从业人员往往视角敏锐而缺乏医学专业知识，责任感强而科学性欠缺，与此类媒体沟通时应主动、及时、真诚、客观，理解此类媒体记者之所需，提供的信息要通俗易懂，解释应客观直接。而政府官方媒体则具有政策性强、权威性高、客观公正等特点，此类媒体的记者一般思维严谨、了解政策，但灵活性相对不足，与其沟通时应客观、严谨、公正。医疗卫生领域的行业媒体具有专业性强、科学性高、客观严谨等特点，此类媒体的记者一般具有一定的医疗专业知识，能够客观深入地分析医疗新闻，因此与其沟通时应注意客观、真实、科学并突出专业性。

3. **善用媒体树立良好社会形象，扩大影响力** 新闻媒体是收集、传递社会信息的载体，更是一项公共资源。现阶段医疗卫生机构的服务宗旨和工作对象要求必须缩短与媒体的距离，并充分利用这一公共资源进行自我宣传、推介和展示。各级医疗卫生机构在不断加强自身建设的同时也要善用宣传媒介，将医德、医风、医疗质量建设所取得的成果传播给大众，将医院不断涌现出来的卫生行业新风及对医疗卫生事业做出贡献的专家、医务工作者进行大力宣传报道，通过典型事迹和先进人物的宣传，不仅可以树立医疗卫生机构良好的社会形象和知名度，也有利于对医疗行业的从业人员进行鼓舞和教育，促进行业的整体发展。再者，医疗卫生机构在开展义诊下乡、抗震救灾等公益性社会服务时可以邀请媒体参加，尤其是在应对各种突发公共卫生事件（如传染病暴发、群体性人员伤亡等）时更应如此，在强化医疗卫生机构的社会责任和贡献的同时，引起更多社会大众的关注。在宣传正面信息时，也要注意对当前医学科学发展的局限性、医务工作者的工作压力和难处、医疗收费的合理性、医疗消费与普通消费的区别、政府投入与医院正常运行的矛盾等当前存在的局限与不足进行客观报道，新闻媒体工作者也能通过这种沟通方式，了解医院的性质、技术水平、医疗流程、经营状况及医护工作者的付出与艰辛，理解医疗的高风险性和不可预知性，理解医院并开始关注医院的积极发展，甚至与医院建立起一种长期的友谊和信任关系。通过媒体的报道，可以使公众对医疗行业的现状有更立体、客观的认识，增强其对医疗卫生行业及医务人员的理解。

4. **与媒体加强联络，欢迎舆论监督** 医疗卫生机构应敢于接受以媒体为代表的舆论监督，主动向媒体、记者介绍宣传医疗工作的特点和医院新闻线索的特殊性，特别是在必要时与其分析医疗纠纷中出现的具体案例，进而说明医疗纠纷的复杂性，从侧面提示新闻工作者进行此类新闻报道时必须慎之又慎。通过相互了解，既联络了感情，又对双方的工作性质、特点和难度有了深入理解，这样就可以避免今后工作中出现不协调、不和谐。在突发性危机事件来临时，医疗卫生机构在及时启动危机应对预案的同时，也应主动、积极地与媒体保持沟通，必要时应主动邀请媒体召开新闻发布会或将相关书面材料发送到各新闻媒体，向其介绍事件的原因、经过及沟通处理办法等，而不要用"无可奉告"等不当言论和推诿责任、花钱消灾等做法应对或防范媒体。只有这样才能真正防患于未然，降低负面新闻的发生率，最大限度地维护医疗机构的社会形象和声誉。即使面对媒体的失实报道，也不要意气用事地轻易起诉媒体，除非有确凿的证据表明媒体是故意恶意诽谤，否则很容易被公众认为是站到舆论监督的对立面。当出现媒体报道失实时，可以首先发布澄清声明，就事件的前因后果、来龙去脉讲述清楚，澄清过程中的所有论述都要站得住脚，证据要客观充分有效，不得有任何造假成分。在声明中也不要有指责媒体监督的负面词语，可以主动邀请更权威的媒体刊登没有失误内容的报道。

5. 和媒体联手传播医学科普知识　医疗行业是一个高科技和高风险的行业，尚有许多未知领域有待探索。从事传媒工作的人员大都是非医学专业人员，医疗卫生机构可以尝试定期组织相关专家，利用媒体的宣传网络，对一些常见病、多发病的发生、发展、治疗、预后，甚至一些疑难病的国内外治疗进展，为媒体工作人员和民众进行专题讲座。一方面，如果能使媒体工作者掌握一定医学专业知识，对一些医疗新闻的报道势必会更客观、公正和科学。另一方面，通过医学科普知识的传播，能够使公众获得更多的健康知识。条件允许的情况下，可以开通健康知识热线电话或网络咨询平台，解答社会民众的健康疑惑，借助媒体介质加强医患、医社之间的沟通交流，也可在一定程度上增强双方之间的理解与信任。

6. 借助媒体及时发布特色医疗服务　医疗卫生机构应借助报纸、网络、微信公众号等媒体平台积极推出并发布自身的特色专科、特色服务、名医名家等信息。这样不仅可以使公众在选择医疗卫生机构时更有针对性，也利于医疗卫生机构利用服务内容和名医名家的高超医疗技术和诊疗水平来吸引患者、吸引市场，不断提高自身竞争力。此类信息的发布一定要客观公正、通俗易懂，不夸大、不造假，这种发布和宣传不仅是医院形象设计的需要，也是为广大患者提供信息、为更多社会大众提供服务的需要。

7. 及时关注网络舆情　网络信息传播迅速，因此医疗卫生机构还应积极关注网络舆情。积极主动沟通，正确及时处理对自身不利的舆情信息对于医疗卫生机构来说非常重要。主动了解民情，及时释惑民声，积极引导舆论，充分利用网络平台发挥医疗卫生机构服务群众的职能，可以最大限度地缩小和消除网络舆情对医院造成的各种负面影响。同时，通过对网络舆情信息的了解，也有利于医疗卫生机构解民情、聚民智，使自身的决策更能体现出民众的需求，更好地为人民健康服务，也能为自身的发展营造良好的网络舆论氛围。

8. 建立专门的新闻发言人制度　所谓的新闻发言人制度，指的是一种机制和预案，包括医疗组织机构内部如何组织信息的发布、管理，如何与媒体之间进行沟通与交流，以及如何开展平时及突发事件时的新闻宣传工作。发言人制度作为一整套制度，不仅仅是应对突发事件，而是贯穿所有工作的始终，与各项业务工作密不可分，最重要的是要提高新闻宣传意识，主动开展新闻宣传工作。具体来说，医疗卫生机构可以选择专业技术过硬，又具有一定社交和沟通能力的高层人员担任新闻发言人，并制定相关的规章制度，发言人不仅从事与新闻媒体的沟通，还要从事与患者、政府、社区和同行业间的沟通，定期或不定期地向社会公众和新闻媒体通报本机构发展和社会服务的情况，为医疗卫生机构构筑一个与社会、民众和媒体交流的平台。

拓展阅读 12-3
医院媒体危机的管理与应对

四、医务人员与新闻媒体的沟通技巧

不仅医疗卫生机构要与新闻媒体做好沟通，作为医务工作者个人，在面对媒体记者时也应注意一定的沟通技巧，具体包括以下几个方面。

1. 要注意接受沟通技能的培训和演练　在纷繁复杂的行业生态环境下求得生存和发展，仅靠专职新闻发言人是远远不够的，一线医务人员要参与到与新闻媒体沟通的过程中来。广大医务人员也要具有一定的媒体沟通技巧和应对危机的自我保护能力，掌握好医疗活动及沟通过程中应该说什么、做什么，不应该说什么、做什么。每一个医务人员要主动参加培训和演练活动，真正让自己做到懂沟通、会沟通。

2. 接受新闻媒体采访前要充分准备　接受记者采访前需要仔细准备，整理出在采访中可能谈到的问题及要点。或者尽量找到记者的话题议程，然后围绕这个议程来组织自己的观点，确定记者需要的是什么，数据、意见还是声明，并尽可能友善地配合记者，例如主动提供客观证据、图片和资料。接受采访时，不能只是被动地有问必答，应巧妙地控制采访节奏，表达出自己最想要说的话。如果是电视采访，要注意着装是否得体，考虑衣服的颜色、配饰，甚至要注意适当化妆等。有条件的可以用模拟录像演练采访，无条件的可对着镜子练习，由他人检查并反馈意见，尽量不接受突袭采访，也不要接受未经过单位批准的采访。

3. 对媒体记者要以诚相待，态度平和，用事实说话　在接受采访过程中，要尽量表现得友好、诚恳、客观、公正。如果接受一般社会性媒体的采访，语言要尽量浅显易懂，可多举实例，多打比方，确保对方都能听懂。如果是接受专业媒体的采访，用语要科学、严谨。无论面对何种媒体记者，都要一视同仁，既要尊重记者，又要保持一定心理距离，不能因为有些问题或报道不符合自己的期望就对记者心怀芥蒂。尤其是不要对记者撒谎或伪造事实，因为任何谎言最终都可能被揭穿。在媒体采访中，面对记者提出的具有指责或"陷阱"性质的问题，要冷静分析和沉着应对，不要通过机械重复来否定记者的提问，而要用事实性的词语重新组织语言，推翻问题中隐含的陷阱。例如，如果记者用"不负责、推卸责任、损害患者利益"等语言来定义医务人员的行为时，医务人员不要用"没有不负责，没有推卸责任，也没有损害患者利益"等类似的语言来应对，因为这样等于重复了记者的指责，会强化媒体、观众对此的印象和记忆。面对此类问题，首先态度上要不卑不亢，然后面带微笑回答："在这个问题上，你显然是误会了，事实是这样的……"然后陈述事实或事件的真相。

第四节　医务社会工作与医患沟通

医务社会工作是工业化、城市化和社会现代化过程中的产物，它的出现体现了疾病、健康类社会问题的基础性与战略性地位，反映了人们改善生活状况与提高生活质量的愿望，反映了社会发展趋势。而医务社会工作的承担者——医务社会工作者的存在，则为医患之间架起了另一座沟通的桥梁，有利于促进和谐医患关系的构建。

一、医务社会工作概述

社会工作（social work）是现代医疗工作中不可或缺的一环，甚至可以认为"凡是在每一种具有协调性、计划性及整合性的医疗卫生机构，都会发现有社会工作者"。随着社会的不断发展，尤其是新的医学模式的确立与现代医学的发展，医务社会工作的产生与发展已成为必然。所谓医务社会工作（medical social work），是指专业社会工作者在医疗卫生机构中，运用专业理论和方法为患者提供相关医疗卫生服务的专业化社会工作。医务社会工作主要由两部分组成，一是医疗服务或医疗服务相关事务，二是社会工作专业服务。医务社会工作的目标是以利他主义精神和专业工作方法，为在生命历程中遭遇困难、受到疾病困扰的社会成员提供助人服务，协助医护人员完成医疗工作，提高医疗效果与质量。医务社会工作起源于19世纪末的英国，至今在英美等西方发达国家有较长的历史并相当普及，已发展成其医疗卫生服务体系中的重要组成部分，但这一工作在我国目前还处于起步阶段。我国《"十四五"卫生健康人才发展规划》已提出开发医务社工，动员社会力量参与社区卫生健康工作，着重加强卫生技术人才、公共卫生人才、基层卫生人才、中医药人才、应对人口老龄化人才和精神卫生专业人才的队伍建设。

从事医务社会工作的人员被称为医务社会工作者（medical social worker）。医务社会工作者的基本职能是关注患者的社会属性，把握患者的社会心理因素，解决患者疾病背后和因疾病引起的各种社会问题，分担患者和家属在接受预防、医疗、康复等健康照顾过程中医护技术之外的各项社会服务工作。其工作内容主要包括：①对患者进行心理辅导，调节患者和家属因疾病引起的惶恐、沮丧等负面情绪的影响，增进患者对疾病和医疗环境的适应。②促进医务人员与患者及家属的沟通，加深患者和家属对病情和医疗程序的理解，增进相互的配合与支持。③协调患者和家属与医疗系统的关系，为患者提供经济、福利、法律等相关医疗信息，协助患者家属了解医院的各项规定、制度及设备等医疗资源。④提供出院后续服务，为患者制定出院计划，指导家属照顾患者，协助家属与患者一起设计出院后的检查方案，接受社区康复服务。

医务社会工作和医务社会工作者已成为现代医疗服务体系的重要组成部分，现代医务社会工作职责已由完全依赖医生、护士和医疗行政管理人员，逐步发展为独立的医务社会工作专业领域。医务社会工作融入整个医疗服务体系，在提高医疗质量、促进医患沟通、和谐医患关系等方面具有重要的意义。①促进医疗卫生服务模式的转变。现代医务社会工作为患者提供的疾病和健康风险的预防服务、疾病的医疗服务、治疗后期的康复服务，以及社区服务、家庭护理、健康教育和健康促进等，超越了医院的延伸性、连续性的健康照顾，能以最有效的方式促进生物医学模式向生物-心理-社会医学模式的转变，实现单纯临床医疗模式向预防、医疗、康复、保健的大卫生服务模式转变。②能为患者提供更好的人文关怀。医务社会工作者可通过开展患者心理卫生咨询、社会适应指导、健康科普知识传授及患者和家属应对疾病、死亡等方面的社会心理调适工作，提高患者的适应能力，与医护人员一起实现医疗服务和人文关怀与照顾的一体化。③使患者获得更优质的医疗服务。医务社会工作者可为患者和家属提供相关的医疗资讯，指导患者选择最佳的就医计划，帮助患者获得相关的卫生法律、医疗价格、保险权益的保障。还可促进医患沟通，化解医患矛盾，减少医疗纠纷，协调医疗资源，解决力所能及的实际问题，建立与医疗技术协同的社会服务途径，为患者提供全面综合的优质医疗服务。④帮助医疗单位树立良好的社会形象。实施医务社会工作是现代医疗服务的标志之一。医务社会工作者可通过参与医疗卫生单位的医疗、管理工作，提供专业的医务社会服务，促进医疗单位各项服务功能的实现，有效缓解医患冲突，减轻医务人员的工作压力，增加患者和家属的满意度，树立医疗单位和医务人员的良好形象，提高医疗单位的社会声誉和竞争力。⑤推进社会的健康和谐发展。医务社会工作在为患者提供各项专业服务的过程中，可加强与医患之间的交流协调，减少医患矛盾冲突，减轻社会压力，增强社会凝聚力，促进社会和谐发展。

> 拓展阅读 12-4
> 上海、北京等地关于推进医务社会工作人才队伍建设的实施意见

二、医务社会工作者在医患沟通中的作用

医务社会工作者能够成为医患之间沟通的桥梁，担当起患者及家属的心理照顾、疏通医务人

员团队情绪的角色,解决患者就医过程中的心理和社会问题,将医患之间的矛盾在萌芽期化解,对于促进医患沟通、和谐医患关系具有至关重要的作用。

1. 维持患者、患者家属、医务工作者之间良好的沟通关系　医务社会工作者介于医生与患者之间,具有医学与人文相结合的知识结构优势。他们可以通过开展调查反馈、谈话,了解情况,掌握第一手资料,为患者和家属提供相关的医疗资讯,补充其欠缺的医学信息,并为医生提供治疗所需的患者资料;还可对患者进行必要的健康知识教育,增强患者对理想化期待与非理想化现实差距的理解,在医患之间架起一座桥梁,弥补信息的不对称,从而使医患之间沟通顺畅。

2. 协助解决患方存在的不利于疾病治疗和医患沟通的因素　具体来说,医务社会工作者可以疏导因疾病引发的心理问题,消除妨碍患者接受适当治疗的家庭、经济因素,增强患者对病情和医疗程序的了解与适应,使患者了解一定的医学知识,树立疾病治疗的合理期望值。总之,医务社会工作者通过人性化的服务,实现对患者的全面照顾,特别是社会心理方面的照顾,有助于消除患者和家属的心理恐惧、经济负担,增加其对医护人员的理解,促进相互信任医患关系的建立,为医患沟通顺利进行奠定良好的基础。

3. 有利于缓解医务人员的工作压力　国内外研究均显示,部分一线医务人员之所以与患方存在沟通不畅,重要原因之一是工作繁忙和医疗工作压力过重,从而使医务人员很难有空余的时间去学习一些沟通技巧,甚至很难抽出时间与患方进行耐心沟通。国内一项针对某医院的调查显示,56%的医务人员认为需要医务社会工作者作为医务人员与患者之间的沟通桥梁,以缓解其工作压力。通过医务社会工作者的介入,能使医务人员和医务社会工作者各司其职,合力解决好患者疾病的诊治及其背后的心理社会问题,既缓解了医务人员的工作压力,也使患者获得了更高质量的医疗服务,从而提高医疗卫生行业的整体服务水平。

(林　勇)

复习思考题

1. 与患者家属沟通和与患者沟通之间有何异同?
2. 面对不同心理特点的患者家属,应如何进行针对性沟通?
3. 当患者家属之间的意见不一致时,应如何进行沟通?
4. 医方与社区沟通的方法和技巧有哪些?
5. 可能引起医疗卫生机构与新闻媒体关系不和谐的因素有哪些?
6. 面对新闻媒体的不实报道,医疗卫生机构应如何沟通和应对?
7. 医务人员应该如何提高与媒体沟通的能力?
8. 医务社会工作在医患沟通中具有哪些作用?

网上更多……

本章小结　　自测题　　教学 PPT　　微课　　名词索引

主要参考文献

［1］孙慕义，边林．医学伦理学［M］．4版．北京：高等教育出版社，2022．

［2］MARGARET LLOYD，ROBERT BOR．医学沟通技能［M］．钟照华，等译．北京：北京大学医学出版社，2013．

［3］PETER WASHER．临床医患沟通艺术［M］．王岳，主译．北京：北京大学医学出版社，2016．

［4］罗纳德·B.阿德勒，劳伦斯·B.罗森菲尔德，拉塞尔·F.普罗科特．沟通的本质［M］．黄素菲，黄成瑷，译．郑州：河南文艺出版社，2023．

［5］马克·墨菲．用事实说话：透明化沟通的8项原则［M］．吴奇志，译．北京：人民邮电出版社，2019．

［6］王彩霞．医患沟通［M］．北京：北京大学医学出版社，2013．

［7］王锦帆，尹梅．医患沟通［M］．2版．北京：人民卫生出版社，2018．

［8］王明旭．医学伦理学［M］．北京：人民卫生出版社，2010．

［9］白学军．心理学基础［M］．北京：中国人民大学出版社，2020．

［10］张捷，高祥福．医患沟通技巧［M］．北京：人民卫生出版社，2015．

［11］郑日昌．沟通心理学［M］．北京：北京师范大学出版社，2016．

［12］李功迎．医患行为与医患沟通技巧［M］．北京：人民卫生出版社，2012．

［13］周晋．医患沟通［M］．北京：人民卫生出版社，2014．

［14］周毅．人际交往与医患沟通［M］．北京：北京大学医学出版社，2011．

郑重声明

高等教育出版社依法对本书享有专有出版权。任何未经许可的复制、销售行为均违反《中华人民共和国著作权法》,其行为人将承担相应的民事责任和行政责任;构成犯罪的,将被依法追究刑事责任。为了维护市场秩序,保护读者的合法权益,避免读者误用盗版书造成不良后果,我社将配合行政执法部门和司法机关对违法犯罪的单位和个人进行严厉打击。社会各界人士如发现上述侵权行为,希望及时举报,我社将奖励举报有功人员。

反盗版举报电话　　（010）58581999　58582371
反盗版举报邮箱　　dd@hep.com.cn
通信地址　　北京市西城区德外大街4号　高等教育出版社知识产权与法律事务部
邮政编码　　100120

读者意见反馈

为收集对教材的意见建议,进一步完善教材编写并做好服务工作,读者可将对本教材的意见建议通过如下渠道反馈至我社。

咨询电话　400-810-0598
反馈邮箱　gjdzfwb@pub.hep.cn
通信地址　　北京市朝阳区惠新东街4号富盛大厦1座　高等教育出版社总编辑办公室
邮政编码　　100029

防伪查询说明

用户购书后刮开封底防伪涂层,使用手机微信等软件扫描二维码,会跳转至防伪查询网页,获得所购图书详细信息。

防伪客服电话　　（010）58582300